O SEMINÁRIO
DE JACQUES LACA[N]

Campo Freudiano no Brasil

Coleção dirigida por Jacques-Alain e Judith Miller
Assessoria brasileira: Angelina Harari

Jacques Lacan

O SEMINÁRIO

livro 8

a transferência

Texto estabelecido por
Jacques-Alain Miller

2ª edição
9ª reimpressão

ZAHAR

Tradução autorizada da primeira edição francesa, publicada em 1991
por Éditions du Seuil, de Paris, França, na coleção Le Champ Freudien,
dirigida por Jacques-Alain e Judith Miller

Grafia atualizada segundo o Acordo Ortográfico da Língua Portuguesa de 1990, que entrou em vigor no Brasil em 2009.

Título original
Le Séminaire de Jacques Lacan
Livre VIII: Le Transfert (1960-1961)

Consultor desta versão
Antonio Quinet

2ª edição: 2010 (novo projeto)

CIP-Brasil. Catalogação na fonte
Sindicato Nacional dos Editores de Livros, RJ

L129s
2.ed.

Lacan, Jacques, 1901-1981
O seminário, livro 8: a transferência, 1960-1961 / Jacques Lacan; texto estabelecido por Jacques-Alain Miller; [versão brasileira de Dulce Duque Estrada; revisão de Romildo do Rêgo Barros]. – 2ª ed. – Rio de Janeiro: Zahar, 2010.
(Campo Freudiano no Brasil)

Tradução de: Le Séminaire de Jacques Lacan, livre VIII: Le Transfert (1960-1961).
ISBN 978-85-7110-236-1

1. Transferência (Psicologia) – Discursos, conferências etc. 2. Psicanálise – Discursos, conferências etc. I. Miller, Jacques-Alain, 1944-. II. Título. III. Título: A transferência. IV. Série.

10-0156

CDD: 150.195
CDU: 159.964.2

EDITORA SCHWARCZ S.A.
Praça Floriano, 19, sala 3001 – Cinelândia
20031-050 – Rio de Janeiro – RJ
Telefone: (21) 3993-7510
www.companhiadasletras.com.br
www.blogdacompanhia.com.br
facebook.com/editorazahar
instagram.com/editorazahar
twitter.com/editorazahar

livro 8

a transferência
1960-1961

Versão brasileira de:
DULCE DUQUE ESTRADA

Revisão de:
ROMILDO DO RÊGO BARROS

Sumário

O Objeto do Desejo e a Dialética da Castração

O Mito de Édipo Hoje
Um comentário da trilogia dos Coûfontaine, de Paul Claudel

O Grande I e o Pequeno *a*

Introdução

I

No começo era o amor

A Schwärmerei *de Platão.*
Sócrates e Freud.
Crítica da intersubjetividade.
A beleza dos corpos

Anunciei para este ano que trataria da transferência *em sua disparidade subjetiva, sua pretensa situação, suas excursões técnicas.*

Disparidade não é um termo que tenha escolhido facilmente. Ele sublinha, essencialmente, que aquilo de que se trata vai além da simples noção de uma dissimetria entre os sujeitos. Ele se insurge, se assim posso dizer, desde o princípio, contra a ideia de que a intersubjetividade possa, por si só, fornecer o quadro no qual se inscreve o fenômeno. Para dizê-lo, existem palavras mais ou menos cômodas, conforme as línguas. É do termo *odd* que busco algum equivalente para qualificar o que a transferência contém de essencialmente ímpar. Não existe termo para designá-lo, a não ser o termo *imparidade* (*imparité*), que não é usual em francês.

Sua pretensa situação, diz ainda meu título, indicando desse modo alguma referência ao esforço feito nesses últimos anos, na análise, para organizar aquilo que se passa no tratamento em torno da noção de situação. A palavra *pretensa* está aí para dizer que me inscrevo em falso, ou pelo menos numa posição corretiva, em relação a esse esforço. Não creio que se possa dizer sobre a análise, pura e simplesmente, que haja aí uma situação. Se houver uma, é uma da qual se pode também dizer que não é uma situação, ou ainda, que é uma situação bem falsa.

Quanto a tudo o que se apresenta como *técnica,* isso deve se inscrever como referido a esses princípios ou, pelo menos, a essa busca de princípios que já se evoca na indicação dada por meu título dessas diferenças de abordagem. Em uma palavra, uma justa topologia é aqui requerida, e por conseguinte, uma retificação daquilo que está comumente implicado no uso que fazemos diariamente da noção, teórica, de transferência. Trata-se de referi-la a uma experiência. Esta, no entanto, conhecemos muito bem, na medida em que tenhamos, de alguma forma, praticado a experiência analítica.

Demorei muito a chegar a este núcleo de nossa experiência. De acordo com a data em que começa este seminário, que é aquele no qual oriento alguns de vocês há alguns anos, é no seu oitavo ou décimo ano que abordo a transferência. Verão que este longo atraso não era sem razão.

Comecemos, pois.

1

No começo –

Todos me irão logo imputar uma referência a alguma paráfrase da fórmula *No começo era o Verbo.*

Im Anfang war die Tat, diz um outro.

Para um terceiro, no princípio, isto é, no começo do mundo humano, no princípio era a *práxis.*

Eis aí três enunciados aparentemente incompatíveis. Mas na verdade, do ponto em que nos situamos para abordá-la – a experiência analítica – o que importa não é, de modo algum, seu valor de enunciado, mas sim o seu valor de enunciação, ou ainda de anúncio, quero dizer, aquilo pelo qual fazem surgir o *ex-nihilo* próprio a toda a criação, e mostram sua ligação íntima com a evocação da palavra. Neste nível, manifestam evidentemente que recaem no primeiro enunciado, *No começo era o Verbo.*

Se evoco isto, é para diferenciá-lo do que digo, e o ponto de onde vou partir para enfrentar esse termo, o mais opaco, este núcleo de nossa experiência, que é a transferência.

Entendo partir, quero partir, vou tentar partir – começando com todo o mau jeito necessário – partir hoje disso: que o termo *no começo* tem, certamente, um outro sentido em análise.

No começo da experiência analítica, vamos lembrar, foi o amor. Este começo é algo diferente da transparência própria da enunciação, que dava seu sentido às fórmulas de agora há pouco. É um começo espesso, um começo confuso. É um começo, não de criação, mas de formação. Logo chegarei ao ponto histórico, onde nasce, do encontro de um homem e uma mulher, de Joseph Breuer e Anna O. no caso inaugural dos "*Studien über Hysterie*", onde nasce aquilo que já é a psicanálise, e que a própria Anna batizou com o termo *talking cure,* ou ainda limpeza de chaminé, *chimney sweeping.*

Antes de chegar lá, quero lembrar um instante, para os que não estavam aqui no ano passado, alguns dos termos em torno dos quais girou nossa exploração daquilo a que chamei a ética da psicanálise.

No ano passado, quis explicar para vocês – digamos, para me referir à palavra "criação" que dei há pouco – a estrutura criacionista do *ethos* humano enquanto tal, o *ex-nihilo* que subsiste em seu cerne e que constitui, para empregar um termo de Freud, o núcleo de nosso ser, *Kern unseres Wesens.* Quis mostrar que este *ethos* toma forma em torno desse *ex-nihilo,* que subsiste num vazio impenetrável.

Para abordá-lo, e para designar esse caráter impenetrável, comecei, como se recordam, por uma crítica cujo fim consistia em rejeitar expressamente aquilo a que me permitirão chamar, ou pelo menos aqueles que me escutaram vão tolerar que eu chame assim, a *Schwärmerei* de Platão.

Schwärmerei, para os que não sabem, designa em alemão devaneio, fantasia, dirigido para um entusiasmo qualquer, e mais especialmente para a superstição. Em suma, trata-se de uma notação crítica, acrescentada pela história, na ordem da orientação religiosa. O termo *Schwärmerei* tem, nitidamente, essa inflexão nos textos de Kant. Pois bem, a *Schwärmerei* de Platão é ter projetado, sobre aquilo a que eu chamo o vazio impenetrável, a ideia do Bem Supremo.

Tal é o caminho que, com mais ou menos sucesso, seguramente, numa intenção formal, tentei seguir. O que resulta para nós da rejeição da noção platônica de Bem Supremo como ocupando o centro de nosso ser?

Para retomar nossa experiência, sem dúvida, mas com uma visada crítica, procedi em parte do que se pode chamar de conversão aristotélica com relação a Platão. Aristóteles, sem dúvida alguma, está superado para nós no plano ético, mas no ponto em que estamos, ao dever mostrar o destino histórico das noções éticas a partir de Platão, a referência aristotélica é certamente essencial.

Acompanhando o que contém a *Ética a Nicômaco* de passo decisivo na edificação de uma reflexão ética, é difícil deixar de ver que, se mantém a noção de Bem Supremo, ela altera profundamente o seu sentido. Por um movimento de reflexão inverso, vai fazê-lo consistir na contemplação dos astros, isto é, da esfera mais exterior do mundo. E é justamente porque esta esfera, que era para Aristóteles um existente absoluto, incriado, incorruptível, é para nós decisivamente volatilizada na pulverização das galáxias, último termo de nossa investigação cosmológica, que se pode tornar a referência aristotélica como ponto crítico daquilo que está na tradição antiga da noção de Bem Supremo.

Fomos sendo levados, por este passo, a ficar contra a parede, a parede sempre a mesma desde que uma reflexão ética tenta se elaborar. Era-nos preciso assumir ou não algo de que a reflexão, o pensamento ético, nunca puderam se desembaraçar, a saber, que só existem bom, *good, Gute* e prazer a partir do Bem. E restava-nos buscar o princípio do *Wholtat*, do bem-estar, e o que dele se infere permite dizer que talvez ele não seja simplesmente a B.A., a boa ação, ainda que elevada à potência kantiana da máxima universal.

Se devemos levar a sério a denúncia freudiana da falácia das satisfações ditas morais, na medida em que ali se dissimula uma agressividade que atua furtando àquele que a exerce o seu gozo, ao mesmo tempo em que repercute sem cessar, sobre seus parceiros sociais, os seus malefícios – o que é indicado por essas longas condicionais circunstanciais é exatamente o equivalente ao "Mal-estar na civilização" na obra de Freud. Deve-se questionar através de que meios operar honestamente com os desejos. Isto é, como preservar o desejo no ato, a relação do desejo com o ato? O desejo encontra comumente, no ato, antes o seu colapso que a sua realização, e na melhor das hipóteses o ato só apresenta ao desejo sua proeza, seu gesto heroico. Como preservar, digo, do desejo a este ato, aquilo a que se pode chamar de uma relação simples, ou salubre?

Deixemos de rodeios quanto ao significado de *salubre* no sentido da experiência freudiana. Significa livre, tão livre quanto possível dessa infecção, que é, aos nosso olhos – mas não somente aos nossos olhos, aos olhos desde sempre, desde que se abrem à reflexão ética – a base movediça de todo estabelecimento social enquanto tal.

Isso supõe, decerto, que a psicanálise, em seu próprio manual de operações, não respeita este ponto cego, essa catarata inventada recentemente, essa praga moral, essa forma de cegueira constituída por uma certa prática do ponto de vista dito sociológico. Poderia lembrar aqui o que significou a meus olhos certo encontro recente com o resultado, vazio e escandaloso ao mesmo tempo, desta pesquisa que pretende reduzir uma experiência como a do inconsciente à referência de dois, três, até mesmo quatro modelos sociológicos – mas minha irritação, que foi grande, já passou, e vou deixar os autores de tais exercícios caírem nas arapucas que os quiserem recolher.

Devo esclarecer que, falando nesses termos de sociologia, não me refiro certamente ao nível de meditação em que se situa a reflexão de um Lévi-Strauss – consultem seu discurso inaugural no *Collège de France* – que se refere expressamente a uma meditação ética sobre a prática social. A dupla referência a uma norma cultural, por um lado, mais ou menos miticamente situada no neolítico, e à meditação política de Rousseau, por outro lado, é ali suficientemente indicativa. Mas deixemos isso, que não nos interessa absolutamente aqui.

Vou recordar apenas que foi pelo viés da referência propriamente ética, constituída pela reflexão selvagem de Sade, que foi sobre os caminhos insultuosos do gozo sadiano que lhes demonstrei um dos acessos possíveis à fronteira propriamente trágica na qual se situa o *Oberland* freudiano. É no seio daquilo que alguns de vocês batizaram de entre-duas-mortes – termo muito exato para designar o campo onde se articula como tal tudo o que acontece no universo traçado por Sófocles, e não apenas na aventura do *Édipo rei* – que se situa este fenômeno do qual creio poder dizer que introduzimos um ponto de referência na tradição ética, na reflexão sobre os motivos e as motivações do Bem. Este ponto de referência, designei-o adequadamente como sendo o da beleza, na medida em que esta adorna, ou melhor, tem por função constituir a última barreira antes do acesso à coisa última, à coisa mortal, nesse ponto em que a meditação freudiana veio fazer sua última admissão sob o termo pulsão de morte.

Peço-lhes perdão por este longo desvio, que não é mais que um breve resumo no qual acreditei dever traçar aquilo que dissemos no ano passado. Essa digressão era necessária para recordar, na origem do que temos a dizer agora, aquilo em que nos detivemos relativamente à função da beleza. Com efeito, não preciso evocar, para a maioria de vocês, o que constitui o termo "belo", "beleza", neste ponto de inflexão que chamei a *Schwärmerei* platônica.

Provisoriamente, a título de hipótese, vamos considerar que esta constitui, no nível de uma aventura senão psicológica, ao menos individual, o efeito de um luto que se pode bem dizer imortal, já que está na própria origem de tudo o que se articulou a partir daí, em nossa tradição, sobre a ideia de imortalidade – do luto imortal daquele que encarnou esta aposta de sustentar sua questão, que é a própria questão de todo falante, no ponto em que ele a recebeu, essa questão, de seu próprio demônio, segundo nossa fórmula, sob uma forma invertida. Estou falando de Sócrates – Sócrates posto, assim, na origem, vamos dizê-lo sem demora, da mais longa transferência – o que daria a essa fórmula todo o seu peso – já conhecida pela história.

Entendo fazê-los sentir que o segredo de Sócrates estará por trás de tudo o que diremos este ano sobre a transferência.

2

"Este segredo, Sócrates o confessou. Mas não é porque se o confessa que um segredo deixa de ser um segredo. Sócrates pretende nada saber, senão saber reconhecer o que é o amor, saber reconhecer infalivelmente, nos diz ele – passo ao testemunho de Platão, em especial no *Lísis,* parágrafo *204 c* –, ali onde os encontra, onde está o amante e onde está o amado.

São múltiplos os casos dessa referência de Sócrates ao amor, e nos reconduzem ao nosso ponto de partida, na medida em que pretendo hoje acentuá-lo. De fato, por pudico ou inconveniente que seja o véu mantido, semidescartado, sobre o acidente inaugural que desviou o eminente Breuer de dar toda uma continuidade à primeira experiência, no entanto sensacional, da *talking cure,* é bem evidente que se tratava de uma história de amor. Que essa história de amor não tenha existido apenas pelo lado da paciente também não é duvidoso.

Não basta dizer, nos termos deliciosamente contidos que são os nossos, como faz o sr. Jones em certa página de seu primeiro volume da biografia de Freud, que Breuer teria sido vítima do que se chama – diz ele – uma contratransferência um pouco acentuada. É claro que Breuer amou sua paciente. Não precisamos de uma prova mais evidente disso do que aquela que, em casos semelhantes, é a saída bem burguesa, o retorno a um fervor conjugal reanimado, a viagem urgente a Veneza, tendo mesmo como resultado o fruto de uma nova garotinha acrescentada à família, sobre a qual, com muita tristeza, Jones nos indica que o fim, muitos anos depois, deveria se confundir com a catastrófica irrupção dos nazistas em Viena.

Não se deve ironizar sobre esses tipos de acidentes, a não ser, certamente, no tocante ao que podem apresentar de típico quanto a um certo estilo próprio às relações ditas burguesas com o amor. Eles revelam a carência, a necessidade de um despertar dessa incúria do coração que tão bem se harmoniza com o tipo de abnegação no qual se inscreve o dever burguês.

Não é isso o importante. Pouco importa que Breuer tenha resistido ou não. O que devemos, antes, bendizer nesse momento é o divórcio, já inscrito com mais de dez anos de antecedência, entre Freud e ele. Isso se passa em 1882, serão necessários dez anos para que a experiência de Freud atinja a obra dos *Studien über Hysterie* escritos com Breuer, quinze anos para que Breuer e Freud se separem. Está tudo aí. O pequeno Eros, cuja malícia abateu o primeiro no auge de sua surpresa, obrigando-o a fugir, encontra seu senhor no segundo, Freud. E por quê?

Eu poderia dizer – deixem que me divirta por um instante – que é porque, para Freud, o caminho da retirada estava bloqueado. Esse elemento pertence ao mesmo contexto daquele que conhecemos desde que temos acesso a sua correspondência com a noiva, o desses amores intransigentes dos quais era sectário. Ele encontra mulheres ideais, que lhe respondem com modos de porco-espinho, *Sie streben dagegen,* como ele escreve no sonho da injeção de Irma, no qual as alusões à sua própria mulher não são evidentes, nem confessadas – *elas são sempre do contra.* A *Frau Professor* aparece, em todo caso, como um elemento do objetivo permanente a nós confiado por Freud, de sua sede, e é ocasionalmente objeto dos deslumbramentos de Jones, que, no entanto, a acreditar em minhas informações, sabia o que significa deixar correr frouxo.

Seria um curioso denominador comum entre Freud e Sócrates, Sócrates sobre o qual vocês sabem que também tinha que lidar, em casa, com uma dona de casa nada cômoda. A diferença entre os dois, para ser sensível, seria a mesma que Aristófanes nos apresenta entre a vistosa lontra, de que nos mostrou o perfil, e um perfil de doninha lisistratesca, da qual devemos farejar, nas réplicas de Aristófanes, o poder de mordida. Simples diferença de odor.

Já basta desse assunto. Penso que existe aí apenas uma referência ocasional, e que este dado quanto à vida conjugal não é de modo algum indispensável, fiquem tranquilos, à boa conduta de vocês. Devemos procurar mais longe o mistério de que se trata.

A diferença de Breuer, e qualquer que seja sua causa, a conduta adotada por Freud faz dele o senhor do temível pequeno deus. Ele escolhe, como Sócrates, servi-lo para servir-se dele. Aí, nesse *servir-se dele,* de Eros – ainda era preciso sublinhá-lo – começam para nós os problemas. Pois servir-se dele para quê?

É justamente nesse ponto que era preciso recordar-lhes os pontos de referência de nossa articulação do ano passado – servir-se dele para o Bem? Sabemos que o domínio de Eros vai infinitamente mais longe que qualquer campo que possa ser coberto pelo Bem. Pelo menos, vamos partir dessa premissa, e é nisso que os problemas que a transferência nos coloca só fazem aqui começar. Essa, aliás, é uma coisa perpetuamente presente em meu espírito – e no de vocês, na medida em que é linguagem corrente, discurso comum sobre a análise, dizer, a respeito da transferência, que não se deve de nenhuma maneira, nem preconcebida, nem permanente, colocar como primeiro termo do fim de sua ação o bem, pretenso ou não, de seu paciente, mas precisamente o seu Eros.

Não creio que deva deixar de recordar mais uma vez aqui, o que reúne, no ponto máximo do escabroso, a iniciativa socrática e a freudiana, aproximando suas saídas na duplicidade de termos desta expressão condensada: Sócrates, também, escolhe servir a Eros para servir-se dele, servindo-se dele ao mesmo tempo. Isso o levou muito longe, reparem: um muito longe que nos esforçamos para camuflar fazendo um puro e simples acidente daquilo que eu chamava há pouco de base movediça da infecção social. Mas acreditar nele não será fazer-lhe uma injustiça, negar-lhe razão? Acreditar que ele não sabia perfeitamente que estava indo contra a corrente de toda aquela ordem social, em meio à qual se inscrevia sua prática quotidiana? Não era seu comportamento na verdade insensato, e escandaloso, mesmo levando-se em conta todo o mérito com que mais tarde, a devoção de seus discípulos tentou revesti-lo, valorizando suas faces heroicas? É claro que só puderam fazê-lo deixando de registrar aquela que é uma característica principal em Sócrates, e que o próprio Platão qualificou com um termo tornado célebre entre os que se aproximaram do problema de Sócrates: sua *atopia* na ordem da cidade.

No laço social, as opiniões não adquirem um lugar se não são comprovadas por tudo o que assegure o equilíbrio da cidade, e a partir daí Sócrates não apenas não tem seu lugar nela, mas não o tem em lugar nenhum. O que há de espantoso se uma ação, tão vigorosa em seu caráter inclassificável que ainda vibra, e tem seu lugar até em nossos dias, o que há de espantoso no fato de que ela tenha levado à pena de morte? Isto é, da forma mais clara, à morte real, infligida numa hora previamente escolhida, com o consentimento de todos, e para o bem de todos – e afinal, sem que os séculos pudessem jamais esclarecer se a sanção era justa ou injusta. Daí, aonde vai o destino de Sócrates? Um destino que não é excessivo considerar – parece-me – não como extraordinário, mas como necessário.

Freud, por outro lado, não é seguindo o rigor de seu percurso que descobriu a pulsão de morte? O que é também algo de muito escandaloso, ainda que menos custoso, sem dúvida alguma, para o indivíduo. Será essa uma verdadeira diferença?

A lógica formal repete há séculos, não sem razão em sua insistência, que Sócrates é mortal, e que deveria portanto morrer um dia. Mas não é o fato de que Freud tenha morrido tranquilo em sua cama que nos importa aqui. Do que ali se traçou, esforcei-me no ano passado para lhes mostrar a convergência com a aspiração sadiana. A ideia da morte eterna deve ser aqui distinta da morte, na medida em que ela faz do próprio ser seu desvio, sem que possamos saber se há nisso senso ou não-senso, e também da outra, a segunda, a dos corpos, aqueles que acompanham sem compromisso Eros – Eros pelo qual os corpos se unem, para Platão, numa só alma, para Freud, sem alma nenhuma, mas mesmo assim num só – Eros enquanto une unitivamente.

Decerto, podem me interromper neste ponto. Para onde os conduzo? Este Eros, vão concordar comigo, é realmente o mesmo nos dois casos, mesmo que não nos agrade. Mas essas duas mortes, para que bater na mesma tecla do ano passado? Ainda está pensando nisso? Para nos fazer atravessar o quê? O rio que as separa. Estaremos na pulsão de morte, ou na dialética? Respondo-lhes: sim. Sim, se uma levar à outra para fazê-los chegar ao espanto.

Concordo, de bom grado, que me perco, que não tenho que conduzi-los aos últimos impasses, que fazendo-o de saída irei espantá-los, se já não o estão, com Freud, senão com Sócrates.

Sem dúvida, esses próprios impasses, se não quiserem se espantar com nada, vai-se provar a vocês que são simples de resolver.

Basta que tomem como ponto de partida algo simples como um "bom-dia", claro como água da nascente, a intersubjetividade. Eu te intersubjetivo, tu me intersubjetivas pela barbicha, e o primeiro que rir leva um tapa, e bem merecido.[1]

Dizem: quem não vê que Freud ignorou que nada há além disso na constante sadomasoquista? O narcisismo explica tudo. E dirigem-se a mim. O senhor não esteve quase a ponto de sustentar isso? É preciso dizer que naquele tempo eu já estava resistente à função de sua ferida, ao narcisismo, mas pouco importa. E me dirão também que meu Sócrates intempestivo deveria mesmo ter retornado, também ele, a essa intersubjetividade. Em suma, só houve um erro, o de violar a marcha, pela qual sempre convém nos orientar, das massas, que todos sabem que é preciso esperar para que se faça a menor alteração no terreno da justiça, pois elas chegarão lá, necessariamente, amanhã. Eis como é regido o espanto, lançado na conta da falta. Os erros jamais passarão de erros judiciários.

Isso, sem prejuízo de motivações pessoais, do tipo que se possa constituir em mim pela necessidade, que sempre tenho, de exagerar, e que deve ser creditada a meu gosto por fazer bonito. Caímos de pé. É uma tendência perversa. Logo, minha sofística pode ser supérflua. Vamos recomeçar, então, a partir do A, e retomarei, ao desembarcar, a força da litote para dar indicações, sem que vocês fiquem nem um pouco espantados.

3

A intersubjetividade não seria aquilo que é o mais estranho ao encontro analítico? Ali, basta que ela apareça para que fujamos, certos de que é preciso evitá-la. A experiência freudiana estanca desde que ela surge. E floresce apenas em sua ausência.

O médico e o paciente, como se diz para nós, essa famosa relação da qual tanto se escarnece, irão se intersubjetivar em benefício de um deles? Talvez, mas pode-se dizer que nesse sentido ambos não vão muito longe. *Ele me diz isso para me consolar, ou para me agradar,* pensa um. *Ele está querendo me enrolar?* pensa outro.

A relação pastor-pastora, ela própria, se assim se estabelecer, estará se estabelecendo mal. Está condenada, se ficar nisso, a não levar a nada. É nisso, justamente, que essas duas relações, médico-paciente, pastor-pastora, devem diferir a todo custo da negociação diplomática e da emboscada.

O que se chama o pôquer, o pôquer da teoria, queira ou não o sr. Henri Lefebvre, não deve ser procurado na obra do sr. Von Neumann como, no entanto, ele afirmou recentemente – o que faz com que, em vista da minha benevolência, eu só possa deduzir daí uma coisa: que ele só conhece da teoria de von Neumann o título que figura no catálogo das edições Hermann. É verdade que, ao mesmo tempo, o sr. Hemi Lefebvre põe no registro do pôquer a própria discussão filosófica à qual nos entregávamos. Se isso não é um direito seu, afinal, só posso lhe devolver o mérito.

Para voltar ao pensamento de nosso par intersubjetivo, meu primeiro cuidado como analista será o de não me colocar em tal situação que meu paciente tenha mesmo de me relatar tais reflexões, e a maneira mais simples de poupá-lo disso é, justamente, evitar toda atitude que se preste à imputação de consolo, *a fortiori* de sedução. Mesmo que evite absolutamente esta imputação, pode ocorrer que ela venha a me escapar enquanto tal – se vejo o paciente, em caso extremo, tomar tal atitude, mas só posso fazê-lo na medida em que friso que é à sua revelia que suponho que ele o faça. Será preciso ainda que eu tome minhas precauções para evitar todo mal-entendido, ou seja, parecer que o acuso de uma esperteza, por menos calculada que seja.

Isso não significa que caiba à análise, propriamente, retomar a intersubjetividade num movimento que a eleve a uma segunda potência – como se o analista pretendesse que o analisado caísse na própria armadilha para que ele mesmo, o analista, o orientasse. Não, esta intersubjetividade é convenientemente reservada, ou, melhor ainda, adiada *sine die,* para deixar que apareça uma outra captura, cuja característica é justamente a de ser, essencialmente, a transferência.

O próprio paciente sabe disso, provoca-o, quer ser surpreendido noutro lugar. Dirão que este é um outro aspecto da intersubjetividade, até mesmo – coisa curiosa – pelo fato de que fui eu mesmo a ter trilhado o caminho. Mas onde quer que se situe essa iniciativa, ela só pode me ser imputada como contrassenso. E de fato, se eu não houvesse formalizado na posição dos jogadores de bridge as alteridades subjetivas que estão em jogo na posição analítica, jamais teriam podido fingir me ver dar um passo convergente com o esquema de falsa audácia de que um Rickman, um dia, se deu conta, sob o nome de *two-bodies' psychology.*

Semelhantes criações sempre têm um certo sucesso no estado de respiração anfíbia em que se sustenta o pensamento analítico. Para que deem certo, bastam duas condições. Em primeiro lugar, que sejam consideradas como provenientes de zonas de atividade cientificamente honoráveis, de onde possa retornar na atualidade, aliás facilmente envelhecida, da psicanálise, uma bonificação de lustro. Era este o caso, aqui, pois Rickman era um homem que, pouco antes da guerra, tinha a aura benéfica de ter participado da revolução russa, o que, supunha-se, o teria deixado com plena experiência em interpsicologia. A segunda razão do sucesso é não perturbar em nada a rotina da análise. E é assim que se desvia um caminho para os trilhos mentais que nos reconduzem à garagem.

A denominação *two-bodies' psychology* poderia ao menos ter tido a virtude de nos despertar no sentido de que a atração dos corpos por ela evocada pode ter algo a ver com a pretensa situação analítica. Mas este sentido, observem, é justamente o que é completamente elidido pelo emprego de sua fórmula.

É curioso que tenhamos necessidade de passar pela referência socrática para apreender o seu alcance. Em Sócrates, quero dizer, ali onde se o faz falar, a referência à beleza dos corpos é permanente. Ela é, se assim se pode dizer, animadora desse momento de interrogação no qual ainda nem sequer entramos, e onde ainda nem mesmo sabemos como se repartem as funções do amante e do amado. Pelo menos, ali as coisas são chamadas pelos seus nomes, o que nos permite fazer observações úteis sobre o assunto.

Se alguma coisa na interrogação apaixonada que anima o ponto de partida do processo dialético tem efetivamente relação com o corpo, deve-se realmente dizer que na análise esta relação é acentuada por traços cujo valor de destaque ganha peso devido a sua incidência particularmente negativa. O fato de que os próprios analistas – espero que aqui ninguém se sinta visado – não primam pela harmonia corporal é aquilo a que a feiura socrática dá seu mais nobre antecedente, ao mesmo tempo, aliás, em que nos recorda que isso não é, em absoluto, um obstáculo ao amor. Mas é preciso, mesmo assim, sublinhar que o ideal físico do psicanalista, pelo menos tal como se modela na imaginação da massa, comporta um acréscimo de grossura obtusa e de rudeza opaca que veicula realmente consigo toda a questão do prestígio.

A tela do cinema é aqui o revelador mais sensível. Para nos servirmos, simplesmente, do mais recente filme de Hitchcock, vejam sob que forma se apresenta o decifrador do enigma, aquele que ali se apresenta para decidir, sem apelação, ao se esgotarem todos os recursos. Francamente, ele porta todas as marcas do intocável.

Tocamos, também aí, num elemento essencial da convenção, já que se trata da situação analítica. Para que ela seja violada de uma forma que não seja revoltante – vamos adotar sempre o mesmo termo de referência, o cinema – é preciso que aquele que desempenha o papel de analista – vejam *De Repente, no Último Verão* – que o terapeuta, aquele que leva a *caritas* até o ponto de retribuir nobremente o beijo que uma infeliz pespega em sua boca, seja um belo rapaz. Ali, é absolutamente necessário que ele o seja. É verdade que ele também é neurocirurgião, e que é prontamente devolvido a suas trepanações. Não é uma situação que possa durar.

Em suma, a análise é a única práxis na qual o encanto é um inconveniente. Quebraria o encanto. Quem já ouviu falar num analista encantador?

Essas não são observações inúteis, embora possam parecer feitas para nossa diversão. Importa que sejam evocadas a seu tempo. Não é menos notável que na direção do paciente o próprio acesso ao corpo, que o exame médico parece exigir, seja aí sacrificado comumente, dentro da regra. Isso vale a pena ser notado. Não basta dizer que isso é para evitar os efeitos excessivos da transferência. E por que esses efeitos seriam mais excessivos nesse nível? Também não é devido a um pudor anacrônico, como se vê subsistir em alguns traços nas zonas rurais, nos gineceus islâmicos, neste incrível Portugal onde o médico só ausculta através das roupas a bela estrangeira. Nós vamos ainda mais longe neste ponto, e uma ausculta, por necessária que possa parecer no início de um tratamento, ou o seja no seu decorrer, constitui aqui uma ruptura da regra.

Vejamos as coisas sob um outro ângulo. Nada menos erótico que essa leitura dos estados instantâneos do corpo, na qual alguns psicanalistas são insuperáveis, pois é em termos de significante, pode-se dizer, que esses estados do corpo são traduzidos. O foco de distância em que essa leitura se acomoda exige, da parte do psicanalista, tanto aversão quanto interesse.

Disso tudo, não vamos nos precipitar a decifrar o sentido.

Poderíamos dizer que esta neutralização do corpo, que parece, afinal, ser o fim primeiro da civilização, tem a ver aqui com uma urgência maior, e que tantas precauções supõem a possibilidade de seu abandono. Não estou certo disso. Introduzo aqui, apenas, a questão do que é esta *épochè*. Sem dúvida, seria um mau julgamento não reconhecer de saída que a psicanálise exige, no seu início, um alto grau de sublimação libidinal no nível da relação coletiva. A extrema decência, que bem se pode dizer ser mantida o mais das vezes na relação analítica, leva a pensar que, se o confinamento regular dos dois interessados num recinto ao abrigo de toda indiscrição só muito raramente atinge uma imposição do corpo de um sobre o do outro, é que a tentação que esse confinamento provocaria em qualquer outra ocupação é menor aqui do que alhures. Vamos nos ater a isso por ora.

A cela analítica, mesmo macia, não é nada menos que um leito de amor, e isso devido ao fato de que, apesar de todos os esforços feitos para reduzi-la ao denominador comum da situação, com toda a ressonância que podemos dar a este termo familiar, não é uma situação senão por vir. Como eu dizia há pouco, é a situação mais falsa possível.

O que nos permite compreendê-lo é justamente a referência, que tentaremos adotar na próxima vez, àquilo que é, no contexto social, a situação do próprio amor. É na medida em que possamos estreitar mais de perto aquilo que Freud tocou por mais de uma vez, a saber, o que é, na sociedade, a posição do amor, posição precária, posição ameaçada, vamos dizer logo, posição clandestina – é nessa medida mesma que poderemos apreciar porque e como, no quadro mais protegido de todos, o do consultório analítico, a posição do amor se torna ainda mais paradoxal.

Suspendo, aqui, arbitrariamente, este processo. Que lhes baste ver em que sentido pretendo que encaremos a questão.

Rompendo com a tradição que consiste em abstrair, em neutralizar, e esvaziar de todo o seu sentido o que pode estar em causa no fundo da relação analítica, entendo partir do extremo, do que é suposto pelo fato de que alguém se isole com um outro para lhe ensinar o quê? – aquilo que lhe falta.

Situação ainda mais temível se imaginamos, justamente, que, devido à natureza da transferência, o que lhe falta, ele vai aprender amando. Se estou ali para o seu bem, certamente que não é no sentido despreocupado em que a tradição tomista o articula como *Amare est velle bonum alicui,* pois que este bem já é um termo mais que problemático – se me acompanharam no ano passado, ele está superado.

Não estou ali, afinal de contas, para o seu bem, mas para que ele ame. Isso quer dizer que devo ensiná-lo a amar? Certamente, parece difícil elidir essa necessidade – quanto ao que vem a ser amar e o que vem a ser o amor, há que dizer que as duas coisas não se confundem. Quanto ao que é amar e saber o que é amar, devo ao menos, como Sócrates, poder dar testemunho de que sei algo sobre isso. Ora, se entrarmos na literatura analítica, é precisamente isso que é o menos dito. Parece que o amor, no seu acoplamento primordial, ambivalente, com o ódio, é um termo evidente por si. Não vejam nada mais, em minhas observações humorísticas de hoje, que algo destinado a lhes fazer cócegas nas orelhas.

Do amor, no entanto, uma longa tradição vem nos falar. Ele acabou dando, em seu último termo, nessa enorme elucubração de um Anders Nygren, que o cinde, radicalmente, nesses dois termos incrivelmente opostos em seu discurso, Eros e Agape. Mas por trás disso, durante séculos, não se fez outra coisa senão debater o amor. Não será ainda um outro motivo de espanto que de nós, analistas, que nos servimos dele, que só temos essa palavra na boca, se possa dizer que, no que se refere a essa tradição, apresentamo-nos verdadeiramente como os mais despossuídos, desprovidos de toda tentativa, mesmo parcial, nem digo de revisão, de acréscimo ao que se pesquisou durante séculos sobre este termo, mas até mesmo de alguma coisa que simplesmente não seja indigna desta tradição? Não há aí algo de surpreendente?

Para demonstrar e fazer sentir isso a vocês, tomei como objeto de meu próximo seminário a recordação de um texto de interesse realmente monumental, original com referência a toda tradição que é a nossa, no que diz respeito à estrutura do amor: *O Banquete.*

Se alguém, que se sentisse visado o bastante, quisesse dialogar comigo neste ponto, eu só veria nisso vantagens para inaugurar uma releitura desse texto recheado de enigmas, onde há tudo a ser mostrado, e em especial tudo o que a própria massa dessa elucubração religiosa, que penetra por todas as nossas fibras, que está presente em todas as nossas experiências, deve a este testamento extraordinário da *Schwärmerei* de Platão.

Vou mostrar-lhes o que podemos encontrar aí, o que podemos deduzir daí, como marcos essenciais, até na história deste debate sobre o que realmente ocorreu na primeira transferência analítica. Penso que, quando o tivermos provado, vocês não vão duvidar de que possamos encontrar ali todas as chaves possíveis.

Certamente, esses não são termos – são tão gritantes – que eu deixarei passar facilmente num relatório publicado. Também não são fórmulas cujos ecos eu gostaria que fossem alimentar, em outras paragens, as palhaçadas habituais. Espero que, este ano, saibamos entre quem estamos e quem somos.

16 de novembro de 1960

A Mola do Amor

Um comentário sobre *O Banquete* de Platão

II

Cenário e personagens

Alcibíades.
Os eruditos.
O Banquete, *uma sessão.*
A gravação no cérebro.
O amor grego.

Trata-se hoje de entrar no exame de *O Banquete*. Pelo menos, foi o que lhes prometi.

O que lhes disse, da última vez, parece ter obtido efeitos diversos. Os degustadores degustam. Dizem entre si: será um bom ano? Gostaria, simplesmente, que não nos detivéssemos demais no que pode parecer impreciso em alguns pontos a partir dos quais tento iluminar nosso caminho.

Tentei, da última vez, mostrar a vocês os bastidores da cena onde irá ocorrer o que temos a dizer a respeito da transferência. É bem verdade que a alusão ao corpo, e especialmente ao que pode afetá-lo na ordem da beleza, não era simplesmente uma oportunidade para fazer graça sobre o tema da referência transferencial.

Objetam-me, eventualmente, que no cinema, que tomei como exemplo da compreensão comum quanto ao aspecto do psicanalista, acontece às vezes que o psicanalista seja um belo rapaz, e não apenas no caso excepcional que assinalei. Respondo que isso se dá, precisamente, no momento em que a análise é tomada como pretexto para a comédia.

Em suma, vocês vão ver que as principais referências que destaquei da última vez encontram sua justificativa no caminho pelo qual teremos hoje que seguir.

Como relatar o que vem a ser *O Banquete?* Não é cômodo, dados o estilo e os limites que nos são impostos por nosso lugar e nosso objeto, o qual, não esqueçamos, é particularmente o da experiência analítica. Dispor-se a fazer um comentário adequado desse texto extraordinário seria talvez forçar-se a um desvio bem longo, que não nos deixaria depois tempo suficiente para outras incursões neste campo, ao qual *O Banquete* nos pareceu ser uma introdução luminosa, e foi porque o escolhemos. Vai-nos ser necessário, pois, proceder de acordo com uma forma que não é evidentemente a de um comentário, digamos, universitário.

Por outro lado, sou forçado a supor que ao menos alguns de vocês não foram realmente iniciados no pensamento platônico. Não vou lhes dizer que eu mesmo me considere, nesse sentido, absolutamente preparado. Entretanto, disso tenho suficiente experiência e ideia bastante para crer que posso me permitir concentrar os projetores sobre *O Banquete* respeitando todo um plano de fundo. Rogo, aliás, aos que são capazes de fazê-lo, que me controlem e me façam observar, na ocasião devida, o que esse esclarecimento possa ter, não de arbitrário – ele o é, forçosamente – mas, em seu arbitrário, de forçado e dispersivo.

Além disso, não detesto – e creio mesmo dever ressaltá-lo – o não-sei-quê de cru, de novo, na abordagem de um texto como o do *Banquete.* Eis porque vão desculpar-me por apresentá-lo sob uma forma a princípio um pouco paradoxal, ou que talvez assim lhes pareça.

Parece-me que alguém que leia *O Banquete* pela primeira vez, se não se deixar atordoar pelo fato de ser ele um texto de uma tradição respeitada, não poderá deixar de experimentar o sentimento que é mais ou menos expresso por essas palavras: *ficar embasbacado.*

Direi mais: se tiver um pouco de imaginação histórica, deverá se perguntar como tal coisa pôde ser conservada até nós através do que chamarei, com boa vontade, de gerações de monges e escrevinhadores, todos eles pessoas que não pareciam destinadas a nos transmitir um texto sobre o qual não pode deixar de nos surpreender o fato de, por uma de suas partes pelo menos, pelo seu fim, estar ligado – por que não dizê-lo? – ao que chamamos hoje uma literatura especial, aquela que pode ser vítima de batidas policiais.

Para dizer a verdade, se vocês souberem ler, simplesmente – é, por uma vez, passa –, acredito que em seguida ao meu anúncio da última vez algum de vocês adquiriram essa obra e devem, portanto, tê-la começado – não poderão deixar de ser cativados ao menos pelo que acontece na segunda parte desse discurso, entre Alcibíades e Sócrates.

O que se passa entre Alcibíades e Sócrates vai além dos limites do que constitui o banquete.

1

O que é, então, o banquete?

É uma cerimônia com regras, uma espécie de rito, de concurso íntimo entre pessoas da elite, de jogo de sociedade. A realização de um tal simpósio não é, portanto, um simples pretexto para o diálogo de Platão, mas refere-se a hábitos, costumes reais diversamente praticados conforme as localidades da Grécia e, digamos, o nível cultural. O regulamento que ali se impõe nada tem de excepcional – que cada um dê sua quota, sob forma de uma pequena contribuição, que consiste num discurso pautado sobre um tema.

Estabeleceu-se a regra, no começo de nosso banquete, de que não se beberá demais ali. O pretexto para isso, sem dúvida, é que a maioria das pessoas presentes já está com uma forte ressaca por ter bebido um pouco a mais na véspera, mas também nos damos conta, dessa forma, da importância e da seriedade do grupo de elite que é composto naquela noite pelos cobebedores. Ainda assim, produz-se alguma coisa que não estava prevista, uma desordem, se assim se pode dizer.

No momento em que a reunião está longe de terminar, e quando um dos convivas, Aristófanes, tem alguma observação a fazer, uma emenda à ordem do dia ou um pedido de explicação, surge à entrada um grupo de pessoas, estas completamente embriagadas: Alcibíades e seus companheiros. E Alcibíades, meio às tontas, usurpa a presidência e começa a fazer declarações cujo caráter escandaloso pretendo ressaltar para vocês.

Isto supõe que se tenha uma certa ideia de quem é Alcibíades, e também Sócrates, o que nos levará longe.

Para uso corrente, leiam em *A Vida dos Homens Ilustres* o que Plutarco escreve sobre isso, e vão se dar conta do formato do personagem de Alcibíades. Mas será preciso ainda que façam um esforço, pois esta vida nos é descrita por Plutarco no que chamarei de atmosfera alexandrina, a saber, um estranho momento da História onde tudo nos personagens parece passar a um estado de sombra. Falo do acento moral do que nos vem dessa época, que participa de uma saída das sombras, de uma *nekuia* como se diz na *Odisseia*. A fabricação de Plutarco, seus personagens com o que, aliás, comportavam de modelo, de paradigma para toda uma tradição moralista que se seguiu, têm este não-sei-quê que nos faz pensar nos zumbis. É difícil fazer com que corra de novo, ali, um sangue verdadeiro. Mas tentem imaginar, a partir dessa singular carreira que nos traça Plutarco, o que pode ter sido esse homem, esse homem que aparece ali diante de Sócrates, isto é, diante daquele que declarou, em outro lugar, ter sido seu *prótos erástes,* o primeiro que o amou, a ele, Alcibíades.

Alcibíades é uma espécie de pré-Alexandre. Suas aventuras políticas, sem dúvida alguma, são todas marcadas pelo signo do desafio, do extraordinário, do *tour de force,* da incapacidade de situar-se ou deter-se em parte alguma – por onde quer que passe, invertendo a situação, fazendo passar a vitória de um campo a outro por todos os lugares onde passeia, mas em toda parte perseguido, exilado, e é mesmo preciso que se diga, devido a seus delitos.

Parece que, se Atenas perdeu a guerra do Peloponeso, foi na medida em que experimentou a necessidade de chamar Alcibíades, em pleno curso das hostilidades, para fazê-lo relatar uma história obscura, aquela dita da mutilação dos Hermes, que nos parece tão inexplicável quanto amalucada, vista à distância, mas que comportava certamente, no fundo, um caráter de profanação e, falando propriamente, de injúria aos deuses.

Também não podemos, absolutamente, absolver a memória de Alcibíades e de seus companheiros. Sem dúvida, não foi sem razão que o povo de Atenas lhe pediu contas. Ali há uma prática evocadora, por analogia, de uma espécie qualquer de missa negra. Não podemos deixar de ver sobre que fundo de insurreição, de subversão das leis da cidade, surge um personagem como o de Alcibíades – um fundo de ruptura, de desprezo pelas formas, pelas tradições, pelas leis, e sem dúvida pela própria religião.

É bem isso que tal personagem arrasta atrás de si de perturbador. Arrasta também, por onde quer que passe, uma sedução muito singular. E depois dessa demanda judicial do povo ateniense ele se passa, nem mais nem menos, para o inimigo, para Esparta, esta Esparta onde contribuiu de alguma maneira para o fato de que seja inimiga de Atenas, já que anteriormente fizera de tudo para que as negociações de acordo fracassassem.

Portanto, lá está ele passando para Esparta, e logo em seguida não encontra nada melhor, mais digno de sua memória, do que fazer um filho na rainha, bem à vista de todos. Acontece que se sabe muito bem que o rei Agis não dorme há mais de dez meses com sua mulher, por razões que lhes poupo. A rainha, pois, tem um filho dele. Não é por prazer que fiz isso, diz ele a Orestes, mas porque me pareceu digno de mim assegurar um trono para a minha descendência, e honrar, dessa maneira, o trono de Esparta com alguém de minha raça.

Esse tipo de coisa, concebe-se, pode cativar por algum tempo, mas não é facilmente perdoado. E vocês sabem, é claro, que Alcibíades, depois de haver contribuído, com este presente e algumas ideias engenhosas à condução das hostilidades, levanta acampamento rumo a outras paragens, não deixando de passar ao terceiro campo, o dos persas. Dirige-se à pessoa que representa o poder do rei da Pérsia na Ásia Menor, a saber, Tissaferno, que, conta Plutarco, não gosta dos gregos, detesta-os para ser franco, mas fica seduzido por Alcibíades.

É a partir daí que Alcibíades vai se dedicar a reverter a sorte de Atenas. Ele o faz mediante condições cujo histórico também é muito surpreendente, já que isso parece se dar em meio a uma rede de agentes duplos e de uma traição permanente. Todas as suas mensagens de aviso aos atenienses são imediatamente, através de um circuito, enviadas a Esparta, e aos próprios persas, que as transmitem àquele da frota ateniense que passou a informação, de modo que Alcibíades é, por sua vez, informado de que já se sabe perfeitamente, nas altas esferas, que ele traiu.

Enfim, esses personagens se viram cada um como pode. O certo é que, em meio a tudo isso, Alcibíades restabelece a fortuna de Atenas. E em consequência, sem que possamos estar absolutamente certos dos detalhes, que variam conforme as narrativas dos historiadores antigos, não é de se admirar que Alcibíades volte a Atenas com as marcas de um triunfo inusitado que, apesar da alegria do povo ateniense, será o começo de uma mudança na opinião. Pois estamos em presença de alguém que não deixa, a cada instante, de provocar o que se pode chamar de opinião.

Sua morte é também uma coisa muito estranha. Paira uma obscuridade quanto ao seu responsável. Parece que em seguida a uma série de reviravoltas, cada uma mais surpreendente que a outra, de sua fortuna – como se, em qualquer caso, quaisquer que fossem as dificuldades em que se metesse ele jamais pudesse ser abatido – uma espécie de imensa afluência de ódio vai conseguir acabar com ele, através de procedimentos que são os que a lenda, o mito, dizem ser preciso usar contra o escorpião – prendem-no no interior de um círculo de fogo, do qual ele escapa, e é de longe, a golpes de dardos e flechas, que se o deve abater.

Tal é a carreira singular de Alcibíades. Se lhes fiz aparecer nele o nível de uma potência, de uma penetração de espírito muito ativa, excepcional, direi no entanto que o traço mais saliente do personagem ainda é o reflexo acrescentado pelo que se diz quanto a sua beleza. Não somente a beleza precoce do menino Alcibíades, na medida em que conhecemos esse traço, inteiramente ligado à História, do modo de amor que reinava então na Grécia, a saber, o amor das crianças, mas sua beleza longamente conservada, que em idade avançada faz dele alguém que seduz tanto por sua forma física quanto por sua excepcional inteligência.

Assim é o personagem. E ei-lo que chega ao banquete, esse concurso que reúne homens sábios e graves, ainda que nesse contexto de amor grego que vamos acentuar daqui a pouco, e que já traz um fundo de erotismo permanente, sobre o qual se destacam os discursos sobre o amor. E ele conta a todos o que se pode resumir nesses termos: os vãos esforços que fez em sua juventude, no tempo em que Sócrates o amava, para levar este último para a cama. Isso é desenvolvido longamente, com detalhes, e com grande crueza de termos. Fica evidente que ele quis levar Sócrates a perder o controle, a manifestar sua perturbação, a ceder a convites corporais e diretos, a uma aproximação física. E isso é dito publicamente, por um homem bêbado, sem dúvida, mas do qual Platão não desdenha relatar as declarações em toda a sua extensão.

Não sei se me faço entender bem. Imaginem um livro que fosse lançado, não digo em nossos dias, já que Platão o publicou uns cinquenta anos, mais ou menos, depois da cena que é relatada – imaginem que num livro a ser publicado dentro de algum tempo, para acomodar as coisas, um personagem que seria, digamos, o sr. Kennedy, um Kennedy que ao mesmo tempo tivesse sido um James Dean, viesse contar, num livrinho destinado à elite, como fez tudo, no seu tempo de universidade, para conseguir fazer amor com – deixo a vocês os cuidados da escolha do personagem. Não é preciso, em absoluto, situá-lo no corpo docente, já que Sócrates não era exatamente um professor, mas era-o mesmo assim, de forma um pouco especial. Imaginem que fosse alguém como o sr. Massignon, e ao mesmo tempo Henry Miller. Isso causaria um certo efeito, e traria alguns aborrecimentos ao Jean-Jacques Pauvert que publicaria essa obra. Vamos nos lembrar disso, no momento em que se trata de constatar que foi pelas mãos daqueles a quem devemos chamar, ainda assim, de Irmãos, ignorantinhos[2] em diversos graus, que essa obra espantosa nos foi transmitida através dos séculos, o que faz com que tenhamos, sem dúvida alguma, seu texto completo. É nisso que eu pensava, não sem uma certa admiração, ao folhear a admirável edição que dele nos foi dada por Henri Estienne, com uma tradução latina. Esta edição é bastante definitiva, e já tão perfeitamente crítica, que ainda hoje, todas as edições, mais e menos eruditas, não dão a sua paginação. Para os que são novos no assunto, saibam que os pequenos 872 *a* e outros, pelos quais as páginas estão anotadas, são da paginação de Henri Estienne, que data de 1575.

Henri Estienne não era, certamente, um ignorantinho, mas custa a crer, de alguém que seja capaz – e ele não fez somente isso – de se consagrar a compor edições tão monumentais, que sua abertura para a vida seja tal que lhe permita apreender plenamente o conteúdo daquilo que há nesse texto – na medida em que é um texto sobre o amor.

Na mesma época de Henri Estienne, outras pessoas se interessavam pelo amor, e, bem posso lhes dizer tudo: quando lhes falei no ano passado, longamente, da sublimação em torno do amor pela mulher, a mão que eu segurava no invisível não era a de Platão, nem a de algum erudito, mas a de Margarida de Navarra. Fiz uma alusão, sem insistir muito. Saibam que, desse tipo de banquete, de simpósio, que é também o seu *Heptameron,* ela excluiu cuidadosamente esses personagens de unhas negras que apareciam na época, renovando o conteúdo das bibliotecas. Ela só queria cavaleiros, senhores, personagens que, ao falar de amor, falassem de alguma coisa que tivessem tido o tempo de viver. Igualmente, em todos os comentários do *Banquete,* é mesmo dessa dimensão, que com muita frequência parece faltar, que temos sede. Mas, pouco importa.

Para os que nunca duvidam de que sua compreensão, como diz Jaspers, alcance os limites do concreto, e sensível, do compreensível, a história de Alcibíades e Sócrates sempre foi difícil de engolir. Como prova disso, basta dizer que Louis Le Roy, Ludovicus Rejus, primeiro tradutor para o francês desses textos que acabavam de emergir do Oriente para a cultura ocidental, simplesmente parou por ali. Não traduziu mais. Pareceu-lhe que já se havia feito belos discursos o bastante antes da entrada de Alcibíades – o que é bem o caso, aliás. Alcibíades pareceu-lhe alguma coisa acrescentada, apócrifa.

Nem é ele o único a comportar-se assim. Dispenso os detalhes, mas Racine recebeu um dia, de uma senhora que se havia dedicado a isso, o manuscrito de sua tradução do *Banquete* para que ele o revisse. Racine, que era um homem sensível, considerou intraduzível, não somente a história de Alcibíades, mas todo *O Banquete.* Temos suas notas, comprovando que ele examinou com muita atenção o manuscrito que lhe fora enviado. Mas, quanto a refazê-lo – pois tratava-se de nada menos do que rafazê-lo, era preciso alguém como Racine para traduzir grego – recusou. Muito pouco para ele.

Terceira referência. Tive a sorte de haver colhido há muito tempo, em algum canto, as anotações manuscritas de um curso de Victor Brochard sobre Platão. É extraordinário, as notas são admiravelmente redigidas, a escrita é deliciosa e, a propósito da teoria do amor, ele se refere a tudo o que convém, *Lísis, Fedro,* e sobretudo *O Banquete.* Mas há ali um bonito jogo de substituição quando se chega ao caso de Alcibíades – ele muda de rumo e passa a falar do *Fedro,* que serve de alternativa. Da história de Alcibíades ele não se ocupa.

Esta reserva merece, antes, o nosso respeito. Ela testemunha, pelo menos, o sentimento de que há ali alguma coisa a se questionar. E preferimos isso a vê-la resolvida por hipóteses singulares, que não é raro aparecerem.

A mais bela dentre estas, vocês nem podem imaginar – e o sr. Léon Robin adere a ela, o que é espantoso – é que Platão quis, ali, fazer justiça a seu mestre. Os eruditos descobriram que um tal de Polícrates havia publicado, alguns anos depois da morte de Sócrates, um panfleto onde se o vê sucumbir sob diversas acusações, das quais três personagens são os porta-vozes. Este Polícrates teria posto na boca de um deles, Anitos, uma longa peroração, cujo corpo principal seria constituído pelo fato de Sócrates ser o responsável por aquilo de que lhes falei há pouco, a saber, as marcas de corrupção e de escândalo que Alcibíades deixou atrás de si por toda a vida, com o séquito de problemas, senão de catástrofes, que suscitou.

É preciso admitir que a ideia de que Platão tenha inocentado Sócrates e seus costumes, senão sua influência, pondo-nos em face de uma cena de confissão pública desse teor, é realmente desastrada. O que pensam as pessoas que emitem semelhantes hipóteses? Que Sócrates tenha resistido às investidas de Alcibíades, e que isso, por si só, possa justificar que se apresente esse trecho do *Banquete* como destinado a reabilitar o sentido de sua missão perante a opinião pública, isso me deixa, quanto a mim, estupefato.

Das duas, uma: ou bem estamos aí diante de uma série de razões das quais Platão não nos adverte, ou então esse trecho tem, com efeito, sua função. Por que a irrupção do personagem de Alcibíades? – e junto ao personagem de Sócrates, que lhe pode ser reunido, que é sem dúvida de um horizonte mais elevado, mas que de alguma maneira está ligado a ele da forma mais indissolúvel possível. Alcibíades, transportando-se aí em carne e osso, tem, de fato, a mais estreita relação com a questão do amor.

Vejamos agora o que vem a ser isso, já que aí está o ponto em torno do qual gira tudo aquilo de que se trata no *Banquete.* É aí que se vai esclarecer, da maneira mais profunda, não tanto a questão da natureza do amor, e sim a questão que nos interessa aqui, a saber, a de sua relação com a transferência. E é por isso que enfatizo a articulação entre os discursos pronunciados no simpósio – pelo menos, segundo o texto que dele nos é relatado – e a irrupção de Alcibíades.

2

É preciso em primeiro lugar que eu esboce para vocês alguma coisa referente ao sentido desses discursos, mas antes o texto que dele nos é retransmitido, a narrativa.

O que vem a ser esse texto? E o que nos conta Platão? Pode-se perguntar isso para começar. Será uma ficção, uma fabricação? – como o são, manifestamente, muitos dos seus diálogos, que são composições obedecendo a certas leis. Só Deus sabe o quanto haveria a dizer a esse respeito. Por que este gênero? Por que esta lei do diálogo? É preciso, realmente, deixar algumas coisas de lado, e indico a vocês, apenas, que há ali toda uma enormidade de coisas a se conhecer. Mas *O Banquete,* mesmo assim, tem um outro caráter, o qual não é de todo estranho ao modo pelo qual nos são mostrados alguns de seus diálogos.

Para me fazer entender, direi inicialmente do *Banquete* que vamos torná-lo como, digamos, uma espécie de relato de sessões psicanalíticas. Com efeito, é de algo dessa ordem que se trata. À medida que progride o diálogo, e que se sucedem as contribuições dos diferentes participantes desse simpósio, acontece alguma coisa que é o espocar sucessivo de cada um desses *flashes* pelo seu sucessor, e depois, no fim, o que nos é narrado como um fato bruto, até mesmo embaraçoso – a irrupção da vida ali dentro, a presença de Alcibíades. E cabe a nós compreendermos o sentido que há em seu discurso.

Ora, pois, se é disso que se trata, teríamos dele, segundo Platão, uma espécie de gravação. Como não existia gravador, diremos que é uma gravação no cérebro.

A gravação no cérebro é uma prática excessivamente antiga, e que sustentou mesmo, durante longos séculos, o modo de escuta das pessoas que participavam de coisas sérias, enquanto a escrita ainda não tinha assumido essa função de fator dominante na cultura que tem em nossos dias. Como as coisas podem ser escritas, aquelas que devem ser conservadas ficam para nós no que chamei de quilos de linguagem: pilhas de livros e montes de papel. Mas quando o papel era mais raro e os livros muito mais difíceis de se fabricar e difundir, uma coisa essencial era ter boa memória e, se lhes posso dizer, viver tudo o que se ouvia no registro da memória que o guardava. E não é simplesmente no começo do *Banquete*, mas em todas as tradições que conhecemos, que temos o testemunho de que a transmissão oral das ciências e da sabedoria era ali absolutamente essencial. É através dela, aliás, que ainda conhecemos alguma coisa disso. Não existindo a escrita, é a tradição oral que tem função de suporte.

É a isso que Platão se refere quando nos apresenta o modo sob o qual nos chega o texto do *Banquete*. Ele o faz ser narrado por alguém que se chama Apolodoro. Conhecemos o personagem, que existe historicamente. Supõe-se que ele tenha vivido numa época que, com referência ao lançamento do *Banquete*, data de um pouco mais de trinta anos antes, se adotarmos a data de 370, aproximadamente, para a publicação do texto. Portanto, é antes da morte de Sócrates que se dá o que Platão nos diz ser o momento em que é recolhido por Apolodoro o relato daquilo que se passou. E este, supostamente, o teria recebido de Aristodemo, dezesseis anos depois do pretenso simpósio, ao qual este último teria assistido, já que temos razões para saber que foi em 416 que ele teria ocorrido.

É, pois, dezesseis anos mais tarde que um personagem extrai de sua memória o texto literal daquilo que se teria dito. Em consequência, o mínimo que se pode dizer é que Platão utiliza todos os procedimentos necessários para nos fazer crer nessa gravação no cérebro que se praticava na época, que sempre se praticou nessas fases da cultura. Ele frisa que este Aristodemo, estou citando *178 a, não tinha guardado uma lembrança completa,* não mais que o próprio Apolodoro, que há trechos da fita estragados, e que pode haver falhas em alguns pontos. Tudo isso, evidentemente, não resolve de modo algum a questão da veracidade histórica, mas tem, no entanto, uma grande verossimilhança. Se é uma mentira, é uma bela mentira – e como é, por outro lado, manifestamente uma obra de amor, e talvez cheguemos a ver despontar a noção de que, afinal, só os mentirosos podem responder dignamente ao amor – nesse caso, mesmo, *O Banquete* responderia decerto àquilo que é como que a referência eletiva da ação de Sócrates ao amor – isso, sim, nos é legado sem ambiguidades.

Por isso mesmo é que *O Banquete* é um testemunho tão importante. Sabemos que o próprio Sócrates afirma nada conhecer, realmente, a não ser nesse registro. Sem dúvida, o *Teages,* onde ele diz isso, não é um diálogo de Platão, mas é, ainda assim, um diálogo de alguém que escrevia sobre o que se sabia de Sócrates e aquilo que restava dele. E ali se atesta que Sócrates teria dito expressamente nada saber, em suma, a não ser essa coisinha, *suicrou finos,* da ciência, *matématos,* que diz respeito a *ton eroticon,* às coisas do amor. Ele o repete nos próprios termos, e em termos que são exatamente os mesmos, num ponto do *Banquete.*

Qual é o tema do *Banquete*? O tema foi anunciado pelo personagem Fedro. Este é, nem mais nem menos, o mesmo que deu seu nome a um outro diálogo, ao qual me referi no ano passado a propósito do belo, e onde também se trata de amor, pois os dois estão ligados no pensamento platônico. Fedro é dito *pater tou logou,* o pai do tema a propósito do qual vai se tratar no *Banquete.* O tema é o seguinte: de que serve ser sábio em amor? E sabemos que Sócrates não pretende ser sábio em nenhuma outra coisa.

Só se torna mais espantoso fazer a observação seguinte, que poderão apreciar em seu justo valor quando se remeterem ao texto: Sócrates não diz quase nada em seu nome. Este quase nada, vou lhes dizer hoje se tivermos tempo, é importante, acredito mesmo que estamos chegando justamente ao momento em que posso dizê-lo a vocês – ele é sem dúvida essencial, pois é em torno deste quase nada que gira realmente a cena, e que se começa, como era de se esperar, a falar verdadeiramente do assunto.

Sócrates efetua uma espécie de arbítrio, de acomodação do nível em que as coisas devem ser tomadas, e no fim das contas, com relação ao que dizem os outros, Sócrates não põe o amor em lugar tão elevado. O que ele diz consiste, antes, em enquadrar as coisas, ajustar as luzes de modo que se veja, justamente, essa altura, que é mediana. Se Sócrates nos diz alguma coisa, é certamente que o amor não é coisa divina. Ele não o coloca muito alto, mas é isso que ele ama. Ele só ama, mesmo, isso.

O momento em que ele toma a palavra, vale bem ser ressaltado, é logo depois de Agatão. Faço entrar os personagens à medida que prossegue meu discurso, em lugar de apresentá-los a vocês de saída. Estão ali Fedro, Pausânias, Aristodemo que veio de penetra, isto é, que encontrou-se com Sócrates e foi levado por ele. Há também Erixímaco, que é um colega da maioria de vocês, já que é médico, e Agatão, o dono da casa. Sócrates, que trouxe Aristodemo, chega muito atrasado porque, no caminho, teve o que se poderia chamar de uma crise. As crises de Sócrates consistiam em parar bruscamente e ficar de pé num canto, numa perna só. Nessa noite ele parou na casa vizinha, onde não tinha nada que fazer. Plantou-se no vestíbulo entre o porta guarda-chuvas e o porta casacos, e não houve meios de despertá-lo. É preciso acrescentar um pouquinho de atmosfera a essas coisas. Não são, de modo algum, histórias tão tediosas como vocês veem no colégio.

Um dia eu gostaria de lhes fazer um discurso – no qual tornaria meus exemplos, justamente, do *Fedro,* ou ainda de certa peça de Aristófanes – sobre um traço essencial, absolutamente, sem o qual não há meios de se compreender como se situa o que vou chamar, em tudo o que a Antiguidade nos propõe, de círculo iluminado.

Nós vivemos o tempo todo em meio à luz. A noite nos é veiculada, em suma, por uma torrente de neon. Mas imaginem que até uma época relativamente recente – não é preciso que nos reportemos aos tempos de Platão – a noite era a noite. Quando se vem bater à porta, no começo do *Fedro,* para acordar Sócrates, porque é preciso se levantar um pouco antes do raiar do dia – espero que isso esteja no *Fedro,* mas pouco importa, é no começo de um diálogo de Platão –, é toda uma complicação. Ele se levanta, e está realmente no escuro, isto é, a cada três passos que dá derruba alguma coisa. O mesmo acontece no início de uma peça de Aristófanes. Quando se está no escuro, está-se realmente no escuro. É de não se reconhecer a pessoa que toca em nossa mão.

Para tomar o que acontece, ainda no tempo de Margarida de Navarra, o *Heptameron* está cheio de histórias baseadas no fato de que, naquele tempo, quando alguém deslizava para o leito de uma dama durante a noite, era considerado uma coisa perfeitamente possível, sob a condição de se calar a boca, passar-se por seu marido ou seu amante. E isso era praticado, ao que parece, de modo geral. É evidente que o que vou chamar, num sentido inteiramente outro, de difusão das luzes, muda muita coisa na dimensão das relações entre os seres humanos. A noite não é para nós uma realidade consistente, não pode escorrer de uma concha, fazer um escuro denso. Isso nos retira certas coisas, muitas coisas.

Tudo isso para voltar ao nosso assunto, que é aquele ao qual é bem preciso chegarmos, a saber, o que significa este círculo iluminado no qual estamos, e aquilo de que se trata, a propósito do amor, quando se fala dele na Grécia.

Quando se fala dele, pois bem, como diria o sr. de La Palice, trata-se do amor grego.

3

O amor grego, é preciso que se acostumem a esta ideia, é o amor dos belos rapazes. E depois, um travessão, nada mais.

É bem claro que, quando se fala de amor, não se fala de outra coisa. Todos os esforços que fazemos para situá-lo estão fadados de antemão ao fracasso. Para tentar ver exatamente o que é isso, sem dúvida seremos obrigados a arrastar os móveis de uma certa maneira, a restabelecer certas perspectivas, a colocar-nos em certa posição mais ou menos oblíqua, dizer que não havia, forçosamente, apenas isso, é evidente, é claro. Nem por isso deixa de ser verdade que no plano do amor só havia isso.

Vocês me dirão que o amor dos rapazes é algo aceito universalmente. Há muito tempo que o dizem alguns de nossos contemporâneos, que lamentam não terem nascido um pouco mais cedo. Não! Ainda assim, em toda uma parte da Grécia, ele era muito malvisto, e em toda uma outra parte da Grécia – Pausânias o enfatiza no *Banquete* – era muito bem-visto. E como isso era na parte totalitária da Grécia, entre os beócios, os espartanos, onde tudo o que não era proibido era obrigatório, não apenas isso era muito bem-visto, mas era uma ordem a se cumprir, não havia como furtar-se a ela. Há pessoas que estão muito melhor, diz Pausânias: entre nós, atenienses, isso é bem-visto, mas proibido assim mesmo, e isso, naturalmente, eleva o preço da coisa.

Tudo isso não nos ensina grande coisa, senão que isso era mais verossímil, e sob a condição de compreendermos mais ou menos ao que corresponde. Para fazer uma ideia, devem se referir ao que eu disse no ano passado sobre o amor cortês. Não é a mesma coisa, mas ocupa na sociedade uma função análoga. É bem evidentemente da ordem da sublimação, no sentido em que tentei no ano passado fazer uma ligeira retificação, em seus espíritos, sobre o que vem a ser realmente a sua função.

Não se trata aí de nada que se possa classificar no registro de uma regressão em escala coletiva. Se é verdade que a doutrina analítica nos indica como suporte do laço social como tal a fraternidade entre os homens, a homossexualidade – é ela que liga o homem à neutralização do laço – não é o que está em causa aqui. Não se trata, de modo algum, de uma dissolução do laço social e de um retomo à forma inata. É, de modo bem evidente, uma outra coisa: é um fato da cultura, e é também no meio dos mestres da Grécia, no meio de pessoas de uma certa classe, no nível onde reina e se elabora a cultura, que esse amor é posto em prática. Esse amor é, evidentemente, o grande centro de elaboração das relações inter-humanas.

Lembro a vocês, sob uma outra forma, o que havia indicado no final do seminário anterior, o esquema da relação da perversão com a cultura, na medida em que esta se distingue da sociedade. Se a sociedade acarreta, por seu efeito de censura, uma forma de desagregação que se chama de neurose, é num sentido contrário de elaboração, de construção, de sublimação – digamos o termo – que se pode conceber a perversão quando ela é produto da cultura. E o círculo se fecha, a perversão trazendo os elementos que trabalham a sociedade, a neurose favorecendo a criação de novos elementos de cultura.

Isso não impede que o amor grego permaneça uma perversão, por maior sublimação que seja. Nenhum ponto de vista culturalista prevalece aqui. Que não nos venham dizer, a pretexto de que essa era uma perversão aceita, aprovada, até mesmo festejada, que não fosse uma perversão. A homossexualidade não deixava de ser o que é, uma perversão. Dizer-nos, para acomodar as coisas, que se tratamos dela é porque, em nosso tempo, a homossexualidade é inteiramente diferente, não está mais na moda, ao passo que no tempo dos gregos ela exercia sua função cultural, sendo enquanto tal digna de toda a nossa consideração, é realmente elidir o problema.

A única coisa que diferencia a homossexualidade contemporânea e a perversão grega, meu Deus, acho que só pode ser encontrada na qualidade dos objetos. Aqui, os ginasianos são espinhentos e cretinizados pela educação que recebem. Entre os gregos, as condições eram favoráveis a que fossem eles o objeto de homenagens, sem que se tivesse que ir buscar esses objetos nas esquinas recônditas, na sarjeta. Essa é toda a diferença. Mas a estrutura, esta nada tem de diferente.

Isso faz escândalo, haja vista a eminente dignidade com que revestimos a mensagem grega. Cercamo-nos para isso de bons propósitos. Assim mesmo, nos dizem, não creiam que as mulheres não recebessem igualmente as homenagens que lhes convinham. Assim, quanto a Sócrates, não esqueçam que se no *Banquete* ele diz muito pouca coisa em seu nome, faz falar em seu lugar uma mulher, Diotima. Não veem nisso o testemunho de que a suprema homenagem cabe, mesmo na boca de Sócrates, à mulher? Pelo menos, é isso que as boas almas nunca deixam, neste ponto, de nos ressaltar. E acrescentam: Sabem, de vez em quando, ele ia visitar Laís, Aspásia, Teodota que era a amante de Alcibíades – enfim, tudo o que se pode extrair das fofocas dos historiadores. E Xantipa, a famosa, da qual eu lhes falava outro dia, estava lá no dia de sua morte, vocês sabem, e até mesmo soltava gritos ensurdecedores. Só há uma infelicidade – isso nos é atestado no *Fédon* –: Sócrates pede que a façam sair imediatamente, que a façam ir se deitar logo para que possam conversar em paz porque só lhe restam algumas horas. Não fosse por isso a função da dignidade das mulheres estaria preservada entre os gregos.

Não duvido, por minha parte, da importância das mulheres na sociedade grega antiga. Diria mesmo que isso é uma coisa muito séria, cujo alcance vocês verão em seguida. É que elas tinham o que chamarei de seu verdadeiro lugar. E não apenas tinham seu verdadeiro lugar, mas tinham um peso, de todo eminente, nas relações de amor. Temos disso todo tipo de testemunhos. De fato, verifica-se, sempre sob a condição de se saber ler – não se deve ler os autores antigos com antolhos – que elas tinham um papel que para nós é velado, mas que é no entanto, de forma muito acentuada, o delas no amor: simplesmente, o papel ativo. A diferença que existe entre a mulher antiga e a mulher moderna é que a mulher antiga exigia o que lhe era devido, atacava o homem.

Aí está o que vão encontrar, palpável, em muitos casos. Quando despertarem para este ponto de vista sobre a questão, vão observar muitas coisas na história antiga que, de outra maneira, pareceriam estranhas. Aristófanes, que era um excelente diretor de teatro de variedades, não nos ocultou como se comportavam as mulheres no seu tempo. Nunca houve nada de mais característico e de mais cru no que se refere aos empreendimentos das mulheres, e é justamente por isso que o amor culto, se assim posso dizer, se refugiava noutra parte. Temos aí uma das chaves da questão, e que não foi feita para espantar tanto assim os psicanalistas.

Tudo isso talvez vá parecer um desvio muito longo em nossa empreitada, que é a de analisar um texto cujo objeto é saber o que é ser sábio no amor. Que se desculpe esse desvio. Sabemos que esse texto vem dos tempos do amor grego, e que este amor é, se posso assim dizer, o da escola, quero dizer, dos escolares. E por razões técnicas, de simplificação, de exemplo, de modelo, esse amor permite apreender uma articulação sempre elidida naquilo que há de excessivamente complicado no amor com as mulheres. É nisso que este amor da escola pode legitimamente servir, a nós e a todos, de escola de amor.

Isso não quer dizer que ele deva recomeçar. Faço questão de evitar todos os mal-entendidos – logo estarão dizendo que estou me fazendo aqui de propagador do amor platônico. Há muitas razões pelas quais isso não pode mais servir de escola de amor. Se lhes dissesse quais, isso seria rasgar cortinas a golpes de espada, sem que se tenha controle do que há por detrás. Acreditem-me, em geral, evito isso. Existem razões que fazem com que não haja que recomeçar, que seja mesmo impossível recomeçar. Uma dessas razões, que talvez os surpreenda se afirmá-la diante de vocês, é que para nós, no ponto em que estamos, o amor e seu fenômeno, e sua cultura, e sua dimensão, o amor está já há algum tempo, desengrenado da beleza. Isso pode espantá-los, mas é assim.

Mesmo que ainda não tenham percebido, vão percebê-lo se refletirem um pouco. Observem isso pelos dois lados: por um lado as belas obras, da arte, e pelo outro, o amor, e perceberão que isso é verdade. Esta é, em todo caso, uma condição que torna difícil para vocês acomodarem-se com aquilo de que se trata, e é justamente por esse motivo que faço toda essa digressão. Voltamos à beleza, à sua função trágica da qual destaquei, no ano passado, a dimensão, já que é ela que dá seu verdadeiro sentido ao que Platão vai nos dizer do amor.

Por outro lado, é absolutamente claro que atualmente não se atribui mais ao amor, de modo algum, o nível da tragédia, nem tampouco um outro nível de que falarei daqui a pouco. Ele está no nível do que se chama, no discurso de Agatão, o nível de Polímnia. É o nível do que se apresenta como a materialização mais viva da ficção como essencial. Entre nós, é o cinema.

Platão ficaria satisfeito com essa invenção. Não há melhor ilustração nas artes daquilo que Platão coloca na origem de sua visão de mundo. O que se exprime no mito da caverna, nós o vemos todos os dias, ilustrado por esses raios dançantes que vêm, sobre a tela, manifestar todos os nossos sentimentos em estado de sombras. E é realmente a esta dimensão que, na arte de nossos dias, pertencem, de modo mais eminente, a defesa e a ilustração do amor.

É por isso que lhes disse outrora – afirmativa que não deixa de lhes despertar reticências, porque eu o disse de maneira muito incidental, e que será no entanto o pivô de nosso progresso – que o amor é um sentimento cômico. É necessário um esforço para chegar ao ponto de acomodação adequado que lhe dá sua importância.

Há duas coisas que observei em meu discurso passado, referentes ao amor, e vou recordá-las para vocês.

A primeira é que o amor é um sentimento cômico. Vocês verão, em suas investigações, o que vai ilustrá-lo, e para esse fim daremos o fechamento que irá nos permitir chegar ao que é essencial, a verdadeira natureza da comédia. Isso é tão essencial, e tão indispensável, que é a razão de existir no *Banquete* essa presença que, no decorrer do tempo, os comentaristas jamais conseguiram explicar, a de Aristófanes, que no entanto era, historicamente falando, o inimigo jurado de Sócrates.

A segunda coisa que gostaria de dizer, que vamos encontrar a todo instante e que nos servirá de guia, é que o amor é dar o que não se tem. Verão isso vir, igualmente, numa das espirais essenciais do que teremos de encontrar em nosso comentário.

Seja como for, para entrar na desmontagem pela qual o discurso de Sócrates vai ter para nós sua função esclarecedora, digamos que o amor grego nos permite retirar, na relação do amor, os dois parceiros do neutro. Trata-se daquela coisa pura que se exprime naturalmente no gênero masculino, e que permite inicialmente articular o que se passa no amor no nível deste par formado, respectivamente, pelo amante e pelo amado, o *érastès* e o *érôménos.* O que lhes direi da próxima vez vai lhes mostrar como o processo do que se desenrola no *Banquete* nos permite qualificar essas duas funções, o amante e o amado, com todo o rigor de que a experiência analítica é capaz.

Em outras palavras, numa época em que falta a experiência analítica como tal, quando o inconsciente em sua função própria com relação ao sujeito é, certamente, a dimensão mais insuspeitada, e portanto com as limitações em que isso implica, veremos aí, claramente articulado, algo que vem encontrar os píncaros de nossa experiência, e que tentei desenvolver diante de vocês sob dupla rubrica: num primeiro ano, *A Relação de Objeto,* e em seguida, *O Desejo e sua Interpretação.* Para dizê-lo nas fórmulas às quais chegamos, vocês verão aparecer claramente o amante como o sujeito do desejo – com todo o peso que tem para nós este termo, o desejo – e o amado como aquele que, nesse par, é o único a ter alguma coisa.

A questão é de saber se aquilo que ele possui tem relação, diria mesmo uma relação qualquer, com aquilo que ao outro, o sujeito do desejo, falta.

A questão das relações entre o desejo e isso diante do que ele se fixa já nos conduziu à noção do desejo enquanto desejo de outra coisa. Chegamos até aí pelas vias da análise dos efeitos da linguagem sobre o sujeito. É muito estranho que uma dialética do amor, a de Sócrates, que se fez por inteiro, precisamente, por meio da dialética, e através de uma prova dos efeitos imperativos da interrogação como tal, não nos leve ao mesmo entroncamento. Ela faz muito mais: permite-nos ir mais além e captar o momento de báscula, de virada onde, da conjunção do desejo com seu objeto enquanto inadequado, deve surgir essa significação que se chama o amor.

Para quem não apreendeu esta articulação e o que ela implica como condições no simbólico, no imaginário e no real, é impossível captar aquilo de que se trata nesse efeito, tão estranho por seu automatismo, que se chama a transferência, impossível comparar a transferência e o amor, e medir a parte, a dose, do que se deve atribuir a cada um, e reciprocamente, de ilusão ou de verdade.

Nisso, a investigação à qual hoje os introduzi vai provar ser para nós de uma importância inaugural.

23 de novembro de 1960

III

A METÁFORA DO AMOR
Fedro

O ser do outro: um objeto?
Do "Conhece-te a ti mesmo" ao "Ele não sabe".
Os deuses pertencem ao real.
Orfeu, Alceste, Aquiles.

Ficamos, da última vez, na posição do *érastès* e do *érôménos,* do amante e do amado, de modo que a dialética do *Banquete* nos permitirá introduzi-la como a base, o ponto crítico, a articulação essencial do problema do amor.

O problema do amor nos interessa na medida em que vai nos permitir compreender o que se passa na transferência – e, até certo ponto, por causa da transferência.

Para justificar um desvio assim tão longo, que pode parecer supérfluo para aqueles de vocês que iniciam o seminário este ano, tentarei lhes apresentar o sentido que devem apreender de imediato do alcance de nossa investigação.

1

Parece-me que, em qualquer nível que esteja de sua formação, algo deve estar presente ao psicanalista como tal, e que pode capturá-lo, puxá-lo pela aba do paletó em mais de uma ocasião.

O mais simples não será o traço seguinte? – difícil de evitar, parece-me, a partir de uma certa idade, e que deve comportar desde já para vocês, de maneira muito presente e por si só, o que vem a ser o problema do amor. Será que nunca lhe chamou a atenção que num dado momento, naquilo que vocês deram aos que lhes são mais próximos, alguma coisa faltou? E não apenas alguma coisa faltou, mas algo que os deixa, a esses ditos mais próximos, irremediavelmente em falta por vocês? E o quê?

O fato de serem analistas permite-lhes compreender isso: que, com seus próximos, vocês só fizeram girar em torno da fantasia cuja satisfação buscaram, mais ou menos, neles. Essa fantasia, de certa forma, substituiu por eles suas imagens e suas cores.

Este ser, de quem vocês podem se lembrar de súbito por um acidente qualquer, cuja morte é realmente o que nos faz escutar de mais longe a sua ressonância, este ser verdadeiro, na medida em que o evocam, já se distancia, já está eternamente perdido. Ora, este ser, ainda assim, é aquele mesmo a que tentam reunir-se pelos caminhos do seu desejo. Só que este ser é o de vocês. Como analistas, bem sabem que de certa forma, por não tê-lo querido, é que vocês também meio que o perderam. Mas, pelo menos, aqui vocês estão no nível de sua falta, e seu fracasso mede isto com exatidão.

E este outro que vocês tanto negligenciaram, não seria por terem feito dele, como se diz, somente o seu objeto? Praza aos céus que, a esses outros, vocês os tenham tratado como objetos, dos quais se aprecia o peso, o gosto e a substância. Hoje, estariam menos perturbados pela lembrança deles. Teriam lhes rendido justiça, homenagem, amor. Teriam-nos amado, ao menos como a si mesmos, só que vocês se amam mal. Mas nem mesmo é da sorte dos mal-amados que partilhamos. Vocês terão feito deles, sem dúvida, como se diz, sujeitos – como se fosse este o objetivo do respeito que eles mereciam, respeito, diz-se, por sua dignidade, o respeito devido aos semelhantes.

Receio que este uso neutralizado do termo, *nossos semelhantes,* seja algo bem diferente daquilo de que se trata na questão do amor. Esses semelhantes, receio que o respeito que lhes prestam se dirija com demasiada pressa aos seus caprichos de resistência, às suas ideias teimosas, à sua burrice de nascença – às coisas deles, sei lá!

Eles que se virem. Está justamente aí, creio, o fundamento deste conter-se diante da liberdade deles que frequentemente dirige a conduta de vocês. Liberdade de indiferença, diz-se, mas não da deles, antes da de vocês.

E é nisso, realmente, que a questão se coloca para um analista. A saber, qual a nossa relação com o ser de nosso paciente? Sabe-se bem, afinal, que é disso que se trata em análise. Nosso acesso a esse ser, será ou não o do amor? Terá alguma relação, este acesso, com aquilo que vamos saber, a partir da questão que colocamos este ano, quanto à natureza do amor? Isso, verão, nos levará bem longe. Existe, precisamente no *Banquete,* uma metáfora da qual pretendo me servir com este fim. Com efeito, havia naquela época, ao que parece, imagens cujo exterior representava um sátiro ou um sileno e no interior, como nas bonecas russas, havia uma outra coisa, não sabemos direito o quê, mas certamente eram coisas preciosas. Pois bem, Alcibíades compara Sócrates a esses pequenos objetos. E para nós, o que deve haver, o que pode haver, o que é suposto haver, disso, na análise, é ao que se aterá nossa questão, mas só no final.

Tento abordar o problema da relação do analisado ao analista, que se manifesta por este fenômeno tão curioso da transferência, de maneira que o aproxime mais de perto e esconda o menos possível suas formas. Todo analista o conhece, mas procura-se, mais ou menos, abstrair seu peso, evitá-lo. Nada de melhor podemos fazer, nesse sentido, do que partir de uma interrogação sobre aquilo que o fenômeno da transferência é considerado imitar ao máximo, até mesmo chegando a confundir-se com ele: o amor.

Um texto célebre de Freud, classificado entre o que se costuma chamar de *Escritos técnicos* a "Observação sobre o amor de transferência", vai nesse sentido. O texto situa a transferência com relação àquilo com o que ela está estreitamente em contato. Mas há, desde sempre, uma suspensão no problema do amor, uma discórdia interna, não se sabe que duplicidade, que é justamente o que nos cabe aproximar mais de perto. Isso, justamente, pode ser esclarecido pela ambiguidade de algo diferente, que é esta substituição feita no meio do caminho, sobre a qual, depois de algum tempo do seminário aqui, vocês devem saber que é realmente o que se passa na ação analítica, e que posso resumir para vocês.

Aquele que vem ao nosso encontro, partindo dessa suposição de que não sabe o que tem – já está aí toda a implicação do inconsciente, do *ele não sabe* fundamental. É por aí que se estabelece a ponte que pode ligar nossa nova ciência a toda a tradição do *conhece-te a ti mesmo.*

Existe, é claro, uma diferença fundamental. A ênfase é completamente deslocada por este *ele não sabe.* Penso já lhes ter dito o bastante sobre isso para não precisar fazer mais do que apontar, de passagem, para essa diferença.

Trata-se daquilo que o sujeito tem, realmente, em si mesmo, do que ele demanda ser, e não apenas ter. Apenas, que ele seja educado, criado, cultivado segundo o método de todas as pedagogias tradicionais, que se colocam à sombra do poder fundamentalmente revelador de alguma dialética, e são os rebentos, os brotos da trajetória inaugural de Sócrates, na medida em que é filosófica – será a isso que vamos conduzir aquele que vem ao nosso encontro, enquanto analistas?

Simplesmente, como leitores de Freud, vocês já devem saber bem algo sobre o que, pelo menos à primeira vista, aparece como o paradoxo do que se apresenta a nós como termo, *télos,* ponto de chegada, término da análise. O que nos diz Freud? Senão que, no fim das contas, o que vai encontrar, no término, quem segue este caminho não é outra coisa, essencialmente, além de uma falta.

Quer chamem a essa falta de *castração* ou *Penisneid,* isso é signo, metáfora. Mas se é realmente contra isso que vem, ao término, se chocar a análise, já não há aí alguma ambiguidade? Em suma, lembrando-lhes o duplo registro entre o começo, a partida de princípio, da experiência, e seu término, não me escapa que seu primeiro aspecto possa aparecer, e tão necessariamente, decepcionante. No entanto, todo o seu desenvolvimento se inscreve aí. Seu desenvolvimento é, propriamente falando, a revelação deste algo, por inteiro no seu texto, que se chama o Outro inconsciente.

Para quem quer que ouça falar nisso pela primeira vez – mas penso que ninguém aqui esteja nesse caso – tudo isso só pode ser ouvido como um enigma. Não é, absolutamente, a este título que eu o apresento a vocês, mas a título da reunião dos termos onde se inscreve nossa ação. É igualmente para iluminar de imediato o plano geral que vai seguir nosso encaminhamento. Afinal, meu Deus, não se trata de nada além de apreender imediatamente o que têm de análogo esse desenvolvimento e esses termos com a situação inicial, fundamental, do amor. Esta, para ser claro, nunca foi, que eu saiba, situada nos termos nos quais proponho articulá-la de imediato, esses dois termos de onde partimos, o *érastès,* o amante, ou ainda o *érôn,* aquele que ama,[3] e o *érôménos,* aquele que é amado.

Tudo isso não vai se situar melhor logo de saída? Não há porque brincar de esconde-esconde. Podemos vê-lo de imediato em tal assembleia – o que caracteriza o *érastès,* o amante, para todos os que dele se aproximam, não será essencialmente aquilo que lhe falta? Quanto a nós, podemos acrescentar desde logo que ele não sabe o que é que lhe falta, com aquele tom particular de "inciência" que é o do inconsciente.

E por outro lado, o *érôménos,* o objeto amado, não se situou sempre como aquele que não sabe o que tem, o que tem de oculto, e que constitui sua atração? O que ele tem não é aquilo que, na relação de amor, é convocado não apenas a se revelar, mas a tornar-se, a ser atualizado, quando era, até então, apenas possível? Em suma, vamos dizê-lo com um tom analítico, ou mesmo sem este tom, o amado, ele também, não sabe. Mas é de outra coisa que se trata – ele não sabe o que tem.

Entre esses dois termos que constituem, em sua essência, o amante e o amado, observem que não há nenhuma coincidência. O que falta a um não é o que existe, escondido, no outro. Aí está todo o problema do amor. Quer se o saiba ou não, isso não tem importância alguma. No fenômeno, encontra-se a cada passo o dilaceramento, a discordância. Ninguém, no entanto, precisa dialogar, dialetizar, *dialektikellestai,* sobre o amor – basta que se esteja nele, basta amar, para ser presa desta hiância, dessa discórdia.

Isso será mesmo dizer tudo? Será que basta? Nada mais posso fazer aqui. O que faço já é muito. Exponho-me ao risco de uma certa incompreensão imediata. Mas não tenho a intenção, aqui, de enganá-los, e desde já acendo a minha lanterna.

Certamente, as coisas vão mais além. Podemos dar aqui, nos termos dos quais nos servimos, uma fórmula que retoma o que já é indicado pela análise, da criação do sentido na relação significante-significado, mesmo deixando para ver, depois, o seu manejo e a sua verdade. O amor como significante – pois, para nós, ele é um, e não mais que isso – o amor é uma metáfora – na medida em que aprendemos a articular a metáfora como substituição.

É aqui que entramos no obscuro. Peço-lhes, por ora, admiti-lo simplesmente, e manter à mão aquilo que aqui promovo como o que é, a saber, uma fórmula algébrica. É na medida em que a função do *érastès,* do amante, na medida em que é ele o sujeito da falta, vem no lugar, substitui a função do *érôménos,* o objeto amado, que se produz a significação do amor.

Levaremos, talvez, um certo tempo para esclarecer essa fórmula. Haverá tempo para fazê-lo neste ano que temos pela frente. Pelo menos, não terei deixado de lhes dar, de saída, este marco que pode servir, não como charada mas como referência, própria para lhes evitar certas ambiguidades em meus futuros desenvolvimentos.

2

Entremos agora neste *Banquete,* do qual na última vez, montei o cenário e lhes apresentei os personagens.

Estes nada têm de primitivos, apesar da simplificação do problema que nos apresentam. São personagens muito sofisticados, é bem o caso de dizê-lo. E volto a traçar, agora, um dos alcances daquilo que passei meu tempo, da última vez, a lhes dizer, pois considero importante que isso seja emitido com todo o seu caráter provocante.

Existe, ainda assim, algo de bastante humorístico em pensar que, durante quase vinte e quatro séculos de meditação religiosa, não houve uma única reflexão sobre o amor, fosse pelos libertinos, fosse pelos padres, que não se referisse a esse texto inaugural.

Porque, afinal de contas este banquete, tomado em seu aspecto exterior, por alguém que nele penetre inadvertidamente, pelo camponês que sai de seu pequeno rincão nos arredores de Atenas, representa, convenhamos, uma espécie de assembleia de tias, como se diz, uma reunião de bichas velhas. Sócrates está com cinquenta e três anos, Alcibíades, sempre belo ao que parece, com trinta e seis, e o próprio Agatão, em cuja casa estão reunidos, tem trinta – ele acaba de ganhar o prêmio no concurso de tragédias, e é isso o que nos permite datar com exatidão *O Banquete*.

Não devemos nos deter nessas aparências. É sempre nos salões, isto é, nos lugares onde as pessoas não têm em seu aspecto nada de particularmente atraente, é em casa das duquesas, afinal de contas, que se dizem, no decorrer de uma noitada, as coisas mais sutis. Essas coisas ficam perdidas para sempre, é claro, mas não para todos, pelo menos não para aqueles que as dizem. Aqui, temos a chance de saber o que esses personagens, cada um por sua vez, discutiram naquela noite.

Já se falou muito desse *Banquete*. Inútil dizer-lhes que aqueles cujo ofício é ser filósofo, filólogo, helenista, o examinaram com lupa. Não esgotei a soma de suas observações, mas elas também não são inesgotáveis, giram sempre em torno de um ponto. Por menos inesgotável que seja, está fora de cogitação, assim mesmo, que eu restitua para vocês a soma dos debates miúdos feitos em torno de tal ou tal linha. Em primeiro lugar, não está dito que estes nos evitariam deixar escapar alguma coisa importante. E depois, não é cômodo para mim, que não sou filósofo, nem filólogo, nem helenista, pôr-me na pele destes, e dar-lhes uma aula sobre *O Banquete*. O que posso simplesmente esperar é dar-lhes, inicialmente, uma primeira apreensão dele.

Peço-lhes que acreditem que não é na primeira leitura que estou me fiando. Deem-me o crédito de pensar que não foi pela primeira vez, e para uso deste seminário, que entrei neste texto. Deem-me também o crédito de pensar que fiz um certo esforço para refrescar o que tinha de lembranças com relação às obras que se a ele dedicaram, ou mesmo para me informar sobre aqueles que pudesse ter negligenciado até então.

Digo-lhes isso para me desculpar por ter abordado as coisas pelo final. Fiz isso porque creio ser o melhor. Decerto, a partir do próprio método que lhes ensino, o que compreendo disso deve ser, para vocês, objeto de uma reserva. É aí que corro os maiores riscos – sejam-me reconhecidos por corrê-los no lugar de vocês. Que isso lhes sirva apenas de introdução às suas críticas, que não vão incidir tanto sobre o que lhes vou dizer do que entendi, mas sim sobre o que está no texto, e que, depois do que lhes digo, vai-lhes aparecer como aquilo que capturou minha compreensão. Que esta compreensão seja verdadeira ou falsa, o que a justifica no texto é, como significante, impossível de evitar para vocês, mesmo que o compreendam de outra maneira.

Portanto, dispenso-lhes as primeiras páginas, estas páginas que existem sempre nos diálogos de Platão. Este não é um diálogo como os outros, mas encontra-se nele, ainda assim, esta situação feita para criar o que chamei de ilusão de autenticidade, esses recuos, esses apontamentos da transmissão, de quem repetiu o que outro lhe dissera. É sempre esta a forma pela qual Platão entende criar, de saída, uma certa profundidade, e sem dúvida ela serve, a seus olhos, para a ressonância do que ele faz dizer.

Passo, também, por cima do regulamento ao qual fiz alusão da última vez, das leis do banquete. Indiquei-lhes que essas leis não eram apenas locais, improvisadas, mas que se relacionavam com um protótipo. O simpósio era algo que tinha suas leis, mas não, sem dúvida, as mesmas exatamente aqui e ali, em Atenas e em Creta.

Passo por cima de todas essas referências para chegar à realização da cerimônia que vai incluir o seguinte, que deve ser chamado por um nome, o qual, indico-lhes de passagem, se presta à discussão: um elogio do amor. Será *enkómion*? Será *epainésis*? Poupo-lhes a discussão, que tem seu interesse, mas que é secundária. Queria hoje, simplesmente, situar o progresso do que vai se desenrolar através da sucessão dos discursos.

O primeiro é o de Fedro. Fedro é um outro personagem bem original. Seria necessário traçar seu caráter, embora isso não tenha tanta importância. Por hoje, saibam apenas que é singular que tenha sido ele quem trouxe o tema à baila, que fosse o *pater tou logou,* o pai do tema, pois nós o conhecemos um bocadinho pelo começo do *Fedro:* é um curioso hipocondríaco. Essa observação talvez lhes sirva mais adiante.

Aproveito, enquanto estou pensando nisso, para pedir desculpas a vocês. Quando lhes falei sobre a noite, na última vez, não sei por que remeti-os ao *Fedro.* Lembrei-me de que não é o *Fedro* que começa com a noite, mas o *Protágoras.* Corrigido isso, continuemos.

Fedro, Pausânias, Erixímaco. Antes de Erixímaco, deveria ter sido Aristófanes, mas este está com soluços e deixa que o outro passe à sua frente. Aristófanes, o poeta cômico, eis o eterno problema de saber por que se encontrava ali com Sócrates, quando todos sabem que ele fazia mais do que criticá-lo: ridicularizava-o, difamava-o em suas comédias, e os historiadores em geral o consideram parcialmente responsável pela condenação e pelo fim trágico de Sócrates. Há, sem dúvida, já lhes disse, uma razão profunda para sua presença, da qual não dou, assim como os outros, a solução última. Mas talvez tentemos lançar sobre este ponto um comecinho de luz.

Em seguida vem Agatão, e depois de Agatão, Sócrates. Isso constitui o banquete propriamente dito, isto é, tudo o que se passa até este ponto crucial sobre o qual lhes indiquei, da última vez, que devia ser considerado como essencial, ou seja, a entrada de Alcibíades. Esta corresponde à subversão de todas as regras do banquete, no mínimo pelo fato de Alcibíades apresentar-se embriagado, anunciar-se como estando essencialmente embriagado e que, dessa maneira, está como tal na embriaguez.

Suponhamos que vocês digam que o interesse deste diálogo do *Banquete* é manifestar a dificuldade de se dizer, sobre o amor, alguma coisa que se sustente. Se se tratasse apenas disso, estaríamos, pura e simplesmente, numa cacofonia. Mas o que Platão – pelo menos, é o que pretendo, e não é especialmente audacioso fazê-lo – o que Platão nos mostra, de uma forma jamais clara, tornada visível, é que o contorno desenhado por esta dificuldade nos indica o ponto onde se situa a topologia fundamental que impede de dizer sobre o amor alguma coisa que se sustente.

O que lhes digo aí não é muito novo. Ninguém sonha contestá-lo, dentre todos aqueles que se ocuparam desse pretenso diálogo – entre aspas, pois mal chega a ser um texto que mereça este título, já que é uma série de elogios, uma sequência de cançonetas, de canções para beber em honra do amor. Certamente, como essas pessoas são um pouco mais sabidas que as outras, isso ganha toda uma importância – e, além disso, dizem-nos que este é um tema que não é escolhido com frequência, o que poderia surpreender à primeira vista.

Dizem-nos que cada um traduz o negócio no seu tom, no seu diapasão. Aliás, não se sabe bem por que, por exemplo, Fedro será encarregado de introduzi-lo – dizem-nos – sob o ângulo da religião, do mito, ou mesmo da etnografia. E com efeito, nisso tudo há uma certa verdade. Nosso Fedro introduz-nos o amor dizendo-nos que ele é *megas theos,* um grande deus. Não diz apenas isso, mas refere-se a dois teólogos, Hesíodo e Parmênides que, a títulos diversos, falaram da genealogia dos deuses, o que é algo de realmente importante. A *Teogonia* de Hesíodo, o *Poema* de Parmênides, não vamos nos sentir obrigados a nos remetermos a eles, sob o pretexto de que um de seus versos é citado no *Fedro.* Assinalo, assim mesmo, que há dois ou três anos, talvez quatro, publicou-se um estudo muito importante sobre o *Poema* de Parmênides, de um contemporâneo, Jean Beaufret. Deixemos isso de lado, e tratemos de dar conta do que há no discurso de *Fedro.*

Há, pois, a referência aos deuses. Por que aos deuses, no plural? Não sei que sentido têm para vocês os deuses, especialmente os deuses antigos, mas fala-se deles o bastante nesse diálogo para que seja útil, até mesmo necessário, que eu responda a essa pergunta como se houvesse sido feita a mim por vocês. O que pensam, afinal, dos deuses? Onde é que isso se situa com relação ao simbólico, ao imaginário e ao real? Não é uma pergunta vã, de modo algum. Até o fim, a questão de que se vai tratar é a de saber se, sim ou não, o amor é um deus, e ao final, pelo menos, terá sido feito esse progresso, o de saber com certeza que ele não é um.

Não vou lhes dar, a propósito disso, uma aula sobre o sagrado. Será suficiente, para mim, definir algumas fórmulas sobre esse assunto. Os deuses – na medida em que existem, para nós, no registro que nos serve para avançar nossa experiência, se é verdade que essas três categorias nos são de algum uso – os deuses, isso é bem certo, pertencem ao real. Os deuses, são um modo de revelação do real.

É por esta razão que todo progresso filosófico tende, por sua própria necessidade, a eliminá-los. É por isso também que a revelação cristã, como muito bem observou Hegel, está a caminho de sua eliminação – ela está um pouquinho mais adiante, vai um bocadinho mais profundamente, na via do politeísmo ao ateísmo. Relativamente à noção do deus como *summum* de revelação, de *lumen,* como clarão e aparição – é uma coisa fundamental – reais, o mecanismo da revelação cristã se encontra, de maneira incontestável, no caminho que leva a sua redução e, em última instância, à sua abolição. Com efeito, ele tende a deslocar o deus desta revelação, bem como o dogma, em direção ao Verbo, o *logos.* Em outras palavras, está num caminho paralelo ao que segue o filósofo, na medida em que sua fatalidade é negar os deuses.

Essas revelações, que o homem encontrava até então no real – no real onde aquilo que se revela é, aliás real – pelo real que o desloca, ele vai buscá-las no *logos,* isto é, no nível de uma articulação significante.

É isso o que faz toda interrogação que, no começo da trajetória filosófica, tende a se articular como ciência, e Platão nos ensina, certo ou errado, verdadeiro ou falso, que era o que fazia Sócrates. Sócrates exigia que aquilo com o que mantemos essa relação inocente que se chama *doxa,* e que, – Meu Deus, por que não? – é verdadeira, às vezes, que não nos contentássemos com isso, mas perguntássemos por quê, que não nos satisfizéssemos senão com este verdadeiro assegurado que ele chamava de *épistèmè,* ciência, saber que presta contas de suas razões. É disso, nos diz Platão, que se ocupará o *philosophein* de Sócrates.

Já lhes falei daquilo a que chamei a *Schwärmerei* de Platão. É preciso, com efeito, crer que alguma coisa, ao final dessa empreitada, permaneça fracassada, para que o rigor, o talento desenvolvido na demonstração de um tal método, não tenha impedido que tantas coisas em Platão tivessem posteriormente servido, ajudado a todas as mistagogias. Falo, antes de mais nada, da gnose e de tudo aquilo que, no próprio cristianismo, sempre permaneceu gnóstico. Nem por isso deixa de ser claro que o que lhe agrada é a ciência. Como poderíamos recriminá-lo por não ter conduzido este encaminhamento, desde os primeiros passos até o final?

Seja como for, pois, para introduzir o problema do amor, o discurso de Fedro se refere a essa noção de que ele é um grande deus, quase que o mais antigo dos deuses, nascido imediatamente depois do caos, como diz Hesíodo. É também o primeiro no qual pensou a deusa misteriosa, a Deusa primordial do discurso parmenidiano.

Não nos é possível aqui – e este empreendimento talvez seja, aliás, impossível de se levar adiante – determinar tudo o que esses termos podiam significar no tempo de Platão. Mas tentem, mesmo assim, partir da ideia de que, nas primeiras vezes em que se diziam essas coisas, é totalmente fora de questão que elas tivessem esse aspecto de écloga bestificante que têm, por exemplo, no século XVII, no qual, quando se fala de Eros, todos brincam disso. Nesta época, tudo isso se inscreve num contexto inteiramente outro, um contexto de cultura cortês, de ecos da *Astreia,* e tudo o que se segue, a saber, palavras sem importância. Aqui as palavras têm sua plena importância, a discussão é verdadeiramente teológica.

Para fazê-los compreender esta importância, não encontrei nada melhor para lhes dizer: se quiserem realmente entendê-lo, apanhem a segunda *Enéada* de Plotino e vejam como aquilo de que ele fala se situa mais ou menos no mesmo nível. Trata-se, ali também, de Eros, só se trata mesmo disso. Não lhes será possível, por menos que tenham lido algum texto teológico sobre a Trindade, deixar de perceber que esse discurso de Plotino – estamos no final do século III – é simplesmente, creio que com a diferença de umas três palavras, um discurso sobre a Trindade. Esse Zeus, essa Afrodite, esse Eros, são o Pai, o Filho e o Espírito Santo. Isso, simplesmente para permitir-lhes imaginar aquilo de que se trata quando Fedro fala de Eros.

Para Fedro, falar de amor é, em suma, falar de teologia. É muito importante que se perceba que este discurso começa por uma tal introdução, pois, para muitos ainda, e justamente na tradição cristã por exemplo, falar do amor é falar de teologia.

Mas esse discurso não se limita aí. Prossegue por uma ilustração desses objetivos. O modo de ilustração de que se trata também é muito interessante.

Vão nos falar deste amor divino e, precisamente, de seus efeitos.

3

Os efeitos do amor são eminentes, em seu nível, pela dignidade que revelam.

Encontramos aqui um tema que, desde então, ficou um pouco desgastado nos desenvolvimentos da retórica, a saber, que o amor é um vínculo contra o qual qualquer esforço humano viria se quebrar. Um exército feito de amados e amantes – a ilustração clássica subjacente é a famosa legião tebana – seria um exército invencível, na medida em que o amado, para o amante, tanto quanto o amante para o amado, são eminentemente suscetíveis de representar a mais alta autoridade moral, aquela diante da qual não se cede, aquela diante da qual não se pode ser desonrado. Esta noção alcança, no seu ponto extremo, o amor como princípio do sacrifício último.

Não deixa de ter interesse ver emergir aqui a imagem de Alceste na referência euripidiana, ilustrando mais uma vez aquilo que lhes trouxe no ano passado como sendo o que delimita a zona da tragédia, a saber, o entre-duas-mortes. Vou resumir. O rei Admeto é um homem feliz, mas a quem a morte vem, de súbito, acenar. Alceste, encarnação do amor, é a única – única dentre todos os parentes, e não os velhos pais do rei, a quem tão pouco tempo resta para viver, segundo todas as probabilidades, nem os amigos, nem os filhos – a única que o substitui para satisfazer à demanda da morte.

Num discurso onde se trata essencialmente do amor masculino, eis o que pode parecer notável, e que bem vale guardarmos. Alceste, portanto, nos é proposta aí como um exemplo. Isso tem o interesse de valorizar o que irá se seguir. Dois exemplos, com efeito, sucedem o de Alceste, dois que, no dizer do orador, avançaram também no campo de entre-duas-mortes.

O primeiro, Orfeu, conseguiu descer aos infernos para ir buscar sua mulher Eurídice. Como sabem, ele voltou de mãos abanando, por uma falta que cometeu, a de voltar-se antes do momento permitido. Este tema mítico é reproduzido em muitas lendas de outras civilizações além da grega, dentre as quais uma lenda japonesa que é célebre. O outro exemplo é o de Aquiles.

Não poderei, hoje, levar as coisas muito mais além, mostrando-lhes apenas o que se destaca da aproximação desses três heróis. É um primeiro passo, que já os colocará no caminho do problema.

Tomemos em primeiro lugar as observações de Fedro sobre Orfeu. O que nos interessa aqui é o comentário de Fedro. Não importa se ele vai ao fundo das coisas, nem se isso é justificado, não podemos ir até lá. O que nos importa é aquilo que ele diz. E é justamente a estranheza do que ele diz que nos deve deter.

Ele nos diz de Orfeu, filho de Eagro, que os deuses não gostaram nem um pouco do que fez. A razão que dá para isso encontra-se na interpretação que propõe do que os deuses fizeram a este sujeito, que não era tão bom assim, um moleirão – não se sabe por que Fedro, e também Platão, têm rancor contra ele. Os deuses não lhe mostraram uma verdadeira mulher, e sim um fantasma de mulher. Isso faz eco o bastante àquilo através do que introduzi há pouco meu discurso referente à relação com o outro, a saber, a diferença que existe entre o objeto de nosso amor enquanto recoberto pelas nossas fantasias e o ser do outro, na medida em que o amor fica se interrogando para saber se pode alcançá-lo.

É realmente este ser do outro que, no dizer de Fedro, vemos aqui Alceste substituir na morte. Encontrarão no texto esse termo, que não se poderá dizer que fui eu quem o pôs ali: *hyperapotanein.* A substituição, a metáfora, de que lhes falava há pouco é aqui realizada no sentido literal. Alceste se coloca, autenticamente, no lugar de Admeto. Este *hyperapotanein,* o sr. Ricoeur, que tem o texto diante dos olhos, pode encontrá-lo exatamente em *180a.* Sendo Orfeu eliminado dessa competição de méritos no amor, esta expressão é enunciada para marcar a diferença que há entre Alceste e Aquiles.

Aquiles é outra coisa. Ele é o que escolhe *epapotanein. É aquele que me seguirá.* Segue, na morte, Pátroclo.

O que significa para um antigo esta interpretação do gesto de Aquiles mereceria, para que o compreendêssemos, muitos comentários. Isso fica muito menos claro do que no caso de Alceste. Somos forçados a recorrer a textos homéricos dos quais resulta que, em suma, Aquiles teria tido escolha. Trata-se de matar Heitor, unicamente para vingar a morte de Pátroclo. Se tu não matares Heitor – diz-lhe sua mãe Tétis – voltarás para casa tranquilo e terás uma velhice feliz e tranquila. Se o matas, tua sorte estará selada: é a morte que te espera. Aquiles duvidou tão pouco disso que temos outra passagem onde ele faz essa reflexão para si mesmo, à parte: – Eu poderia ficar em paz. E depois, isso é impensável, ele diz por que razões. Esta escolha é considerada por si só como tão decisiva quanto o sacrifício de Alceste. A escolha da *Moïra,* do destino, tem o mesmo valor que a substituição de ser por ser.

Não é realmente necessário acrescentar a isso, como o faz numa nota, não sei por quê, o sr. Mario Meunier, no entanto um bom erudito, que em seguida Aquiles se mata sobre o título de Pátroclo. Ocupei-me bastante, esses dias, da morte de Aquiles, que me embaraçava, e não encontro em parte alguma uma referência que permita articular semelhante coisa à lenda de Aquiles. Vi, aliás muitos modos de morte por parte de Aquiles, a quem alguns atribuem curiosas atividades do ponto de vista do patriotismo grego, já que se supõe que ele haja traído a causa grega por amor de Polixena, que é uma troiana – o que tiraria um pouco da importância do discurso de Fedro.

Para nos atermos a esse discurso, o importante é que Fedro se entrega a considerações longamente desenvolvidas a respeito da função recíproca de Pátroclo e Aquiles em sua ligação erótica. Ele nos corrige quanto ao ponto seguinte: não imaginem, de modo algum, que Pátroclo, como se acreditava geralmente, fosse o amado. Conclui-se, diz-nos Fedro, a partir de um exame atento das características dos personagens, que este só poderia ser Aquiles, muito mais jovem e imberbe. Escrevo-o porque volta sem cessar essa história de saber em que momento se deve amá-los, se antes da barba ou depois da barba. Só se fala disso. Essa história de barba, encontramo-la por toda parte. Podemos agradecer aos romanos por nos terem livrado dessa história. Isso deve ter suas razões. Enfim, Aquiles não tinha barba. Logo, é ele o amado. Quanto a Pátroclo, era uns dez anos mais velho. Pelo exame dos textos, é ele o amante.

Não é isso o que nos interessa, mas esse primeiro apontamento onde surge alguma coisa que tem relação com o que lhes ofereci como sendo o objetivo em direção ao que devemos avançar. Com efeito, o que os deuses acham sublime, mais maravilhoso que tudo, é quando o amado se comporta como se espera que se comporte o amante. Nesse ponto, o exemplo de Alceste se opõe estritamente ao exemplo de Aquiles.

O que quer dizer isso? Isso é o texto. Não se vê por que Fedro faria toda essa história que dura duas páginas se isso não tivesse sua importância. Vocês pensam que exploro o Mapa do Terno,[4] mas não sou eu, é Platão. E isso é muito bem-articulado. É realmente preciso deduzir o que se impõe a partir daí. Já que Fedro opõe expressamente Aquiles a Alceste, e faz pender a balança do prêmio a ser dado ao amor pelos deuses para o lado de Aquiles, isso quer dizer, portanto, que Alceste estava na posição do *érastès,* do amante. É na medida em que Aquiles estava na posição do amado que seu sacrifício é muito mais admirável.

Em outras palavras, todo o discurso teológico do hipocondríaco Fedro acaba por apontar que é nessa direção que desemboca o que chamei há pouco da significação do amor. Sua aparição mais sensacional, a mais notável, sancionada, coroada pelos deuses, que dão a Aquiles um lugar todo especial no domínio dos Bem-aventurados – como todos sabem, é uma ilha que existe ainda na foz do Danúbio, onde se inventou agora um asilo ou um negócio para delinquentes – está ligado precisamente ao fato de que aqui um amado se comporta como um amante.

Não poderia ir mais adiante hoje em meu discurso, mas quero terminar com algo de sugestivo, que talvez venha nos permitir introduzir aí alguma questão prática. É isso: no par erótico, é, em suma, do lado do amante que se encontra, se assim se pode dizer, na posição natural, a atividade.

Esta observação terá muitas consequências para nós se, considerando o par Alceste-Admeto, quiserem entrever o que é particularmente colocado ao seu alcance por aquilo que descobrimos na análise do que a mulher pode experimentar de sua própria falta. Por que não conceber, ao menos num certo nível, que no par, aqui heterossexual, é do lado da mulher que estão ao mesmo tempo a falta, como dizemos, mas também, e ao mesmo tempo, a atividade?

Seja como for, o próprio Fedro, não duvida disso. E do outro lado? Do lado do amado, do *érôménos?* Ou, vamos pô-lo no neutro, do *érôménon,* pois igualmente o que se *éromène,* o que se erra, o que se ama em toda essa história do *Banquete,* o que é? É alguma coisa que se diz muito frequentemente no caso neutro, *ta paidiká.* É o objeto. O que isso designa, a saber, uma função neutra, está associado à função daquilo que é amado. É deste lado que está o termo forte.

Vocês verão isso mais adiante, quando tivermos de articular por que o problema é mais complexo no estágio superior, quando se trata do amor heterossexual. Neste nível, vê-se claramente que a dissociação entre o ativo e o forte vai nos servir. Mas era importante apontá-lo no momento em que isso se encontra tão manifestamente ilustrado pelo exemplo de Aquiles e Pátroclo. É uma miragem acreditar que o forte se confunda com o ativo, que Aquiles, por ser manifestamente mais forte que Pátroclo, não seja o amado. É isso o que, nessa passagem do texto, é denunciado, e é este o ensinamento que temos para guardar dessa passagem.

Chegado a esse ponto de seu discurso, Fedro passa a vez a Pausânias, reconhecido, durante séculos, como o que exprime, sobre o amor dos rapazes, a opinião de Platão.

Reservei cuidados absolutamente especiais a Pausânias. É um personagem muito curioso, que está longe de merecer a estima que se lhe dedica, por ter na ocasião merecido o *imprimatur* de Platão. É, a meu ver, um personagem absolutamente episódico, importante, no entanto, sob um certo ângulo: na medida em que o melhor comentário a ser posto à margem de seu discurso é esta verdade evangélica, que o reino dos céus é proibido aos ricos.

Espero, da próxima vez, mostrar-lhes por quê.

30 de novembro de 1960

IV

A psicologia do rico
Pausânias

Mito da muda do amado.
Regras do amor platônico.
O amor calvinista.
Kojève e os soluços de Aristófanes.

Tentarei hoje avançar na análise do *Banquete,* já que este é o caminho que escolhi para introduzi-los este ano ao problema da transferência.

Fomos, da última vez, até o fim do primeiro discurso, o de Fedro. Vocês sabem os discursos que vão se suceder: o de Pausânias, o de Erixímaco, o de Aristófanes, o de Agatão, que é o anfitrião deste banquete, cuja testemunha é Aristodemo. Do início ao fim é Apolodoro quem fala, repetindo o que colheu de Aristodemo. Depois de Agatão vem Sócrates, do qual verão o caminho singular que toma para se expressar sobre aquilo que ele sabe ser o amor. Sabem igualmente que o último episódio é a entrada de Alcibíades, espantosa confissão pública na sua quase indecência, que permaneceu um enigma para todos os comentadores. Há também alguma coisa depois, chegaremos lá.

Gostaria de evitar fazê-los percorrer este caminho passo a passo, discurso por discurso, ficando vocês no final extraviados ou cansados e perdendo o objetivo, o sentido do ponto para onde nos dirigimos. E foi por isso que, da última vez, introduzi meu discurso com essas palavras sobre o objeto, sobre este ser do objeto, que sempre podemos nos dizer, com razões mais ou menos boas, mas sempre com alguma razão, ter perdido: é por lhe haver faltado.

Este ser do outro que conviria procurássemos atingir enquanto era tempo, voltarei a ele, esclarecendo aquilo de que se trata quanto aos dois termos de referência daquilo a que se chama ocasionalmente a intersubjetividade.

1

Quando se invoca a intersubjetividade, a ênfase é posta no fato de que, este outro, devemos reconhecer nele um sujeito como nós. E nessa direção é que residiria o essencial da elevação do outro ao ser.

Mas existe também uma outra direção, que indico quando tento articular a função do desejo na apreensão do outro, tal como ela se produz no par *érastès-érôménos,* que organizou toda a meditação sobre o amor, desde Platão até a meditação cristã.

O ser do outro no desejo, penso tê-lo indicado já o bastante, não é de modo algum um sujeito. O *érôménos* é *érôménon,* no caso neutro, e igualmente *ta paidiká,* no neutro plural – as coisas da criança amada, pode-se traduzir. O outro enquanto visado no desejo é visado, disse-o, como objeto amado.

Que quer dizer isso? O que podemos dizer que faltou àquele que já está longe demais para que possamos corrigir nossa falha? justamente, sua qualidade de objeto. O que inicia o movimento de que se trata no acesso ao outro que nos é dado pelo amor é este desejo pelo objeto amado que eu compararia, se quisesse imajá-lo, à mão que se adianta para pegar o fruto quando maduro, para atrair a rosa que se abriu, para atiçar a chama na lenha que de súbito se inflamou.

Entendam-me bem na sequência do que vou dizer. Com esta imagem, que não irá mais longe, esboço diante de vocês aquilo a que se chama um mito. Vão vê-lo bem no caráter miraculoso da sequência. Disse-lhes da última vez, sobre os deuses de onde se parte no *Banquete,* – *megas theós,* é um grande deus o amor, diz

Fedro no início – que são uma manifestação do real. Ora, toda passagem dessa manifestação para uma ordem simbólica nos distancia da revelação do real.

Fedro nos diz que o amor é o primeiro dos deuses imaginados pela Deusa do *Poema* de Parmênides, que Jean Beaufret em seu livro identifica, com maior justiça, creio, que a qualquer outra função, à verdade, a verdade em sua estrutura radical – remetam-se, neste ponto, à maneira pela qual falei disso em "A Coisa freudiana". A primeira imaginação, invenção, da verdade, é o amor. E ele nos é aqui igualmente apresentado como não tendo pai nem mãe. Não há nenhuma genealogia do amor. E no entanto, já em Hesíodo, nas formas mais míticas da apresentação dos deuses, se ordena uma genealogia, um sistema de parentesco, uma teogonia, um simbolismo.

O deus cristão, que é este meio-caminho de que lhes falei entre teogonia e ateísmo do ponto de vista de sua organização interna, esse deus trino, um em três, o que é ele? – senão a articulação radical do parentesco como tal, no que este tem de mais irredutivelmente, misteriosamente simbólico. A relação mais oculta, e, como diz Freud, menos natural, a mais puramente simbólica, é a relação do pai com o filho. E o terceiro termo permanece ali presente sob o nome de amor.

Foi daí que partimos, do amor como deus, isto é, como realidade que se manifesta e se revela no real. Como tal, não podemos falar disso senão como mito. É igualmente o que me autoriza a fixar diante de vocês a orientação que está em questão, encaminhando-os rumo à formula, à metáfora, à substituição, do *érastès* pelo *érôménos*. É essa metáfora que gera a significação do amor.

Para materializar isso diante de vocês, tenho o direito de completar minha imagem, e de fazer dela realmente um mito.

Esta mão que se estende para o fruto, para a rosa, para a acha que se inflama de repente, seu gesto de pegar, de atrair, de atiçar é estreitamente solidário à maturação do fruto, à beleza da flor, ao flamejar da acha. Mas quando, nesse movimento de pegar, de atrair, de atiçar, a mão foi longe o bastante em direção ao objeto, se do fruto, da flor, da acha, sai uma mão que se estende ao encontro da mão que é a de vocês, e neste momento é a sua mão que se detém fixa na plenitude fechada do fruto, aberta da flor, na explosão de uma mão em chamas – então, o que aí se produz é o amor.

Convém ainda não parar por aqui, e dizer que é o amor em face, quero dizer que é o de vocês, quando são vocês que eram inicialmente o *érôménos,* o objeto amado, e de súbito se tornam o *érastès,* aquele que deseja.

Vejam o que pretendo frisar com este mito. Todo mito se relaciona com o inexplicável do real, e é sempre inexplicável que o que quer que seja responda ao desejo.

A estrutura de que se trata não é de simetria e de retorno. Igualmente, essa simetria não é uma simetria, pois na medida em que a mão se estende é em direção a um objeto. A mão que surge do outro lado é o milagre. Mas não estamos aqui para organizar os milagres. Estamos aqui exatamente para o contrário: para saber. E o que se trata de acentuar não é o que se passa dali para além, é o que se passa ali, isto é, a substituição do *érôménos* ou *érôménon* pelo *érastès.*

Alguns acreditaram numa certa flutuação no que eu havia articulado, da última vez, quanto à substituição metafórica do *érôménos* pelo *érastès,* e quiseram ver nisso alguma contradição no exemplo supremo coroado pelos deuses, diante do qual os próprios deuses se espantam, *agastentes.* A saber, que Aquiles, o amado, *epapotanein,* morre, digamos – para ficar no impreciso, pois veremos o que isso significa – por Pátroclo, no que é superior a Alceste, que se ofereceu à morte em lugar do marido que amava. O termo empregado por Fedro a propósito desta, *hyperapotanein,* se opõe a *epapotanein.* Ela morre em lugar, *hyper,* de seu marido. Com Aquiles é outra coisa, porque Pátroclo já está morto.

Alceste troca de lugar com o marido requisitado pela morte, franqueia este espaço de ainda há pouco, situado entre aquele que está ali e o outro; ela realiza algo que é feito mesmo para arrancar aos deuses um testemunho desarmado diante deste extremo, que lhe valerá receber o prêmio singular de retomar entre os seres humanos além dos mortos.

Mas ainda há algo mais forte, é justamente o que Fedro articula. É mais forte que, em vez de voltar a sua terra, com seu pai, ao seio dos seus campos, Aquiles tenha aceitado seu destino trágico, seu destino fatal, a morte certa que o esperava, se prosseguisse na vingança de Pátroclo. Ora, Pátroclo não era seu amado. Ele é quem era o amado. Certo ou errado, pouco nos importa, Fedro articula que Aquiles, do par, era o amado, e só poderia ter essa posição. Por seu ato, que é, em suma, o de aceitar seu destino tal como está escrito, ele se põe, não no lugar de Pátroclo, mas na sua continuação, faz do destino de Pátroclo a dívida a qual ele mesmo tem que responder, a qual tem de enfrentar, e é isto o que impõe, aos olhos dos deuses, a admiração mais necessária e maior, pois o nível atingido na ordem das manifestações de amor é, diz-nos Fedro, o mais elevado. Aquiles é mais honrado pelos deuses, na medida em que são eles que julgaram o seu ato. A relação destes, ali, é de admiração, falando propriamente, quero dizer também de espanto – eles ficam surpresos com o espetáculo do valor do que lhes oferecem os humanos na manifestação do amor. Até certo ponto os deuses, impassíveis, imortais, não são feitos para compreender o que se passa no nível dos mortais. Eles avaliam à distância, e veem o que se passa na manifestação do amor como um milagre.

Portanto, há realmente no texto de Fedro, no *epapotanein* oposto a *hyperapotanein,* uma ênfase dada ao fato de que Aquiles, *érôménos,* se transforma em *érastès.* O texto o diz e o afirma: é enquanto *érastès* que Alceste se sacrifica por seu marido, e isso é uma manifestação de amor menos radical, total, clara, que a mudança de papel que se produz em Aquiles, quando, de *érôménos,* ele se transforma em *érastès.*

Logo, não se trata, neste *érastès* sobre *érôménos,* de uma relação cuja imagem humorística seria dada pelo amante sobre o amado, *o pai sobre a mãe* como diz em algum lugar Jacques Prévert. E foi isso, sem dúvida, o que inspirou a Mario Meunier este erro bizarro de quelhes falava, que o faz dizer que Aquiles se mata sobre a tumba de Pátroclo. Não se pode dizer que Aquiles, enquanto *érôménos,* venha substituir Pátroclo, pois Pátroclo já está para além de todo alcance, de toda apreensão. O acontecimento propriamente miraculoso em si mesmo é que Aquiles se transforme, ele, o amado, em amante.

É dessa maneira que se introduz na dialética do *Banquete* o fenômeno do amor.

2

Não podemos tomar nos seus detalhes, linha por linha, o discurso de Pausânias, devido ao tempo. Devemos escandi-lo.

Esse discurso, e vocês, de um modo bastante geral, leram o *Banquete* para que eu o diga, é introduzido por uma distinção entre duas ordens do amor. O amor, diz Pausânias, não é único. Trata-se de saber qual deles devemos louvar. Há aí uma nuance entre o *enkômion* e o *épaïnos,* do qual fiz, na vez passada, não sei por que, o *épaïnésis.* O elogio, *épaïnos,* do amor deve, pois, partir do seguinte: o amor não é único. Faz-se a distinção por sua origem. Não existe, diz ele, Afrodite sem Amor, ora existem duas Afrodites.

Uma delas em nada participa da mulher: ela não tem mãe, nasceu da projeção sobre a terra da chuva engendrada pela castração primordial de Urano por Cronos. É daí que nasce a Afrodite Urânia, que nada deve à duplicidade dos sexos.

A outra Afrodite nasceu um pouco depois, da união de Zeus com Dione. Lembro a vocês que toda a história do advento daquele que governa o mundo presente, Zeus, está ligada – remeto-os a Hesíodo – a suas relações com os Titãs, que são seus inimigos, e Dione é uma Titã. Não insisto. A Afrodite nascida do homem e da mulher é dita Pandêmia. O tom depreciativo, de desprezo, é expressamente formulado no discurso de Pausânias – é a Vênus popular, inteiramente do povo, a Vênus daqueles que misturam todos os amores, que os procuram nos níveis inferiores, que não fazem do amor esse elemento de dominação elevada trazido pela Afrodite Urânia.

Eis o tema em torno do qual se desenvolve o discurso de Pausânias. Ao contrário do discurso de Fedro, que é um discurso de mitômano, no sentido próprio, um discurso sobre um mito, o de Pausânias é um discurso de sociólogo, ou melhor, pois isso seria exagerado, de observador das sociedades. Aparentemente tudo se baseia na diversidade de posições no mundo grego quanto ao amor superior, o que se dá entre aqueles que são ao mesmo tempo os mais fortes e os mais vigorosos, e também que têm mais espírito, que são *agatoi,* que sabem pensar, isto é, entre as pessoas colocadas no mesmo nível por sua capacidade – os homens.

Os costumes, nos diz Pausânias, divergem grandemente entre o que ocorre na Jônia ou entre os persas, onde este amor – ele nos dá testemunho disso – seria reprovado, e o que se passa na Élida, ou entre os lacedemônios, onde este amor é mais que aprovado, uma vez que fica muito mal para o amado recusar seus favores ao amante: ele deve *karissestai.* O que se passa entre os atenienses parece-lhe o modo de apreensão superior do rito, se assim se pode dizer, da colocação em forma social das relações do amor.

Se Pausânias aprova os atenienses por lhes imporem obstáculos, formas, interdições – pelo menos é assim, sob uma forma mais ou menos idealizada, que ele nos apresenta isso – é que essas práticas respondem a um certo fim. É intencionalmente que esse amor se manifesta, se verifica, se estabelece, numa certa duração, e mais que isso, numa duração comparável, diz ele formalmente, à união conjugal. Há uma competição do amor – *agonoteton,* o amor preside à luta, à concorrência entre os postulantes, pondo à prova aqueles que se apresentam em posição de amante, e trata-se de que a escolha que sucede a essa competição seja a melhor.

Durante toda uma página, a ambiguidade é singularmente sustentada. Onde se situa a virtude, a função daquele que escolhe? Pois, da mesma forma, aquele que é amado, ainda que Pausânias o queira um pouquinho mais que uma criança, já capaz de algum discernimento, é mesmo assim, dos dois, o que menos sabe, o menos capaz de julgar a virtude daquilo a que se pode chamar a relação proveitosa entre os dois. É aí que está o que é deixado para uma prova ambígua entre os dois. Esta virtude está igualmente no amante, a saber, no modo pelo qual sua escolha se dirige, segundo aquilo que ele vai buscar no amado. O que ele vai buscar no amado é algo para lhe dar. Ambos vão se encontrar neste ponto que ele chama, em algum lugar, de ponto de encontro do discurso, onde terá lugar a conjunção, a coincidência. De que se trata?

Trata-se de uma troca. O primeiro, como traduziu Robin no texto da coleção Budé, se mostra capaz de uma contribuição cujo objeto é a inteligência, a *fronesis,* e o conjunto do campo de méritos, a *areté.* O segundo precisa ganhar no sentido da educação, e em geral, do saber, a *paideia* e a *sofia.* Eles vão se encontrar aqui, e em seu dizer, constituir o par de uma associação do nível mais elevado. É no plano do *ktaomai,* de uma aquisição, de um proveito, de um adquirir, de uma posse, que se vai produzir o encontro desse par, que articulará para sempre esse amor dito superior, esse amor que, mesmo quando tivermos mudado seus parceiros, será chamado pelos séculos seguintes de amor platônico.

Parece-me muito difícil, lendo esse discurso, deixar de sentir a que registro pertence esta psicologia. Todo o discurso se elabora em função de uma cotação de valores, de uma procura dos valores cotados. Trata-se, simplesmente, de aplicar seus fundos de investimentos psíquicos. Se Pausânias demanda em algum lugar que regras severas – vejamos um pouco acima, no discurso – sejam impostas ao desenvolvimento do amor, da corte ao amado, essas regras encontram-se justificadas pelo fato de que convém que um excesso de cuidados, *pollé spoudé* – trata-se realmente desse investimento de que falava – não seja dispensado, desperdiçado com rapazolas que não valem a pena.

Igualmente, é por essa razão que se pede que aguardemos que eles estejam mais formados, que se saiba com o que se está lidando. Mais adiante ainda, Pausânias vai dizer que aqueles que introduzem a desordem nessa ordem de postulância, de merecimento, são selvagens, bárbaros. Nesse sentido, o acesso aos amados deveria ser preservado – diz ele – pelos mesmos tipos de interdições, de leis, pelos quais nos esforçamos para impedir o acesso às mulheres livres, na medida em que, através delas unem-se duas famílias de senhores, e que elas representam por si mesmas tudo o que se quiser de um nome, um valor, uma firma, um dote, como se diz hoje. Por esse motivo, são protegidas pela ordem. É uma proteção comparável a esta que deve proibir, àqueles que não são dignos, o acesso aos objetos desejados.

Quanto mais avançarem nesse texto, mais verão afirmado o que lhes indiquei em meu discurso da última vez, a saber, a psicologia do rico.

O rico existia antes do burguês. Mesmo numa economia agrícola, ainda mais primitiva, o rico existe. Ele existe e se manifesta desde a origem dos tempos, quando mais não seja pelo seguinte, cujo caráter primordial lemos nas manifestações periódicas sob o modo de festas, ou seja, o gasto de luxo. É este o primeiro dever do rico nas sociedades primitivas.

É bastante curioso que, à medida que essas sociedades evoluem, este dever pareça passar a um plano, senão secundário, ao menos clandestino. Mas a psicologia do rico parece se basear inteiramente nisso, que na sua relação com o outro é do valor que se trata. Trata-se daquilo que se pode avaliar segundo maneiras explícitas de comparação e escala, daquilo que se compara numa competição aberta, que é, propriamente falando, a posse de bens.

Trata-se da posse do amado, porque este é um bom fundo – o termo aqui é *krestos*, e que uma vida não será bastante para valorizar. Igualmente, alguns anos depois desse banquete, sabemos disso pelas comédias de Aristófanes, Pausânias irá um pouco mais longe com Agatão, que é aqui precisamente, às vistas de todos, o bem-amado, ainda que já há algum tempo tenha o que chamei de barba no queixo, termo que tem aqui toda sua importância.

Agatão tem trinta anos, e acaba de ganhar o prêmio no concurso de tragédia. Pausânias, alguns anos mais tarde, desaparecerá com ele no que Aristófanes chama de domínio dos Bem-aventurados, a saber, um lugar afastado, não apenas no campo, mas numa região distante. Não é o Taiti, mas a Macedônia, onde ele irá permanecer enquanto lhe garantirem segurança. O ideal de Pausânias em matéria de amor é a capitalização protegida, o depósito em cofre daquilo que lhe pertence por direito como sendo o que ele soube discernir e que é capaz de valorizar.

Não digo que não haja sequelas deste personagem, tal como o entrevemos no discurso platônico, nesse outro tipo que lhes vou designar rapidamente, porque está na extremidade dessa cadeia.

Trata-se de alguém que encontrei, não em análise – eu não lhes falaria disso – que encontrei com bastante frequência para que ele me abrisse o que lhe servia de coração. Este personagem era realmente conhecido, e conhecido por ter um sentimento vivo dos limites impostos, precisamente no amor, pelo que constitui a posição do rico. Era um homem excessivamente rico; tinha, não é metáfora, cofres-fortes repletos de diamantes – porque nunca se sabe o que pode acontecer. Isso foi logo depois da guerra, e todo o planeta podia pegar fogo.

Era um rico calvinista. Peço desculpas àqueles aqui presentes que possam pertencer a esta religião. Não penso que seja privilégio do calvinismo fazer ricos, mas é importante dar essa indicação, pois pode-se observar, ainda assim, que a teologia calvinista teve esse efeito de fazer aparecer, como um dos elementos da direção moral, que é nesta terra que Deus cumula de bens aqueles a quem ama. Num outro lugar também, talvez, mas começando por esta terra. Acreditar que a observância dos mandamentos divinos tenha por fruto o sucesso terrestre não deixou de ser fecundo em todas as espécies de empreendimentos. Seja como for, o calvinista em questão tratava a ordem dos méritos que adquiria na terra para o mundo futuro exatamente no registro da página de uma contabilidade – *Adquirido em tal dia*. E todas as suas ações eram dirigidas no sentido de adquirir para o além um cofre-forte bem recheado.

Fazendo esta digressão, não quero parecer contar um apólogo fácil demais, mas é impossível não completar este quadro com o desenho do que foi seu destino matrimonial. Um dia ele atropelou alguém na rua com os para-choques de seu enorme automóvel, embora dirigisse sempre com perfeita prudência. A pessoa atropelada sobressaltou-se. Era bonita, era filha de porteiro, o que não é de modo algum impossível quando se é bonita. Ela recebeu com frieza suas desculpas, com mais frieza suas propostas de uma indenização, e com mais frieza ainda seus convites para irem jantar juntos. Em suma, à medida que, para ele, mais se elevava a dificuldade de acesso a este objeto milagrosamente encontrado, sua noção crescia em seu espírito. Ele dizia a si mesmo que se tratava ali de um verdadeiro valor. Tudo isso o levou ao casamento.

Trata-se aí da mesma temática que nos é exposta pelo discurso de Pausânias. Este nos explica até que ponto o amor é um valor. Considerem um pouco – nos diz ele –, ao amor perdoamos tudo. Se alguém, para obter uma colocação, um cargo público, uma vantagem social qualquer, se entregasse à menor das extravagâncias que admitimos quando se trata das relações entre um amante e aquele a quem ele ama, seria desonrado, seria culpado do que se pode chamar de baixeza moral, *aneleuteria,* pois é isso que quer dizer a adulação, *Kolakeia.* Adular não é digno de um senhor para obter o que quer.

É, pois, à medida que se ultrapassa a margem de alerta que podemos julgar o que é o amor. Isso pertence ao mesmo registro de referência que levou meu bom calvinista, acumulador de bens e de merecimentos, a ter, efetivamente, durante algum tempo, uma mulher amável, a cobri-la, naturalmente, de joias que, todas as noites, eram retiradas de seu corpo para serem recolocadas no cofre-forte, e depois a chegar ao resultado seguinte: um dia, ela se foi com um engenheiro que ganhava cinquenta mil francos por mês.

Eu não queria parecer forçar a mão neste tema. Apresentam-nos, singularmente, esse discurso de Pausânias como o exemplo de que haveria, no amor antigo, não sei que exaltação da busca moral. Não preciso chegar ao fim desse discurso para perceber que ele mostra bem a falha que existe em toda moral ligada apenas ao que se pode chamar de sinais exteriores do valor.

Pausânias, com efeito, só pode terminar seu discurso dizendo que, se todo o mundo admitisse o caráter primordial, prevalente dessas belas regras pelas quais os valores são atribuídos apenas ao mérito, o que iria acontecer? Vamos ler a tradução Robin em *185 a: Neste caso, mesmo que se tenha sido completamente enganado, não há desonra. Suponhamos que alguém, com efeito, tendo em vista a riqueza, aquiesça a um amante, acreditando ser este rico e que, enganando-se totalmente, não obtenha vantagens pecuniárias, por se ter revelado pobre o amante; a opinião geral é de que se está mostrando o que se é realmente: um homem capaz de, por dinheiro, servir em qualquer negócio a qualquer um, e isso não é uma bela coisa. Sigamos exatamente, até o fim, o mesmo raciocínio: suponhamos o caso em que alguém, tendo concedido seus favores a um amante que crê virtuoso,* e esperando aperfeiçoar-se graças à sua amizade, seja enganado *e o amante em questão se revele* kakos, fundamentalmente mau, *vicioso e desprovido de mérito, não possuindo virtude, no entanto é belo ser enganado.*

Quis-se reconhecer aqui de modo geral, curiosamente, a primeira manifestação na história daquilo a que Kant chamou a intenção reta. Parece-me que é realmente participar de um erro singular não ver, aí, antes, o seguinte.

Sabemos por experiência que toda a ética do amor educador, do amor pedagógico, em matéria de amor homossexual e mesmo do outro, participa sempre em si de algum logro, e é esse logro que se mostra no final. Já que estamos no terreno do amor grego, talvez tenha acontecido a vocês que um homossexual lhes tenha sido trazido por seu protetor, e isso sempre se dá, por parte deste último, com as melhores intenções. Duvido que dessa proteção mais ou menos calorosa vocês tenham visto algum efeito bem manifesto da ordem do Bem, quanto ao desenvolvimento daquele que foi promovido diante de vocês como o objeto desse amor, que se apresenta como um amor para o Bem, para a aquisição do bem maior. É isso o que me permite dizer-lhes que está longe de ser esta a opinião de Platão.

O discurso de Pausânias se conclui, efetivamente, de forma bastante precipitada, devo dizer, em linhas que dizem mais ou menos isso: o Amor Urânio, é isso, e aqueles que não o alcançam, pois bem, que recorram à outra, à Vênus Pandêmia, a grande libertina, que também não o alcança. Que vão se foder, se é isso que querem. É neste ponto, diz ele, que vou concluir meu discurso sobre o amor. No que diz respeito à plebe, ao amor popular, nada mais temos a dizer. Se Platão estivesse de acordo com isso, acreditam que veríamos aparecer o que acontece logo em seguida?

3

Logo em seguida, Apolodoro retoma a palavra e diz: *Pausaniou pausamenou, Pausânias tendo feito a pausa.*

A expressão é difícil de traduzir, e há uma pequena nota dizendo que nenhuma expressão francesa corresponde a ela; a simetria numérica das sílabas é importante, existe ali provavelmente uma alusão, vide nota. O sr. Leon Robin não é o primeiro a ter se tocado neste ponto. Na edição Henri Estienne já existe uma nota à margem. Todo mundo se tocou com este *Pausaniou pausamenou,* porque se viu ali uma intenção. Vou-lhes mostrar que não se viu, absolutamente, qual era ela.

Logo depois dessa astúcia, Apolodoro frisa bem que é uma astúcia – "aprendi com os sábios, como veem, a *isa legein,* a falar por isologia". Pode-se traduzir por jogo de palavras, mas a isologia é realmente uma técnica. Vou poupá-los de tudo o que já se pôde gastar em engenhosidade para descobrir de que sábio se trata. Seria Pródico? Não seria antes Isócrates? Em Isócrates há *iso,* e seria particularmente *iso* isologar Isócrates. O que nos leva a problemas – vocês nem imaginam o quanto esses problemas engendraram de pesquisas. Isócrates e Platão seriam amigos?

Censuram-me por nem sempre citar minhas fontes; pois bem, a partir de hoje resolvi fazê-lo. Aqui, trata-se de Ulrich von Wilamowitz-Moellendorf, que é um personagem sensacional. Se souberem ler alemão e seus livros lhes caírem nas mãos, tratem de adquiri-los. Eu bem gostaria de ter seu livro sobre Simônides. Era um erudito alemão do começo do século, personagem considerável cujas obras sobre Platão são absolutamente esclarecedoras. Não é ele que ponho em causa a propósito de *Pausaniou pausamenou,* já que não se deteve especialmente nesse gracejo miúdo.

Não creio de modo algum que houvesse referência, na ocasião, particularmente distanciada, à maneira pela qual Isócrates maneja a isologia quando se trata de demonstrar, por exemplo, os méritos de um sistema político, e todo o desenvolvimento que encontrarão sobre este ponto no prefácio do *Banquete* por Leon Robin é certamente interessante, mas sem relação com este problema. Eis porque:

Minha convicção, sem dúvida, já estava firmada quanto à importância do discurso de Pausânias, e cheguei mesmo a dá-la por inteiro a vocês, da última vez, dizendo-lhes que é realmente a imagem da maldição evangélica, que o que realmente vale a pena seja para sempre recusado aos ricos. Mas acredito ter tido uma confirmação disso, que proponho ao seu julgamento, no domingo passado, quando estive – continuo a citar minhas fontes – com alguém sobre o qual eu ficaria aborrecido de já não ter-lhes dito da importância na minha própria formação, e sobre o qual penso que alguns sabem que é a ele que devo ter sido introduzido a Hegel: a saber, Kojève.

Estava, então, com Kojève, e certamente, já que estou sempre pensando em vocês, falei-lhe de Platão. Kojève atualmente faz uma coisa inteiramente diversa da filosofia, pois é um homem eminente, mas escreve assim mesmo, de vez em quando, duzentas páginas sobre Platão, manuscritos que saem passeando por diversos lugares. Ele me contou naquela ocasião um certo número de coisas que descobriu muito recentemente em Platão, mas nada pôde me dizer sobre *O Banquete*, pois não o havia relido, e isso não faz parte da economia de seu discurso recente.

Eu estava, então, por minha própria conta, embora tenha sido muito encorajado por muito do que ele me disse sobre outros pontos do discurso platônico, e principalmente sobre o seguinte – e que é absolutamente evidente – que Platão nos esconde o que pensa na própria medida em que no-lo revela. É na medida da capacidade de cada um, isto é, até um certo limite que certamente não é superável, que podemos entrevê-lo. Não devem, pois, se zangar comigo se não lhes dou a última palavra sobre Platão, porque Platão decidiu mesmo que, esta última palavra, ele não nos diria.

No momento em que tudo o que lhes conto sobre Platão fará, talvez, com que abram o *Fédon*, por exemplo, é importante que vocês tenham a ideia de que o objetivo do *Fédon* talvez não seja exatamente o de demonstrar, apesar das aparências, a imortalidade da alma. Diria mesmo que seu fim é, evidentemente, contrário. Mas deixemos isso de lado.

Ao deixar Kojève, eu disse a ele: – Então, esse *Banquete*, afinal não falamos muito dele. E como Kojève é uma pessoa muito, muito fina, isto é, um esnobe, respondeu-me: seja como for, você nunca interpretará *O Banquete* se não souber por que Aristófanes estava com soluços.

Já lhes disse que isso era muito importante. É evidente que é muito importante. Por que estaria ele com soluços se não houvesse uma razão?

Certamente que eu não sabia nada sobre isso, por que ele estava com soluços. Mas, encorajado por esse pequeno *impulse*, disse a mim mesmo: vamos voltar a isso – aliás, com grande cansaço, não esperando nada menos aborrecido do que voltar a encontrar especulações sobre o valor antigo, até mesmo psicossomático, dos soluços e dos espirros. Reabro meu exemplar, distraidamente, e olho para este texto no ponto do *Pausaniou pausamenou,* pois é logo em seguida que Aristófanes toma a palavra, e percebo que durante dezesseis linhas só se trata de parar com esses soluços. Quando acabarão esses soluços? Vão passar, não vão passar? Se não passarem, tome tal e tal coisa e no fim eles passarão. De tal modo que, com os *pausai, pausomai, pause, pauestai, pausetai,* com o *pausaniou pausamenou,* do começo, encontramos sete repetições de *paus* nessas linhas, ou seja, um intervalo de em média duas linhas e um sétimo entre as ocorrências dessa palavra eternamente repetida. Se acrescentarem aí que isso dará ou não dará algum resultado, e que eu farei o que você disse que fizesse, onde o termo *poiéso* se acha repetido com uma insistência quase igual, as homofonias, até mesmo as isologias em questão retomam a uma linha e meia de intervalo. É, ainda assim, extremamente difícil deixar de ver que, se Aristófanes está com soluços, é porque durante todo o discurso de Pausânias ele morreu de rir, e Platão não fez por menos.

Em outras palavras, o fato de que Platão nos solte alguma coisa como *é tentador tentar,* e nos repita em seguida durante dezesseis linhas a palavra *tentador* e a palavra *tentar* deve nos deixar de orelha em pé, pois não existem outros exemplos num texto de Platão de uma passagem tão cruamente semelhante a um trecho do Almanaque Vermot. Aliás, eis aí também um dos autores com os quais formei minha juventude – nele, li pela primeira vez um diálogo platônico que se chama *Théodore cherche des allumettes,* de Courteline, que é realmente imperdível.

Portanto, creio estar suficientemente claro que, para o próprio Platão, que fala aqui sob o nome de Apolodoro, o discurso de Pausânias é algo de derrisório.

Já que eis-nos chegados a uma hora avançada, não vou fazer hoje a análise do discurso seguinte, o de Erixímaco, que fala em lugar de Aristófanes. Veremos, da próxima vez, o que significa o discurso desse médico sobre a natureza do amor.

Veremos também, o que penso ser muito mais importante, o papel de Aristófanes. Seu discurso nos fará dar um passo, o primeiro realmente esclarecedor para nós, senão para os antigos, para quem o discurso de Aristófanes permaneceu sempre enigmático, como uma enorme máscara. Trata-se desse *diœcisme, diokistemen,* como ele se expressa, do separado em dois, dessa *Spaltung,* desse *splitting,* que, mesmo não sendo idêntico ao que desenvolvo para vocês no gráfico, certamente não deixa de com ele apresentar algum parentesco.

Depois do discurso de Aristófanes, verei o discurso de Agatão. Assinalo para vocês desde já, para que saibam para onde vão enquanto esperam pela próxima vez, e aí não preciso de uma sábia preparação para dar a esse traço mais valor, que existe uma coisa, e uma só, que Sócrates articula ao falar em seu próprio nome, que é primeiramente que o discurso de Agatão, o poeta trágico, não vale nada. Diz-se que é para poupar Agatão que ele se faz substituir, se assim posso dizer, por Diotima, e nos dá sua teoria do amor pela boca desta. Não vejo, absolutamente, em quê se possa apaziguar a suscetibilidade de alguém que acaba de ser executado. Ora, é isso o que ele faz com relação a Agatão.

Peço-lhes desde agora que pontuem o que está em questão, nem que seja para objetar ao que eu digo, se for o caso. O que é que Sócrates articula, depois de todas as belas coisas que Agatão, por sua vez, terá dito sobre o amor, não sobre os bens do amor, o proveito que se pode tirar do amor, mas sobre todas as suas virtudes, todas as suas belezas, nada é belo demais para ser lançado na conta dos efeitos do amor etc.? De uma só vez, Sócrates derruba tudo isso nas bases, remetendo as coisas à sua raiz, que é esta: amor? Amor de quê?

Do amor, passamos assim ao desejo, e a característica do desejo, enquanto *Eros era,* que Eros deseja, é que o que está em questão, isto é, aquilo que ele é suposto levar consigo, o próprio belo, isso lhe falta, *endens, endeia.* Nesses dois termos, ele falta, ele é idêntico por si mesmo à falta. Aí está toda a contribuição pessoal trazida por Sócrates em seu nome nesse discurso do *Banquete.*

A partir daí, algo vai começar, algo que está bem longe de chegar a ser alguma coisa que vocês possam segurar nas mãos. E como se poderia, mesmo, conceber isso? Até o fim, ao contrário, vamos nos aprofundar progressivamente nas trevas, e reencontraremos aqui a noite antiga, sempre maior. Tudo o que há a dizer sobre o pensamento do amor no *Banquete* começa aí.

7 de dezembro de 1960

V

A harmonia médica
Erixímaco

Da ciência suposta ao amor.
Do bem ao desejo.
A medicina e a ciência.
A via da comédia.

Trata-se de bem ver a natureza da empreitada à qual sou levado a fim de que possam suportar seus desvios no que estes possam ter de fastidioso, pois, afinal, vocês não vêm aqui para escutar o comentário de um texto grego no qual, aliás, não pretendo ser exaustivo.

A maior parte do trabalho, faço-a por vocês, quero dizer, em seu lugar, na sua ausência, e o melhor serviço que lhes posso prestar é incitá-los a se reportarem ao texto. Se a ele se remeterem, por sugestão minha, talvez lhes aconteça de lerem, mesmo que só um pouquinho, com minhas lentes. Sem dúvida, isso é melhor do que nada ler.

Convém não perder de vista aquilo que estamos destinados a alcançar, nosso objetivo, que domina o conjunto do empreendimento, e apreender, realmente, aquilo que lhes permitirá acompanhá-lo de maneira mais ou menos comentada. Procuramos responder a questão de onde partimos. Essa questão é simples, é a da transferência.

1

Ao dizer que essa questão é simples, quero dizer que ela é proposta por termos já elaborados.

Aí está um homem, o psicanalista, de quem se vem buscar a ciência daquilo que se tem de mais íntimo – é bem este o estado de espírito com que se o aborda comumente – e, portanto, daquilo que deveria ser, de saída, suposto lhe ser mais estranho. E no entanto, ao mesmo tempo, eis o que encontramos no início da análise: esta ciência, ele é suposto tê-la.

Definimos aqui a situação em termos subjetivos, quero dizer, na disposição daquele que se adianta como o que demanda. Por ora, nem mesmo precisamos incluir aí tudo o que essa situação comporta, objetivamente, e que a sustenta, a saber, o que devemos aí introduzir da especificidade do que é proposto a essa ciência, isto é, o inconsciente enquanto tal. Disso o sujeito não tem, tenha ele o que tiver, qualquer espécie de ideia.

Logo, esta situação, para defini-la simplesmente de um modo assim subjetivo, como é que ela engendra alguma coisa – primeira aproximação – que se assemelhe ao amor? Alguma coisa que se assemelha ao amor, é assim que se pode, numa primeira aproximação, definir a transferência.

Digamos melhor, digamos mais além – a transferência é algo que põe em causa o amor, que o põe em causa muito profundamente no que se refere à reflexão analítica por ter introduzido nela, como uma dimensão essencial, aquilo a que se chama a sua ambivalência. Aí está uma noção nova relativa a uma tradição filosófica, não sendo em vão buscá-la aqui, exatamente na origem. Essa estreita ligação entre o amor e o ódio, eis um traço ausente no ponto de partida dessa tradição, se este ponto de partida – é preciso que se o escolha em algum lugar – for escolhido por nós como o socrático.

Mas vamos ver hoje que existe algo antes disso, de onde, justamente, ele parte.

Essa questão, que é aquela na qual se articula a possibilidade de surgimento da transferência, não nos adiantaríamos de modo tão audaz a colocá-la se já não se tivesse, de algum modo, começado a escavar o túnel a partir da outra extremidade. Vamos ao encontro de algo que conhecemos, por já termos seriamente aproximado a topologia do que o sujeito deve encontrar na análise em lugar daquilo que procura. Se ele parte em busca do que tem e não conhece, o que vai encontrar é o que lhe falta. E é realmente porque articulamos isso em nosso encaminhamento anterior que ousamos colocar a questão que formulei inicialmente. É como aquilo que lhe falta que se articula o que ele vai encontrar na análise, a saber, seu desejo.

O desejo não é um bem em nenhum sentido do termo. Não o é, precisamente, no sentido de uma *ktesis,* de alguma coisa que, a um título qualquer, ele teria. É no tempo, definido no duplo sentido cronológico e topológico da eclosão do amor de transferência, que se deve ler essa inversão que, da busca de um bem, faz a realização do desejo.

Vocês compreendem que esse discurso supõe que realização do desejo não é, justamente, posse de um objeto. Trata-se, com efeito, da emergência à realidade do desejo como tal. E foi isso o que me levou este ano a introduzi-los ao *Banquete.* Não é o acaso de um encontro. Mas como eu procurava, como no coração do campo das minhas recordações, onde encontrar o ponto central do que tinha podido reter de articulado daquilo que aprendera, guiado por alguma bússola que se cria a partir de uma experiência, pareceu-me que *O Banquete,* por mais distante de nós que estivesse, era o lugar onde se havia agitado, da maneira mais vibrante, o sentido dessa questão, e particularmente no momento que o conclui, quando aparece Alcibíades.

Alcibíades irrompe estranhamente, em todos os sentidos do termo, tanto no nível da composição da obra como na cena suposta. Manifestamente, a sequência de discursos ordenados, prefigurada no programa do banquete, se quebra de súbito com a irrupção da verdadeira festa, o tumulto introduzido por essa ordem diferente. Mas, também em seu próprio texto, o discurso de Alcibíades é a confissão de seu próprio desconcerto. O que ele diz é realmente o seu sofrimento, seu arrancamento de si próprio, por uma atitude de Sócrates que o deixa ainda, quase tanto quanto no momento em que ocorreu, ferido, mordido por não sei que estranha mágoa.

E por que essa confissão pública? E por que essa interpretação de Sócrates, que lhe mostra que essa confissão tem um objetivo imediato? – a saber, de separá-lo de Agatão, ocasião imediata para uma volta à ordem? Todos aqueles que se referiram a este texto, desde que lhes falo dele, não deixaram de se surpreender com o que essa estranha cena tem de consoante com todas as espécies de situações ou de posições instantâneas, suscetíveis de serem vividas na transferência. Trata-se, ainda, apenas de uma impressão, e será preciso uma análise mais aprofundada e mais sutil para ver o que nos é dado por uma situação que não se deve atribuir manifestamente a um tipo de pressentimento da *sychanalisse,* como diz Aragon em *Le Paysan de Paris.* Não, é antes um encontro, a aparição de alguns delineamentos, para nós reveladores.

Se demoro a mostrá-lo para vocês, não é simplesmente por um recuo antes do salto que deve ser, como diz Freud, o do leão, isto é, único. É que, para compreender o que significa plenamente o evento da cena Alcibíades-Sócrates, devemos compreender bem a intenção geral da obra. Estabelecer o terreno é indispensável. Se não sabemos o que quer dizer Platão ao trazer esta cena, é impossível situar com exatidão sua importância.

Estamos hoje no discurso de Erixímaco, o médico.

2

Vamos reter o fôlego por um momento. O fato de que seja um médico tem tudo para nos interessar.

Isso significa que o discurso de Erixímaco deva nos induzir a uma pesquisa de história da medicina? Não posso sequer esboçar semelhante tarefa, por todos os tipos de razões. Em primeiro lugar porque não é assunto nosso, e esse desvio seria bastante excessivo. Em seguida, porque não creio que isso seja realmente possível.

Não acredito que Erixímaco esteja especificado, que seja num determinado médico que Platão está pensando ao nos trazer seu personagem. Mas os traços fundamentais da posição trazida por ele devem ser destacados. Não são forçosamente traços de história, a não ser em função de uma linha divisória muito geral, mas talvez nos façam refletir por um instante, de passagem, sobre o que vem a ser a medicina.

Já se observou que há em Sócrates uma referência ambiente à medicina. Com muita frequência, quando quer levar seu interlocutor ao plano de diálogo no qual entende dirigi-lo rumo à percepção de um percurso rigoroso, ele se refere à tal arte de técnico. Se sobre tal assunto quiserem saber a verdade, pergunta frequentemente, a quem se dirigirão? E, dentre estes, o médico está longe de ser excluído. Ele é mesmo tratado com uma reverência particular. O nível em que se situa não é, certamente, aos olhos de Sócrates, de uma ordem inferior. É claro, ainda assim, que a regra de seu percurso está longe de se poder reduzir, de alguma maneira, a uma higiene mental.

O médico de que se trata aqui, Erixímaco, fala como médico, e de imediato promove, mesmo, a sua medicina como, de todas as artes, a maior. A medicina é a grande Arte.

Só farei aqui indicar brevemente a confirmação que ganha aqui o que lhes disse, da última vez, a respeito do discurso de Pausânias. Ao começar, Erixímaco formula, com efeito, expressamente o seguinte: já que Pausânias, depois de um bom começo – isso não é uma boa tradução para *ormesas* – depois de se ter lançado bem ao seu discurso, não o rematou com tanto brilho, de forma igualmente adequada etc.

Fica claro, portanto, para todos, que Pausânias terminou mal seu discurso e isso é implicado como algo evidente. Deve-se dizer que nossos ouvidos ainda não estão exatamente acomodados, e não temos a impressão de que o discurso de Pausânias tenha sido um fracasso tão grande. Estamos de tal modo habituados a ouvir sobre o amor essa espécie de bobagem. É tanto mais estranho ver até que ponto essa característica no discurso de Erixímaco apela realmente para o consentimento geral, como se o discurso de Pausânias se tivesse revelado a todos como realmente malfeito, como se todas essas brincadeiras pesadas sobre o *pausaménou* dispensassem explicações para o leitor antigo.

Creio ser essencial referirmo-nos ao que podemos entrever a partir dessas questões de tom, às quais o ouvido do espírito se refere sempre, mesmo que não faça delas, abertamente um critério. Isso é invocado com muita frequência nos textos platônicos, como aquilo a que Sócrates se refere a todo instante. Quantas vezes, antes de começar seu discurso, ou abrindo parênteses no discurso de um outro, não invoca ele os deuses de maneira formal, para que o tom seja sustentado, mantido, afinado. Isso está muito próximo, como verão, do nosso objetivo de hoje.

Antes de entrar no discurso de Erixímaco, gostaria de fazer observações, cujo distanciamento mesmo que para nos conduzir a verdades primordiais, não é, no entanto, permitido tão facilmente. Vou lhes demonstrar de passagem que a medicina sempre se acreditou científica. No lugar de vocês, como dizia há pouco, é que foi necessário que, durante dias, eu tentasse destrinchar esse pequeno capítulo da história da medicina. Foi mesmo necessário, para isso, sair do *Banquete* e me referir a diversos outros pontos do texto platônico.

Por mais negligenciado que seja este capítulo da formação de vocês em medicina, terão ouvido falar de uma série de escolas na Antiguidade. A mais célebre, aquela que ninguém ignora, é a escola de Hipócrates. Antes, houve a escola de Cnido da Sicília e, antes ainda, aquela cujo grande nome era o de Alcmeon, os alcmeônidas, da qual Crótona é o centro, e cujas especulações são impossíveis de se dissociar daquelas de uma escola científica que florescia no mesmo momento, no mesmo lugar, a saber, a dos pitagóricos. Mas especular sobre o papel e a função do pitagorismo, essencial, como todos sabem, para compreender o pensamento platônico, nos levaria a um desvio no qual nos perderíamos, literalmente, de sorte que vou tentar, em vez disso, destacar daí os temas que se referem estritamente ao nosso propósito, a saber, o sentido dessa obra, *O Banquete,* na medida em que é problemática.

Não sabemos grande coisa sobre o personagem Erixímaco em si mesmo, mas sabemos algo sobre um certo número de outros personagens que intervêm no discurso de Platão, e que estão ligados diretamente à escola médica dos alcmeônidas, na medida em que estes estão, eles próprios, ligados aos pitagóricos. Por exemplo, Simias e Cebes, que dialogam com Sócrates no *Fédon,* são discípulos de Filolau, o qual é um dos mestres da primeira escola pitagórica. Se vocês se remeterem ao *Fédon,* vão ver que suas respostas às primeiras proposições de Sócrates sobre o que deve assegurar à alma sua imortalidade fazem referência, exatamente, aos mesmos termos que o discurso de Erixímaco, e, em primeiro lugar, à noção de *armonia,* harmonia, acorde.[5]

A medicina, observam aqui, sempre se acreditou científica. É nisso, aliás, que ela sempre mostrou suas fraquezas. Por uma espécie de necessidade interna de sua posição, ela sempre se referiu a uma ciência que era a de seu tempo, fosse esta boa ou má. Boa ou má, como sabê-lo do ponto de vista da medicina?

Quanto a nós, temos a sensação de que a nossa ciência, nossa física, é uma boa ciência, e que durante séculos tivemos uma física muito ruim. Isso, efetivamente, está de todo assegurado. Mas o que não está assegurado é o que a medicina tem a ver com a ciência. Ou seja, como, por que abertura, por que extremidade ela pode captar esta ciência? – e isso, quando há alguma coisa sequer elucidada por ela, pela medicina, uma coisa que não é das menores, já que se trata da ideia de saúde.

O que é a saúde? Estariam enganados se acreditassem que, mesmo para a medicina moderna, que com relação a todas as outras se crê científica, a coisa esteja plenamente assegurada. De tempos em tempos, a ideia do normal e do patológico se propõe como tema de tese a algum estudante, em geral por pessoas que têm uma formação filosófica. Temos aí um excelente trabalho do sr. Canguilhem, seu *Essai sur quelques problèmes concernant le normal et le pathologique,* mas cuja influência é, evidentemente, muito limitada nos meios propriamente médicos. Sem procurar especular num nível de certeza socrática sobre a saúde em si, o que demonstra, por si só, especialmente para nós psiquiatras e psicanalistas, até que ponto a ideia de saúde é problemática, são os próprios meios que empregamos para alcançar o estado de saúde. Para dizer as coisas em termos mais gerais, eles nos mostram que, qualquer que seja a natureza da saúde, e a boa forma que seria a da saúde, somos levados a postular, no seio desta boa forma, estados paradoxais –, é o mínimo que se pode dizer – estes mesmos cuja manipulação em nossas terapêuticas é responsável pelo retorno a um equilíbrio que permanece, no conjunto, muito pouco criticado enquanto tal.

Aí está, portanto, o que encontramos, no nível dos postulados menos acessíveis à demonstração, sobre a posição médica. É justamente esta que será consagrada aqui no discurso de Erixímaco sob o nome de *harmonia*. Não sabemos de que harmonia se trata, mas a noção é bastante fundamental para toda a posição médica como tal. Tudo o que devemos buscar é o acorde. E não estamos muito avançados, quanto à posição de um Erixímaco, quanto ao que seja a essência ou a substância dessa ideia de acorde.

É uma noção tomada de empréstimo a um domínio intuitivo, e nesse sentido ela está simplesmente mais próxima das origens. Mas também está historicamente mais definida, e mais sensível, na medida em que se relaciona expressamente ao domínio musical, que aqui é o modelo, a forma pitagórica por excelência. Da mesma forma, tudo o que, de um modo qualquer, se refere ao acorde dos tons, seja ele de uma natureza mais sutil, seja este tom do discurso ao qual fazia alusão há pouco, nos remete à essa mesma apreciação. Não é absolutamente por acaso que falei, de passagem, em ouvido – a apreciação das consonâncias é essencial à noção de harmonia.

Por menos que entrem no texto desse discurso, que lhes poupo o tédio de ler linha por linha, o que nunca é muito possível em meio a um auditório assim tão amplo, verão o caráter essencial da noção de acorde para compreender como se introduz aqui a posição médica.

3

Tudo o que aqui se articula é função de um suporte que não podemos nem esgotar, nem de nenhum modo, reconstruir a saber, a temática das discussões que se supõem presentes no espírito dos ouvintes.

Não vamos nos esquecer de que nos encontramos no ponto histórico culminante de uma época particularmente ativa. Os séculos VI e V do helenismo são superabundantes em criatividade mental. Vocês podem se remeter neste ponto, a boas obras, por exemplo, para aqueles que leem inglês, a esse grande livro, como só os editores ingleses podem se dar ao luxo de publicar, e que é como um testamento filosófico, pois é Bertrand Russell, em sua idade avançada, que o oferece a nós.

Este volume é muito bom para o Ano-Novo, está constelado, em suas grandes margens, de admiráveis figuras a cores, de extrema simplicidade, dirigidas à imaginação de uma criança, e compreende tudo o que se deve saber, desde esse período fecundo ao qual me refiro hoje, a época pré-socrática e socrática, até nossos dias, ao positivismo inglês. Ninguém realmente importante é esquecido. Se o que importa, para vocês, é brilhar nas reuniões sociais, depois de ler este livro saberão tudo, realmente tudo, a não ser, é claro, as únicas coisas importantes, isto é, aquelas que não se sabe. Mas ainda assim lhes aconselho sua leitura. Chama-se *Wisdom of the West.* Ele irá preencher para vocês, como aliás para qualquer pessoa, um número considerável de lacunas quase obrigatórias na sua informação.

Vamos tentar, então, ordenar um pouco aquilo que se esboça quando nos engajamos na via de compreender tudo o que quer dizer Erixímaco.

As pessoas da época dele acham-se exatamente diante do mesmo problema que nós. E no entanto, vão mais diretamente à antinomia essencial. Seria isso devido a não terem uma quantidade tão grande quanto nós de pequenos fatos para preencher seus discursos? Aí está uma hipótese que se origina do erro e da ilusão. Esta antinomia é aquela mesma que eu começava há pouco a promover diante de vocês – seja como for, não podemos tomar nenhum acorde pelo seu valor extrínseco. A experiência nos ensina que o acorde oculta alguma coisa em seu seio, e toda a questão é saber o que é exigível do que está subjacente ao acordo. Este ponto de vista não é apenas atingido através da experiência, mas comporta sempre um certo *a priori* mental, na falta do qual ele não é passível de ser formulado.

Este acorde novo é exigido do semelhante, ou podemos nos contentar com o semelhante? Todo acorde supõe algum princípio de acordo? O consonante pode sair do discordante? Do conflitual? Não pensem vocês que seja em Freud que tal questão irá emergir pela primeira vez. A prova disso é ser esta a primeira coisa trazida a nós pelo discurso de Erixímaco. A noção do acordado e do discordado, isto é, para nós, a da função da anomalia com relação à normal, vem em primeiro lugar no seu discurso, a partir da nona linha, mais ou menos, *186 b – Com efeito, o dessemelhante deseja e ama as coisas dessemelhantes. Uma coisa* – continua o texto – *é o amor inerente ao estado sadio, outra o amor inerente ao estado mórbido. E então, quando Pausânias dizia há pouco que era belo dar seus favores aos homens que são virtuosos, e feio fazê-lo aos homens desregrados etc.* Eis-nos agora transportados à questão do físico, daquilo que significam esta virtude e este desregramento.

Encontramos logo em seguida uma fórmula que não posso deixar de destacar na página. Não que ela nos diga grande coisa, mas deve ser ainda assim, para nós, analistas, o objeto de um interesse de passagem. Há aí um certo murmúrio feito exatamente para nos chamar a atenção. Erixímaco nos diz, tradução textual, que *a medicina é a ciência das eróticas do corpo, episteme ton tou somatos erotikon.* Parece-me que não se pode dar uma melhor definição da psicanálise.

Ele acrescenta: *pros plesmonen kai kenosin – no que se refere à repleção e à evacuação,* traduz brutalmente o texto. Trata-se, ali, da evocação desses dois termos, cheio e vazio, cujo papel vamos ver na topologia, na posição mental, daquilo que está em jogo neste ponto de junção da física e da operação médica. Não é este o único texto onde esse cheio e esse vazio são evocados. Está aí uma das intuições fundamentais que se deveriam valorizar num estudo sobre o discurso socrático.

Aquele que se dedicasse a tal empreitada, não precisaria ir muito longe para encontrar uma referência a mais. Vejam no início do *Banquete.* Sócrates atrasou-se no vestíbulo da casa vizinha, onde podemos supô-lo na posição do ginastosofista,[6] num pé só, tal como uma cegonha, e imóvel até que tenha encontrado a solução de não sei que problema. Ele chega à casa de Agatão quando todos já o esperavam. Muito bem, já resolveu seu negócio, venha para perto de mim, lhe diz Agatão. E Sócrates faz um pequeno discurso para dizer: talvez sim, talvez não, mas o que você espera é que aquilo de que me sinto atualmente preenchido passe ao seu vazio, tal como o que acontece com dois vasos, quando alguém se serve deles para fazer a água escorrer por um fio de lã. É preciso acreditar que, por não se sabe qual razão, esta experiência de física recreativa era praticada com bastante frequência, certamente porque sua referência constituía uma imagem comum a todos. A passagem do interior de um vaso para outro, a transformação do cheio em vazio, a comunicação do conteúdo é uma das imagens básicas que regulam o que se poderia chamar da concupiscência fundamental de todas essas trocas filosóficas. Ela deve ser guardada para se compreender o sentido do discurso que nos é proposto.

Encontra-se um pouco mais adiante a referência à música como no princípio do acorde, que é o fundamento do que nos vai ser proposto como a essência da função do amor entre os seres, e isso nos leva a encontrar, na página seguinte, isto é, no parágrafo *187*, viva no discurso de Erixímaco, essa escolha que eu lhes dizia ser primordial quanto ao tema daquilo que é concebível como estando no princípio do acorde, a saber, o semelhante e o dessemelhante, a ordem, o conflitual.

Quando se trata de definir esta harmonia, Erixímaco nota o paradoxo que voltamos a encontrar sob a pena de um autor anterior em mais ou menos um século, Heráclito de Éfeso. É, com efeito, à oposição dos contrários que Heráclito se refere expressamente como sendo o princípio da composição de toda unidade. A unidade, nos diz Erixímaco, opondo-se a si mesma se compõe, assim como a harmonia do arco e a da lira. Esta *osper armonian toxou te kai luras* é célebre ao extremo, quando mais não seja por ter sido citada aqui de passagem. Mas é citada em muitos outros autores, e chegou até nós nesses poucos fragmentos esparsos, reunidos pelos eruditos alemães, com referência ao pensamento pré-socrático. Dentre aqueles que nos restam de Heráclito, este aqui é realmente dominante. No livro de Bertrand Russell, cuja leitura lhes recomendava ainda há pouco, vocês vão encontrar, efetivamente representados, o arco e sua corda, e até mesmo o desenho simultâneo de uma vibração, que é aquela de onde partirá o movimento da flecha.

O que é surpreendente é a parcialidade, cuja razão não vemos muito bem de passagem, de que Erixímaco dá provas relativamente à formulação heraclitiana. Ele encontra nela algo de repreensível. Parece que existem ali essas exigências cuja fonte mal podemos sondar. Encontramo-nos aqui numa confluência na qual estamos impedidos, sobretudo tratando-se de personagens tão antigos, tão espectrais, de nos afastar de preconceitos, de apriorismos, de escolhas feitas em função de uma certa consistência dos temas num conjunto teórico, de vertentes psicológicas. Devemos nos contentar em notar que há ali, efetivamente, alguma coisa cujo eco encontramos em muitos outros trechos do discurso platônico. Não sei que aversão é marcada aí à ideia de se referir a qualquer conjunção possível de contrários, mesmo que se a situe no real, como a criação de um fenômeno que me parece não lhe ser em nada assimilável, a saber, o do acorde. Parece que quando se trata de zelar pela ideia de harmonia – para falar em termos médicos, em dietas e dosagens – a ideia de medida, de proporção, deve ser mantida até em seu princípio. A visão heraclitiana do conflito como criador em si mesmo não pode ser de modo algum sustentada segundo certos espíritos – ou certas escolas, vamos deixar a coisa em suspenso.

Existe ali uma parcialidade de que não partilhamos. Todas as espécies de modelos da física nos trouxeram a ideia de uma fecundidade dos contrários, dos contrastes, das oposições, e de uma não contradição absoluta do fenômeno com seu princípio conflitual. Toda a física tende muito mais para o lado da imagem da onda do que para o lado da forma, da *Gestalt,* da boa forma, não importa o que disso tenha feito a psicologia moderna. Não podemos deixar de nos surpreender, digo eu, tanto nessa passagem quanto em várias outras de Platão, ao ver sustentada a ideia de não sei que impasse, que aporia, de não sei que preferência a ser dada ao lado do caráter forçosamente fundamental do acorde com o acorde, da harmonia com a harmonia.

4

Se vocês se remeterem a um diálogo extremamente importante de se ler para o alicerçamento de nossa compreensão do *Banquete,* a saber, o *Fédon,* vão ver que toda a discussão com Símias e Cebes repousa sobre a noção de harmonia.

Como dizia a vocês no outro dia, todo o arrazoado de Sócrates em defesa da imortalidade da alma é ali apresentado da maneira mais manifesta sob a forma de um sofisma, que vem a ser o mesmo em torno do qual faço girar minhas observações – a saber, que a própria ideia da alma enquanto harmonia exclui que entre nela a possibilidade de sua ruptura. Quando seus dois interlocutores objetam que essa alma, cuja natureza é constância, permanência, duração, bem poderá se desvanecer ao mesmo tempo em que se dispersarem os elementos corporais cuja conjunção faz a sua harmonia, Sócrates não responde outra coisa senão que a ideia de harmonia de que a alma participa é em si mesma impenetrável, que ela vai se esquivar, vai fugir diante da própria aproximação daquilo que possa pôr em causa a sua constância.

A ideia da participação do que quer que seja de existente nessa essência incorpórea que é a ideia platônica revela sua ficção e seu logro. E se dá a tal ponto, nesse *Fédon,* que é impossível não se dizer que não tenhamos razão alguma para supor que Platão veja menos esse logro do que nós. A pretensão que temos de ser mais inteligentes que o personagem que desenvolveu a obra platônica tem algo de formidável, de inimaginável, de realmente assombroso.

É por isso mesmo que, quando Erixímaco entoa sua cançoneta, sem que isso acarrete de imediato consequências evidentes, temos o direito de nos perguntar o que quer dizer Platão quando faz com que, no *Banquete,* se suceda nessa ordem essa série de tiradas. Percebemos, ao menos, que a de Pausânias, imediatamente anterior, é derrisória. E, se conservarmos o tom de conjunto que caracteriza *O Banquete,* temos, legitimamente, o direito de nos perguntar se o que está em questão não é consoante à obra cômica como tal. Em se tratando de amor, é claro que Platão adotou a via da comédia.

Tudo o que se segue vai confirmá-lo, e tenho minhas razões para começar agora a afirmá-lo, no momento em que vai entrar em cena o grande cômico, sobre o qual desde sempre quebramos a cabeça para saber por que Platão o fez vir ao banquete. Escândalo, já que este grande cômico é um dos responsáveis pela morte de Sócrates.

O *Fédon,* a saber, o drama da morte de Sócrates, apresenta-se para nós com o caráter altivo que lhe é dado pelo tom trágico que vocês conhecem. O que, aliás, não é assim tão simples, uma vez que ali também há coisas cômicas, mas a tragédia predomina, e é representada diante de nós. No *Banquete,* ao contrário, não existe um só ponto do discurso que não se deva tomar com uma suspeita de comicidade, inclusive o tão breve discurso de Sócrates em seu próprio nome.

Para não deixar nada pendente, gostaria de responder em especial a um dos ouvintes que mais me honra com sua presença, e com o qual tive uma rápida conversa sobre este assunto. Não sem razão, sem motivo, sem justiça, meu interlocutor acreditara ter percebido que eu tomava o discurso de Fedro por seu valor extrínseco ao contrário do de Pausânias. Pois bem, no sentido do que afirmo aqui, o discurso de Fedro, que se remete, sobre o tema do amor, à apreciação dos deuses, não deixa de ter, também um valor irônico. Pois os deuses, justamente, nada podem compreender sobre o amor. A expressão de uma divina burrice deveria ser, a meu ver, mais difundida. Ela é sugerida com frequência pelo comportamento dos seres aos quais nos dirigimos, justamente no terreno do amor. Tomar os deuses como testemunhas daquilo que está em questão no que diz respeito ao amor me parece, seja como for, não ser heterogêneo à continuação do discurso de Platão.

Eis-nos chegados à orla do discurso de Aristófanes. Todavia, ainda não vamos entrar nele. Quero pedir-lhes, simplesmente, que completem por seus próprios meios o que resta a ser visto do discurso de Erixímaco.

Para o sr. Léon Robin é um enigma o fato de que Erixímaco retome a oposição do tema do amor urânio e do amor pandêmico, dado o que ele nos traz com relação ao manejo médico, físico, do amor. Na verdade, creio que nosso espanto é, realmente, a única atitude que convém para responder ao do autor dessa edição, pois a coisa fica esclarecida no discurso do próprio Erixímaco, confirmando a perspectiva na qual tentei situá-la para vocês.

Se, a propósito dos efeitos do amor, ele se refere à astronomia – parágrafo *188* – é na medida em que esta harmonia, com a qual trata-se de confluir, de concordar, quanto à boa ordem da saúde do homem, é uma única e mesma coisa que aquela que rege a ordem das estações. Quando é o amor em que existe arrebatamento, *hubris,* alguma coisa em excesso, que consegue prevalecer no que se refere às estações do ano, então começam os desastres, a desordem, os prejuízos, como ele se exprime, os danos, no nível dos quais são classificadas as epidemias, mas também – no mesmo nível – a geada, o granizo, a praga do trigo e toda uma série de outras coisas.

Eis-nos remetidos a um contexto no qual são utilizáveis as noções que promovo para vocês como categorias radicais às quais somos forçados a nos referir para expor sobre a análise um discurso válido, a saber, o imaginário, o simbólico e o real.

Fica-se espantado que um bororó se identifique com uma arara. Não lhes parece que não se trata aí, de modo algum, de pensamento primitivo, e sim de uma posição primitiva do pensamento relativamente àquilo com o que ele tem a ver para todos, tanto para vocês como para mim? O homem que se interroga, não sobre o seu lugar, mas sobre sua identidade, tem que se situar, não no interior de um recipiente limitado que seria seu corpo, mas no real total e bruto com o qual ele tem de lidar. Não escapamos a esta lei, de onde resulta que é no ponto preciso deste delineamento do real em que consiste o progresso da ciência que sempre teremos que nos situar.

No tempo de Erixímaco, não há o menor conhecimento do que seja um tecido vivo enquanto tal, e está fora de questão que o médico possa fazer dos humores alguma coisa heterogênea à umidade, onde, no mundo, podem proliferar as vegetações naturais. A desordem que vai provocar no homem tal excesso devido à intemperança e ao arrebatamento é a mesma que vai acarretar os distúrbios aqui enumerados nas estações do ano.

A tradição chinesa nos apresenta o Imperador executando com as próprias mãos os ritos principais dos quais depende o equilíbrio de todo o Império do Centro, traçando, no início do ano, os primeiros sulcos, cujo direcionamento e retidão se destinam a assegurar o equilíbrio da natureza. Não há nessa posição, se ouso dizer, nada além do natural. Erixímaco está bem apegado à noção, para empregar o termo, do homem microcosmo, ou seja, não é que o homem seja em si mesmo um resumo, uma imagem da natureza, mas o homem e a natureza são uma só e mesma coisa; não se pode sonhar compor um homem a não ser pela ordem e pela harmonia dos componentes cósmicos. Essa posição, apesar da limitação à qual acreditamos ter reduzido o sentido da biologia, não terá deixado alguns traços em nossos pressupostos mentais? Gostaria de deixá-los, por hoje, com esta questão.

Certamente, detectar os traços não é tão interessante quanto perceber onde, em que nível fundamental, nos situamos, nós analistas, quando agitamos, para compreender a nós mesmos, noções como a do instinto de morte. Como Freud não desconheceu, esta é uma noção empedocleana.

Vou mostrar-lhes, da próxima vez, que a formidável *gag* constituída pelo discurso de Aristófanes, apresentado manifestamente como entrada em cena de um *clown* na comédia ateniense, se refere expressamente – vou-lhes mostrar as provas disso – à concepção cosmológica do homem. E vou lhes mostrar, a partir daí, a abertura surpreendente que disso resulta, a abertura deixada escancarada quanto à ideia que Platão pudesse fazer do amor.

Trata-se – vou até aí – da derrisão radical que a simples abordagem dos problemas do amor traz a essa ordem incorruptível, material, superessencial, puramente ideal, participatória, eterna e incriada, que é aquela que toda a sua obra descobre para nós – ironicamente, talvez.

14 de dezembro de 1960

VI

A derrisão da esfera
Aristófanes

Do Universo à verdade.
Sócrates e seu testemunho.
O bufão.
O movimento perfeito.

Nosso objetivo, espero, passará hoje, diante da conjuntura celeste, por seu solstício de inverno.

Arrastados pelo orbe comportado por ele, pode lhes ter parecido que nos afastávamos sempre mais de nosso assunto, a transferência. Fiquem, portanto, tranquilos, atingimos hoje o ponto mais baixo desta elipse. A partir do momento em que entrevimos que haveria para nós algo a aprender com *O Banquete,* e na medida em que isso se verifica ser válido, era necessário avançar, até o ponto em que o faremos hoje, a análise de partes importantes do texto, que podem aparentar não ter relação direta com nosso tema.

Mas pouco importa, eis-nos agora engajados, e quando se começou em determinada via de discurso, há uma certa necessidade, não física, que se faz sentir ao querermos levá-lo a termo.

Seguimos, aqui, o guia de um discurso, o de Platão no *Banquete.* A maneira de um instrumento musical, ou antes, de uma caixinha de música, ele está carregado de todas as significações que fez ressoar através dos séculos, e é por isso que um certo aspecto de nosso esforço é o de voltar o mais perto possível de seu sentido. Para compreendê-lo e julgá-lo, não se pode deixar de evocar o contexto de discurso, no sentido do discurso universal concreto, no qual ele se situa.

Que me entendam bem. Não se trata, propriamente falando, de ressituá-lo na história. Vocês bem sabem que não é esse nosso método de comentário, e que é sempre pelo que ele nos dá a entender que interrogamos um discurso, mesmo se pronunciado numa época muito longínqua, quando as coisas que temos a entender ainda não estavam absolutamente visíveis. Mas não é possível, no que diz respeito ao *Banquete,* deixarmos de nos referir à relação entre o discurso e a história. Ou seja, não como o discurso se situa na história, mas como a própria história surge de um certo modo de entrada do discurso no real.

Da mesma forma, devo recordar-lhes que, no momento do *Banquete,* estamos no segundo século do nascimento do discurso concreto sobre o universo. Não vamos nos esquecer do florescimento filosófico, se assim podem dizer, do século VI, tão estranho, tão singular, além disso, pelos ecos, ou pelos outros modos de uma espécie de coro terrestre que se fazem ouvir na mesma época em outras civilizações, sem relação aparente. Mas nem quero esboçar a história dos filósofos do século VI, de Tales a Pitágoras, ou Heráclito, e tantos outros. O que quero fazê-los sentir é que esta é a primeira vez em que, na tradição ocidental, aquela à qual se refere o livro de Russell cuja leitura lhes recomendei, forma-se um discurso que visa expressamente o Universo, e visa torná-lo discursivo.

No início deste primeiro passo, da ciência como sabedoria, o Universo aparece como universo de discurso. Num certo sentido, jamais haverá universo senão de discurso. E tudo o que encontramos nessa época, até a definição dos elementos, sejam eles quatro ou mais, traz a marca, o cunho, o selo dessa exigência, desse postulado, de que o universo deve ser entregue à ordem do significante.

Sem dúvida, não se trata de modo algum de encontrar no universo elementos de discurso, mas ainda assim elementos que se agenciam à maneira do discurso. E todos os passos que se articulam nessa época entre os partidários, os inventores deste vasto movimento interrogatório mostram bem que, se sobre um desses universos que se formam não se puder discorrer de maneira coerente com as leis do discurso, a objeção é radical. Lembrem-se do modo de operar de Zenão, o dialético, quando, para defender seu mestre Parmênides, propõe os argumentos sofísticos adequados para lançar seu adversário num embaraço sem saída.

Então, no plano de fundo do *Banquete*, e no resto da obra de Platão, temos uma tentativa grandiosa em sua inocência, essa esperança que habita os primeiros filósofos ditos físicos, de encontrar, sob a garantia do discurso, que é, em suma, todo o seu instrumento de experiência, o acesso último ao real.

Peço-lhes perdão por evitar esse assunto. Não se trata aqui de um discurso sobre a filosofia grega. Proponho a vocês apenas, para interpretar um texto especial, a temática mínima que é necessária terem em mente para bem julgá-lo.

1

Devo em primeiro lugar recordar que o real, o acesso ao real não deve ser concebido nessa época como o correlativo de um tema, ainda que este seja universal. Ele é correlativo de um termo que vou tomar emprestado a Platão, que na carta VII, durante uma digressão, nomeia o que é buscado pela operação da dialética, *to pragma*.

Aí está, simplesmente, o mesmo termo que tive de levar em conta no ano passado em nossa exposição sobre a ética, e a que chamei a Coisa. Esta não é *die Sache*, um négocio, ou então, entendam se assim quiserem o grande negócio, a realidade última, aquela da qual depende o próprio pensamento que com ela se defronta, que a discute, e que é apenas, se posso dizer, uma das maneiras de praticá-la, *to pragma*, a Coisa, a práxis essencial.

Lembrem que a *théôria*, cujo termo nasce na mesma época, por mais contemplativa que se possa afirmar, não é somente isso, e a práxis da qual ela sai, a prática órfica, o demonstra de modo suficiente. A teoria não é, como implica o nosso emprego do termo, a abstração da práxis, nem sua referência geral, nem o modelo daquilo que seria sua aplicação. Em seu surgimento ela é a própria práxis. É ela mesma, a *théôria,* o exercício do poder, *to pragma,* o grande negócio.

Um dos mestres dessa época – que escolho como único a citar, por ser ele, graças a Freud, um dos patronos da especulação analítica, Empédocles –, em sua figura sem dúvida legendária, e igualmente é isso o que importa, que seja esta a figura que nos foi legada – Empédocles é um onipotente. Apresenta-se como senhor dos elementos, capaz de ressuscitar os mortos, mágico, senhor do segredo régio sobre os mesmos domínios nos quais os charlatães, mais tarde, deveriam se apresentar com uma postura paralela. Pedem-lhe milagres, e ele os produz. Como Édipo, não morre, mas retoma ao coração do mundo, no fogo do vulcão e na hiância.

Isso, como vão ver, está muito próximo de Platão. Nem é por acaso que seja a ele, numa época muito mais racionalista, que vamos naturalmente tomar de empréstimo a referência a *to pragma.*

Mas, e Sócrates? Seria bem singular que toda a tradição histórica tivesse se enganado ao dizer que ele acrescenta a essa base algo de original, uma ruptura, uma oposição. Sócrates se explica a respeito – a crer em Platão, que o apresenta para nós, com efeito, manifestamente, no contexto de um testemunho histórico – experimentando um movimento de recuo, de cansaço, de repugnância pelas contradições engendradas por essas primeiras tentativas filosóficas, tais como acabo de lhes caracterizar.

É de Sócrates que procede essa ideia nova e essencial, de que é preciso em primeiro lugar garantir o saber. Mostrar a todos que eles nada sabem é uma via por si mesma reveladora – reveladora de uma virtude que, em seus sucessos privilegiados, nem sempre é bem-sucedida. O que Sócrates chama de *épistèmè,* a ciência, o que ele descobre, em suma, o que ele extrai, o que destaca, é que o discurso engendra a dimensão da verdade. O discurso que se garante por uma certeza interna à sua própria ação assegura, ali onde o pode, a verdade como tal. Nada mais há além dessa prática do discurso.

Quando Sócrates diz que é a verdade, e não ele mesmo, que refuta seu interlocutor, mostra aí alguma coisa cuja maior solidez é sua referência a uma combinatória primitiva que, na base de nosso discurso, é sempre a mesma. Daí resulta, por exemplo, que o pai não é a mãe, e que é por este critério, e apenas por este, que se pode declarar que o mortal deve ser distinto do imortal. Sócrates remete, em suma, ao domínio do puro discurso toda a ambição do discurso. Ele não é, como se diz, aquele que refere o homem ao homem, nem mesmo todas as coisas ao homem. Foi Protágoras quem deu essa palavra de ordem, *o homem como medida de todas as coisas.* Já Sócrates refere a verdade ao discurso. Ele é, se assim se pode dizer, o supersofista, e é nisso que reside seu mistério, pois se fosse apenas o supersofista, não teria engendrado nada mais que os sofistas, ou seja, o que resta destes, uma reputação duvidosa.

Foi, justamente, algo diverso de um tema temporal o que havia inspirado sua ação. E chegamos, aí, à *atopia,* ao lado insituável, de Sócrates. É isso o que nos interessa. Farejamos, aí, alguma coisa que pode nos esclarecer quanto à atopia que é exigível de nós.

Foi por sua *atopia,* por este *lugar nenhum* de seu ser, que Sócrates certamente provocou – os fatos o atestam – toda uma linhagem de pesquisas. Seu destino está ligado, de maneira ambígua, a toda uma história que se pode fragmentar – a história da consciência, como se diz em termos modernos, a história da religião, a da moral, a da política, até certo ponto, é claro, e, em menor grau, a da arte. Toda essa linha ambígua, difusa e viva, para designá-la eu só precisaria lhes indicar a questão renovada pelo mais recente imbecil, *Por que filósofos*? – se a sentíssemos, essa linha, solidária de uma chama que é transmitida, sendo ao mesmo tempo, de fato, estranha a tudo o que ilumina, quer seja o bem, o belo, o verdadeiro, o mesmo, de que ela se digne ocupar.

Se, através de testemunhos contemporâneos ou próximos, bem como através de efeitos distantes, se tentar ler a descendência socrática, poderá nos advir a fórmula de uma espécie de perversão sem objeto.

Na verdade, quando nos esforçamos em acomodar, aproximar, imaginar, fixar, o que poderá ter sido efetivamente esse personagem, acreditem-me, isso é cansativo. O efeito desse cansaço, não poderia formular-lhes melhor que com as palavras que me vieram um desses domingos à noite: – *Esse Sócrates me mata.* Coisa curiosa, acordei na manhã seguinte infinitamente mais disposto.

Parece impossível não começar tomando ao pé da letra o que nos é atestado pelos que rodeavam Sócrates, e isso ainda à véspera de sua morte: que foi ele quem disse que, afinal de contas, não poderíamos temer nada de uma morte da qual nada sabemos e, especialmente, não sabemos, acrescenta ele, se não será uma coisa boa.

Quando lemos isso, estamos tão habituados a só ler nos textos clássicos boas palavras que não lhe damos maior atenção. Mas é notável, quando fazemos com que isso ressoe no contexto dos últimos dias de Sócrates, quando, cercado por seus últimos fiéis, ele lhes lança esse último olhar um pouco baixo, que Platão reproduz de fonte secundária, pois não estava lá, e que chama de olhar de touro. Pensem em sua atitude durante o processo. Se a *Apologia de Sócrates* reproduz exatamente o que disse diante de seus juízes, é difícil pensar, escutando sua defesa, que ele não quisesse morrer. Seja como for, ele repudiou expressamente todo o patético da situação, provocando assim seus juízes, acostumados às súplicas rituais dos acusados.

Estou visando, aí, numa primeira abordagem, à natureza enigmática de um desejo de morte. Sem dúvida, este pode ser considerado ambíguo, já que se trata de um homem que terá levado setenta anos para obter a satisfação deste desejo, e certamente isso não poderia ser tomado no sentido de tendência ao suicídio, ao fracasso, nem no sentido de qualquer masoquismo, moral ou outro. Mas é difícil não formular o mínimo trágico ligado à manutenção deste homem numa zona de *no-man's land,* de entre-duas-mortes, de alguma forma, gratuita.

Sócrates, vocês sabem, quando Nietzsche fez sua descoberta, esta subiu-lhe à cabeça. O *Nascimento da Tragédia* saiu daí, e toda sua obra posterior. O tom com que lhes falo deve marcar bem uma certa impaciência pessoal, mas é ainda assim incontestável, e Nietzsche apontou para isso, que basta abrir um diálogo de Platão, mais ou menos ao acaso, para verificar a profunda incompetência de Sócrates cada vez que ele toca no assunto da tragédia. Leiam no *Górgias* – a tragédia perpassa aí, executada em três linhas em meio às artes da lisonja – uma retórica como qualquer outra, nada mais a se dizer dela. Nenhum trágico, nenhum sentimento trágico, como se diz em nossos dias, sustenta a *atopia* de Sócrates, somente um demônio. Não vamos esquecê-lo, este *daimon,* pois ele nos fala disso sem cessar.

Este demônio o alucina, ao que parece, para permitir-lhe sobreviver nesse espaço, e adverti-lo quanto aos buracos onde poderia cair: não faça isso. E depois, há a mensagem de um deus, do qual o próprio Sócrates nos testemunha a função exercida no que se pode chamar de sua vocação. Um de seus discípulos deu-lhe a ideia, absurda, deve-se dizer, de ir consultar o deus de Delfos, Apolo. E o deus lhe respondeu – Existem alguns sábios, um deles não é nada mal, Eurípides, mas o sábio dos sábios, o fino do fino, o quente, é Sócrates. A partir desse dia, Sócrates disse a si mesmo: é preciso que eu realize o oráculo dos deuses, eu não sabia que era o mais sábio, mas já que ele o disse, devo sê-lo. É nesses termos que Sócrates nos apresenta a virada de sua passagem à vida pública. É, em suma, um louco que se crê ordenado a serviço de um deus. É um messias, numa sociedade de falastrões, ainda por cima.

Não há nenhuma outra garantia da palavra do Outro além desta própria palavra, e nenhuma outra fonte de trágico além desse próprio destino, que bem nos pode aparecer, por um certo lado, como sendo nada. Tudo isso o conduz a ceder aos deuses uma boa parte do terreno de que lhes falava outro dia, o da reconquista do real, o da conquista filosófica, isto é, científica.

A propósito disso, se lhes disse *os deuses são o real* não foi para fazer paradoxo, como alguns me confiaram. Bem que o senhor se divertiu – disseram-me eles – nos surpreendendo quando perguntou: *o que são os deuses?* Todos esperavam que fosse dizer simbólico, e o senhor fez uma boa farsa dizendo que eram o real. Pois bem, nada disso. Não fui eu quem inventou isso. Eles são para Sócrates, manifestamente, apenas real.

E este real, sua participação não está de forma alguma no princípio da conduta de Sócrates, que só visa à verdade. Ele está pronto, perante os deuses, a obedecer-lhes ocasionalmente, contanto que se lhe defina essa obediência. Será isso realmente obedecer-lhes, ou antes ficar quites, ironicamente, para com seres que têm, também eles, suas necessidades? De fato, não sentimos aí qualquer necessidade que não reconheça a supremacia e a necessidade interna à demonstração do verdadeiro, isto é, da ciência.

O que pode nos surpreender é a sedução exercida por um discurso tão severo, e que nos é atestada no transcorrer de um ou outro diálogo. O discurso de Sócrates, mesmo repetido por crianças ou mulheres, exerce um encanto siderador, é bem o caso de dizê-lo. *Assim falava Sócrates* – uma força daí se transmite, que eleva aqueles que dele se aproximam, dizem sempre os textos platônicos, apenas com o ruído de sua fala, e alguns dizem, ao seu contato.

Reparem ainda, ele não tem discípulos, mas antes familiares, curiosos também, e finalmente os extasiados, como se diz nos santinhos de presépio provençais. E mais os discípulos alheios, que também vêm bater a sua porta.

Platão não faz parte de nenhum desses grupos. É um retardatário, demasiado jovem para poder ter visto mais que o final do fenômeno. Ele não está entre os familiares que lá estavam no último instante. E é exatamente esta a razão última, vamos dizê-lo de passagem, desse modo de testemunho ao qual ele se apega cada vez que quer falar de seu estranho herói: fulano ouviu isso de Beltrano que estava lá, a partir de tal visita, quando eles conduziram tal debate. A gravação no cérebro, eu a tenho aqui em primeira, ali em segunda edição.

Platão é uma testemunha muito particular. Pode-se dizer que ele mente, e, por outro lado, que é verídico mesmo quando mente, pois ao interrogar Sócrates é a sua questão – dele, Platão – que abre sua trilha.

Platão é outra coisa, bem diferente. Não é um joão-ninguém. Não é um errante. Nenhum deus lhe fala, nem o chamou. E, na verdade, creio, para ele os deuses não são grande coisa. Platão é um mestre, um verdadeiro, um mestre do tempo em que a cidade se decompõe, arrebatada pelas rajadas democráticas que são o prelúdio das grandes confluências imperiais – uma espécie de Sade, mais engraçado.

Naturalmente, ninguém jamais pode imaginar a natureza dos poderes que o futuro reserva. Os grandes saltimbancos da tribo mundial, Alexandre, Selêucides, Ptolomeu, os militares místicos etc., tudo isso ainda é impensável. O que Platão vê no horizonte é uma cidade comunitária, absolutamente revoltante tanto a seus olhos quanto aos nossos. O haras para todos, eis o que ele nos promete num panfleto que foi sempre o pesadelo de todos aqueles que não conseguem se recuperar da discórdia, cada vez mais acentuada, da sociedade com seu sentimento do bem. Isso se chama *A República,* e todo o mundo a levou a sério, acreditando que era isso, realmente, o que queria Platão.

Existem alguns outros mal-entendidos e elucubrações míticas. O mito da Atlântida, por exemplo, me parece muito mais ser o eco do fracasso dos sonhos políticos de Platão, e não deixa de ter relações com a aventura da Academia. Mas talvez vocês achem que meu paradoxo precisaria ser mais bem-fundamentado, e é por isso que passo adiante.

O que ele quer, em todo caso, é afinal de contas a Coisa, *to pragma.*

Platão retomou o percurso dos magos do século anterior num nível literário. A Academia é uma cidade reservada, um refúgio dos melhores, e é no contexto deste empreendimento, cujo horizonte decerto ia muito longe, que se situa o que sabemos do que ele sonhou em sua viagem à Sicília e, curiosamente, nos mesmos lugares onde sua aventura faz eco ao sonho de Alcibíades, que também desejou, claramente, um império mediterrâneo de centro siciliano. O sonho de Platão portava um sinal de sublimação mais elevada. É como uma espécie de utopia da qual ele pensou poder ser o diretor. Para o porte de Alcibíades, tudo isso evidentemente se reduz a um nível menos elevado, e talvez não fosse mais do que um ápice de elegância masculina. Mas seria depreciar esse janotismo metafísico não ver o alcance daquilo de que ele era capaz.

Acredito que se tem razão em ler o texto de Platão sob o ângulo disso que chamo de seu janotismo, e nele ver escritos para o exterior. Chegarei a dizer que ele atira aos cães, que somos nós, os bons ou maus bocados de um humor muitas vezes bastante infernal. Mas é um fato que ele foi entendido de outra maneira.

O fato de que o desejo cristão, que tem tão pouco a ver com todas essas aventuras, que esse desejo cujo osso, a essência, está na ressurreição dos corpos – leiam santo Agostinho para perceber o lugar que isso ocupa – que o desejo cristão seja reconhecido em Platão, para quem o corpo deve se dissolver numa beleza supraterrestre e reduzido a uma forma extraordinária descorporalizada, este é o sinal de que estamos em pleno mal-entendido.

O caráter delirante de tal retomada de um discurso num contexto que lhe é contraditório nos remete, precisamente, à questão da transferência. O que é isso senão a fantasia platônica afirmando-se já como um fenômeno de transferência? Não creiam que estas sejam considerações gerais, pois vamos nos aproximar delas o mais possível.

Como os cristãos, a quem um deus reduzido ao símbolo do Filho havia dado sua vida em sinal de amor, se deixaram fascinar pela inanidade – vão se recordar do termo que usei há pouco – especulativa oferecida como alimento espiritual pelo mais desinteressado dos homens, Sócrates? Não se deveria reconhecer aí o efeito da única convergência palpável entre as duas temáticas, que é o Verbo, apresentado como objeto de adoração?

Não se pode negar que o amor tenha produzido na mística cristã frutos e loucuras bastante extraordinários, segundo a própria tradição cristã. Diante disso, é importante delinear qual a importância do amor na transferência que se produz em torno desse outro, Sócrates, que do seu lado, é apenas um homem que se pretende especialista em amor, mas que só deixa disso a prova mais simplesmente natural.

É a seguinte. Seus discípulos mexiam com ele por seu hábito de perder a cabeça, de vez em quando, por um belo rapaz, e como nos testemunha Xenofonte, por ter um dia, – isso não vai longe – tocado com seu ombro o ombro nu do jovem Critóbulo. E Xenofonte nos diz o resultado disso: ele ficou com uma dor muscular, nada mais, nada menos. Isso não é pouco, num cínico tão experimentado – pois já há em Sócrates todas as figuras do cínico. A anedota mostra, decerto, uma certa violência do desejo, mas igualmente deixa nele o amor numa função um pouco instantânea. Em todo caso, ela nos permite situar que, para Platão, essas histórias de amor são simples bufonarias.

O modo de união última com *to pragma,* a Coisa, não deve certamente ser buscado no sentido da efusão de amor, no sentido cristão do termo. E não é em outro lugar que se deve procurar a razão para isso: no *Banquete,* o único que fala do amor como convém – verão o que entendo por este termo – é um bufão.

2

Aristófanes, para Platão, não é outra coisa. Um poeta cômico, para ele, é um bufão.

O Aristófanes, que é, acreditem-me, um senhor muito distante da plebe, é também um homem obsceno. Devo lembrar-lhes o que podem encontrar na abertura de qualquer uma de suas comédias? O mínimo que se vê surgir em cena é o que está, por exemplo, nas *Tesmofórias.* Um parente de Eurípides vai se disfarçar de mulher para se expôr à sorte de Orfeu, isto é, ser despedaçado na assembleia das mulheres, em lugar de Eurípides. Dado que as mulheres, como ainda hoje no Oriente, se depilam, fazem-nos assistir à queima dos pelos do cu, e poupo-lhes maiores detalhes.

Isso supera tudo o que não se pode ver atualmente senão no palco de um *music-hall* de Londres, e não é dizer pouco. O vocabulário é melhor, mas nem por isso mais distinto. O termo "cu arreganhado" é repetido em dez réplicas seguidas para designar aqueles dentre os quais convém escolher o que hoje chamaríamos, em nossas línguas, os candidatos mais aptos a todos os papéis de vanguarda, pois é destes que Aristófanes se ressente mais particularmente.

Em suma, o fato de que seja um personagem desta espécie – e, o que é mais, que desempenha o papel que vocês sabem na difamação de Sócrates – que Platão escolha para fazer dizer as melhores coisas sobre o amor, isso não nos deveria despertar um pouco a cachola?

Vou ilustrar imediatamente o que quero dizer, frisando que é a ele que Platão faz dizer as melhores coisas sobre o amor. Mesmo um erudito tão moderado, comedido em seus julgamentos, prudente, quanto pode sê-lo o ilustre professor que fez a edição que tenho sob os olhos, o sr. Léon Robin, não pôde deixar de ficar comovido a ponto disso lhe ter arrancado lágrimas – Aristófanes é o primeiro que fala do amor, meu Deus, como nós falamos dele, e diz coisas que causam impressão violenta.

Aristófanes faz a seguinte observação, bastante sutil, e que não é o que se espera de um bufão, mas é justamente por essa razão que isso é posto em sua boca. *Ninguém* – diz ele – *pode crer que seja e ton aphrodision sunousia* – traduz-se como *a comunidade do gozo amoroso,* tradução que me parece detestável, e o sr. Léon Robin fez outra bem melhor em *La Pléiade,* falando em *partilha do gozo sexual – ninguém pode acreditar que seja o prazer de se estar juntos no leito o que é, em definitivo, o objeto em vista do qual cada um deles se compraz em viver em comum com o outro, e num pensamento transbordante de solicitude,* em grego, *outos epi megales spoudes.* É este mesmo *spoudé* que encontraram no ano passado na definição aristotélica da tragédia, que significa solicitude, cuidado, zelo, mas também seriedade. Resumindo, essas pessoas que se amam têm um jeito curioso de seriedade.

Deixemos esta nota psicológica, para designar onde está o mistério. Aristófanes nos diz que é uma coisa inteiramente diversa o que deseja manifestamente a alma dessas pessoas, uma coisa que ela é incapaz de exprimir, mas que no entanto adivinha, e que propõe como um enigma.

Suponham mesmo, *diz Aristófanes,* que enquanto repousam sobre o mesmo leito, Hefesto – *isto é, Vulcano, o personagem com a bigorna e o martelo* – erga-se diante delas com suas ferramentas e lhes diga: "Não é este o objeto dos vossos anseios, o que mais desejam: identificar-se o mais possível um ao outro, de modo que nem de noite nem de dia abandonem um ao outro? Se é realmente isso o que desejam, de bom grado posso fundi-los juntos, reuni-los pelo sopro de minha forja, de tal modo que, de dois que são, tornar-se-ão um, e enquanto durarem suas vidas viverão, um e outro em comum, como que fazendo um só, e após sua morte, lá no Hades, em lugar de dois serão um, tomados ambos por uma morte comum ... Pois bem! Vejam se é a isso que aspiram e se poderão contentar-se com tal sorte ..." Ouvindo essas palavras, não haveria um só, bem sabemos, que dissesse não, nem evidentemente que desejasse outra coisa, mas cada um deles pensaria, ao contrário, ter simplesmente ouvido o que há muito tempo desejava: que por sua reunião, por sua fusão com o amado, seus dois seres não fossem, enfim, senão um só.

Eis o que Platão faz dizer pela boca de Aristófanes, mas não apenas isso. Vocês sabem que Aristófanes conta coisas que são grosseiras, e que ele mesmo anunciou como devendo se situar entre o risível e o ridículo, conforme o riso venha a incidir sobre o que é visado pelo cômico ou sobre o próprio comediante. É claro que Aristófanes faz rir, e passa a barra do ridículo. Platão vai-nos fazer rir do amor? Isso já lhes testemunha o contrário.

Em parte alguma, em nenhum momento dos discursos do *Banquete,* leva-se o amor tão a sério, nem tão tragicamente. Estamos ali exatamente no nível que imputamos ao amor, nós os modernos – depois da sublimação do amor cortês de que lhes falei no ano passado, e depois do que eu poderia chamar do contrassenso romântico dessa sublimação, a saber, a superestima narcísica do sujeito, do sujeito suposto no objeto amado.

Graças a Deus, no tempo de Platão ainda não se havia chegado lá, com exceção desse estranho Aristófanes, mas este é um bufão. Colocamo-nos, antes, numa observação de certo modo zoológica, de seres imaginários, que assume seu valor pelo que evoca nos seres reais e pelo que pode ser considerado aí, certamente, como derrisório.

Trata-se desses seres cortados em dois como um ovo cozido, desses seres bizarros como aqueles que encontramos nos bancos de areia, uma solha, um linguado, um barbado, que parecem ter tudo o que lhes é preciso, dois olhos, todos os órgãos pares, mas que são achatados de tal maneira que aparentam ser a metade de um ser completo.

O primeiro comportamento que se segue ao nascimento de seres gerados por uma tal partição, que é a base do que aparece de repente para nós com uma luz tão romântica, é uma fatalidade pânica, que faz a cada um desses seres procurar em primeiro lugar e antes de mais nada sua metade, e então aferrando-se a ela com uma tenacidade, se assim se pode dizer, sem saída, perecer ao lado do outro pela impotência em juntar-se a ele. É isso o que Aristófanes nos define em longos desenvolvimentos, com todos os detalhes, de uma maneira extremamente imajada, projetando-o no plano do mito. Tal é a imagem da relação amorosa que forja o escultor que é aqui o poeta.

Será neste ponto que reside o que devemos supor, e que tocamos com o dedo, o que há aqui de risível? Evidentemente que não. Mas isso está, não obstante, inserido num trecho que nos evoca irresistivelmente o que poderíamos ver ainda hoje no picadeiro de um circo, se os palhaços entrassem, como fazem às vezes, abraçados, agarrados dois a dois, acoplados ventre com ventre, e fizessem uma ou várias voltas pela pista numa grande giração de quatro braços, quatro pernas e duas cabeças. Isso em si é alguma coisa que vemos combinar muito bem com o modo de fabricação deste tipo de coro que, num outro gênero, dá *As Vespas, As Aves,* ou ainda *As Nuvens,* das quais nunca saberemos sob que tela apareciam em cena.

Mas, aqui, de que espécie de ridículo se trata? Trata-se simplesmente do caráter por si só bastante jubiloso dessa imagem, já lhes disse, clownesca"?

É aí que vou incluir um pequeno desenvolvimento, que peço me desculparem se ele nos obriga a um bem longo pois é essencial.

3

Não sou o único a saber ler um texto, já que o sr. Léon Robin também fica impressionado com isso, a ponto de, extraordinariamente, insistir no caráter esférico do personagem inventado por Aristófanes.

É difícil não vê-lo, porque este esférico, este circular, este *sphaïra* é repetido com tamanha insistência. Dizem-nos que as costas, os flancos, *pleuras kuklo exon, tudo isso se segue de uma forma bem redonda.* É preciso vermos isso como lhes dizia há pouco, como duas rodas colocadas uma sobre a outra e naturalmente chatas, enquanto aqui é redondo.

É redondo, e isso incomoda o sr. León Robin, que não hesita, em sua nota, em trocar uma vírgula que ninguém jamais trocou, dizendo: – Faço isso porque não quero que se insista tanto na esfera, o corte é mais importante. Não sou eu quem irá diminuir a importância deste corte, e voltaremos a ele daqui a pouco, mas é difícil não ver que estamos diante de algo muito singular, e sobre o qual vou dizer desde já o termo exato: a derrisão de que se trata, aquilo que é exposto sob esta forma ridícula, é justamente a esfera.

Naturalmente isto não os faz rir, porque a esfera os deixa indiferentes. Só que devem se lembrar de que, durante séculos, as coisas não foram bem assim.

Vocês conhecem a esfera apenas sob a forma deste fato de inércia psicológica a que se chama a boa forma. Um certo número de pessoas, o sr. Ehrenfels e outros, percebeu que as formas tinham uma certa tendência à perfeição, isto é, no estado de dúvida, a se assimilarem à esfera. Em suma, a esfera é o que dá mais prazer ao nervo óptico. Isso é muito interessante, mas só faz esboçar o problema, pois assinalo de passagem que essas noções de *Gestalt* sobre as quais se caminha tão resolutamente só servem para relançar o problema da percepção. Se existem boas formas, a percepção deve consistir em retificá-las no sentido das más, isto é, das verdadeiras. Mas vamos deixar a dialética da boa forma.

A forma esférica tem aqui um sentido inteiramente diverso dessa objetivação cujo interesse está limitado à psicologia. Em Platão, e bem antes dele, essa forma, *Sphaïros* no masculino, como diz ainda Empédocles, cujos versos o tempo não me permite ler para vocês, é um ser que é, *de todos os lados, semelhante a si mesmo, sem limites,* sphaïros kukloteres, *sphaïros, que tem a forma de uma bola, reina em sua régia solidão, repleto de seu próprio contentamento, de sua própria suficiência.* Esse *sphaïros* que obceca o pensamento antigo é a forma que assume, no centro do mundo de Empédocles, a fase de reunião daquilo que ele denomina em sua metafísica *philie* ou *philotes,* o amor, que ele chama em outro lugar de *skedune philotes,* o amor que une, que aglomera, que assimila, que aglutina. Aglutinar é a *ktesis,* a *ktesis* de amor.

É muito singular ver reemergir, sob a pena de Freud, o amor como potência unificante pura e simples, de atração sem limites, para opô-lo a Tanatos – quando temos correlativamente, e de maneira discordante, a noção tão diversa, e tão mais fecunda, da ambivalência amor-ódio.

Esta esfera, vamos encontrá-la por toda parte. Eu lhes falava, outro dia, em Filolau. Ele a admite, essa mesma esfera, no centro de um mundo onde a Terra tem uma posição excêntrica, e vocês sabem que ao tempo de Pitágoras já se suspeitava disso. Mas não é o sol que ocupa o centro, é um fogo central esférico, ao qual a face habitada da *Terra* sempre volta as costas. Situamo-nos, com relação a este fogo, como a lua com relação a nossa terra e é por isso que não o sentimos. Parece que foi para evitar que fôssemos afetados por essa irradiação central que Filolau inventou essa elucubração da antiterra, que já quebrava a cabeça das pessoas na Antiguidade, até do próprio Aristóteles. Qual poderia ser, realmente, a necessidade desse corpo estritamente invisível, suposto ocultar todos os poderes contrários aos da terra, e que exercia ao mesmo tempo o papel de corta-fogo? Seria preciso, como se diz, analisá-lo.

Tudo isso foi feito apenas para introduzi-los à dimensão, à qual vocês sabem que atribuo uma importância muito grande, da revolução astronômica, ou ainda copernicana. E para colocar definitivamente os pingos nos ii, repito que não é o geocentrismo supostamente desmantelado pelo chamado cônego Copérnico que é importante, e é mesmo nesse sentido que é bem falso e inútil chamar de copernicana a revolução astronômica. Em seu livro *Sobre a Revolução dos Orbes Celestes,* ele nos mostra uma figura do sistema solar que se assemelha à nossa, à dos manuais escolares, onde se vê o sol no meio e todos os astros girando à sua volta em ordem. Mas não era, absolutamente, um esquema novo. Todo mundo sabia, no tempo de Copérnico – não fomos nós que o descobrimos – que na Antiguidade, o tal de Heráclides e Aristarco de Samos, de uma forma perfeitamente comprovada, haviam feito o mesmo esquema.

Copérnico não passa de uma fantasia histórica. Teria sido diferente se seu sistema fosse, não mais aproximado da imagem que temos do sistema solar real, mas mais verdadeiro, isto é, mais desembaraçado que o sistema de Ptolomeu de elementos imaginários, que nada têm a ver com a simbolização moderna dos astros. Ora, não é nada disso, porque seu sistema está repleto de epiciclos.

O que é isso? É algo inventado, e no qual ninguém podia crer. A realidade dos epiciclos, não se acreditava nela. Não pensem vocês que eles fossem burros o bastante para pensar que existisse no céu aquilo que vocês veem quando abrem seus relógios, uma série de rodinhas. Mas tinham essa ideia, a de que o único movimento que se podia imaginar era o movimento circular. Tudo o que se vê no céu é muito árduo de interpretar, pois os pequenos planetas errantes se entregam a toda espécie de estripulias irregulares entre si, e tratava-se de explicar seus zigue-zagues. Pois bem, só se ficava satisfeito quando cada um dos elementos de seus circuitos podia ser reduzido a um movimento circular.

O estranho é que não tenham conseguido fazer melhor. Poderíamos pensar, em princípio, que, à força de combinar movimentos rotativos sobre movimentos rotativos, poderiam ter chegado a se dar conta de tudo. Era simplesmente impossível, porque, à medida que se observava melhor os astros, notava-se que havia cada vez mais coisas ainda por explicar, quando mais não fosse, ao aparecer o telescópio, sua variação de grandeza. Mas não importa, o sistema de Copérnico era tão carregado quanto o de Ptolomeu dessa superfetação imaginária, que o fazia pesado e embaraçoso.

Seria necessário que vocês lessem, durante essas férias – e vão ver que isso é possível – para seu prazer, como Kepler partiu dos elementos deste mesmo *Timeu* de que lhes vou falar, isto é, de uma concepção puramente imaginária – com o acento que este termo possui no vocabulário do qual me sirvo com vocês – do universo, inteiramente pautada nas propriedades da esfera, definida como a forma que porta em si as virtudes da suficiência, de modo que pode combinar nela a eternidade do mesmo lugar com o movimento eterno.

As especulações de Kepler são dessa espécie. São, aliás, refinadas, pois que ele introduz nelas, para nosso espanto, os cinco sólidos perfeitos inscritíveis na esfera – como sabem, só há cinco deles. Esta velha especulação platônica, já superada trinta vezes, torna a emergir nessa virada da Renascença, quando os manuscritos platônicos são reintegrados à tradição ocidental, e sobe, literalmente, à cabeça desse personagem, cuja vida pessoal, no contexto da revolução dos camponeses, depois da Guerra dos Trinta Anos, é um tanto extravagante. Pois bem, o dito Kepler, em busca das harmonias celestes, chega, por um prodígio de tenacidade, e no qual se vê realmente o jogo de esconde-esconde da formação inconsciente, a formular a primeira compreensão daquilo em que consiste, verdadeiramente, o nascimento da ciência moderna. É procurando uma relação harmônica que ele chega à relação entre a velocidade do planeta em sua órbita com a área da superfície coberta pela linha que une o planeta ao sol. Isso significa que ele percebe, ao mesmo tempo, que as órbitas planetárias são elipses.

Alexandre Koyré escreveu um livro muito bonito que se chama *From the closed world to the infinite universe,* publicado por Johns Hopkins, e que foi recentemente traduzido. E eu me perguntava o que poderia ter feito com ele Arthur Koestler, que nem sempre é considerado como um autor de inspiração muito segura. Afianço-lhes que *Os Sonâmbulos,* de que se fala por toda parte, é seu melhor livro. É fenomenal, maravilhoso. Vocês não precisam nem saber as matemáticas elementares, vão entender tudo através da biografia de Copérnico, de Kepler e de Galileu, com um pouco de parcialidade para com Galileu – deve-se dizer que ele era comunista, ele próprio o confessa.

Comunista ou não, é absolutamente verdadeiro que Galileu nunca prestou a menor atenção ao que Kepler havia descoberto. O passo genial dado por ele em sua invenção da dinâmica moderna é ter encontrado a lei exata da queda dos corpos. Apesar deste passo essencial, e a despeito de ter sido com a história do geocentrismo que ele teve todos os seus problemas, o fato é que ele era tão retrógrado quanto os outros, tão reacionário, tão apegado à ideia do movimento circular perfeito, então o único possível para os corpos celestes. Para dizer tudo, Galileu nem mesmo atravessou o que chamamos de revolução copernicíana, e sobre a qual sabemos que não é de Copérnico. Estão vendo o tempo que levam as verdades para abrir seus caminhos, diante de um preconceito tão sólido como a perfeição do movimento circular.

Eu teria o que lhes dizer sobre isso durante horas, porque é muito divertido considerar por que é que é assim, ver quais são realmente as propriedades do movimento circular, e por que os gregos fizeram dele o símbolo do limite, enquanto oposto à *apeïron.* Coisa curiosa, é justamente porque essa é uma das coisas mais adequadas a se lançar no *apeïron.* Seria preciso que, diante de vocês eu faça diminuir um pouco, decrescer, reduzir a um ponto, infinitizar-se essa esfera, que vocês, aliás, sabem que serviu de símbolo corrente a essa famosa infinitude.

Há muito o que dizer. Por que esta forma tem virtudes privilegiadas? Responder a essa pergunta iria nos mergulhar no coração dos problemas referentes à função e ao valor da intuição na construção matemática.

Antes de todos esses exercícios que nos fizeram desexorcisar a esfera, se o charme desta continuou a ser exercido sobre os tolos é porque a *philia* do espírito se colava ali, mal e porcamente, como um adesivo esdrúxulo. Ao menos, era esse o caso de Platão, e remeto-os ao *Timeu,* ao seu longo desenvolvimento sobre a esfera, que ele nos descreve em todos os detalhes. Isso responde de modo curioso, como uma estrofe alternada, ao que diz Aristófanes quanto aos seres esféricos.

Por um lado, no *Banquete,* Aristófanes nos diz que esses seres têm patas, pequenos membros que apontam e gesticulam. Por outro lado, no *Timeu,* Platão, com uma ênfase muito surpreendente quando se trata do desenvolvimento geométrico, sente a necessidade de nos fazer notar, de passagem, que a esfera tem tudo o que lhe é preciso em seu próprio interior. Ela é redonda, ela é cheia, ela é contente, ela ama a si mesma, e principalmente, não precisa de olho nem de orelha, já que é, por definição, o invólucro de tudo o que pode ser vivo. Por esse motivo, é o que vive por excelência, e isso nos traz, em acréscimo, a dimensão mental na qual podia se desenvolver a biologia – a noção de que esta forma é o que constituía essencialmente o vivo, devemos tomá-la num soletramento imaginário extremamente estrito.

Assim, pois, a esfera não tem olhos nem orelhas, não tem pés nem braços, e só lhe foi conservado um movimento, o movimento perfeito, sobre si mesma. Existem seis deles: para cima, para baixo, para a esquerda, para a direita, para a frente e para trás. A partir da comparação entre os textos do *Banquete* e do *Timeu,* e desse mecanismo de dupla face que consiste em fazer de bufão o personagem que é para ele o único digno de falar de amor, resulta que, no discurso de Aristófanes, Platão parece se divertir fazendo um exercício cômico sobre sua própria concepção do mundo e da alma do mundo.

O discurso de Aristófanes é a derrisão do *Sphaïros* platônico, tal como é articulado no *Timeu.*

O tempo me limita, e haveria muitas outras coisas por dizer. Mas, que a referência astronômica é absolutamente certa aqui, vou lhes dar imediatamente a prova, pois pode lhes parecer que estou brincando. Esses três tipos de esfera imaginados por Aristófanes, uma toda macho, outra toda fêmea, uma macho e fêmea – cada uma delas tem, assim mesmo, um par de genitais – os andróginos, como são chamados, têm origens. E quais são essas origens? São estelares. Os machos vêm do sol, as toda-mulheres vêm da terra, e da lua os andróginos – confirmando assim, aliás, a origem lunar, diz-nos Aristófanes, daqueles que têm tendência ao adultério, pois não é por outro motivo senão por ter uma origem compósita. Aí está o elemento astronômico.

Pois bem, alguma coisa aí não desponta para nos revelar o mecanismo da fascinação da forma esférica?

É essa a forma que não se podia tocar, contestar; ela deixou o espírito humano durante séculos neste erro, recusando-se a pensar que fora de toda ação, de todo impulso estranho, o corpo esteja ou em repouso ou em movimento retilíneo uniforme. O corpo em repouso era suposto só poder ter, fora do repouso, um movimento circular, e toda a sua dinâmica foi barrada. Ora, a ilustração incidental disso que nos é dada sob a pena de Platão, que se pode também chamar de poeta, não nos mostra que o que está em questão, nessas formas onde nada se prolonga e se deixa pegar, tem seus fundamentos na estrutura imaginária? Mas a que se deve a adesão a essas formas, na medida em que é efetiva, senão à *Verwerfung* da castração?

Isso é tão verdadeiro que vamos encontrá-lo no discurso de Aristófanes. Esses seres, separados em dois como uma pera cortada ao meio, vão, num tempo que não nos é indicado com precisão, já que se trata de um tempo mítico, morrer num inútil abraço ao se reunirem. Dedicam-se a vãos esforços de procriação na terra, e dispenso vocês de toda esta mítica que nos levaria longe demais. Como é que a questão vai se resolver? Aristófanes nos fala, ali, exatamente, como o pequeno Hans – vão lhes desatarraxar os genitais que têm no lugar errado, porque estão no lugar em que se situavam quando eram redondos, e reaparafusá-los no ventre, exatamente como a torneira do sonho que vocês conhecem pelo relato clínico de Freud a que aludo.

É único, e assombroso, escrito por Platão: a possibilidade de apaziguamento amoroso se encontra referida a alguma coisa que tem relação incontestável, no mínimo, com uma operação nos genitais do sujeito. Quer o classifiquemos ou não no complexo de castração, é claro que o desvio no texto insiste na passagem dos genitais para a frente do corpo. Isso não quer dizer, simplesmente, que o órgão genital apareça ali como possibilidade de corte, e como junção com o objeto amado, mas que, literalmente, ele surge com este objeto, numa relação de superimpressão, quase que de superimposição. É este o único ponto em que se trai, se traduz, a função do órgão genital. Quando se sabe que a apreensão da tragédia por Platão – ele nos dá mil provas disso – não ia muito mais longe que a de Sócrates, como não se impressionar com o fato de que ali, pela primeira vez, pela única vez, num discurso referente a um assunto grave, o do amor, ele faça entrar em jogo o órgão genital como tal?

Este fato confirma o que eu lhes disse ser o essencial do mecanismo do cômico, que é sempre no fundo referência ao falo. E não é por acaso que é Aristófanes quem fala disso. Ele é o único a poder fazê-lo. Mas Platão não sabe que, fazendo-o falar disso, acaba por nos trazer, a nós aqui, a cavilha que faz bascular toda a sequência do discurso para um outro lado.

É a partir deste ponto que retomaremos as coisas na próxima vez.

21 de dezembro de 1960

VII

A atopia de Eros
Agatão

Os mandamentos da segunda morte.
O significante e a imortalidade.
O desejo do analista.
A fantasia macarrônica do trágico.

Uma paradinha antes de fazê-los ingressar no grande enigma do amor de transferência.

Tenho minhas razões para marcar, às vezes, tempos de parada. Trata-se, com efeito, de nos entendermos e não perdermos nossa orientação.

1

Desde o início deste ano, pois, sinto a necessidade de lembrar-lhes que, em tudo o que lhes ensino, penso só ter feito observarem que a doutrina de Freud implica o desejo numa dialética.

Aí já é preciso que eu me detenha para fazê-los notar que a pista já foi tomada. Assim, já lhes disse que o desejo não é uma função vital, no sentido em que o positivismo deu seu estatuto à vida. O desejo é tomado numa dialética porque está suspenso – abram parênteses, eu disse de que forma ele está suspenso, sob a forma de metonímia – suspenso a uma cadeia significante, que é, como tal, constituinte do sujeito, aquilo pelo qual este se distingue da individualidade tomada, simplesmente, *hic et nunc*. Não esqueçam de que este *hic et nunc* é o que a define.

Façamos um esforço para penetrar no que vem a ser a individuação, o instinto da individualidade, na medida em que a individuação teria, como nos é explicado em psicologia, que reconquistar para cada uma das individualidades, pela experiência ou pelo ensinamento, toda a estrutura real. Isso não é pouca coisa, e não se chega a concebê-lo sem a suposição de que ela estaria aí pelo menos já preparada por uma adaptação, ou uma acumulação adaptativa. O indivíduo humano, enquanto conhecimento, já seria fruto de consciência ao final de uma evolução.

Disso duvido profundamente, não por considerar que seja uma dimensão sem fecundidade, nem tampouco sem saída, mas apenas na medida em que a ideia de evolução nos habitua mentalmente a todas as espécies de elisões, muito degradantes para nossa reflexão, e em especial no que se refere a nós, analistas, para nossa ética. Em todo caso, parece-me essencial voltar a essas elisões, demonstrar ou reabrir as hiâncias deixadas em aberto pela teoria da evolução, na medida em que esta tende sempre a recobri-las para facilitar a conceptibilidade de nossa experiência. Se a evolução é verdadeira, uma coisa, no entanto, é certa: ela não é, como dizia Voltaire a propósito de outra coisa, tão natural assim.

De qualquer forma, quanto ao desejo, é essencial nos referirmos às suas condições, aquelas que nos são dadas por nossa experiência, o que revoluciona todo o problema dos dados. Com efeito, trata-se do seguinte: o sujeito conserva uma cadeia articulada fora da consciência, inacessível à consciência. É uma demanda, e não um empurrão, ou um mal-estar, ou uma marca, ou ainda o que quer que seja que vocês tentem caracterizar numa ordem de primitividade tendencialmente definível. Pelo contrário, se há um rastro, é um rastro delimitado, se o posso dizer, por um traço isolado e referido como tal a uma potência, digamos, ideográfica, sob a condição de se frisar bem que não se trata em absoluto de um índice referível ao que quer que seja de isolado, mas que está sempre ligado a uma concatenação, sobre uma linha, com outros ideogramas, estes mesmos demarcados por essa função que os faz significantes. Esta demanda constitui uma reivindicação eternizada no sujeito, embora latente e inacessível a ele. É um estatuto, um caderno de atribuições. Não a modulação que resultaria de alguma inscrição fonética do negativo inscrito num filme, uma fita magnética, um traço, mas algo datado para sempre. Uma gravação, sim, mas se acentuarmos o termo gravação, registro, como a classificação num arquivo. Uma memória, sim, mas no sentido que assume este termo numa máquina eletrônica. Pois bem, o gênio de Freud é ter designado o suporte dessa cadeia. Creio tê-lo demonstrado o bastante, e vou demonstrá-lo ainda, especialmente num artigo que é o que acreditei dever refazer a partir do que disse no congresso de Royaumont, e que será publicado – Freud designou seu suporte quando falou do *isso,* na própria pulsão de morte, na medida em que acentuou o caráter mortiforme do automatismo de repetição.

A morte. Aquilo está ali, articulado por Freud, como tendência para a morte, como desejo de um impensável sujeito, que se apresenta no ser vivo, em quem *isso* fala. Este é, precisamente, irresponsável por aquilo que está em jogo, a saber, essa posição excêntrica do desejo no homem, que é desde sempre o paradoxo da ética. Paradoxo absolutamente insolúvel, parece-me, na perspectiva do evolucionismo. Os desejos, no que se pode chamar de sua permanência transcendental, a saber, o caráter transgressor que lhes é fundamental, por que, como, não seriam eles nem o efeito, nem a fonte daquilo que constituem? – a saber, uma desordem permanente num corpo considerado submisso, sob alguma incidência cujos efeitos se admitem, ao estatuto da adaptação.

Aí, como na história da física, até agora tentou-se, apenas, salvar as aparências. E creio tê-los feito sentir, ter-lhes dado ocasião de completar a ênfase do que quer dizer *salvar as aparências* quando se trata dos epiciclos do sistema ptolomaico.

Não vão imaginar que as pessoas que ensinaram este sistema durante séculos, com a proliferação de epiciclos de que ele necessitava, de trinta a setenta e cinco, conforme as exigências de exatidão que se fazia, acreditavam realmente nisso, nesses epiciclos. Elas não acreditavam, de jeito nenhum, que o céu fosse feito como as pequenas esferas armilares. Fabricaram-nas, com seus epiciclos, e vi recentemente, num corredor do Vaticano, uma bonita coleção delas, regulando os movimentos de Marte, de Vênus, de Mercúrio. É necessário um certo número desses epiciclos, que devem ser colocados em torno da pequena bola para que esta responda ao movimento, mas jamais alguém acreditou nisso seriamente. Manter as aparências queria dizer simplesmente dar conta do que se via em função de uma exigência de princípio, o pressuposto da perfeição da forma circular.

Pois bem, é mais ou menos igual quando se explicam os desejos pelo sistema de necessidades, quer sejam individuais ou coletivas. E sustento que ninguém mais acredita nisso em psicologia, quero dizer, naquela que desponta em toda a tradição moralista, não mais do que se acreditou algum dia nos epiciclos, mesmo no tempo em que se ocupavam deles. Tanto num caso como no outro, manter as aparências significa nada mais que querer reduzir às formas supostas perfeitas e exigíveis no fundamento da dedução aquilo que não se pode, de modo algum, de maneira sensata, incluir.

Desse desejo, de sua interpretação, em suma, de uma ética racional, tento fundar com vocês a topologia de base. Nessa topologia, viram destacar-se, durante o ano passado, a relação dita de entre-duas-mortes, que nem é assim tão difícil, porque nada mais quer dizer senão isso, que não há para o homem coincidência das duas fronteiras que se limitam com essa morte.

A primeira fronteira, quer esteja ligada a um prazo fundamental a que se chama velhice, envelhecimento, degradação, quer a um acidente que rompe o fio da vida, a primeira fronteira é aquela onde, com efeito, a vida se acaba e tem seu desenlace. Pois bem, é evidente, e desde sempre, que a situação do homem se inscreve no seguinte: que essa fronteira não se confunde com a da segunda morte, que se pode definir sob a fórmula mais geral, dizendo que o homem aspira a aniquilar-se para se inscrever nos termos do ser. A contradição oculta, o detalhe a se compreender é que o homem aspira a destruir-se na própria medida em que se eterniza.

Isso vocês vão encontrar por toda a parte, inscrito nesse discurso, tanto quanto nos outros. Encontrarão seus traços no *Banquete.*

Tomei o cuidado de ilustrá-lo para vocês no ano passado, mostrando-lhes os quatro cantos onde se inscreve o espaço em que se desenvolve a tragédia. Não há uma tragédia que não seja por ele esclarecida, e precisamente porque alguma coisa foi, historicamente, furtada, para dizer a palavra, aos poetas do espaço trágico, do século XVII, por exemplo.

Tomem qualquer uma das tragédias de Racine, e verão que, para que haja um ar de tragédia é preciso que, de algum lado, haja inscrição no espaço de entre-duas-mortes. *Andrômeda, Ifigênia, Bajazet* – será preciso lembrá-los do enredo? –, se alguma coisa subsiste ali que se assemelhe a uma tragédia é realmente porque, não importa a maneira como sejam simbolizadas, as duas mortes estão sempre ali. O que há entre a morte de Heitor e aquela que está suspensa na fronte de Astianax não passa do signo de uma outra duplicidade. Que a morte do herói seja sempre colocada entre uma ameaça iminente à sua vida e o fato de que ele a enfrenta para passar à memória da posteridade, forma derrisória do problema – eis o que significam os dois termos, sempre reencontrados, da duplicidade da função mortífera.

Sim. Mas, mesmo que isso seja necessário para manter o enquadre do espaço trágico, trata-se ainda de saber como ele é habitado. Quero apenas romper, de passagem, as teias de aranha que nos separam de uma visão direta, para incitá-los a que se refiram à tragédia de Racine, a esses cumes da tragédia cristã que permanecem para vocês, por todas as suas vibrações líricas, tão ricos em ressonâncias poéticas.

Tomem *Ifigênia,* por exemplo. Tudo o que ali se passa é irresistivelmente cômico, tirem a prova. Agamenon é caracterizado aí, fundamentalmente, por seu terror da cena conjugal: – *Ei-los, eis os gritos que eu temia escutar,* ao passo que Aquiles aparece numa posição incrivelmente superficial.

E por quê? Vou tentar indicar-lhes daqui a pouco – em função de sua relação com a morte, relação tradicional para a qual ele é sempre citado em primeiro plano por um moralismo do círculo mais íntimo em torno de Sócrates. A história de Aquiles, que prefere, deliberadamente, a morte que vai torná-lo imortal à recusa ao combate que lhe pouparia a vida é, aliás, reevocada em toda parte, e na própria *Apologia de Sócrates,* onde Sócrates a relata para definir o que será sua própria conduta diante de seus juízes. Encontramos seu eco até no texto da tragédia raciniana, sob uma outra luz, muito mais importante. Isso faz parte dos lugares comuns que, no decorrer dos séculos, não cessam de ressoar, de ressurgir sempre crescentes, com uma ressonância sempre mais oca e empolada.

O que é que falta, então, à tragédia quando esta prossegue para além do campo dos limites que lhe dariam seu lugar na respiração da comunidade antiga? Toda a diferença repousa em alguma sombra, obscuridade, ocultação incidindo sobre os mandamentos da segunda morte.

Esses mandamentos não têm sombra alguma em Racine, pela razão de que não estamos mais no texto onde o oráculo délfico pode realmente se fazer ouvir. Isso não passa de crueldade, contradição inútil, absurdo. Os personagens epilogam, monologam, dialogam para dizer que existe certamente um mal-entendido, afinal de contas.

Não é assim, de modo algum, na tragédia antiga. O mandamento da segunda morte está ali. E por estar ali de uma forma velada, pode ser formulado e descarregado sobre uma vítima, sem que esta haja merecido a punição. Em resumo, é este *ele não sabia* que inscrevi para vocês no alto do gráfico, na linha dita da enunciação fundamental da topologia do inconsciente. Aí está o que já é atingido na tragédia grega, ou melhor, prefigurado – diria assim, se este não fosse um termo anacrônico – com relação a Freud, que o reconhece de saída como referindo-se à razão de ser que ele acaba de descobrir no inconsciente.

Se Freud reconhece sua descoberta e seu domínio na tragédia do Édipo não é porque Édipo matou seu pai, nem porque ele quer dormir com sua mãe. Um mitólogo muito divertido, Robert Graves – que juntou uma vasta coleção de mitos numa obra que não tem qualquer renome, mas que é bem útil e de bom uso prático, dois pequenos volumes publicados pelos *Penguin Books,* nos quais reuniu toda a mitologia antiga – acredita poder bancar o esperto no que diz respeito ao mito de Édipo. Por que Freud – diz ele –

não vai buscar seu mito entre os egípcios, onde o hipopótamo é reputado por dormir com a mãe e destruir o pai? Por que não o chamou de complexo de hipopótamo? E ele acredita ter, com isso, dado uma estocada certeira na barriga da mitologia freudiana.

Mas não é por esta razão que Freud escolheu Édipo. Muitos outros heróis além do Édipo são o lugar dessa conjunção fundamental. O motivo de Freud encontrar sua figura fundamental na tragédia do Édipo é o *ele não sabia,* que tinha matado seu pai e dormia com sua mãe.

Eis, portanto, relembrados os termos fundamentais de nossa topologia. Esse lembrete era necessário para continuar a análise do *Banquete,* a saber, para que vocês percebessem o interesse de que seja agora Agatão, o poeta trágico, quem vem fazer seu discurso sobre o amor.

Mas devo ainda prolongar essa pequena pausa para esclarecer meu propósito quanto ao que, pouco a pouco, através deste *Banquete,* promovo diante de vocês sobre o mistério de Sócrates.

2

Este mistério de Sócrates, dizia-lhes outro dia que por um momento tive a sensação de me matar com isso. Ele não me parece insituável. E é justamente porque acredito, ao contrário, que possamos perfeitamente situá-lo, que se justifica que partamos dele para nossa pesquisa deste ano.

O que é o mistério de Sócrates? Vou recordá-lo, nos mesmos termos anotados que acabo de rearticular diante de vocês, e para que o confrontem com os textos de Platão, que são nosso documento em primeira mão. Uma vez que observo que não é mais inutilmente, já há algum tempo, que os remeto a leituras, não hesitarei em convidá-los a redobrar a leitura do *Banquete,* que quase todos fizeram, pela do *Fédon,* que lhes dará um bom exemplo do método socrático, e do motivo pelo qual este nos interessa.

Diremos, pois, que o mistério de Sócrates – e é preciso voltar a esse documento em primeira mão para fazê-lo rebrilhar em sua originalidade – é a instalação daquilo a que ele mesmo chama *épistèmè,* a ciência.

Poderão checar, no texto, o que isso significa. É bem evidente que ele não tem, aqui, o mesmo sentido nem a mesma tônica que para nós, já que não havia, então, o menor indício do que se articulou para nós sob a rubrica de ciência. A melhor fórmula que vocês possam dar dessa instalação da ciência – em quê? na consciência – numa posição, numa dignidade de absoluto, ou mais exatamente, numa posição de absoluta dignidade. Não se trata de nada mais do que podemos exprimir em nosso vocabulário como a promoção a uma posição de absoluta dignidade, de um significante como tal. O que Sócrates chama de *ciência* é aquilo que se impõe necessariamente a toda interlocução em função de uma certa manipulação, de uma certa coerência interna, que está ligada, ou que ele crê ligada à única, pura e simples referência ao significante.

Vocês verão isso, no *Fédon,* levado ao seu último termo pela incredulidade de seus interlocutores que, por mais impositivos que sejam os seus argumentos, não conseguem, não mais que os outros, ceder completamente à afirmação de Sócrates sobre a imortalidade da alma. Aquilo a que, em última instância, ele se refere, e de uma forma cada vez menos convincente, ao menos para nós, é às propriedades como as do par e do ímpar. É sobre o fato de que o número três não poderia de forma alguma receber a qualificação de paridade, é sobre coisas assim que repousa sua demonstração de que a alma não poderia receber, por estar no próprio princípio da vida, a qualificação de destrutível. Verão até que ponto o que chamo de referência privilegiada ao significante promovida como uma espécie de culto, de rito essencial, é tudo o que está em questão quanto ao que traz de novo, de original, de decisivo, de fascinante, de sedutor – disso temos o testemunho histórico – o surgimento de Sócrates no meio dos sofistas.

Segundo termo a destacar do que possuímos desse testemunho através de Sócrates, da presença, desta vez total, de Sócrates, de seu destino, de sua morte e do que ele afirma antes de morrer, fica evidente que essa promoção é coerente com este efeito que lhes mostrei, que é o de abolir num homem, de maneira, ao que parece, total, aquilo que vou chamar, com um termo kierkegaardiano, de o temor e o tremor, diante do quê? – precisamente, não diante da primeira, mas da segunda morte.

Neste ponto não há mais, para Sócrates, hesitação. Ele nos afirma que é nessa segunda morte – encarnada em sua dialética pelo fato de ele elevar a coerência do significante à potência absoluta, à potência de único fundamento da certeza – que ele, Sócrates, encontrará sem dúvida alguma sua vida eterna.

Sob a condição de que vocês não lhe atribuam mais importância do que a que direi, vou me permitir desenhar à margem, como uma espécie de paródia, a figura da síndrome de Cotard. Este infatigável questionador de Sócrates me parece desconhecer que sua boca é carne, e é nisso que é coerente a sua afirmação, não se pode dizer sua certeza. Não estaremos aí quase que diante de uma aparição que nos é estranha, diante de uma manifestação da qual direi, para empregar nossa linguagem, para me fazer compreender, para andar depressa, que é da ordem do núcleo psicótico? Penso na maneira – muito excepcional, não duvidem – como Sócrates desenvolve implacavelmente seus argumentos, que não o são, mas também formula para seus discípulos, no próprio dia de sua morte, esta afirmação, a mais afirmativa, talvez, que já se escutou, referente ao fato de que ele, Sócrates, deixa serenamente esta vida por uma vida mais verdadeira, por uma vida imortal. Ele não duvida de que vai se reunir ao que, não nos esqueçamos, existe ainda para ele, os Imortais. A noção dos Imortais não é eliminável, redutível, para seu pensamento. É em função da antinomia entre os Imortais e os mortais, absolutamente fundamental no pensamento antigo, e não menos, acreditem-me, no nosso, que assume valor seu testemunho vivo, vivido.

Resumo, então. Este infatigável questionador, que não é de belas palavras, que rejeita a retórica, a métrica, a poética, que reduz a metáfora, que vive inteiramente no jogo, não da carta forçada, mas da questão forçada, e que vê aí toda a sua subsistência, engendra diante de nós, desenvolve durante o tempo de sua vida o que vou chamar de uma formidável metonímia cujo resultado, igualmente atestado historicamente, é esse desejo que se encarna numa afirmação de imortalidade. Imortalidade, diria, fixa, triste *imortalidade negra e dourada,* escreve Valéry, este desejo de discursos infinitos.

No além, com efeito, se está certo de se reunir aos Imortais, ele também está, como diz, quase certo de poder continuar, durante a eternidade – com interlocutores dignos de si, aqueles que o precederam e todos os outros que irão juntar-se a ele –, seus pequenos exercícios. Admitam que essa concepção, por satisfatória que possa ser para aqueles que gostam de quadro alegórico, é ainda assim uma imaginação que cheira singularmente a delírio. Discutir o par, o ímpar, o justo, o injusto, o mortal, o imortal, o quente e o frio, e o fato de que o quente não poderia admitir em si o frio sem enfraquecê-lo, sem se retirar em sua essência de quente à parte, como nos é longamente explicado no *Fédon* como princípio das razões da imortalidade da alma, discutir isso durante a eternidade é uma concepção muito singular da felicidade.

Vamos pôr as coisas em seu relevo. Um homem viveu assim a questão da imortalidade da alma. Direi mais – a alma, tal como ainda a manipulamos e tal como ainda nos sobrecarrega, a noção, a figura da alma que temos, e que não é aquela que se fomentou durante todas as ondas da herança tradicional, a alma com que temos a ver na tradição cristã, esta alma tem como aparato, como armadura, como eixo metálico em seu interior, o subproduto desse delírio de imortalidade de Sócrates. Vivemos ainda nisso.

O que quero simplesmente aqui demonstrar para vocês é a energia da afirmação socrática referente à alma como imortal. E por quê? Evidentemente que não é pela importância que lhe possamos atribuir nos tempos atuais, pois é bem claro que, depois de alguns séculos de exercício, e mesmo de exercícios espirituais, o grau, se assim posso dizer, da crença na imortalidade da alma é, em todos os que tenho diante de mim, crentes ou descrentes, dos mais temperados, como se diz que a escala é temperada. Não, não é disso que se trata. Se lhes peço que se remetam à promoção da imortalidade da alma nessa época, sobre certas bases, por um homem que, nas marcas que fez, deixou estupefatos seus contemporâneos por seu discurso, é para que vocês se interroguem sobre o seguinte, que tem toda a sua importância. Para que este fenômeno se tenha podido produzir, para que um homem, que tem sobre o Zaratustra de Nietzsche a vantagem de ter existido, tenha conseguido aceder a esse mesmo *Assim falou ...*, como se diz, o que é que precisaria ter sido, para Sócrates, o seu desejo?

Eis a questão crucial que acredito poder apontar-lhes, e tanto mais facilmente quanto já descrevi longamente diante de vocês a topologia que lhe dá seu sentido.

Peço-lhes que abram qualquer um dos diálogos de Platão numa passagem que se refira diretamente à pessoa de Sócrates, para verificar o bom fundamento do que lhes digo quanto à posição decisiva, paradoxal, de sua afirmação da imortalidade, e daquilo sobre o que ela está fundada, a saber, a ideia que é a sua, da ciência, na medida em que a situo como a pura e simples promoção ao valor absoluto da função do significante na consciência. A que responde a posição que ele introduz? A que atopia? Este termo, referente a Sócrates, não é meu, vocês sabem. A que atopia do desejo?

Atopos, um caso inclassificável, insituável. *Atopia,* não se pode meter em parte alguma. É disso que se trata. Aí está o que o discurso de seus contemporâneos murmurava a respeito de Sócrates.

Para mim, para nós, essa atopia do desejo sobre a qual coloco um ponto de interrogação não coincide, de certo modo, com o que poderia chamar de uma certa pureza tópica? – na medida em que ela designa o ponto central onde, em nossa topologia, o espaço do entre-duas-mortes está em estado puro, e esvazia o lugar do desejo como tal. O desejo ali não passa de seu lugar, na medida em que não passa, para Sócrates, de desejo de discurso, de discurso revelado, revelando para sempre. Daí resulta a atopia do sujeito, socrático, se é que jamais, antes dele, foi ocupado por algum homem tão purificado este lugar do desejo.

A esta pergunta, não respondo. Exponho-a. Ela é verossímil, e nos dá, ao menos, um primeiro balizamento para situar aquela que é nossa questão, que não podemos eliminar a partir do momento em que a introduzimos pela primeira vez. E, afinal, não fui eu quem a introduziu, ela já estava introduzida desde que percebemos que a complexidade da questão da transferência não é absolutamente limitável àquilo que se passa no sujeito dito paciente, no analisado. E em consequência disso, coloca-se a questão de articular, de uma maneira um pouco mais avançada do que foi feito até agora, o que deve ser o desejo do analista.

Não basta falar agora da *katharsis,* purificação, se posso dizer, do grosso do inconsciente no analista. Tudo isso fica muito vago. É preciso fazer justiça aos analistas que, há algum tempo, não se contentam com isso. Não para criticá-los, mas para compreender com que obstáculo estamos lidando, é preciso perceber que não estamos nem no comecinho daquilo que, no entanto, se poderia articular tão facilmente, sob forma de questão, com referência ao que se deve ser obtido em alguém para que ele possa ser um analista. Dizem: é preciso que ele saiba agora um pouquinho mais da dialética de seu inconsciente. Mas o que sabe ele disso exatamente, afinal? E, principalmente, até onde o que ele sabe disso precisou ir, com relação aos próprios efeitos do saber? E formulo para vocês, simplesmente, esta questão: o que deve restar de suas fantasias? Sabem que sou capaz de ir mais longe e de dizer *sua* fantasia, se é que existe uma fantasia fundamental. Se a castração é aquilo que se deve aceitar no último termo da análise, qual deve ser, então, o papel da cicatriz da castração no *érôs* do analista?

Estas são questões mais fáceis de expor do que de resolver. É por isso mesmo que não se as expõem e, acreditem-me, também não iria expô-las no vazio, só para fazer cócegas na imaginação de vocês, se não pensasse que deve existir um método, um método enviesado, até mesmo oblíquo, até mesmo de atalho, para trazer algumas luzes a essas questões às quais nos é, evidentemente, impossível no momento responder plenamente. Tudo o que lhes posso dizer por ora é que não me parece que aquilo a que se chama a relação médico-paciente, com o que implica de pressupostos, de preconceitos, de melaço pululante, com aspecto de bicho de queijo, nos permite avançar bastante nesse sentido.

Trata-se, portanto, para nós, de tentar articular e situar o que deve ser, o que é fundamentalmente o desejo do analista – e isso, segundo balizas que podem, a partir de uma topologia já esboçada, ser designadas como coordenadas do desejo, pois não podemos encontrar nossas balizas idôneas referindo-nos às articulações da situação para o terapeuta ou para o observador, e em nenhuma das noções de situação tais como nos são expostas numa fenomenologia que se elabora à nossa volta. Pois o desejo do analista não é tal que possa se bastar por uma referência diádica. Não é a relação com o paciente que pode, por uma série de eliminações e exclusões, nos dar a sua chave. Trata-se de algo mais intrapessoal.

Isso também não quer dizer que o analista deva ser um Sócrates, nem um puro, nem um santo. Sem dúvida, esses exploradores que são Sócrates, ou os puros, ou os santos, podem nos dar algumas indicações relativas ao campo que está em questão. Isso não é dizer bastante – pensando bem, é a este campo que referimos toda a nossa ciência, entendo experimental. Mas é justamente devido ao fato de que é por meio deles que a exploração é feita que possamos talvez definir, e em termos de longitude e de latitude, as coordenadas que o analista deve ser capaz de atingir para, simplesmente, ocupar o lugar que é o seu, o qual se define como aquele que ele deve oferecer vago ao desejo do paciente para que se realize como desejo do Outro.

É nisso que *O Banquete* nos interessa, que nos é útil de explorar. É em razão do lugar privilegiado que ali ocupam os testemunhos sobre Sócrates, na medida em que se supõe que este texto o coloca diante de nós às voltas com o problema do amor.

Creio ter dito o bastante para justificar que abordemos o problema da transferência pelo comentário do *Banquete*. Creio ter sido necessário que recordasse essas coordenadas no momento em que vamos entrar naquilo que ocupa o lugar central, ou quase central, desses célebres diálogos, a saber, o discurso de Agatão.

3

Será Aristófanes, será Agatão quem ocupa o lugar central? Pouco importa decidir. São os dois, certamente, que ocupam o lugar central, já que tudo o que é antes demonstrado, aparentemente, se encontra, ao chegar a vez deles, a partir daí recuado a desvalorizado, e o que vai se seguir é nada menos que o discurso de Sócrates.

Sobre o discurso de Agatão, o poeta trágico, haveria a se dizer um mundo de coisas, não apenas eruditas, que nos arrastariam a detalhes, até mesmo a uma história da tragédia, à qual, aliás, já dei há pouco um certo destaque. O importante não é isso, mas fazê-los perceber o seu lugar na economia do *Banquete.*

Vocês leram isso, há cinco ou seis páginas na tradução francesa de Robin, na coleção Guillaume Budé. Vou tomá-lo, até o seu clímax, e verão porquê. Lembro que estou aqui menos para fazer-lhes um comentário elegante do que para conduzi-los àquilo para que *O Banquete* pode, ou deve, nos servir.

O mínimo que se pode dizer do discurso de Agatão é que ele impressionou desde sempre os leitores por sua extraordinária sofística, no sentido moderno, comum, pejorativo, do termo. O tipo dessa sofística é o de dizer que *o Amor nem comete injustiça, nem a sofre da parte de um deus, nem contra um deus, nem da parte de um homem, nem contra um homem.* Por quê? Porque *não há violência de que ele padeça, se padece de alguma coisa, pois* todos sabem que *a violência não toca no amor.* Portanto, *também não há violência alguma no que ele faz, e que seja seu feito, pois é de bom grado* – dizem-nos – *que todos, em tudo, se põem às ordens do amor. Ora, as coisas sobre as quais o bom grado está de acordo com o bom grado são aquelas proclamadas justas pelas Leis, soberanas da cidade.* Moral: o amor é o que está no princípio das leis da cidade, e assim por diante. Como o amor é o mais forte de todos os desejos, a irresistível volúpia, ele será confundido com a temperança, pois é a temperança que regula os desejos e as volúpias. De direito, o amor deve pois se identificar com a posição da temperança.

Manifestamente, é divertido. Quem se diverte? Seremos apenas nós, os leitores? Estaríamos errados se acreditássemos sermos os únicos. Agatão, certamente, não está aqui em posição secundária, quando mais não fosse porque, ao menos no princípio da situação, ele é o amado de Sócrates. Vamos dar a Platão o crédito de julgar que ele se divirta, também, com o que vou chamar, doravante, e o justificarei mais ainda em seguida, de discurso macarrônico do trágico. Mas estou certo, e vocês também ficarão, depois de o terem igualmente lido, de que estaríamos enganados se não compreendêssemos que não somos apenas nós, e Platão, a nos divertirmos aqui. Contrariamente ao que disseram os comentadores, está absolutamente fora de questão que aquele que fala, a saber, Agatão, não saiba muito bem, ele mesmo, o que faz.

As coisas vão a tal ponto que, no auge de seu discurso, Agatão nos diz: e, além disso, vou improvisar nesse ponto dois pequenos versos de minha lavra.

Ele se exprime nestes termos – *Eirenen mèn en anthrópois,* o que quer dizer: o amor é o fim da bagunça. Singular concepção. É preciso que se diga que até esta modulação idílica, ninguém havia desconfiado disso.

Mas, para pôr os pingos nos ii, ele acrescenta: *Peláguei dè galénen,* o que significa que tudo entra em pane. Calmaria no mar. É preciso lembrar-se do que quer dizer *calmaria no mar* para os antigos; isso significa que nada mais anda, os navios ficam bloqueados em Aulis, e quando isso acontece em alto-mar, fica-se excessivamente entediado, tão entediado como quando isso acontece na cama. Evocar, a propósito do amor, *Peléguei dè galénen,* é claro que só se pode estar brincando. O amor é o que faz vocês entrarem em pane, é o que os faz fazer fiasco.

Isso não é tudo, diz ele em seguida: não há mais vento nos ventos.

Recomeça-se: o amor, não há mais amor, *nenemian anémon.* Isso, aliás, soa como os versos para sempre cômicos de uma certa tradição, como esses dois versos de Paul-Jean Toulet:

> Sob o duplo ornamento de um nome, suave ou sonoro.
> Não, ele nada mais é que Nanino e Nonoro.

Estamos neste registro. E, além disso, *koiten,* o que quer dizer na cama, num bercinho, não há mais ventos nos ventos, todos os ventos se deitaram. Depois, *Hypnon t'eni kédei.* Coisa singular, *o amor nos traz o sono em meio às preocupações,* poderíamos traduzir à primeira vista, mas reparem bem no sentido dessas cadências e desse *kedos.*

O termo grego é sempre rico em subentendidos que nos permitiriam revalorizar singularmente aquilo que um dia o sr. Benveniste, sem dúvida com grande benevolência para conosco, mas apesar disso talvez deixando de fora algo de essencial por não seguir Freud, articulou sobre as ambivalências dos significantes para nosso primeiro número de *La Psychanalyse.* O *kedos* não é simplesmente a preocupação, é também o parentesco. O *hupnon t'éni kèdeï* o esboça, para nós, como parente por aliança de uma perna de elefante, como se encontra em alguma parte, em Lévi-Strauss. Este *hupnos,* sono tranquilo, *t'éni kèdeï,* nas relações com a família aparentada pelo casamento, parece-me digno de coroar os versos incontestavelmente feitos para nos sacudir, se ainda não tivermos compreendido que Agatão está de brincadeira.

Aliás, a partir desse momento, ele se solta, literalmente, e nos diz que o amor é aquilo que nos libera, nos desembaraça da *crença de que somos estranhos uns aos outros.* Naturalmente, quando se está possuído pelo amor, percebe-se que fazemos todos parte de uma grande família, e é realmente a partir daí que se está aquecido e em casa. E assim por diante, isso continua durante linhas. Deixo-lhes isso, para o prazer de suas noites, para que lambam os beiços.

Estão de acordo que o amor é, realmente, o *artesão do humor fácil,* que *ele bane todo mau humor,* que ele é *liberal* e *incapaz de ser mal-intencionado?* Há ali toda uma enumeração sobre a qual gostaria de me deter longamente com vocês. O amor é dito ser o pai de *Tryphé,* de *Abrotes,* de *Khlidé,* de *Kharites,* de *Himeros* e de *Potos.* Pode-se traduzir, à primeira vista: *Bem-estar, Delicadeza, Langor, Graça, Paixão.* Seria necessário mais tempo do que aquele de que dispomos aqui para executar o duplo trabalho que consistiria em encontrar o paralelo dos termos gregos e confrontá-los com o registro das façanhas e da honestidade no amor cortês, tal como havia recordado para vocês no ano passado. Seria-lhes, então, fácil ver que é totalmente impossível contentar-se com a aproximação feita em nota pelo sr. Léon Robin com o *Mapa do Paraíso,*[7] como se poderia fazer com as virtudes do Cavalheiro na *Minne,* que ele, aliás, não evoca.

Poderia mostrar-lhes, com o texto na mão, que não há um só desses termos que se preste a um tal paralelo. *Truphè,* por exemplo, que se contenta em traduzir por *bem-estar,* é utilizado pela maioria dos autores, e não somente os autores cômicos, com as conotações mais desagradáveis. Em Aristófanes, por exemplo, o termo designa aquilo que, numa mulher, numa esposa, é de repente introduzido na paz de um homem, suas pretensões insuportáveis. A mulher dita *Truphera* é uma insuportável esnobezinha, aquela que não cessa, sequer por um instante, de apregoar diante do marido a superioridade de seu pai e as qualidades de sua família. E assim por diante. Não há um único desses termos que não seja habitualmente, e na grande maioria dos autores – quer se trate, desta vez, dos trágicos, até mesmo de poetas como Hesíodo – conjugado, justaposto ao emprego de *autadia,* significando uma das formas mais insuportáveis da *hubris* e da enfatuação.

Só quero indicar-lhes essas coisas de passagem. Continuemos. O amor *é cheio de cuidados para com os bons, em compensação jamais lhe acontece ocupar-se dos maus, na lassidão e na inquietude, no fogo da paixão e no jogo de expressão etc.* Essas são traduções que não significam absolutamente nada, pois vocês têm em grego *en póno, en phóbo, en lógo,* o que quer dizer, *em apuros, no temor, no discurso. Kybnernètes, epibàtes* é aquele que segura o leme; é também aquele que está sempre pronto a dirigir. Em outras palavras, é bastante divertido. *Ponô, phobô, pothô, logô* estão na maior desordem. Trata-se sempre de produzir o mesmo efeito de ironia, até mesmo de desorientação que, num poeta trágico, não tem outro sentido senão sublinhar que o amor é aquilo que é realmente inclassificável, o que vem se colocar atravessado em todas as situações significativas, o que nunca está em seu lugar, o que está sempre fora dos eixos.

Não se trata de que esta posição seja ou não defensável, e certamente, com todo o rigor, não é aí que está o ponto máximo do discurso referente ao amor no *Banquete.* O importante é que seja na perspectiva do poeta trágico que nos será dado sobre o amor o único discurso aberta e completamente derrisório. E, além do mais, para frisar o fundamento dessa interpretação, basta dizer a conclusão de Agatão. *Que este discurso, minha obra,* diz ele, *seja, ó Fedro, minha oferenda ao deus, uma mistura tão perfeitamente dosada quanto sou capaz de fazer* mais simplesmente, *compondo, na medida do que me é possível, o jocoso e o sério.*

O próprio discurso é afetado, se assim podemos dizer, por sua conotação, discurso divertido, discurso de alguém que diverte, e que não é ninguém menos que Agatão como tal, isto é, enquanto aquele de quem se está festejando, não vamos esquecer, o triunfo no concurso trágico – estamos no dia seguinte ao seu sucesso – que tem o direito de falar do amor.

Não há nada aí que deva desorientá-los. Em toda tragédia situada em seu pleno contexto, isto é, no contexto antigo, o amor sempre faz figura de incidente à margem e, se podemos dizer, a reboque. Longe de ser aquele que dirige e que corre à frente, o amor ali só faz arrastar-se. É o próprio termo que vão encontrar no discurso de Agatão – o amor vem no rastro daquele ao qual, muito curiosamente, numa passagem, ele o compara, e que é *Atè*.

Expus a vocês, no ano passado, a sua função na tragédia. *Atè* é o infortúnio, a coisa que se crucifica e jamais se esgota, a calamidade que está por trás de toda aventura trágica e que, como nos diz o poeta, pois é a Homero que nesta ocasião me refiro, *só se desloca correndo sobre a cabeça dos homens, devido a seus pés tenros demais para tocar o solo.* Assim passa ele, *Atè,* rápido, indiferente, abatendo e dominando para sempre, curvando as cabeças e enlouquecendo os homens. Coisa singular, é nesse discurso que se referem a ele para dizer-nos que o amor deve ter, como ele, a planta dos pés bem frágil para só poder se deslocar por sobre as cabeças dos homens. E nesse ponto, para confirmar mais uma vez o caráter fantasista do discurso, fazem-se algumas brincadeiras sobre o fato de que, afinal, talvez os crânios não sejam assim tão tenros.

Toda a nossa experiência da tragédia nos confirma a análise que fazemos do estilo desse discurso. Devido ao contexto cristão, produz-se um vazio na fatalidade fundamental, no fechado, no incompreensível, no inexprimível, do comando no nível da segunda morte. À medida que este comando não mais pode ser sustentado, já que nos encontramos diante de um deus que não poderia dar ordens insensatas nem cruéis, o amor vem preencher este vazio.

Ifigênia, de Racine, é a mais bela ilustração disso. Esta mutação é encarnada de alguma forma. Foi-nos preciso chegar ao contexto cristão para que Ifigênia não bastasse mais como personagem trágica, e fosse necessário duplicá-la com Erifila. Com justiça, não simplesmente para que ela possa ser sacrificada em seu lugar, mas por ser a única verdadeira apaixonada. Este amor, apresentam-nos como temível, horrível, maléfico, trágico, para restituir uma certa profundidade ao espaço da tragédia. E é também porque este amor, que ocupa muito espaço, com Aquiles, principalmente, a cada vez que se manifesta como amor puro e simples, e não como amor negro, amor de ciúmes, é irresistivelmente cômico.

Em suma, eis-nos na encruzilhada onde, como será lembrado nas últimas conclusões do *Banquete,* não basta, para falar de amor, ser poeta trágico, mas é preciso também ser um poeta cômico.

É nesse ponto que Sócrates recebe o discurso de Agatão. Para apreciar como ele o acolhe, seria necessário, como verão em seguida, articulá-lo com tanta ênfase como pretendi hoje dever fazê-lo.

11 de janeiro de 1961

VIII

DE *ÉPISTÈMÈ* A *MUTHOS*

Do amor ao desejo.
Limites do saber socrático.
Sócrates "diocizado".
Masculino desejável, feminino desejante.
Métaxu *do amor.*

Chegamos, pois, no *Banquete,* ao momento em que Sócrates vai tomar a palavra no *épaïnos,* ou no *enkômion.* Como lhes disse, de passagem, esses dois termos não são exatamente equivalentes, mas não quis me deter em sua diferença, o que nos teria arrastado a uma discussão um pouco excêntrica.

No elogio do amor, o próprio Sócrates nos afirma, e sua palavra não poderia ser contestada em Platão, que ele sabe alguma coisa: se existe algo em que não seja ignorante é nas coisas do amor. Não percamos de vista esse ponto em tudo o que se vai passar.

1

Sublinhei para vocês da última vez, de um modo, creio, bastante convincente, o caráter estranhamente derrisório do discurso de Agatão.

Agatão, o trágico, fala do amor de uma maneira que dá a sensação de estar bancando o bufão, num discurso macarrônico. A todo instante, a expressão que nos sugere é a de estar exagerando um pouco. Sublinhei, até no conteúdo e no corpo dos argumentos, bem como no estilo e detalhe da própria elocução, o caráter excessivamente provocante dos versinhos com que se exprime num momento, e como é desconcertante ver o tema do *Banquete* culminar em semelhante discurso. Essa leitura não é nova, se a função que lhe atribuímos no desenvolvimento do *Banquete* pode sê-lo. O caráter derrisório do discurso de Agatão deteve, desde sempre, aqueles que o leram e comentaram. A ponto de – para citar este personagem da ciência alemã do começo do século cujo nome, no dia em que o disse a vocês, os fez rir, não sei por que – Wilamowitz-Moellendorff dizer, acompanhando nisso a tradição de quase todos os que o antecederam, que o discurso de Agatão se caracteriza por sua *Nichtigkeit,* sua nulidade.

Portanto, é muito estranho que Platão tenha posto esse discurso na boca daquele que precede imediatamente Sócrates, e que é, não vamos esquecer, o amado de Sócrates no momento do banquete.

Antes mesmo que Agatão tome a palavra, intercala-se uma espécie de entreato. Sócrates diz algo como: – Depois de tudo o que acaba de se ouvir, se agora Agatão acrescentar seu discurso aos outros, como vou poder falar? Agatão, por seu lado, desculpa-se e anuncia, também ele, alguma hesitação, temor, intimidação, quanto a falar diante de um público, digamos tão esclarecido, tão inteligente, *emphrones.* E neste ponto se esboça um debate com Sócrates, que começa a interrogá-lo mais ou menos nesses termos: – Então é só diante de nós que você ficaria ruborizado ao se mostrar, eventualmente, inferior? Diante dos outros, diante da multidão, da balbúrdia, iria sentir-se sereno, abordando temas menos certos? E aí – meu deus – não sabemos muito bem em que estamos envolvidos. A inclinação poderia ser escabrosa. Seria uma forma de aristocratismo do diálogo? Ou, como é mais verossímil, pois toda a prática de Sócrates testemunha isso, trata-se de mostrar que mesmo um ignorante, mesmo um escravo, é suscetível, se convenientemente interrogado, de despertar em si mesmo os germes de um julgamento seguro e da verdade?

Nesse ponto, Fedro intervém: – Agatão, não se deixe levar por Sócrates. Ele não tem outro prazer – diz ele expressamente – senão o de falar com aquele que ama, e se nos envolvêssemos nesse diálogo não acabaríamos mais. Nesse ponto, Agatão inicia seu discurso, depois do quê Sócrates se encontra em posição de retomá-lo.

Para fazê-lo, é até fácil demais. Seu método logo vai se mostrar fulgurante de superioridade, e faz surgir com a maior facilidade aquilo que vem brilhar dialeticamente no discurso de Agatão. O preconceito de que só pode haver ali uma refutação, um aniquilamento do discurso de Agatão, denunciando sua inépcia e nulidade, é tal que os comentadores, e especialmente aqueles que evoquei há pouco, pensam que Sócrates hesita em levar longe demais a humilhação de seu interlocutor. Haveria aí um motivo explicando por que Sócrates se detém e adota a interpretação daquela que passará a ser, na continuação da história, uma figura de prestígio: Diotima, a estrangeira de Mantineia. Se ele faz com que Diotima fale em seu lugar, se faz-se ensinar por ela, seria para não permanecer por mais tempo na postura de magistério diante daquele em quem deu o golpe de misericórdia.

Faz-se substituir por um personagem imaginário que ensina a ele mesmo, Sócrates, a fim de acomodar o desconcerto que impôs a Agatão.

Vou ser contra essa posição. Se examinarmos melhor o texto, não poderemos dizer que seja este, exatamente, o seu sentido. Ali mesmo onde se nos quer mostrar, no discurso de Agatão, a confissão de seu equívoco – Receio, Sócrates, não ter sabido absolutamente nada sobre as coisas que estava dizendo – a impressão que nos fica é antes a de alguém que responde: – Não estamos no mesmo plano, eu falei de uma maneira que tinha um sentido, um substrato; digamos mesmo, no máximo, que falei por enigma – não vamos esquecer *ainos* e *ainittomai,* que nos levam diretamente à própria etimologia do enigma – o que disse, disse-o num certo tom.

E, da mesma forma, lemos no discurso-resposta de Sócrates que há uma certa maneira de conceber o elogio que consiste em envolver o objeto do louvor de tudo o que pode ser dito de melhor. Essa é uma maneira que, por um momento, Sócrates desvaloriza, mas será mesmo isso o que faz Agatão? Pelo contrário, parece que, no próprio excesso de seu discurso, havia ali alguma coisa que pedia, apenas, para ser ouvida. Para ser claro, ao escutar a resposta de Agatão de uma maneira que, acredito, é a correta, podemos ter, por um instante, a impressão, no máximo, de que Sócrates, introduzindo aqui sua crítica, sua dialética, seu modo de interrogação, encontra-se em posição pedante.

É claro que, não importa o que Agatão tenha feito, isso fazia parte de uma espécie de ironia. É Sócrates, – está na cara com que intenções – quem muda as regras do jogo. E na verdade, quando Agatão recomeça: – *Ego phanai, o Sokrates* etc. ..., não vou pôr-me a antilogar, a contestá-lo, mas estou de acordo, vá em frente a seu modo, segundo sua maneira de fazer –, vemos aí alguém que se separa e que diz ao outro: – Passemos agora ao outro registro, a uma outra forma de agir com a palavra. Mas não poderíamos dizer, como os comentadores, e até mesmo aquele cujo texto tenho diante dos olhos, Léon Robin, que isso seja, por parte de Agatão, um sinal de impaciência.

Para avaliar se o discurso de Agatão pode ser posto entre as aspas desse jogo realmente paradoxal, dessa espécie de proeza sofística, não temos mais que levar a sério, é essa a melhor maneira, o que o próprio Sócrates diz dele. Para utilizar o termo francês que melhor lhe corresponde, este é um discurso que o sidera, que o *medusa* (*méduse*) como é dito expressamente, já que Sócrates faz um jogo de palavras com o nome de Górgias e a figura da Górgona. Semelhante discurso, que fecha a porta ao jogo dialético, medusa Sócrates, e o transforma, diz ele, em pedra. Este não é um efeito a se desdenhar.

É certo que Sócrates eleva as coisas ao plano de seu método, submetida a nós por Platão. Trata-se de seu método interrogativo, de sua maneira de questionar, e também de articular, de dividir o objeto, de operar segundo essa *diaïrésis* graças à qual o objeto se apresenta ao exame, situado de uma certa maneira, cujo registro podemos observar.

O método socrático sugere, assim, na sua origem, um desenvolvimento do saber, que irá constituir um progresso. Mas o alcance do discurso agatonesco, no entanto, não é por ele aniquilado. Ele pertence a um outro registro, mas permanece exemplar, e desempenha uma função essencial no progresso daquilo que nos é demonstrado pela via da sucessão dos elogios referentes ao amor.

Sem dúvida, para nós, é significativo, rico em ensinamentos, em sugestões, em questões, o fato de ser Agatão, o trágico, quem tenha feito do amor, se podemos dizer, o romanceiro cômico, e de ser Aristófanes, o cômico, quem tenha falado dele no seu sentido de paixão, com um acento quase moderno. A intervenção de Sócrates intervém à maneira de ruptura, mas sem desvalorizar, nem reduzir a nada o que acaba de ser enunciado no discurso de Agatão. Podemos considerar como nada, ou como uma simples antífrase, que Sócrates dê toda a ênfase ao fato de que foi *kalon logon,* um belo discurso? A evocação do ridículo, daquilo que pode provocar o riso, foi feita com frequência no texto precedente, mas Sócrates não parece, absolutamente, dizer-nos que seja disso que se trata no momento dessa mudança de registro. No momento em que ele dirige a cunha que sua dialética introduziu no tema para dar a este aquilo que se espera da iluminação socrática, é de uma discordância que temos a sensação, e não de uma pesagem que tenha sido feita exclusivamente para anular o que se formulou no discurso de Agatão.

Com a interrogação socrática, com o que se articula como sendo, falando propriamente, o método de Sócrates, pelo qual, se me permitirem este jogo de palavras em grego, o *érôménos,* o amado, vai se tornar o *erôtôménos,* o interrogado, surge um tema que desde o início de meu comentário anunciei por diversas vezes, a saber, a função da falta.

Tudo o que Agatão diz, por exemplo, sobre o belo, que ele pertence ao amor, que é um de seus atributos, sucumbe diante da interrogação de Sócrates: – Este amor de que falas, é ou não é amor de alguma coisa? Amar e desejar alguma coisa é tê-la ou não tê-la? Pode-se desejar o que já se tem?

Dispenso os detalhes da articulação dessa questão, Sócrates vira-a pelo avesso com uma acuidade que, como de costume, faz de seu interlocutor alguém que ele maneja e manobra. É justamente nesse ponto que reside a ambiguidade de seu questionário: Sócrates sabe que é sempre o mestre, mesmo ali onde, para nós, que lemos, poderia, em muitos casos, parecer uma escapatória. Pouco importa, aliás, saber o que, nessa ocasião, pode ou deve se desenvolver com todo o rigor. O que nos importa aqui é o testemunho que constitui a essência da interrogação socrática, e também aquilo que Sócrates introduz, quer produzir e sobre o quê, convencionalmente, *nos fala.*

É-nos demonstrado que o adversário não poderia recusar a conclusão, a saber que *neste caso, como em qualquer outro, onde o objeto do desejo, para aquele que experimenta esse desejo, é algo que não está à sua disposição, e que não está presente, em suma, alguma coisa que ele não possui, algo que não é ele mesmo, algo de que está desprovido, é desse tipo de objeto que ele tem desejo, tanto quanto amor.* O texto está traduzido, certamente, de forma muito fraca: epitumei, *ele deseja,* tou me etoimou, é, falando com propriedade, *aquilo que não é já pronto* tou me parontos *o que não está ali,* o me ekhei, *o que ele não tem;* o me estin autos, *o que ele próprio não é,* ou eudeés esti, *aquilo de que ele é faltoso, o que lhe falta essencialmente.*

Eis o que é articulado por Sócrates naquilo que ele introduz a esse discurso novo. Trata-se de alguma coisa sobre a qual ele disse que não se situa no plano do jogo verbal, pela qual o sujeito é capturado, cativado, paralisado, fascinado, e é nisso que seu método se distingue do método sofístico. Esse discurso, que prossegue, nos diz, sem preocupações com a elegância, com as palavras de todo mundo, ele faz com que seu progresso resida na troca, no diálogo, no consentimento obtido daquele a quem se dirige. E este próprio consentimento é apresentado como a emergência, a evocação necessária, naquele a quem se dirige, dos conhecimentos que ele já tem.

Aí está, como sabem, o ponto de articulação essencial sobre o qual repousa toda a teoria platônica da alma, da natureza, de sua consistência e de sua origem. Na alma já estão, desde sempre, todos esses conhecimentos, que bastam algumas questões justas para reevocar e revelar. Isso atesta a antecedência do conhecimento e portanto só podemos supor que a alma participa de uma anterioridade infinita. Ela é, não apenas imortal, mas existente desde sempre. Aí está o que se presta à reencarnação, oferece campo à metempsicose. Sem dúvida, é no plano do mito, diferente daquele da dialética, que se situa aquilo que acompanha à margem o desenvolvimento do pensamento platônico.

Uma coisa, aí, tem tudo para nos surpreender. Tendo introduzido há pouco o que chamei de cunha da função da falta como constitutiva da relação de amor, Sócrates, falando em seu nome, se atém a isso. E é justo perguntar-se por que ele é substituído pela autoridade de Diotima.

Mas, também quanto a esta questão, é resolvê-la com demasiada facilidade dizer que o seu objetivo é preservar o amor-próprio de Agatão. Se as coisas são como nos dizem, Platão só teria que aplicar um golpe, absolutamente elementar, de judô ou jiu-jítsu, de vez que Agatão diz, expressamente: Rogo-lhe, eu nem mesmo sabia o que estava dizendo, meu discurso está alhures. Mas não é tanto Agatão quem está em apuros, mas o próprio Sócrates. Como não podemos supor, de modo algum, que Platão tenha concebido mostrar-nos Sócrates como um pedante pesado, depois do discurso, certamente leve, de Agatão, quando mais não fosse por seu estilo divertido, devemos realmente pensar que, se Sócrates renuncia a seu discurso, é por outra razão que não a de não poder continuar ele próprio sem ofender demais Agatão.

Essa razão, podemos de imediato situá-la: deve-se à natureza do assunto, da coisa, do *to pragma* em questão.

2

Podemos suspeitar, e a continuação o confirma, que é porque se fala do amor que se deve passar por isso, e que Sócrates é levado a proceder assim.

Com efeito, observemos o ponto sobre o qual incidiu sua questão. A eficácia que produziu como sendo a função da falta é, de modo muito patente, o retomo à função desejante do amor, a substituição pelo *epitumei,* ele deseja, do *era,* ele ama. Pode-se apontar no texto o momento onde, perguntando a Agatão se este pensa que o amor é, ou não, amor de alguma coisa, ele substitui pelo termo *desejo* o termo *amor.*

Como a maneira pela qual o amor se articula no desejo não está, falando propriamente, articulada aqui, pode-se objetar com legitimidade em nome do próprio método que é o do saber socrático. Temos o direito de observar que a substituição é, aqui, um pouco rápida. O que não quer dizer, no entanto, que haja erro, já que é realmente em torno da articulação do *érôs*-amor e do *érôs*-desejo que vai girar, efetivamente, toda a dialética que se desenvolve no conjunto do diálogo. Sob a condição de que isso seja apontado de passagem.

Observemos ainda que não é à toa que encontramos aqui, isolado, aquilo que é, falando propriamente, a intervenção socrática. Sócrates vai até o ponto onde o que chamei, da última vez, de seu método, que é o de fazer incidir o efeito de seu questionamento sobre aquilo a que chamei a coerência do significante, torna-se manifesto, visível, no próprio modo de seu discurso. Vejam a maneira pela qual ele introduz sua pergunta a Agatão: *einai tinos o Eros eros, e oudenos, sim ou não, o Amor é amor de alguma coisa ou de nada?* Como o genitivo grego, à semelhança do genitivo francês, tem suas ambiguidades, *alguma coisa* pode ter dois sentidos, e esses dois sentidos são articulados de uma forma maciça, quase caricatural, na distinção feita por Sócrates – *Tinos* pode querer dizer ser de alguém, ser o descendente de alguém. *O que pergunto,* diz ele, *não é se isso se refere a um tal pai ou uma tal mãe.* Essa é toda a teogonia que foi tratada no começo do diálogo. Não se trata de saber de que o amor descende, de quem, de que deus, ele é – como se diz, meu reino não é deste mundo. Não, trata-se de saber, no plano da interrogação do significante, de quê, como significante, o amor é correlativo.

À primeira forma de entender a questão, Sócrates opõe um exemplo que não podemos deixar de observar. Isso é a mesma coisa – diz ele – que perguntar, a propósito de Pai: quando vocês dizem *pai,* em que é que isso implica? Não se trata de um pai real, a saber, o que ele tem como filho, mas sim de que, quando se fala de um pai, fala-se obrigatoriamente de um filho. O pai é, por definição, pai do filho enquanto pai. *Você diria, sem dúvida alguma, se desejasse dar uma boa resposta,* traduz Léon Robin, *que é precisamente de um filho ou de uma filha que o Pai é pai.* Estamos, aí, no terreno próprio da dialética socrática, que consiste em interrogar o significante sobre sua coerência de significante. Neste ponto, Sócrates é forte. Aí ele é seguro. E é isso o que permite a substituição um pouco rápida de que falei, entre o *érôs* e o desejo. Isso, a seus olhos, é um processo, um progresso que é marcado, diz ele, por seu método.

Se ele passa a palavra a Diotima, por que isso não se deveria ao fato de que, no que se refere ao amor, as coisas não poderiam ir mais além com o método propriamente socrático? Tudo o demonstra, inclusive o próprio discurso de Diotima.

Por que deveríamos nos espantar com isso? Se o *initium* do percurso socrático constitui um passo à frente com relação aos sofistas, seus contemporâneos, é que um saber, o único certo, nos diz Sócrates no *Fédon,* pode se afirmar apenas pela coerência desse discurso que é diálogo, e que prossegue em torno da apreensão, como necessária, da lei do significante. Quando se fala do par e do ímpar, preciso lembrá-los de que se trata, aí, de um domínio inteiramente fechado sobre seu próprio registro? Penso ter tido bastante trabalho aqui, tê-los exercitado por tempo suficiente para demonstrar-lhes que o par e o ímpar não devem nada a qualquer outra experiência além daquela do próprio jogo dos significantes. Não existe nada de par ou de ímpar, em outras palavras, de contável, além do que já foi transportado à função de elemento do significante, de grão da cadeia significante. Pode-se contar as palavras ou as sílabas, mas só se pode contar as coisas a partir disso, de que as palavras e sílabas já estão contadas.

Estamos, realmente, nesse plano quando Sócrates se coloca fora do mundo confuso do debate dos físicos que o antecedem, bem como da discussão dos sofistas que organizam, em níveis diversos, o que poderíamos chamar, de modo sucinto – e vocês sabem que só me resolvo a isso com todas as reservas – o poder mágico das palavras. Sócrates afirma, ao contrário, o saber interno ao jogo do significante. Formula, ao mesmo tempo, que esse saber inteiramente transparente a si mesmo é o que constitui a sua verdade.

Ora, não foi nesse ponto que demos um passo, pelo qual discordamos de Sócrates? O passo, sem dúvida essencial, de Sócrates assegura a autonomia da lei do significante, e prepara, para nós, esse campo do verbo que lhe terá permitido criticar todo o saber humano enquanto tal. Mas a novidade da análise, se o que lhes ensino a respeito da revolução freudiana está correto, é justamente isso: alguma coisa pode se sustentar na lei do significante, não apenas sem que isso comporte um saber, mas excluindo-o expressamente, constituindo-se como inconsciente, isto é, como necessitando, no seu nível, o eclipse do sujeito, para subsistir como cadeia inconsciente, como constituindo o que há de irredutível, em seu fundo, na relação do sujeito ao significante.

É por essa razão que somos os primeiros, senão os únicos, a não ficar, forçosamente, espantados de que o discurso propriamente socrático, o da *épistèmè,* do saber transparente a si mesmo, não possa prosseguir para além de um certo limite referente a tal objeto, quando este objeto – se se trata daquele sobre o qual o pensamento freudiano pôde projetar as primeiras luzes – quando este objeto é o amor.

Seja como for, que me acompanhem ou não aqui, é claro que, num diálogo como *O Banquete* de Platão, cujo efeito, através das eras, se manteve com a força que conhecem, com essa constância, essa potência interrogativa, com essa perplexidade, também, que se desenvolveu a seu redor, não podemos contentar-nos com uma razão tão miserável como essa; se Sócrates faz falar Diotima, é simplesmente para evitar bulir demais com o amor-próprio de Agatão.

Se me permitem uma comparação que conserva todo seu valor irônico, suponham que eu tenha que desenvolver para vocês o conjunto de minha doutrina sobre a análise, e que, ao fazê-lo, num certo ponto passe a palavra a Françoise Dolto; vocês diriam – Aí há qualquer coisa, por que será que ele está fazendo isso? Isso, certamente, supondo-se que se eu lhe passasse a palavra não seria para fazê-la dizer bobagens. Não seria este o meu método, e, além disso, teria dificuldades para colocá-las em sua boca.

Isso incomoda muito menos Sócrates, como vão ver, pois o discurso de Diotima se caracteriza pelo seguinte: ele nos deixa, a todo instante, diante de hiâncias, que compreendemos bem que não seja Sócrates a assumir. Mais ainda, Sócrates pontua essas hiâncias com toda uma série de réplicas que são – isso é sensível, basta ler o texto – cada vez mais divertidas. As réplicas são inicialmente muito respeitosas, e depois cada vez mais do tipo *Você acha?*, e depois, na continuação, *Que seja, vamos ainda até onde você me arrasta,* e no final, vai ficar, claramente; *Divirta-se, minha filha, estou escutando, vá falando.*

Aqui, não posso deixar de fazer uma observação que não parece ter chamado a atenção dos comentadores. Aristófanes, a propósito do amor, introduziu um termo que é transcrito, simplesmente, em francês sob o nome de *diœcisme,* e que qualifica a *Spaltung,* a divisão do ser primitivo todo redondo, a esfera derrisória da imagem aristofanesca, de cujo valor lhes falei. Ele emprega essa palavra por comparação a uma prática corrente no contexto das relações comunitárias, relações da cidade, recurso com que jogava toda a política na sociedade grega. O *diœcisme* consistia, quando se queria exterminar uma cidade inimiga – e isso ainda se faz em nossos dias – em dispersar seus habitantes e colocá-los nos chamados campos de refugiados. Isso tinha sido feito pouco antes do momento em que *O Banquete* foi publicado, e é mesmo um dos marcos que permite datá-lo, pois existe ali, ao que parece, um certo anacronismo: o acontecimento a que Platão estaria aludindo, a saber, uma iniciativa de Esparta, passou-se posteriormente ao encontro, presumido, narrado pelo *Banquete.*

Este *diœcisme* é, para nós, bastante evocador. Não é à toa que empreguei há pouco o termo *Spaltung,* evocador da refenda subjetiva. Não é na medida em que alguma coisa, quando se trata do discurso do amor, escapa ao saber de Sócrates, que este se apaga, se *"diociza",* e faz, em seu lugar, falar uma mulher? Por que não, a mulher que está nele?

Seja como for, ninguém contesta – e alguns, Wilamowitz-Moellendorff em particular, o frisaram – que haja uma diferença de registro entre o que Sócrates desenvolve no plano de seu método dialético e aquilo que ele nos apresenta a título de mito, através do que nos restitui o testemunho platônico. Não é este o caso somente aqui, isto é sempre, no texto, claramente destacado. Quando se chega, e em muitos outros campos além daquele do amor, a um certo termo que não pode ser obtido no plano da *épistèmè,* do saber, para ir mais além, é necessário o mito.

É muito concebível para nós que haja um limite ao plano do saber, se este é unicamente aquilo que é acessível fazendo-se jogar, pura e simplesmente, a lei do significante. Na ausência de conquistas experimentais bastante avançadas, é claro que em muitos domínios, e em domínios dos quais não temos necessidade, será urgente passar a palavra ao mito.

O notável é justamente o rigor deste enganchamento. A conexão se faz no plano do mito. Platão sempre sabe perfeitamente o que faz, ou faz Sócrates fazer. Sabe-se que se está no mito, *muthos.* Não falo do mito no emprego comum da palavra, pois *muthos legein* não quer dizer isso, mas sim *o que se diz.* E através de toda a obra platônica, no *Fédon,* no *Timeu,* na *República,* vemos surgir mitos no momento necessário para suprir a hiância daquilo que pode ser assegurado dialeticamente.

Veremos melhor, a partir daí, o que se pode chamar de o progresso do discurso de Diotima.

Alguém que está aqui escreveu um dia um artigo intitulado, se bem me lembro, *Un désir d'enfant.* Esse artigo era inteiramente construído sobre a ambiguidade da expressão *desejo de criança* – é a criança quem deseja, ou deseja-se ter uma criança. Não é simples acidente do significante se as coisas se dão assim, e a prova disso é que é em torno dessa ambiguidade que vem, justamente, girar o ataque do problema por Sócrates. Com efeito, o que nos dizia Agatão, afinal? Que o Eras era o *érôs,* o desejo, do belo – no sentido, diria, em que é o deus Belo quem deseja. E o que foi que Sócrates lhe retorquiu? Que um desejo de belo implica que o belo não se possui.

Poderíamos ficar tentados a nos desviar dessas argúcias verbais, mas elas não têm um caráter de vaidade, de ponta de agulha e de confusão. E o que nos demonstra isso é que é em torno desses dois termos que se vai desenvolver todo o discurso de Diotima.

3

Para bem marcar a continuidade entre Diotima e ele, Sócrates nos diz que foi no mesmo plano, e com os mesmos argumentos de que se serviu com relação a Agatão, que Diotima introduziu seu diálogo com ele.

A Estrangeira de Mantineia nos é apresentada como um personagem de sacerdotisa, de maga. Não nos esqueçamos de que, nesse ponto do *Banquete,* falam-nos muito das artes da adivinhação, da maneira de operar a fim de se fazer atender pelos deuses e deslocar as forças naturais. Diotima é uma sábia nessas matérias de feitiçaria, de mântica, como diria o conde de Cabanis, de toda *goeteia.* O termo é grego e está no texto. Igualmente, dizem-nos sobre ela alguma coisa à qual acho espantoso não darem grande importância: teria conseguido, por meio de seus artifícios, afastar a peste durante dez anos, e em Atenas, ainda por cima. É preciso confessar que esta familiaridade com os poderes da peste é de natureza a nos fazer refletir, e a situar a estatura e o percurso da figura de uma pessoa que nos vai falar de amor.

Logo, é neste plano que as coisas são introduzidas, e Diotima prossegue respondendo a Sócrates, que nesse momento se faz de ingênuo, ou finge perder seu grego. Ele lhe formula a questão: – Então, se o amor não é belo, é porque ele é feio? Eis, com efeito, aonde vai chegar a sequência do método conhecido por mais ou menos, sim ou não, presença ou ausência. Este é o próprio da lei do significante: o que não é belo é feio. Pelo menos, é nisso que implica, com todo o rigor, o prosseguimento do modo comum de interrogação de Sócrates. Ao que a sacerdotisa está em posição de lhe responder: – Meu filho, não blasfeme. E por que tudo o que não é belo seria feio? Diotima nos introduz, então, o mito do nascimento do Amor, no qual bem vale a pena que nos detenhamos.

Esse mito só existe em Platão. Dentre os inumeráveis relatos míticos do nascimento do Amor contados pela literatura antiga, e dei-me ao trabalho de recolher uma parte deles, não há um vestígio de nada que se pareça com o que nos vai ser enunciado ali. No entanto, foi este o mito que ficou sendo o mais popular. Parece, portanto, que um personagem que nada deve à tradição no assunto, em suma, um escritor da época da *Aufklärung* como Platão, é perfeitamente suscetível de forjar um mito, e um mito que se veicula através dos séculos de maneira viva para funcionar como tal. Quem desconhece, desde que Platão o disse, que o Amor é filho de Poros e Penia?

Poros, o autor cuja tradução tenho à minha frente, simplesmente por estar diante do texto, o traduz, não sem pertinência, por *Expediente.* Se isso significa *Recurso,* certamente é uma tradução válida. *Astúcia* também, já que Poros é filho de Metis, que é mais a invenção que a sabedoria. Diante dele, temos a personagem feminina que vai ser a mãe do amor, Penia, a saber, *Pobreza,* ou mesmo *Miséria.* Ela é caracterizada no texto como *aporia,* a saber, sem recursos. É isso o que ela sabe sobre si mesma: recursos, não os tem. O termo *aporia,* vocês o reconhecem, é aquele que nos serve com referência ao processo filosófico. É um impasse, aquilo frente a quê entregamos os pontos, ficamos sem recursos. Eis, portanto, a Aporia fêmea diante do Poros, o Expediente, o que parece bastante esclarecedor.

O que é muito bonito nesse mito é a maneira pela qual a Aporia engendra Amor com Poros. No momento em que isso se deu, era a Aporia quem velava, quem tinha os olhos bem abertos. Contam-nos que ela viera para os festejos do nascimento de Afrodite, e como qualquer Aporia que se preze, nessa época hierárquica, permaneceu nos degraus, próximo da porta. Por ser Aporia, isto é, por nada ter a oferecer, não entrou na sala do festim. Mas a felicidade das festas é que, justamente, acontecem coisas ali que invertem a ordem comum. Poros adormece. Adormece porque está embriagado, e é isso o que permite à Aporia fazer-se emprenhar por ele, e ter este filhote que se chama o Amor, cuja data de concepção vai coincidir, portanto, com a data de nascimento de Afrodite. E por isso mesmo, nos explicam, que o amor terá sempre alguma relação obscura com o belo, aquilo de que se vai tratar, com efeito, no desenvolvimento de Diotima. Isso está ligado ao fato de que Afrodite é uma deusa bela.

Aí estão as coisas ditas claramente: é o masculino que é desejável, é o feminino que é ativo. Pelo menos, é assim que as coisas se passam no momento do nascimento do Amor.

Se lhes trago, nesse sentido, a fórmula de que o amor é dar o que não tem, nada existe aí de forçado, de lhes mostrar uma das minhas invencionices. É evidente que se trata disso mesmo, já que a pobre Aporia, por definição e por estrutura, não tem nada a dar, senão sua falta, *aporia*, constitutiva. A expressão *dar o que não se tem* encontra-se, escrita com todas as letras, no índice *202 a* do texto do *Banquete, aneu tou ekhim logou dounai*. É esta, exatamente, a fórmula, calcada a propósito do discurso. Trata-se ali de dar um discurso, uma explicação válida, sem tê-lo.

Isso é dito no momento em que Diotima vai ser levada a dizer a quê pertence o amor. Pois bem, o amor pertence a uma zona, a uma forma de negócio, de coisa, de *pragma*, de práxis, que é do mesmo nível e da mesma qualidade que a *doxa*, a saber, que existem discursos, comportamentos, opiniões – esta é a tradução que damos ao termo *doxa* – que são verdadeiros sem que o sujeito possa sabê-lo. A *doxa* pode ser até verdadeira, mas ela não é *épistèmè* – este é um dos enganos da doutrina platônica, distinguir seu campo. O amor enquanto tal faz parte de um campo. Ele está entre a *épistèmè* e a *amathia*, assim como está entre o belo e o verdadeiro. Não é nem um nem outro. Isso é feito precisamente para recordar a objeção de Sócrates, objeção fingida, sem dúvida, ingênua, de que, se ao amor falta o belo, então ele seria feio. Ele não é feio. Todo o domínio exemplificado pela *doxa*, à qual nos reportamos sem cessar no discurso de Platão, pode mostrar que o amor, segundo o termo platônico, está *metaxi*, entre os dois.

Isso não é tudo. Não poderíamos nos contentar com uma definição tão abstrata, até mesmo negativa, do intermediário. É aqui que nossa locutora faz intervir a noção do demoníaco, como intermediário entre os imortais e os mortais, entre os deuses e os homens. Noção, aqui, essencial de se evocar, na medida em que confirma o que lhes disse que devíamos pensar sobre o que são os deuses, a saber, que eles pertencem ao campo do real. Os deuses existem, sua existência não é absolutamente contestada aqui. O demoníaco, o demônio, o *daïmonion* – e existem muitos outros deles além do amor – é aquilo por que os deuses dão a escutar suas mensagens aos mortais, que estejam adormecidos ou acordados.

Coisa estranha que também parece não ter chamado muito a atenção este estejam *adormecidos ou acordados*, a quem isso se refere? Aos deuses ou aos homens? Asseguro-lhes que, no texto grego, isso é duvidoso. Todo mundo traduz, segundo o bom senso, que isso se refere aos homens, mas está no dativo, que é precisamente o caso onde estão os *théoï* na frase, de sorte que este é um pequeno enigma a mais, no qual não vamos nos deter por muito tempo. Digamos simplesmente que o mito situa a ordem do demoníaco no ponto em que nossa psicologia fala do mundo do animismo.

Isso é feito realmente para nos incitar também a corrigir o que há de sumário na ideia que fazemos da noção de que o primitivo teria de um mundo animista. O que nos é dito na passagem é que esse é o mundo das mensagens que diremos enigmáticas, o que quer dizer, mas apenas para nós, mensagens onde o sujeito não reconhece a sua própria. Se a descoberta do inconsciente é essencial, é que ela nos permitiu estender o campo das mensagens que podemos autenticar no único sentido próprio deste termo, na medida em que ele está fundado no domínio do simbólico. A saber, que muitas dessas mensagens, que acreditávamos serem mensagens opacas do real, são apenas as nossas próprias. É isso que é conquistado por nós ao mundo dos deuses. Isso, no ponto em que estamos no *Banquete,* ainda não foi conquistado.

Da próxima vez, continuaremos, de ponta a ponta, o mito de Diotima, e tendo-lhe dado a volta veremos porque ele está condenado a deixar opaco aquilo que é objeto dos louvores que constituem a continuação do *Banquete.* O campo onde se pode desenvolver a elucidação de sua verdade é apenas o que se seguirá a partir da entrada de Alcibíades.

Longe de ser um prolongamento, uma parte caduca, até mesmo a ser rejeitada, a entrada de Alcibíades é essencial. É somente na ação que se desenvolve em seguida entre Alcibíades, Agatão e Sócrates que pode ser dada, de uma maneira eficaz, a relação estrutural onde poderemos reconhecer aquilo que a descoberta do inconsciente e a experiência da psicanálise, especialmente a experiência transferencial, nos permitem, a nós, enfim, poder exprimir de uma maneira dialética.

18 de janeiro de 1961

IX

Saída do ultramundo

O fascínio pela beleza.
A identificação ao supremo amável.
O "ele não sabia" de Sócrates.
É preciso ser três para amar.
O objeto de cobiça única.

Chegamos, da última vez, ao ponto em que Sócrates, falando do amor, faz falar em seu lugar Diotima.

Marquei com um ponto de interrogação essa espantosa substituição no apogeu, no ponto de interesse máximo do diálogo. Sócrates trouxe a ele a virada decisiva, produzindo a falta no coração da questão sobre o amor. O amor, com efeito, só pode ser articulado em torno dessa falta, pelo fato de que, daquilo que deseja, só pode ter sua falta. Mostrei a vocês que essa interrogação, em estilo sempre triunfante e magistral, na medida em que Sócrates a faz incidir sobre a coerência do significante, era o essencial de sua dialética. É no ponto onde distingue de qualquer outra espécie de conhecimento a *épistèmè,* a ciência que, singularmente, ele passa a palavra, de forma ambígua, àquela que, em seu lugar, vai se exprimir pelo mito. Assinalei-lhes, naquela ocasião, que esse termo não é tão especificado quanto pode sê-lo em nossa língua, com a distância que tomamos daquilo que distingue o mito da ciência. *Muthos legein* é, ao mesmo tempo, uma história precisa e o discurso, aquilo que se diz. Eis em quê Sócrates se fia deixando falar Diotima.

Acentuei por um traço o parentesco dessa substituição com o *diœcisme* do qual Aristófanes já indicara a forma, a essência, como estando no coração do problema do amor. Por uma singular divisão, é a mulher, a mulher que está nele, disse eu, talvez, que a partir de um certo momento Sócrates deixa falar.

Esse conjunto ou sucessão de formas, essa série de transformações – no sentido que assume este termo na combinatória – se exprime numa demonstração geométrica. E é nessa transformação de figuras, à medida que o texto avança, que tentamos encontrar as balizas de estrutura que, para nós e para Platão que ali nos guia, darão as coordenadas do objeto do diálogo, ou seja, o amor.

1

Voltando ao discurso de Diotima, vemos nele desenvolver-se alguma coisa que nos faz deslizar para cada vez mais longe desse traço original que Sócrates introduziu em sua dialética, formulando o termo "falta".

Aquilo sobre o que Diotima nos vai interrogar, aquilo em direção a que ela nos conduz, já se anuncia a partir da questão que ela traz, no ponto em que retoma o discurso de Sócrates – o que falta àquele que ama? Encontramo-nos aí, imediatamente, transportados para a dialética dos bens, sobre a qual peço que se remetam ao nosso discurso do ano passado sobre a ética. Esses bens, por que os ama, aquele que ama? É, continua ela, para gozar deles. É aqui que se faz uma parada e uma volta atrás.

Será, pois, de todos os bens que vai surgir a dimensão do amor? Diotima faz aqui uma referência digna de nota ao que frisamos ser a função original da criação como tal, da *poïèsis*. Quando falamos de *poïèsis*, diz ela, falamos de criação, mas você não percebe que o uso que fazemos dela é mais limitado, quando é à poesia e à música que nos referimos? A denominação do todo serve para designar a parte. Da mesma forma, toda aspiração em direção aos bens é amor, mas, para que falemos de amor propriamente dito, existe alguma coisa que se especifica. É assim que ela introduz a temática do amor do belo. O belo especifica a direção na qual se exerce a atração pela posse, ao gozo de possuir, à constituição de um *ktèma*. Eis o ponto onde Diotima nos leva para definir o amor.

No desvio do discurso, um traço de surpresa, um salto nos é muito suficientemente sublinhado. Este bem, em que se relaciona ao belo, em que se especifica, especialmente, como o belo? É então que Sócrates testemunha, numa de suas réplicas, seu deslumbramento, essa mesma sideração que já foi evocada a propósito do discurso sofístico. Diotima, aqui, dá prova da mesma impagável autoridade com a qual os sofistas excercem sua fascinação, e Platão nos adverte que, neste nível, ela se exprime exatamente como eles.

O que ela introduz é o seguinte – o belo não tem relação com o ter, com o que quer que possa ser possuído, mas sim com o ser, e, falando propriamente, com o ser mortal.

O próprio do que vem a ser o ser mortal é que ele se perpetua pela geração. Geração e destruição, tal é a alternância que rege o domínio do perecível, tal é igualmente a marca que faz disso uma ordem de realidade inferior – pelo menos, é assim que isso se ordena segundo a perspectiva da linhagem socrática, tanto em Sócrates como em Platão. E é precisamente porque o domínio do humano é afetado por essa alternância da geração e da corrupção, que ele encontra sua regra eminente noutra parte, mais elevada, no domínio das essências, que nem a geração nem a corrupção afetam o das formas eternas, cuja participação é a única a assegurar aquilo que existe no seu fundamento de ser.

E o belo? Precisamente, nesse movimento da geração que é o modo sob o qual o mortal se reproduz, o modo pelo qual ele se aproxima do permanente e do eterno, seu modo de participação, frágil, no eterno, nessa passagem, nessa participação afastada – pois bem, o belo é aquilo que o ajuda, se podemos dizer, a franquear as passagens difíceis. O belo é o modo de uma espécie de parturição, não sem dor, mas com o mínimo de dor possível, da penosa condução de tudo o que é mortal em direção ao que ele aspira, isto é, à imortalidade. Todo o discurso de Diotima articula a função da beleza como sendo inicialmente uma ilusão, uma miragem fundamental, pela qual o ser perecível e frágil é sustentado em sua busca da perenidade, que é sua aspiração essencial.

Existe, ali, quase sem pudor, ocasião para toda uma série de deslizamentos que são outras tantas escamoteações. Diotima introduz em primeiro lugar, como sendo da mesma ordem, a constância onde o sujeito se reconhece como sendo em sua vida, sua curta vida de indivíduo, sempre o mesmo, embora não haja um detalhe de sua realidade carnal, desde seus cabelos até seus ossos, que não seja lugar de uma perpétua renovação. O tema subjacente é que nada é jamais o mesmo, simplesmente, tudo corre, tudo muda, e no entanto algo se reconhece, se afirma, se diz ser sempre ele mesmo. Eis ao que Diotima se refere, significativamente, para nos dizer que a renovação dos seres pela via da geração é análoga, é, no fim das contas, da mesma natureza. Que os seres se sucedam uns após os outros, reproduzindo seu mesmo tipo, o mistério da morfogênese, é o mesmo que sustenta a forma em sua constância.

Há, aí, referência primeira à morte, e função acusada da miragem do belo como sendo aquilo que guia o sujeito em sua relação com a morte, na medida em que ele é, ao mesmo tempo, distanciado e dirigido pelo imortal. É impossível, nesse sentido, que vocês não façam uma aproximação com aquilo que tentei relacionar, no ano passado, referente à função do belo no efeito de defesa no qual ele intervém, como barreira ao extremo dessa zona que defini como do entre-duas-mortes. Se há dois desejos no homem, que o capturam, por um lado, na relação com a eternidade, e por outro lado, na relação de geração, com a corrupção e destruição por ela comportada, é o desejo de morte, enquanto inabordável, que o belo é destinado a dissimular. A coisa é clara no próprio começo do discurso de Diotima.

Encontramos aqui o fenômeno ambíguo que fizemos surgir a propósito da tragédia. A tragédia é, ao mesmo tempo, a evocação, a abordagem do desejo de morte que, como tal, se esconde por trás da evocação do *Atè*, da calamidade fundamental em torno da qual gira o destino do herói trágico, e é também para nós, enquanto convocados a dela participar, esse momento máximo onde aparece a miragem da beleza trágica.

Eis a ambiguidade em torno da qual disse-lhes que se operava o deslizamento de todo o discurso de Diotima. Deixo que sigam, vocês mesmos, seu desenvolvimento. O desejo *de* belo, desejo na medida em que se apega a essa miragem, que é aprisionado por ela, é o que responde à presença oculta do desejo de morte. O desejo *do* belo é aquele que, invertendo essa função, faz o sujeito escolher a marca, os apelos, daquilo que lhe oferece o objeto, ou alguns dentre os objetos. É aqui que vemos, no discurso de Diotima, operar-se o deslizamento que, esse belo que ali estava, não como meio, falando propriamente, mas como transição, modo de passagem, faz com que ele se torne o próprio objetivo a ser buscado. De tanto, se o podemos dizer, permanecer o guia, é o guia quem se torna objeto, ou melhor, que substitui os objetos que podem ser seus suportes, e não sem que a sua transição seja expressamente marcada no discurso.

Mas a transição é falsificada. Diotima foi tão longe quanto possível no desenvolvimento do belo funcional, do belo na sua relação com o fim da imortalidade; foi até o paradoxo, já que ela evoca precisamente a realidade trágica à qual nos referimos no ano passado, até dizer este enunciado, que não deixa de provocar algum sorriso derrisório: acredita mesmo que aqueles que se mostraram capazes das mais belas ações, como Alceste – de quem falei no ano passado a propósito do entre-duas-mortes da tragédia – na medida que, em lugar de Admeto, ela aceitou morrer, não o tenham feito para que se falasse disso, para que, para sempre, o discurso a fizesse imortal? E é nesse ponto que Diotima se detém, dizendo: – Se pôde chegar até aqui, não sei se poderá chegar até a *époptie* –, evocando aí a dimensão dos mistérios.

Ela retoma, então, seu discurso num outro registro, onde o que era apenas transição se torna finalidade. Desenvolvendo a temática do que poderíamos chamar de um donjuanismo platônico, ela nos mostra a escala que se propõe a essa nova fase que se desenvolve sob o modo de iniciação – vemos os objetos se assimilarem, numa ascensão progressiva, àquilo que é o puro belo, o belo em si, o belo sem mistura. Diotima passa bruscamente a uma temática que bem parece nada ter a ver com aquela da geração, e que vai do amor, não apenas o de um belo rapaz, mas dessa beleza que há em todos os jovens, à essência da beleza, depois da essência da beleza à beleza eterna. Ela toma, assim, as coisas de muito alto, até apreender o jogo, na ordem do mundo, dessa realidade que gira no plano fixo dos astros, que é – já o indicamos – aquilo pelo qual, na perspectiva platônica, o conhecimento alcança o dos Imortais.

Penso tê-los feito suficientemente sentir a escamoteação pela qual, por um lado, o belo, inicialmente definido, encontrado, como primordial no caminho do ser, se torna a finalidade da peregrinação, enquanto, por outro lado, o objeto, de início apresentado como o suporte do belo, se torna a transição em direção ao belo.

Para voltar aqui aos nossos próprios termos, pode-se dizer que a definição dialética do amor, tal como é desenvolvida por Diotima, vem ao encontro do que tentamos definir como a função metonímica no desejo. É disso que se trata em seu discurso – de alguma coisa que está para além de todos os objetos, que está na passagem de um certo objetivo e de uma certa relação, a saber, do desejo, através de todos os objetos, e rumo a uma perspectiva sem limite.

Segundo numerosos indícios, poderíamos acreditar que aí está a realidade última do discurso do *Banquete.* Isso é, um pouco, o que estamos habituados a considerar desde sempre como a perspectiva do Eros na doutrina platônica.

O *érastès,* o *érôn,* o amante, é conduzido rumo a um longínquo *érôménos,* por todos os *érôménoï,* tudo o que é amável, digno de ser amado, distante, *érôménos* – ou *érôménon,* pois este é também uma finalidade neutra. O problema, então, é o que significa, o que pode continuar a significar, para além dessa passagem, desse salto marcado, o que se apresentava, no início da dialética, como *ktèma,* como finalidade de posse.

Sem dúvida, o passo dado por nós marca bem que o termo da visada não está mais no nível do ter, mas no nível do ser, e igualmente que, nesse progresso, nessa ascese, trata-se de uma transformação, de um devir do sujeito, de uma identificação última com esse supremo amável. Em suma, quanto mais longe o sujeito vise, mais tem o direito de se amar, se assim se pode dizer, em seu eu ideal. Quanto mais deseja, mais se torna ele mesmo desejável.

É aí que a articulação teológica aponta com o dedo para nos dizer que o Eros platônico é irredutível ao que nos foi revelado pelo Agape cristão, na medida em que, no Eros platônico, o amador, o amor, só visa a sua própria perfeição.

Ora, o comentário que estamos fazendo do *Banquete* parece-me de natureza a demonstrar que não é nada disso.

Platão não fica nisso, desde que queiramos ver além desse destaque e nos perguntar o que significa, em primeiro lugar, que Sócrates tenha feito falar Diotima em seu lugar, e, em seguida, o que se passa a partir da entrada de Alcibíades no assunto.

2

Não nos esqueçamos de que Diotima, em primeiro lugar, introduziu o amor como não sendo, absolutamente, da natureza dos deuses, mas sim da dos demônios, na medida em que esta última é intermediária entre os Imortais e os mortais.

Não nos esqueçamos que, para ilustrá-lo e fazê-lo sentir, ela se serviu de nada menos que uma comparação com aquilo que é, no discurso platônico, intermediária entre a *épistèmè,* a ciência no sentido socrático, e a *amathia,* a ignorância, ou seja, a *doxa,* a opinião verdadeira, na medida, sem dúvida, em que verdadeira, mas tal que o sujeito é incapaz de se dar conta disso, que ele não sabe em quê é verdadeira.

Sublinhei, com esse fim, duas fórmulas muito surpreendentes. A primeira, *aneu tou ekhein logon dounai,* caracteriza a *doxa* – dar a fórmula sem tê-la – e faz eco à fórmula que damos aqui mesmo como sendo a do amor, que é justamente dar o que não se tem. A outra fórmula, que está defronte da primeira, e não menos digna de ser sublinhada, está, se posso dizer, olhando para a *amathia* no lado de trás. A *doxa,* com efeito, também não é ignorância, pois aquilo que, por sorte, atinge o real, aquilo que encontra aquilo que é, *To gar tou ontos tunkhánon,* como seria isso, absolutamente uma ignorância?

É exatamente isso que precisamos sentir, no que poderia chamar de *mise en scène* platônica do diálogo. Mesmo se é formulado, de saída, que as únicas coisas que Sócrates conhece bem são as coisas do amor, ele não pode, justamente, falar delas a não ser permanecendo na zona do *ele não sabia.* Mesmo sabendo, ele não pode falar, ele mesmo, daquilo que sabe, e deve fazer falar alguém, que fala sem saber.

É isso o que nos permite, por exemplo, colocar no seu devido lugar a intangibilidade da resposta de Agatão, quando este escapa à dialética de Sócrates, dizendo-lhe com toda a simplicidade: – Digamos que eu não sabia o que queria dizer. É justamente por isso. É justamente aí, sob o modo tão extraordinariamente derrisório cujo tom sublinhamos, que está o que constitui a importância do discurso de Agatão, sua importância especial por ter sido posto na boca do poeta trágico. O poeta trágico, eu lhes mostrei, só pode falar de amor de modo bufão, da mesma maneira como foi dado a Aristófanes, o poeta cômico, acentuar seus traços passionais, que confundimos com o relevo trágico.

Ele não sabia. Aqui toma seu sentido o mito introduzido por Diotima do nascimento do Amor. O Amor é concebido durante o sono de Poros, o filho de Métis, a Invenção, o todo-sabedor e todo-poderoso, o recurso por excelência. É enquanto ele dorme, no momento em que não sabe de mais nada, que se produz o encontro do qual se engendra o Amor. Aquela que se insinua por seu desejo para produzir esse nascimento, a Aporia, a feminina Aporia, é o *érastès,* a desejante original na sua posição verdadeiramente feminina que frisei diversas vezes. Ela é definida, muito precisamente, em sua essência, em sua natureza, vamos acentuá-lo, desde antes do nascimento do Amor, pelo seguinte – que lhe falta – ela não tem nada de *érôménon.* No mito, a Aporia, a pobreza absoluta, está à porta do banquete dos deuses que se realiza no dia do nascimento de Afrodite, ela não é reconhecida em nada, ela não tem em si mesma nenhum dos bens que lhe dariam direito à mesa dos entes. É justamente nisso que ela está *antes* do Amor. A metáfora onde lhes disse que reconhecemos sempre que de amor se trata, mesmo na sombra, a metáfora que restitui o *érôn,* o *érastès* ao *érôménon,* falta aqui, por falta do *érôménon* no princípio. Portanto, é o tempo lógico de antes do nascimento do Amor que é assim descrito.

Por outro lado, o *ele não sabia* é absolutamente essencial. E deixem-me relatar aqui o que me veio à cabeça enquanto tentava, ontem à noite, escandir para vocês esse tempo articular da estrutura.

Trata-se do eco deste poema admirável no qual escolhi, intencionalmente, o exemplo no qual tentei demonstrar a natureza fundamental da metáfora. O poema, o *Booz endormi* bastaria por si só, apesar de todas as objeções que nosso esnobismo pode ter contra ele, para fazer de Victor Hugo um poeta digno de Homero. Vocês não vão se espantar com o seu eco, que me ocorreu de súbito, por tê-lo comigo desde sempre, o desses dois versos.

> Booz não sabia que uma mulher estava lá
> E Ruth não sabia o que Deus queria dela.[8]

Releiam o poema para perceber que nenhum dos dados que conferem ao drama fundamental do Édipo seu sentido e seu peso eternos falta a ele, e até o entre-duas-mortes é evocado algumas estrofes mais acima, a propósito da idade e da viuvez de Booz.

> Há muito tempo que aquela com quem dormi,
> Oh, Senhor! deixou meu leito pelo vosso;
> E estamos ainda, misturados um ao outro,
> Ela viva pela metade, e eu metade morto.[9]

O entre-duas-mortes, sua relação com a dimensão trágica evocada aqui na medida em que constitutiva da transmissão paterna, nada falta a ele, e é por isso que este poema é o próprio lugar onde encontrarão sem cessar a presença da função metafórica. Tudo aí é levado ao extremo, até as aberrações, se se pode dizer, do poeta, já que ele chega a dizer o que tem a dizer forçando os temas de que se serve – *Como dormia Jacob, como dormia Judith.* Ora, Judith nunca dormiu, foi Holofernes. Pouco importa, assim mesmo ele é quem tem razão. O que se perfila, com efeito, no fim do poema, é aquilo que exprime a formidável imagem com a qual ele se conclui:

e Ruth se perguntava,
Imóvel, entreabrindo o olho sob seus véus,
Que Deus, que ceifador do eterno verão
Havia, ao partir, lançado com desleixo
Essa foice de ouro no campo dos céus.[10]

A foice com que Cronos foi castrado não podia faltar, ao final dessa constelação completa que compõe o complexo da paternidade.

Essa digressão, pela qual peço-lhes desculpas, sobre o *ele não sabia,* parece-me essencial para fazê-los compreender o que está em jogo no discurso de Diotima. Sócrates, aqui, só pode se colocar em seu saber demonstrando que, sobre o amor, só existe discurso do ponto onde ele não sabia. Aí está o motivo do que significa a escolha de Sócrates, nesse momento preciso, desse modo de ensinar.

Mas, ao mesmo tempo, isso prova que também não está ali o que permite apreender aquilo que se passa com referência à relação do amor. O que o permite é precisamente o que vai se seguir, a saber, a entrada de Alcibíades.

3

O maravilhoso, esplêndido desenvolvimento oceânico do discurso de Diotima termina sem que, em suma, Sócrates tenha parecido resistir a ele.

Significativamente, na continuação, Aristófanes levanta o indicador para dizer: – Mesmo assim, deixem-me dizer uma palavra. Acaba-se de fazer alusão a uma certa teoria, e com efeito é a sua, que a boa Diotima empurrou negligentemente, com o pé. Anacronismo absolutamente significativo, pois se Sócrates diz que Diotima lhe contou tudo isso outrora, isso não o impede de fazê-la falar sobre o discurso que Aristófanes acaba de fazer. Este, e com razão, tem algo a dizer. Platão coloca ali um indicador levantado, mostra que existe alguém que não está contente. Vamos ver, por nosso método, que é o de nos atermos ao texto, se o que se desenvolve em seguida não tem alguma relação com esse dedo, mesmo que esse indicador levantado, em suma, tenha a palavra cortada. E por quem? Pela entrada de Alcibíades.

Aqui, mudança à vista.

É preciso, realmente, apontar de saída em que mundo ele nos faz mergulhar de novo, de repente, depois da grande miragem fascinante. Digo *mergulhar de novo,* pois esse mundo não é o ultramundo, é o mundo, simplesmente, onde sabemos, afinal, como se vive o amor. Todas essas belas histórias, por fascinantes que pareçam, basta um tumulto, uma entrada de bêbados, para nos devolver a ele, como ao real.

Essa transcendência onde vimos atuar como um fantasma a substituição de um pelo outro, vamos vê-la agora encarnada. E se, como lhes ensino, é preciso ser três para amar, e não apenas dois, vamos constatá-lo aqui.

Alcibíades entra, e não é mau que o vejam surgir do jeito que está, ou seja, com o aspecto causado não só pelo seu estado oficial de embriaguez, mas o monte de guirlandas que carrega, manifestamente, tem uma significação exibicionista, eminente no estado divino em que ele se mantém, de chefe humano.

Nunca se esqueçam do que perdemos por não termos mais perucas. Imaginem o que deviam ser os doutos e também as frívolas agitações da conversação no século XVII, quando cada um desses personagens sacudia, a cada palavra sua, esses atavios leoninos, que eram, além disso, um receptáculo para sujeira e piolhos. Imaginem: a peruca do Grande Século. Do ponto de vista do efeito mântico, isso nos falta.

Isso não falta a Alcibíades, que vai direto ao único personagem cuja identidade, em seu estado, é capaz de discernir. Graças a Deus é o dono da casa, Agatão. Ele vai se recostar perto deste, sem saber onde isso o coloca, a saber, na posição *metaxu,* entre os dois, entre Sócrates e Agatão, isto é, precisamente no ponto onde estamos, no ponto onde balança o debate entre o jogo daquele que sabe e, sabendo, mostra que deve falar sem saber, e aquele que, não sabendo, falou, sem dúvida, como um estorninho, mas nem por isso deixou de falar muito bem, como frisou Sócrates: você disse coisas muito belas. É aí que vem se situar Alcibíades, não sem dar um pulo para trás ao perceber que aquele danado do Sócrates ainda está lá.

Não é por razões pessoais que não vou levar até o fim, hoje, a análise do que é trazido por toda a cena que começa a passar a partir da entrada de Alcibíades. Vou iniciá-los, ainda assim, nos primeiros destaques que ela introduz.

Pois bem, digamos, há uma atmosfera de cena. Não vou acentuar o lado caricatural das coisas. Falei, incidentalmente, a propósito desse banquete, de uma assembleia de bichas velhas, dado que nem todos estão no frescor da idade, mas assim mesmo eles não deixam de ter um certo formato. Alcebíades é alguém importante. E quando Sócrates pede que o protejam contra este personagem que não lhe permite olhar para mais ninguém, não é porque o comentário desse *Banquete* se fez, no decorrer dos séculos, em cátedras respeitáveis, no nível das universidades, com tudo o que isso comporta ao mesmo tempo de nobreza e de embromação universal – não é, mesmo assim, por isso que não vamos perceber que o que se passa ali é, falando propriamente, já o frisei, de estilo escandaloso.

A dimensão do amor está se mostrando diante de nós sob um modo no qual nos é, realmente, preciso reconhecer que deve se desenhar uma de suas características. Logo de início, é claro que ali onde ela se manifesta no real ela não tende à harmonia. Esse belo em direção ao qual parecia ascender o cortejo das almas desejantes não parece, decerto, estruturar tudo numa forma de convergência.

Coisa singular, não é dado, nas manifestações de amor, que se convoque todos os demais a amar o que se ama, a se fundir consigo na escalada rumo ao *érôménon*. Sócrates, esse homem eminentemente amável, já que nos é produzido desde as primeiras palavras como um personagem divino, a primeira coisa em questão é que Alcibíades quer guardá-lo para si.

Dirão que não creem nisso, apoiando-se em todos os tipos de coisas que o demonstram. A questão não é essa. Acompanhamos o texto, e é disso que se trata. E não apenas é disso que se trata, mas, falando propriamente, essa dimensão é que é introduzida aqui.

Trata-se de concorrência? Se o termo for tomado com o sentido e a função que lhes dei na articulação desses transitivismos onde se constitui o objeto, na medida em que ele instaura entre os sujeitos a comunicação, não. Algo, de outra ordem, se introduz aí. No coração do ato de amor, introduz-se o objeto de cobiça única, se podemos dizer, que se constitui como tal. Trata-se de um objeto do qual se quer, precisamente, afastar a concorrência, um objeto que repugna, mesmo, a se mostrar.

Lembrem-se de que foi assim que o introduzi em meu discurso, faz agora três anos. Lembrem-se de que, para lhes definir o objeto *a* da fantasia, tomei o exemplo, em *La Règle du jeu* de Renoir, de Dalio mostrando seu pequeno autômato, e desse rubor feminino com o qual ele se afasta, após ter dirigido seu fenômeno. É na mesma dimensão que se desenrola essa confissão pública, conotada por não-sei-que vergonha da qual o próprio Alcibíades tem tanta consciência que a desenvolve ao falar.

Sem dúvida, estamos na verdade do vinho – isso está articulado – *in vino veritas.* Kierkegaard vai retomá-lo, quando relatar, também ele, o seu *Banquete.* Mas é preciso realmente ter franqueado todos os limites do pudor para falar do amor como fala Alcibíades quando exibe o que lhe aconteceu com Sócrates.

O que há, ali por trás, como objeto, que introduz no próprio sujeito uma tal vacilação? É aqui, na função do objeto, na medida em que é indicada adequadamente em todo este texto, que os deixo hoje, para a ela introduzi-los na próxima vez.

Farei girar o que lhes vou dizer em torno de um termo que está no texto, e cujo uso em grego nos deixa entrever a história e a função que acredito ter reencontrado, do objeto de que se trata. Este termo é a palavra *agalma,* que nos dizem ser o que é oculto por esse sileno hirsuto que é Sócrates.

Por este termo deixo-os, hoje, no próprio discurso, encerrado o enigma.

25 de janeiro de 1961

X

Agalma

O agalma *e o mestre.*
A função fetiche.
A cilada para os deuses.
Do objeto parcial ao outro.
Um sujeito é um outro.

Deixei-os, da última vez, como uma etapa em nossa fala, às voltas com um termo sobre o qual lhes dizia, ao mesmo tempo, que o deixaria até a vez seguinte com todo o seu valor de enigma: o termo *agalma*.

Não acreditava dizer tão bem. Para muitos, o enigma era tão absoluto que perguntavam: *O quê?* O *que foi que ele disse? Será que vocês sabem?* Enfim, àqueles que manifestaram essa inquietude, alguém de minha casa pôde dar a seguinte resposta, que prova que, pelo menos em minha casa, a instrução secundária serve para alguma coisa: que isso quer dizer *ornamento, enfeite.*

Seja como for, essa resposta não passava de uma resposta à primeira vista, aquilo que todo mundo deve saber. *Agallo* é *enfeitar, ornamentar,* e *agalma* significa, com efeito, à primeira vista, *ornamento, enfeite.* Mas não é tão simples assim, a noção de ornamento, e vê-se logo que isso pode levar longe. De que nos enfeitamos? Para que enfeitar-se? E com quê?

Se temos aqui um ponto central, muitas avenidas devem nos conduzir a ele. Mas enfim, guardei-o para fazer dele o pivô de minha explicação, esse termo, *agalma*. Não vejam nisso uma preocupação com a raridade, mas antes o seguinte, que num texto ao qual atribuímos o mais extremo rigor, o do *Banquete,* algo nos conduz nesse ponto crucial.

1

Este termo foi formalmente indicado no momento em que lhes disse que muda completamente a cena. Após os jogos de elogio, tais como foram até então regrados pelo tema do amor, entra em cena este ator, Alcibíades, que vai fazer tudo mudar.

Não preciso de outra prova além da seguinte: ele mesmo muda as regras do jogo, atribuindo-se com autoridade a presidência. A partir de agora, diz-nos ele, não é mais ao amor que se vai fazer o elogio, mas ao outro, e especificamente, cada um ao seu vizinho da direita. Isso já é dizer muito. Se vai-se tratar de amor, é em ato, e é a relação entre um e outro que vai ter que se manifestar aqui.

Já fiz com que observassem um fato notável, que se manifesta desde que as coisas enveredam por este terreno, conduzidas pelo diretor experiente que supomos estar no princípio deste diálogo. Devo dizer que esta suposição nos é confirmada pela incrível genealogia mental que decorre desse *Banquete,* da qual apontei da última vez o penúltimo eco, o *Banquete* de Kierkegaard, e o último, já o nomeei para vocês, é o *Eros e Agape,* de Anders Nygren, sempre suspenso à armação, à estrutura do *Banquete.* Pois bem, esse diretor experimentado só pode fazer, desde que se trata de fazer entrar em jogo o outro, com que não haja apenas um – há dois outros. Em outras palavras, no mínimo eles são três. Este fato notável, Sócrates não deixa escapar em sua resposta a Alcibíades, quando, depois daquela extraordinária confissão, aquela confissão pública, aquela tirada que está entre a declaração de amor e quase, poderíamos dizer, a difamação de Sócrates, este lhe responde: Não foi para mim que você falou, mas para Agatão.

Isso nos faz sentir que passamos a um outro registro que não aquele que indicamos no discurso de Diotima. Tratava-se, ali, de uma relação dual. Aquele que empreende a escalada em direção ao amor procede por uma via de identificação e igualmente, se quiserem, de produção, sendo nisso ajudado pelo prodígio do belo. Ele chega a ter nesse belo seu próprio termo, e identifica-o à perfeição da obra do amor. Existe ali uma relação biunívoca, que tem por fim a identificação com este soberano bem que pus em causa no ano passado. Aqui, uma outra coisa substitui, de repente, a temática do Bem supremo: a complexidade e, precisamente, a triplicidade que se oferecem para nos entregar aquilo em que faço consistir o essencial da descoberta analítica, a saber, essa topologia de que resulta, em seu fundo, a relação do sujeito com o simbólico, na medida em que ele é essencialmente distinto do imaginário e de sua captura.

É este o nosso termo, e que articularemos, da próxima vez, para encerrar o que teremos tido a dizer sobre *O Banquete,* o que me permitirá destacar antigos modelos que lhes dei da topologia intrassubjetiva, na medida em que é assim que a segunda tópica de Freud deve ser compreendida. O que apontamos hoje é essencial para alcançarmos essa topologia, na medida em que temos que alcançá-la sobre o tema do amor. E a natureza do amor que está em questão, e por uma posição, por uma articulação essencial mas esquecida, elidida, e sobre a qual nós, analistas, trouxemos, no entanto, a cavilha que permite acusar sua problemática. É nesse ponto que se concentrará o que tenho hoje a lhes dizer a propósito do *agalma.*

É tanto mais extraordinário, e quase escandaloso, que isso não tenha sido até hoje valorizado que é de uma noção propriamente analítica que se trata. Espero tornar isso palpável, dentro em pouco, e obter, nesse ponto, o consentimento de vocês.

Agalma, eis como ele se apresenta no texto. Alcibíades fala de Sócrates, e diz que vai desmascará-lo. Vocês sabem que Alcibíades entra nos menores detalhes de sua aventura com Sócrates. Ele tentou o quê? Que Sócrates, diremos nós, lhe manifestasse seu desejo. Ele sabe que Sócrates tem desejo por ele, mas o que quis foi um sinal.

Deixemos isso em suspenso. É cedo demais para perguntar porquê. Estamos apenas no começo do percurso de Alcibíades, e, à primeira abordagem, ele não parece se distinguir, essencialmente, do que se disse até então. Tratava-se, inicialmente, no discurso de Pausânias, daquilo que se vai buscar no amor, e era dito que o que cada um buscava no outro, troca de boas ações, era o que ele continha de *érôménon,* de desejável. É exatamente da mesma coisa que parece se tratar agora.

Alcibíades nos diz, à maneira de preâmbulo, que Sócrates é alguém cujas disposições amorosas se voltam para os belos rapazes. Sua ignorância é geral, ele não sabe nada, ao menos aparentemente. Nesse ponto, Alcibíades retoma a célebre comparação com o sileno, que evocou ao começar seu elogio, e que é dupla em seu alcance. Em primeiro lugar, é esta a aparência de Sócrates, que é nada menos que bela. Mas, por outro lado, esse sileno não é simplesmente a imagem que se designa por este nome, é também uma embalagem que tem o aspecto usual de um sileno, um continente, uma maneira de apresentar alguma coisa. Isso devia se referir a pequenos instrumentos da indústria da época, pequenos silenos que serviam de caixinhas de joias, ou embalagens para oferta de presentes.

É justamente disso que se trata. Essa indicação topológica é essencial. O importante é o que está no interior. *Agalma* bem pode querer dizer ornamento ou enfeite, mas aqui, antes de mais nada, joia, objeto precioso – algo que está no interior. E é desse modo que Alcibíades nos arranca à dialética do belo, que era até aqui a via, o guia, o modo de captura, a caminho do desejável. Ele nos tira do engano e a propósito do próprio Sócrates.

Saibam – diz ele – que em aparência Sócrates é apaixonado por belos rapazes, *oute eí tis Kalos esti.* Mas o fato de que um ou outro seja belo, *melei auto ouden,* isso não o altera em nada, não lhe dá a menor importância, ao contrário, despreza-o, *kataphronei,* a um ponto tal que vocês nem fazem ideia, *tosouton oson an eis oietein,* vocês não podem nem imaginar. E, a bem da verdade, o objetivo que ele persegue – qual será, justamente? Sublinho-o porque ele está bem ali no texto – está expressamente articulado neste ponto, em que não apenas não são os bens exteriores que ele procura, a riqueza por exemplo, a que cada um até ali – somos delicados – dissera que não era o que se buscava nos outros, mas tampouco era qualquer dessas outras vantagens que de alguma forma podem parecer proporcionar a *makaria,* uma felicidade, *upo pletons,* a quem quer que seja. É inteiramente errado interpretar isso aqui como se tratasse de desdenhar os bens que são bens para a multidão. O que é rejeitado é justamente aquilo de que se falava até então, os bens em geral.

Por outro lado, diz-nos Alcibíades, seu aspecto estranho não deve impressioná-los, ele se faz de ingênuo, *eironevómenos,* interroga, banca o bobo para conseguir o que quer, comporta-se realmente como uma criança, passa o tempo dizendo gracinhas. Mas, *spoudásantos de autóû* – não, como se traduz, *quando ele se põe sério,* mas sim *sejam sérios, prestem bem atenção* – abram o sileno. *Anoikhthéntos,* entreaberto, não sei se alguém jamais viu os *agalmata* que estão no interior.

Portanto, Alcibíades logo vai duvidar muito de que alguém jamais tenha podido ver de que se trata. Sabemos que não apenas é esse o discurso da paixão, mas é o discurso da paixão em seu ponto mais estremecedor, a saber, aquele que está contido por inteiro na origem, antes mesmo que se explique. Ele está ali, e vai partir com os passos pesados, devido a tudo o que tem para nos contar. É essa, pois, realmente a linguagem da paixão.

Já há esta relação única, pessoal – Ninguém jamais viu o que está em questão como me aconteceu ver. E eu o vi. Encontrei-os esses *agalmata,* a tal ponto divinos – *khrysâ,* preciosos, de ouro – totalmente belos, tão extraordinários que não havia senão uma coisa a fazer, *en brakhei* e o mais depressa possível, pelos caminhos mais curtos, fazer tudo o que Sócrates pudesse ordenar, *Poeiteon,* o que deve ser feito, o que se torna dever, é tudo o que agrada a Sócrates comandar.

Não penso ser inútil articular semelhante texto passo a passo. Não se lê isso como se lê *France-Soir* ou o *International Journal of Psychoanalysis.*

Trata-se de algo cujos efeitos são surpreendentes. Por um lado, esses *agalmata,* no plural, não nos é dito, até segunda ordem, o que são. Por outro lado, isso acarreta de súbito uma subversão, uma submissão às ordens daquele que os possui. Não encontram aí alguma coisa de magia, que já lhes apontei em torno do *Che vuoi?* É realmente esta chave, este corte essencial da topologia do sujeito que começa em *O que quer você?* Em outras palavras: existe um desejo que seja realmente a sua vontade?

Ora, continua Alcibíades, como eu acreditava que era a sério, quando ele falava de *te emé hora* – traduz-se, a flor da minha beleza e começa toda a cena de sedução.

Não iremos mais longe por hoje. Tentaremos fazer sentir aquilo que torna necessária a passagem do primeiro tempo para um outro, a saber, porque é preciso a todo custo que Sócrates se desmascare. Vamos apenas nos deter nesses *agalmata*.

2

Deem-me o crédito de reconhecer que não é a este texto que remonta, para mim, a problemática do *agalma*. Não que isso tivesse o menor inconveniente, pois o texto basta para justificá-lo, mas vou contar-lhes a história tal como ela é.

Sem que eu possa propriamente datá-lo, meu primeiro encontro com *agalma* foi um encontro, como todos os encontros, imprevisto. Foi num verso da *Hécuba* de Eurípedes que este termo me chamou a atenção, há alguns anos, e compreenderão facilmente porquê. Foi um pouco antes do período em que fiz entrar aqui a função do falo, no lugar essencial que a experiência analítica e a doutrina de Freud nos mostram que ele ocupa na articulação entre a demanda e o desejo, de sorte que não deixei de me surpreender, de passagem, com o emprego do termo na boca de Hécuba.

Hécuba diz: para onde vão me levar, para onde vão me deportar? A tragédia de Hécuba se situa, com efeito, no momento da tomada de Troia, e, dentre todos os lugares que ela considera em seu discurso, está Delos. Será este lugar ao mesmo tempo sagrado e pestilento? Como sabem, lá não se tinha o direito nem de parir, nem de morrer. E ali, na descrição de Delos, ela faz alusão a um objeto famoso no local. A maneira pela qual fala dele sugere que fosse uma palmeira. Essa palmeira, diz ela, é *odinos agalma dias,* isto é, *odinos,* a dor, *agalma dias,* este último termo designa Latona. Trata-se do parto de Apolo, e é o *agalma* da dor da divindade.

Reencontramos a temática do parto, mas assim mesmo bastante mudada, pois há ali aquele tronco, aquela árvore, aquela coisa mágica erigida, conservada como um objeto de referência através das eras. Isso não pode deixar – pelo menos para nós, analistas – de despertar o registro da temática do falo, na medida em que sua fantasia está ali, nós o sabemos, no horizonte situado por esse objeto infantil. E o fetiche que ele permanece não pode deixar de ser também para nós o eco dessa significação.

É claro que *agalma* não pode ser traduzido ali, de forma alguma, por ornamento ou enfeite, nem mesmo, como se vê frequentemente nos textos, por estátua. Muitas vezes, *théôn agalmata,* quando é traduzido rapidamente, acredita-se que isso cole, e que se trata, no texto, de estátuas dos deuses.

Estão vendo por que acredito que este seja um termo a se apontar nessa significação, com o acento oculto que preside ao que é preciso que se faça para se manter na via dessa banalização que tende sempre a apagar o sentido verdadeiro dos textos. Cada vez que encontrarem *agalma,* tomem muito cuidado. Mesmo que pareça tratar-se de estátuas dos deuses, olhem bem de perto e vão perceber que se trata sempre de outra coisa.

Não estamos brincando aqui de adivinhações. Dou-lhes a chave da questão, dizendo-lhes que é a função fetiche do objeto que é sempre acentuada.

Não estou dando aqui um curso de etnologia, nem mesmo de linguística, e não vou, nesse sentido, enveredar pela função fetiche das pedras redondas no centro de um templo, do templo de Apolo, por exemplo, pois isso é coisa muito conhecida. Vocês veem, com muita frequência, o próprio deus representado. O que é o fetiche de certa tribo, por exemplo, da curva do Niger? É algo de inominável, de informe, no qual podem se derramar ocasionalmente, enormes quantidades de líquidos de diversas origens, mais ou menos viscosos e imundos, cuja superstição acumulada, indo do sangue à merda, constitui o sinal de que ali está alguma coisa em torno da qual todas as espécies de efeitos se concentram. O fetiche é, em si mesmo, algo bem diferente de uma imagem ou um ícone, na medida em que estes seriam reprodução.

Este poder especial do objeto permanece na base do uso, cuja tônica, mesmo para nós, ainda é conservada nos termos "ídolo" ou "ícone". O termo "ídolo", no emprego que dele faz Polieuto, por exemplo, quer dizer, isso não vale nada, se pode jogar no chão. Mas, mesmo assim, se disserem, a respeito de Fulano ou Fulana, *É meu ídolo,* isso não quer dizer simplesmente que fazem disso uma reprodução, deles ou de vocês, mas sim que fazem com isso algo diverso, em torno do qual alguma coisa se dá.

Tampouco se trata para mim de procurar aqui a fenomenologia do fetiche, mas sim de mostrar-lhes a função que este ocupa, em seu lugar. Para fazê-lo, posso lhes indicar que tentei, com todas as minhas forças, percorrer rapidamente as passagens que nos restam da literatura grega onde é empregado o termo *agalma.* Se não as leio todas para vocês, é só para ir mais depressa. Saibam, simplesmente, que é da multiplicidade do desenrolar de significações que lhes destaco a função central, que se deve ver no limite dos empregos. Pois, naturalmente, na linha do ensinamento que lhes faço, não temos a ideia de que a etimologia consista em encontrar o sentido na raiz.

A raiz de *agalma* não é fácil. Os autores a aproximam de *agavos,* deste termo ambíguo que é *agamai, eu admiro,* mas também *eu invejo, tenho ciúmes de,* que vai dar *agazo, suportar com dificuldade,* que vai em direção a *agaiomai,* que quer dizer *estar indignado.* Os autores que estão com carência de raízes, quero dizer, de raízes que tragam com elas um sentido, o que é absolutamente contrário ao princípio da linguística, destacam daí *gal* ou *gel,* o *gel* de *gelao,* o *gal* que é o mesmo que em *glene, a pupila,* e em *galenen,* que outro dia lhes citei de passagem, o mar que brilha por estar perfeitamente liso. Em suma, uma ideia de brilho está escondida ali na raiz. *Aglaos,* Aglaé, a brilhante, aí está para nos dar um eco familiar. Isso não vai contra o que temos a dizer. Só o coloco, aqui, entre parênteses, porque não é mais que uma oportunidade de lhes mostrar as ambiguidades desta ideia, que a etimologia nos leva, não em direção a um significante, mas em direção a uma significação central. Pois podemos nos interessar também, não pelo *gal,* mas pela primeira parte da articulação fonemática, a saber, *aga,* que é, propriamente, aquilo em quê o *agalma* nos interessa em sua relação ao *agathos.*

No gênero, sabem que não faço cara feia diante do alcance do discurso de Agatão, mas prefiro ir, direto, à grande fantasia do *Crátilo.* Verão, aí, que a etimologia de Agatão é *agastos,* admirável. Deus sabe porque ir buscar *agaston,* o admirável, que existe em *toon,* o rápido. Tal é, aliás, a maneira pela qual tudo é interpretado no *Crátilo.* Encontram-se coisas muito bonitas na etimologia de *Anthropos,* onde há a linguagem articulada. Platão era realmente um grande sujeito.

Agalma, na verdade, não é para este lado que nos devemos voltar a fim de lhe dar seu valor. *Agalma* tem sempre relação com as imagens, sob a condição de que vejam bem que, como em todo contexto, é sempre a um tipo de imagens bem especial. Devo escolher entre as referências. Elas existem em Empédocles, em Heráclito, em Demócrito. Vou adotar as mais vulgares, as mais poéticas, aquelas que todos sabiam de cor na Antiguidade. Vou buscá-las numa edição justalinear da *Ilíada* e da *Odisseia.* Existem, por exemplo, duas ocorrências na *Odisseia.*

Em primeiro lugar, no livro III, na Telemaquia. Trata-se dos sacrifícios feitos para a chegada de Telêmaco. Os pretendentes, como de costume, têm um trabalhão, e sacrifica-se ao deus um *Bous,* o que se traduz por uma vitela, um exemplar da espécie bovina. E convoca-se, especialmente para isso, um tal de Laerque que é ourives, como Hefaístos, encarregando-o de fazer um ornamento, *agalma,* para os chifres do bicho. Poupo-lhes os detalhes práticos relativos à cerimônia. O importante não é o que acontece depois, que se trate de um sacrifício do tipo vodu, mas sim o que é dito que eles esperam do *agalma. Agalma,* com efeito, tem uma participação. Isso nos é dito expressamente. O *agalma* é, justamente, esse ornamento de ouro, e é à fome da deusa Atena que é sacrificada. Pois bem, a questão é que, tendo-o visto, *Kekharoito,* ela se sinta *gratificada* – vamos utilizar este termo, já que é um termo da nossa linguagem. Em outras palavras, o *agalma* surge como uma espécie de cilada para os deuses. Aos deuses, esses seres reais, existem truques que lhes enchem os olhos.

Outro exemplo, no livro VIII da mesma *Odisseia*. É a narração da tomada de Troia, a famosa história do grande cavalo que continha em seu ventre os inimigos e todos os infortúnios futuros, o cavalo prenhe da ruína da cidade. Os troianos, que o puxaram para dentro, interrogam-se, perguntam-se o que se vai fazer. Hesitam. É preciso, realmente, crer que essa hesitação foi mesmo mortal para eles, pois só havia duas coisas a fazer. Ou bem, sendo a madeira oca, abrir-lhe o ventre para ver o que havia dentro. Ou então, tendo-o arrastado ao cume da cidade, deixá-lo ali para ser o quê? *méga agalma*. É a mesma ideia de há pouco, é o encanto. É também alguma coisa que, ali, é tão embaraçosa para os troianos quanto para os gregos. É um objeto insólito. Em suma, é este famoso objeto extraordinário, que ainda está tão no centro de toda uma série de preocupações contemporâneas – não preciso evocar aqui o horizonte surrealista.

Para os antigos, *agalma* é também algo em torno do qual pode-se, em suma, atrair a atenção divina. Poderia dar-lhes mil exemplos disso.

Na *Hécuba* de Eurípedes, numa outra passagem, conta-se o sacrifício de Polixena aos manes de Aquiles. É muito bonito, e temos ali a exceção que nos dá a oportunidade de despertar em nós as miragens eróticas. E o momento em que a heroína oferece, ela própria, um peito semelhante, dizem-nos, ao *agalma*. Nada indica que devamos nos contentar com o que isso evoca, a saber, a perfeição dos órgãos mamários na estatuária grega. Dado que na época eles não eram artigos de museu, creio que se trata, antes, daquilo cuja indicação vemos por toda parte, no emprego que se faz do termo quando se diz que nos santuários, nos templos, durante as cerimônias, penduram-se *anapto, agalmata*. O valor mágico dos objetos aqui evocados está muito mais ligado à evocação disso que conhecemos bem, e que chamamos de ex-votos. Para ser claro, para pessoas muito mais próximas do que nós da diferenciação dos objetos na origem, os seios de Polixena são belos como santos de ex-votos. E, com efeito, os santos de ex-votos são feitos no torno, em moldes, são sempre perfeitos.

Não faltam outros exemplos, mas podemos ficar por aqui. Isso basta para nos indicar que o importante é o sentido *brilhante,* o sentido *galante,* pois este termo vem de *gal,* brilho no francês antigo. Em suma, de que se trata? – senão daquilo do qual nós, analistas, descobrimos a função sob o nome do objeto parcial.

3

A função do objeto parcial é uma das maiores descobertas da investigação analítica. E o que nós, analistas, temos mais com que nos espantar nesse caso é que, tendo descoberto coisas tão notáveis, todo nosso esforço seja sempre no sentido de apagar sua originalidade.

Diz-se, em algum lugar, em Pausânias, que os *agalmata* que se relacionavam, em determinado santuário, com as feiticeiras, e que estavam lá propositalmente para impedir que se desse o parto de Alcmena, estavam *amudrotera,* um pouco apagados. Pois bem, é isso, nós também apagamos o mais que pudemos aquilo que quer dizer objeto parcial. Havia ali uma descoberta, a do lado fundamentalmente parcial do objeto na medida em que ele é pivô, centro, chave do desejo humano. Isso bem valeria que nos detivéssemos um instante. Mas não, qual nada, nosso primeiro esforço foi interpretá-lo apontando para uma dialética da totalização, transformá-lo no objeto chato, o objeto redondo, o objeto total, o único digno de nós, o objeto esférico sem pés nem patas, o todo do outro, onde, como todos sabem, irresistivelmente nosso amor acaba, encontra seu término.

Mesmo tornando as coisas dessa maneira, não dissemos que esse outro, enquanto objeto de desejo, talvez seja a soma de um punhado de objetos parciais, o que não é de modo algum semelhante a um objeto total. Não dissemos que aquilo que elaboramos, aquilo que temos que manejar desse fundo que se chama o isso, talvez não passe de um vasto troféu de todos esses objetos. Não, no horizonte de nossa própria ascese, de nosso modelo do amor, pusemos outro. No que não estamos de todo errados. Mas, deste outro, fizemos o outro a quem se dirige essa função bizarra que chamamos de oblatividade. Amamos o outro por ele mesmo. Pelo menos, quando se chega ao objetivo e à perfeição. O estágio genital abençoa isso tudo.

Certamente, ganhamos alguma coisa ao abrir uma certa topologia da relação com o outro, da qual, também, não temos o privilégio, já que toda uma especulação contemporânea diversamente personalista gira em torno disso. Mas assim mesmo é muito estranho que haja alguma coisa que tenhamos deixado completamente de lado nesse assunto. E somos realmente forçados a deixá-la de lado quando consideramos as coisas deste ponto de vista particularmente simplificado que supõe, com a ideia de uma harmonia preestabelecida, o problema resolvido, ou seja, que, em suma, basta amar genitalmente para amar o outro por si mesmo.

Não trouxe comigo, porque lhe dei outro destino, num artigo que em breve verão publicado, a passagem incrível sobre a caracteriologia do genital que figura no volume intitulado *La Psychanalyse d'aujourd'hui*. A espécie de pregação que se desenvolve em torno dessa idealização terminal, já há muito tempo fiz com que sentissem o seu ridículo. Não temos que nos deter nisso hoje mas, para voltar às origens, existe ao menos uma questão a se colocar sobre o tema. Se o amor dito oblativo é apenas o homólogo, o desenvolvimento, a expansão do ato genital em si mesmo, que bastaria, direi, para lhe dar o tom, o diapasão, a medida, nem por isso deixa de persistir uma ambiguidade quanto a saber se este outro – a quem dedicamos nossa oblatividade nesse amor todo amor, todo para o outro – se buscamos o seu gozo, como parece evidente pelo fato de se tratar da união genital, ou bem sua perfeição.

Quando um autor com um mínimo de preocupação em escrever num estilo permeável à audiência contemporânea quer evocar ideias tão altamente morais, e questões tão antigas quanto a da oblatividade, o mínimo a ser dito para despertá-las, ainda assim, é expor sua duplicidade latente, pois afinal termos semelhantes não se sustentam sob uma forma assim tão simplificada, até mesmo desgastada, a não ser pelo que lhes é subjacente, a saber, a oposição, inteiramente moderna, entre o sujeito e o objeto. Assim, será em torno dessa noção que ele comentará essa temática analítica – tomamos o outro por um sujeito e não, pura e simplesmente, por nosso objeto.

O objeto de que se trata aqui está situado no contexto de um valor de prazer, de fruição, de gozo. Ele é considerado por reduzir a uma função onivalente o único do outro, na medida em que deve ser para nós um sujeito. Se fizermos dele apenas um objeto, ele será um objeto qualquer, um objeto como os outros, um objeto que pode ser rejeitado, trocado, em suma, ele vai ser profundamente desvalorizado. Eis a temática subjacente à ideia de oblatividade, tal como articulada quando se nos faz dela o correlativo ético obrigatório ao acesso a um amor verdadeiro, que seria suficientemente conotado por ser genital.

Observem que, hoje, estou criticando menos essa ingenuidade analítica, e é por isso que me poupo de recordar os textos que a testemunham, para em vez disso pôr em causa aquilo sobre o qual ela se fundamenta, a saber, que haveria uma superioridade qualquer em favor do amado, do parceiro no amor, no fato de que este fosse, como dizemos em nosso vocabulário existencial-analítico, considerado como um sujeito.

Que eu saiba, depois de ter dado uma conotação tão pejorativa ao fato de considerar o outro como um objeto, ninguém jamais observou que considerá-lo um sujeito não é melhor. Vamos admitir que um objeto valha por um outro, sob a condição de darmos ao termo *objeto* seu sentido original, que visa aos objetos na medida em que os distinguimos e podemos comunicá-los. Se é, pois, deplorável que o amado jamais venha a se tornar um objeto, será melhor que ele seja um sujeito? Para responder a isto, basta observar que, se um objeto vale um outro, para o sujeito isso ainda é pior. Pois não é simplesmente um outro sujeito que ele vale – um sujeito, estritamente, é um outro.

O sujeito estrito é alguém a quem podemos imputar o quê? Nada além de ser, como nós, este ser que é *enartron ekhein eros,* que se exprime em linguagem articulada, que possui a combinatória, e que pode, à nossa combinatória, responder por suas próprias combinações, que podemos, então, fazer entrar em nosso cálculo como alguém que combina como nós.

Penso que aqueles que se formaram pelo método que inauguramos aqui não vão me contradizer neste ponto. Esta é a única definição sadia do sujeito e, ao menos, a única sadia para nós, aquela que permite introduzir como um sujeito entra obrigatoriamente na *Spaltung* determinada pela sua submissão à linguagem.

A partir desses termos, podemos ver como é estritamente necessário acontecer que, no sujeito, haja uma parte onde isso fale inteiramente só, no quê, todavia, o sujeito permanece suspenso. E trata-se justamente de saber – como se poderia chegar a esquecer esta questão – qual é, nessa relação justamente eletiva, privilegiada, que é a relação de amor, a função desse fato de que o sujeito com o qual, dentre todos, temos o laço do amor, seja também o objeto do nosso desejo? Se colocarmos em evidência a relação de amor, suspendendo aquilo que é sua amarra, seu ponto de virada, seu centro de gravidade, seu enganchamento, é impossível dizer disso o que quer que seja que não seja uma escamoteação.

Há necessidade de se acentuar o correlativo objeto do desejo, pois é este o objeto, e não o objeto da equivalência, do transitivismo dos bens, da transação sobre as cobiças. É esta alguma coisa que é visada pelo desejo como tal, que acentua um objeto entre todos, por não ter comparação com os outros. É a essa acentuação do objeto que responde a introdução, em análise, da função do objeto parcial.

Peço-lhes que observem, nesse sentido, que tudo o que dá o peso, o ressoar, a tônica do discurso metafísico repousa sobre alguma ambiguidade. Em outras palavras, se todos os termos dos quais vocês se servem quando fazem metafísica estivessem estritamente definidos, tivessem apenas, cada um deles, uma significação unívoca, se o vocabulário da filosofia triunfasse, objetivo eterno dos professores, vocês não teriam mais nenhuma metafísica a fazer, pois nada mais teriam a dizer. Perceberiam, então, que as matemáticas são muito melhores – ali, podem-se agitar sinais que têm um sentido unívoco, porque não têm sentido nenhum. Isso quer dizer que, quando vocês falam, de uma maneira mais ou menos apaixonada, sobre as relações entre o sujeito e o objeto, é porque põem, sob o sujeito, algo diferente desse sujeito estrito do qual lhes falava há pouco – e sob o objeto também, colocam algo diferente do que acabo de definir como alguma coisa que, no máximo, faz limite com a estrita equivalência de uma comunicação sem equívoco de um tema científico. Se este objeto os apaixona é porque ali dentro, escondido nele, há o objeto do desejo, *agalma*. É isso que dá o peso, a coisa pela qual é interessante saber onde está ele, este famoso objeto, qual é sua função, onde ele opera tanto na inter como na intrassubjetividade. Este objeto privilegiado do desejo culmina, para cada um, nessa fronteira, nesse ponto limite que lhes ensinei a considerar como a metonímia do discurso inconsciente. Este objeto desempenha aí um papel que tentei formalizar na fantasia, e ao qual voltarei da próxima vez.

Esse objeto, qualquer que seja o modo pelo qual falem dele na experiência analítica, quer o chamem de seio, falo ou merda, é sempre um objeto parcial. É aí que está a questão, na medida em que a análise é um método, uma técnica, que avançou nesse campo abandonado, esse campo desacreditado, esse campo excluído pela filosofia por não ser manejável, não ser acessível a sua dialética e que se chama o desejo.

Se não sabemos apontar, numa topologia estrita, a função do que significa este objeto, ao mesmo tempo tão limitado e tão fugaz em sua figura, que se chama o objeto parcial, se não veem o interesse do que introduzo hoje sob o nome de *agalma,* e que é o ponto principal da experiência analítica – pois bem, é uma pena. Não posso acreditar nisso nem por um instante, quando constato que, seja qual for o mal-entendido em que isso se baseia, a força das coisas faz com que tudo o que se diz de mais moderno na dialética analítica gira em torno da função fundamental do objeto.

Não preciso de outra prova senão desta: a referência radical ao objeto enquanto bom ou mau é considerada, realmente, na dialética kleiniana, como um dado primordial. Peço-lhes que detenham seus espíritos por um momento nesse ponto.

Fazemos girar, em nossa elaboração um monte de coisas, e especialmente um monte de funções de identificação. Identificação àquele ao qual demandamos alguma coisa no apelo do amor. Se este apelo é rejeitado, identificação àquele mesmo a quem nos dirigíamos como ao objeto de nosso amor, com essa passagem tão sensível do amor à identificação. Terceira espécie de identificação, a propósito da qual é preciso ler um pouquinho de Freud, seus *Ensaios de Psicanálise,* onde verão a função terceira que assume um certo objeto característico, o objeto na medida em que ele pode ser o objeto do desejo do outro a quem nos identificamos. Em suma, nossa subjetividade, fazemos com que ela se construa inteiramente na pluralidade, no pluralismo desses níveis de identificação a que chamaremos o ideal do eu, o eu ideal, que chamaremos, também identificado, o eu desejante.

Mas é preciso ainda assim saber onde, nessa articulação, se situa e funciona o objeto parcial. Observem simplesmente que no atual desenvolvimento do discurso analítico, este objeto, *agalma, a,* objeto do desejo, quando o procuramos segundo o método kleiniano, ele está ali de saída antes de todo o desenvolvimento da dialética, ele já está ali como objeto do desejo. Este peso, este núcleo interno, central, do bom e do mau objeto figura em toda psicologia que tende a se explicar e se desenvolver em termos freudianos. É este bom objeto, ou este mau objeto que Melanie Klein situa na origem, nesse começo dos começos que se coloca antes mesmo do período depressivo. Não estaria aí em nossa experiência, alguma coisa por si só já suficientemente sinalética?

Penso ter feito o bastante por hoje dizendo-lhes que é em torno disso que, concretamente, na análise ou fora da análise, pode e deve se fazer a divisão entre as duas perspectivas sobre o amor.

Uma delas afoga, deriva, mascara, elide, sublima todo o concreto da experiência nessa famosa escalada em direção a um bem supremo do qual é espantoso que ainda possamos, nós, em análise, guardar vagos reflexos de três vinténs, sob o nome de oblatividade, essa espécie de amar-em-Deus, se posso dizer, que estaria no fundo de toda relação amorosa. Numa outra perspectiva, e a experiência o demonstra, tudo gira em torno desse privilégio, desse ponto único, que é constituído em alguma parte por isso que só encontramos num ser quando amamos verdadeiramente. Mas, o que é isso? Justamente, *agalma,* este objeto que aprendemos a demarcar na experiência analítica.

Tentaremos, da próxima vez, situar esse objeto na topologia tripla do sujeito, do pequeno outro e do grande Outro, e reconstruir o ponto onde ele vem atuar.

E veremos como é apenas pelo outro e para o outro que Alcibíades, como todo mundo, quer fazer saber a Sócrates do seu amor.

1º de fevereiro de 1961

XI

Entre Sócrates e Alcibíades

O estado de perversão.
Por que Sócrates não ama.
"Eu não sou nada".
A interpretação de Sócrates.
A revelação que é a nossa.

Há, pois, *agalmata* em Sócrates, e foi isso o que provocou o amor de Alcibíades.

Vamos voltar agora à cena que apresenta Alcibíades em seu discurso dirigido a Sócrates, ao que Sócrates responde, dando-lhe, para falar propriamente, uma interpretação. Veremos em que essa apreciação pode ser retocada, mas pode-se dizer que, estruturalmente, à primeira vista, a intervenção de Sócrates tem todas as características de uma interpretação.

A saber – Tudo o que você acaba de dizer de tão extraordinário, de tão enorme em sua impudência, tudo o que acaba de revelar, falando de mim, foi para Agatão que o disse.

Para compreender o sentido da cena que se desenrola entre um e outro desses termos, do elogio de Sócrates por Alcibíades à interpretação de Sócrates, e ao que se vai seguir, convém retomar as coisas num nível um pouco mais acima e em detalhe. Qual é o sentido do que se passa a partir da entrada de Alcibíades, entre este e Sócrates?

1

Disse a vocês: a partir da entrada de Alcibíades, não é mais do amor que se vai tratar de fazer o elogio, mas sim de um outro, designado pela ordem. O importante da mudança é o seguinte: o que vai estar em causa é fazer o elogio, *épaïnos,* do outro, e é precisamente neste ponto, quanto ao diálogo, que reside a passagem da metáfora. O elogio do outro não substitui o elogio do amor, mas o próprio amor, e isso desde logo.

O amor deste homem, Alcibíades, não é para mim coisa sem importância, diz, dirigindo-se a Agatão, Sócrates, de quem todos sabem que Alcibíades foi o grande amor. Desde que me enamorei dele – veremos o sentido que convém dar a esses termos, ele foi o seu *érastès* – não me é mais permitido lançar um olhar sobre um belo rapaz, nem conversar com ninguém sem que ele fique enciumado e invejoso de mim, entregando-se a incríveis excessos. Por pouco não me cai em cima da forma mais violenta. Tome cuidado, portanto, e proteja-me, diz ele a Agatão, pois, deste, igualmente, a mania e a fúria de amar são o que me atemoriza.

É na continuação disso que se situa o diálogo de Alcibíades com Erixímaco, de que vai resultar a nova ordem das coisas. A saber, convencionou-se que se fará o elogio, cada um por sua vez, daquele que estiver à sua direita. O *épaïnos,* o elogio de que se vai tratar então, tem, como lhes disse, uma função simbólica e, precisamente, metafórica. O que ele exprime tem, com efeito, daquele que fala àquele de quem se fala, uma certa função de metáfora do amor. Louvar, *épaïnein,* tem aqui uma função ritual, que pode se traduzir nesses termos: falar bem de alguém.

Embora não se pudesse utilizar este texto no momento do *Banquete,* já que ele é bem posterior, Aristóteles na sua *Retórica,* livro I, capítulo 9, distingue o *épaïnos* do *enkômion.* Disse-lhes, até agora, que não queria entrar na diferença entre os dois. Chegaremos aí, no entanto, arrastados pela força das coisas.

O que distingue o *épaïnos* se vê, muito precisamente, na maneira pela qual Agatão introduziu seu discurso. Ele parte da natureza do objeto para desenvolver, em seguida, suas qualidades. É uma exposição do objeto em sua essência. O *enkômion,* que temos dificuldade para traduzi-lo em nossa língua, e o termo *komos,* nele implicado, está aí, sem dúvida, por algum motivo. Se é preciso encontrar-lhe algum equivalente em nossa língua, será algo como *panegírico.* Se acompanharmos Aristóteles, trata-se de tecer a guirlanda dos altos feitos do objeto. Ponto de vista que supera o objetivo da essência que é a do *épaïnos,* que lhe é excêntrico.

Mas o *épaïnos* não é algo que se apresente desde o início sem ambiguidade. No momento em que é decidido que se vai tratar de *épaïnos,* Alcibíades retorque que a observação feita por Sócrates referindo-se ao seu ciúme feroz não comporta uma só palavra de verdade. É exatamente o contrário, é ele, este homem, quem, se me ocorre louvar alguém em sua presença, seja um deus, seja um homem, a partir do momento em que seja outro, e não ele, cai sobre mim – e retoma a mesma metáfora de há pouco – *to kheire,* com grande violência.

Existe aí um tom, um estilo, um mal-estar, uma confusão, uma resposta envergonhada de "cale-se", quase em pânico, de Sócrates. Cale-se, *será que não vai segurar sua língua?* – traduz-se, com bastante precisão. Por Poséidon, responde Alcibíades – o que não é pouco – você não pode protestar, eu o proíbo. Bem sabe que eu não faria o elogio de qualquer outro na sua presença.

Pois bem, diz Erixímaco, comece, pronuncie o elogio de Sócrates. Devo infligir-lhe diante de vocês, pergunta Alcibíades, o castigo público que lhe prometi? Fazendo seu elogio, devo desmascará-lo? É justamente assim, em seguida, que vai se dar o seu desenvolvimento. E, com efeito, tampouco é sem inquietação, como se houvesse ali, ao mesmo tempo, uma necessidade da situação e também uma implicação do gênero que o elogio possa ir tão longe em seus termos a ponto de ridicularizar aquele de quem se fala.

Igualmente, Alcibíades propõe um *gentleman's agreement.* Devo dizer a verdade? Ao que, Sócrates não se recusa: convido-o a dizê-la. Pois bem, diz Alcibíades, deixo-lhe a liberdade, se eu ultrapassar os limites da verdade, de dizer que minto. Certamente, se acontecer que eu divague, que me perca em meu discurso, não deve se espantar, tendo em vista o personagem inclassificável – reencontramos aí a *atopia* –, tão perturbador que você é. Como não se confundir no momento de ordenar as coisas, *kataritmesai,* de enumerá-las e contá-las? E eis que começa o elogio.

O elogio, indiquei-lhes da última vez sua estrutura e seu tema. Alcibíades entra, seguramente, no *gelos geloios,* o risível, começando a apresentar as coisas pela comparação que já frisei. Ela voltará a aparecer por três vezes em seu discurso, a cada vez com uma insistência quase repetitiva. Sócrates é, pois, comparado a esse invólucro rude e derrisório constituído pelo sátiro. Deve-se, realmente, de alguma maneira, abri-lo para ver no interior aquilo que Alcibíades chama, da primeira vez, de *agalmata théôn,* as estátuas dos deuses. Ele continua, em seguida, chamando-as, ainda uma vez, de divinas, admiráveis. Na terceira vez, emprega o termo *agalma arétès,* a maravilha da virtude, a maravilha das maravilhas.

De passagem, encontramos essa comparação com o sátiro Mársias que, no momento em que se instaura, é levada muito longe. Apesar dos protestos de Sócrates, e, certamente – ele não é flautista – Alcibíades volta e reforça. Não é simplesmente a uma caixa em forma de sátiro que compara Sócrates, a um objeto mais ou menos derrisório, mas ao sátiro Mársias especificamente, na medida em que, quando este entra em ação, todos sabem, pela lenda, o feitiço que de seu canto se desprende. Este encanto é tamanho que incorreu nos ciúmes de Apolo, que o fez esfolar por ter ousado rivalizar com a música suprema, divina. A única diferença – diz ele – entre Sócrates e ele é que, com efeito, Sócrates não é flautista. Não é através da música que ele opera, e no entanto o resultado é exatamente da mesma ordem.

Convém aqui nos referirmos ao que Platão explica no *Fedro,* a respeito dos estados superiores, se podemos dizer, da inspiração, tais como são produzidos para além do franqueamento da beleza. Existem diversas formas desse franqueamento, que não vou retomar aqui. Dentre os meios utilizados por aqueles que são *deomenous,* que têm necessidade dos deuses e das iniciações, há a embriaguez engendrada por uma certa música, que produz um estado a que se chama possessão. É, nem mais nem menos, a esse estado que Alcibíades se refere, quando diz que é isso o que Sócrates produz mediante palavras. Ainda que suas palavras sejam sem acompanhamento, sem instrumento, ele produz exatamente o mesmo efeito.

Quando nos acontece ouvir um orador, diz ele, mesmo que seja um orador de primeira ordem, isso somente nos causa um certo efeito. Ao contrário, quando é você que se ouve, ou mesmo suas palavras relatadas por um outro, ainda que quem as relate seja *Pamu phaulos,* justamente, um homenzinho de nada, o ouvinte, seja ele mulher, homem ou adolescente, fica perturbado, como que atingido por um golpe, e, para falar propriamente *katekhometa* – somos possuídos por isso.

Aí está situado o ponto de experiência que faz com que Alcibíades considere que em Sócrates está esse tesouro, esse objeto indefinível e precioso que vai fixar sua determinação, depois de ter desencadeado seu desejo. Esse objeto está no princípio do que será desenvolvido em seguida, com referência a sua resolução, e depois a suas manobras junto a Sócrates. Vamos nos deter nesse ponto.

Aconteceu-lhe, com Sócrates, uma aventura que não é banal. Tendo assumido essa determinação, ele sabia caminhar sobre um terreno razoavelmente seguro, pois estava ciente da atenção que, há muito, Sócrates dirigia àquilo a que ele chama seu *ora,* – traduz-se como se pode – enfim, seu *sex-appeal.* Parecia-lhe suficiente que Sócrates se declarasse para que ele, Alcibíades, pudesse dele obter, justamente, tudo o que estava em causa, isto é, o que ele define, ele próprio, como tudo aquilo que Sócrates sabe, *pant akousai osapes ontos edei.* E este é, então, o relato de suas diligências. Mas já não podemos nos deter aqui?

Visto que Alcibíades já sabe que, de Sócrates, capturou o desejo, o que faz com que não esteja certo da complacência deste? Já que sabe que ele, Alcibíades, é para Sócrates um amado, um *érôménos,* porque precisa receber de Sócrates o sinal de um desejo? Deste desejo, Sócrates nunca fez mistérios em momentos passados. Este desejo é re-conhecido, e portanto conhecido, e logo, poderíamos pensar, já confessado. Então, o que querem dizer essas manobras de sedução? Alcibíades desenvolve sua narrativa com uma arte, um detalhe, e ao mesmo tempo uma impudência, um desafio aos ouvintes, tão claramente sentido como excedendo os limites, que ele introduz nada menos que a frase que serve à origem dos mistérios: Vocês que estão aí, tapem os ouvidos. Trata-se apenas daqueles que não têm o direito de ouvir, e menos ainda de repetir o que vai ser dito, e como isso vai ser dito, é melhor que aqueles, os criados, não escutem nada.

A esse mistério da exigência de Alcibíades corresponde, afinal, a conduta de Sócrates. Se este, com efeito, mostrou-se desde sempre o *érastès* de Alcibíades, pode parecer, num outro registro, numa perspectiva pós-socrática, que seja um grande mérito o que ele demonstra, e que o tradutor do *Banquete* aponta, à margem, como sua temperança. Mas, no contexto, esta temperança não é indicada como necessária. Sócrates mostra aí, talvez, sua virtude, mas qual a relação com o assunto que está em causa – se é verdade que aquilo que nos é mostrado nesse nível se refere ao mistério do amor?

Em outras palavras, estão vendo que tento circundar a situação que se desenvolve diante de nós na atualidade do *Banquete,* para apreender a estrutura desse jogo. Digamos logo que tudo em sua conduta indica que o fato de Sócrates recusar-se a entrar, ele próprio, no jogo do amor, está estreitamente relacionado com o seguinte, situado na origem como o ponto de partida, é que ele sabe.

Ele sabe o que está em questão nas coisas do amor, isto é mesmo, diz ele, a única coisa que sabe. E diremos que é porque Sócrates sabe que ele não ama.

2

Com essa chave, vamos dar pleno sentido às palavras com que Sócrates acolhe o convite de Alcibíades, depois de três ou quatro cenas nas quais a escalada dos ataques deste último nos é apresentada num ritmo ascendente.

A ambiguidade da situação beira sempre aquilo que é o *géloios,* o risível, o cômico. É, com efeito, uma cena bufa, esses convites para jantar que terminam com um senhor que vai embora cedo demais, com muita polidez, depois de se ter feito esperar, que volta uma segunda vez, e que escapa ainda, e com quem, sob os lençóis, se produz o diálogo: – *Sócrates, está dormindo? – De modo algum.* Deve-se dizer que, para chegar a seu último termo, o que está em questão nos faz passar por encaminhamentos feitos exatamente para nos colocar num certo nível.

Depois que Alcibíades se explicou sinceramente, e chegou até a dizer-lhe – eis o que desejo, e eu ficaria certamente envergonhado diante de pessoas que não o compreendessem, estou explicando a você o que quero –, Sócrates lhe responde: em suma, você não é o último dos idiotas, se é verdade que quer, justamente, aquilo que possuo, se em mim existe esse poder graças ao qual você se tornaria melhor. Sim, é isso, deve ter percebido em mim algo diferente, uma beleza de uma outra qualidade, uma beleza que difere de todas as outras e, tendo-a descoberto, põe-se a partir daí na posição de dividi-la comigo, ou, mais exatamente, de fazer uma troca, beleza contra beleza, e ao mesmo tempo quer trocar aquilo que é, na perspectiva socrática da ciência, a ilusão, a falácia, a *doxa* que não sabe a sua função, o logro da beleza pela verdade. E de fato – meu Deus – isso nada mais significa que *trocar cobre por ouro.*

Mas, diz Sócrates – e aí, convém tomar as coisas tal como são ditas – desiluda-se, examine as coisas com mais cuidado, *ameinon skopei,* de modo a não se enganar, pois este eu *ouden on,* falando propriamente, nada é. Evidentemente, diz ele, o olho do pensamento vai se abrindo à medida que o alcance da vista do olho real vai decrescendo. Você, com certeza, não está nesse ponto. Mas, atenção: aqui onde você vê alguma coisa, eu não sou nada.

O que Sócrates recusa nesse momento? O que recusa, quando ele já se mostrou o que se mostrou ser, direi quase que oficialmente, em todas as tiradas de Alcibíades, a ponto de todos saberem que Alcibíades foi seu primeiro amor? O que Sócrates recusa mostrar a Alcibíades é algo que assume um outro sentido. Isso seria, se for definível nos termos que lhes dei, a metáfora do amor.

Essa seria a metáfora do amor, na medida em que Sócrates se admitiria como amado e, direi mais, se admitiria como amado, inconscientemente. Mas é justamente porque Sócrates sabe que ele se recusa a ter sido, sob qualquer título, justificado ou justificável, *érôménos,* o desejável, aquele que é digno de ser amado.

O que faz com que ele não ame? O que faz com que a metáfora do amor não se possa produzir? Que não haja substituição do *érôménos* pelo *érastès*? Que ele não se manifeste como *érastès,* no lugar onde havia o *érôménos?* É que Sócrates só pode recusar a isso porque, para ele, nada há que seja amável nele. Sua essência é este *ouden,* esse vazio, esse oco, e para empregar um termo que foi utilizado posteriormente na meditação neoplatônica e agostiniana, essa *kénôsis,* que representa a posição central de Sócrates.

Isso é tão verdadeiro que esse termo *kénôsis,* vazio – oposto ao pleno, de quem? ora, de Agatão, justamente – está presente logo na origem do diálogo, quando Sócrates, depois de sua longa meditação no vestíbulo da casa vizinha, chega enfim ao banquete, senta-se junto a Agatão, e começa a falar. Acredita-se que ele brinca, que graceja, mas, num diálogo tão rigoroso e tão austero, ao mesmo tempo, em seu desenvolvimento, podemos acreditar que não haja nada ali, que seja só para preencher? Ele diz: Agatão, é você quem está cheio, e como se faz passar de um vaso cheio para um vaso vazio um líquido, com a ajuda de um fio ao longo do qual ele escorre, da mesma forma irei me encher. Ironia, sem dúvida, mas que quer exprimir aquilo que é precisamente o que Sócrates apresenta como constitutivo de sua posição, e que lhes repeti diversas vezes, e isso, na boca de Alcibíades. A saber que, com exceção do que diz respeito às coisas do amor, ele nada sabe. *Amathia, inscientia,* traduz Cícero, forçando um pouco a língua latina. *Inscitia* é a ignorância bruta, ao passo que *inscientia* é o não-saber constituído como tal, como vazio, como apelo do vazio no centro do saber.

Penso que entendem bem o que pretendo dizer aqui, já que lhes expus a estrutura da substituição, da metáfora realizada, que constitui aquilo a que chamei o milagre do aparecimento do *érastès* no próprio lugar em que estava o *érôménos.* Está aqui, precisamente, aquilo cuja falta faz com que Sócrates não possa senão recusar dar, se assim podemos dizer, o seu simulacro. Se ele se coloca diante de Alcibíades como incapaz de mostrar-lhe os sinais de seu desejo, é na medida em que recusa ter sido ele mesmo, de alguma forma, um objeto digno do desejo de Alcibíades – nem do desejo de qualquer outro.

Observem dessa maneira que a mensagem socrática, se comporta algo que diz respeito ao amor, não parte, certamente, em si mesmo, fundamentalmente, de um centro de amor. Sócrates nos é representado como um *érastès,* um desejante, mas nada está mais longe de sua imagem que o clarão de amor que parte, por exemplo, da mensagem cristã. Nem efusão, nem dom, nem mística, nem êxtase, nem simplesmente mandamento, dela decorrem. Nada se afasta mais da mensagem de Sócrates do que *amarás teu próximo como a ti mesmo,* fórmula que está notavelmente ausente, em sua dimensão, de tudo o que ele diz.

Isso é justamente o que, desde sempre, surpreendeu os exegetas, que, em suas objeções à ascese do *érôs,* dizem que o que é ordenado nessa mensagem é o *amarás, antes de tudo em tua alma, aquilo que te é mais essencial.* Existe ali somente uma aparência, e a mensagem socrática, tal como nos é transmitida por Platão, não comete um erro nesse ponto, já que, como vão ver, a estrutura é mantida. E é exatamente por ser mantida que ela nos permite também entrever de forma mais justa o mistério escondido sob o mandamento cristão.

É também por isso que se pode formular uma teoria geral do amor, sob qualquer manifestação que seja manifestação de amor. Isso pode, à primeira vista, parecer surpreendente para vocês, mas digam a si mesmos que, uma vez que detenham a sua chave – falo daquilo a que chamo a metáfora do amor – vão encontrá-la por toda parte.

Falei-lhes através de Victor Hugo, mas há também o livro original da história de Ruth e de Booz. Se essa história se mantém diante de nós de uma forma que nos inspira – salvo os espíritos maliciosos que só veem ali um caso sórdido entre um velhote e uma empregadinha – é porque, igualmente, supomos essa insciência – *Booz não sabia que uma mulher estava lá* – e que já, inconscientemente, Ruth é para Booz o objeto que ele ama. E supomos também, ali de um modo formal – *E Ruth não sabia o que Deus queria dela* – que o terceiro, este lugar divino do Outro na medida em que é aí que se inscreve a fatalidade do desejo de Ruth, é o que dá seu caráter sagrado à sua vigilância noturna aos pés de Booz.

A subjacência da insciência, onde já se situa, numa anterioridade velada, a dignidade do *érôménos* para cada um dos parceiros, é aí que está todo o mistério da significação de amor que assume a revelação de seu desejo.

3

Voltemos ao *Banquete* para ver como as coisas se passam:

Alcibíades não compreende. Depois de ter ouvido Sócrates, ele lhe diz – Escute, eu disse tudo o que tinha a dizer, agora é a sua vez de saber o que deve fazer. Ele o põe, como se diz, diante de suas responsabilidades. Ao que Sócrates lhe responde: – Vamos falar de tudo isso, até amanhã, temos ainda muitas coisas a dizer. Em suma, ele coloca as coisas no plano da continuação de um diálogo, engaja-o nas suas próprias vias, dele, Sócrates. Faz-se, assim, ausente no ponto onde se observa a cobiça de Alcibíades.

Esta cobiça, podemos dizer que seja a cobiça do melhor? O importante é que ela seja expressa em termos de objeto. Alcibíades não diz: é para o meu bem, ou para o meu mal, que quero isso, que é incomparável e que está em você, *agalma*. Ele diz: – Eu quero isto porque quero, seja para meu bem ou para meu mal. E é justamente nisso que Alcibíades revela a função central na articulação da relação de amor. E é aí também que Sócrates se recusa a responder-lhe, ele próprio, nesse plano.

O mandamento de Sócrates é: ocupe-se de sua alma, busque sua perfeição. Por sua atitude de recusa, por sua severidade, por sua austeridade, por seu *noli me tangere,* Sócrates implica Alcibíades no caminho de seu bem. Mas será mesmo certo que não devêssemos, quanto a esse *seu bem,* deixar alguma ambiguidade? O que é posto em causa, desde que este diálogo de Platão ressoou no mundo, não é a identidade do objeto do desejo com este *seu bem*? E não devemos traduzi-lo pelo bem, tal como aquele de que Sócrates traça o caminho para os que o seguem, a ele que traz ao mundo um discurso novo?

Observemos que na atitude de Alcibíades existe algo, eu diria, de sublime, pelo menos de absoluto e de apaixonado, que beira uma outra natureza e uma outra mensagem, a do Evangelho, onde nos é dito que aquele que sabe existir um tesouro num campo, e não se diz o que é este tesouro, aquele é capaz de vender tudo o que tem para comprar esse campo e para gozar desse tesouro. É esta a margem que distingue a posição de Sócrates daquela de Alcibíades. Alcibíades é o homem do desejo.

Mas vocês, então, vão me dizer: por que ele quer ser amado? Na verdade, ele já o é, e sabe disso. O milagre do amor é realizado nele na medida em que ele se torna o desejante. E quando Alcibíades se manifesta como amoroso, não é, como diria, como uma mulherzinha. Porque ele é Alcibíades, aquele cujos desejos não conhecem limites; quando se engaja no campo referencial, que é para ele o campo do amor, demonstra aí um caso notável de ausência de temor da castração, em outras palavras, de falta total desta famosa *Ablehnung der Weiblichkeit.* Todos sabem, com efeito, que nos modelos antigos os tipos mais extremos de virilidade são sempre acompanhados de um perfeito desdém pelo risco eventual de se fazer tratar de mulher, mesmo que por seus soldados, como aconteceu, vocês sabem, com César.

Alcibíades faz, aqui, a Sócrates, uma cena feminina. Nem por isso deixa de ser Alcibíades, em seu nível. E é por isso que devemos, ainda, antes de terminar com o discurso de Alcibíades, dar toda a sua importância ao complemento que ele dá a seu elogio, a saber, o espantoso retrato destinado a completar a figura impassível de Sócrates. Impassibilidade significa que ele não pode sequer suportar ser tomado de modo passivo, amado, *érôménos.* A atitude de Sócrates, aquilo que Alcibíades desenvolve perante nós como a sua coragem, é feita de uma profunda indiferença a tudo o que se passa em torno dele, ainda que seja o mais dramático.

Uma vez ingressados no final desse desenvolvimento, que culminam com a demonstração de Sócrates como ser sem igual, eis como Sócrates responde a Alcibíades: Você me dá a impressão de estar perfeitamente lúcido. Ora, foi protegido por um *não sei o que estou dizendo* que Alcibíades se exprimiu. Se Sócrates, que sabe, lhe diz que ele dá a impressão de estar perfeitamente lúcido, *nephein moi dokeis,* isto é: ainda que esteja embriagado, leio em você alguma coisa. E o quê? É Sócrates quem sabe, e não Alcibíades.

Sócrates indica o que está em causa ao falar de Agatão.

Ao final de seu discurso, com efeito, Alcibíades voltou-se para Agatão para dizer-lhe: está vendo, não se deixe enganar por este aí. Veja como ele foi capaz de me tratar, não caia nessa. Ele lhe diz isso acessoriamente. E, na verdade, a intervenção de Sócrates não teria sentido se não incidisse sobre este caráter *acessório,* na medida em que a chamei de interpretação. Foi acessoriamente, diz ele, que você lhe deu um lugar no fim de todo o discurso. O que nos diz Sócrates é que a visada de Agatão estava, de fato, presente em todos os circunlóquios de Alcibíades, que era em torno dele que se traçava todo o seu discurso. Como se seu discurso – assim se deve traduzir, e não por linguagem – tivesse apenas este objetivo – qual? enunciar que sou obrigado a amá-lo, a você e a ninguém mais, e que por sua vez, Agatão é obrigado a deixar-se amar por você e por nenhum outro.

Isso diz ele, é absolutamente transparente, *katadelon,* em seu discurso. Sócrates diz bem que o lê através do discurso manifesto. E, de modo muito preciso, *este drama de sua invenção,* como o chama, esse *satyrikon sou drama*, é aí que está perfeitamente transparente essa metáfora de silenos, é aí que se veem as coisas.

Tentemos, com efeito, reconhecer sua estrutura. Sócrates diz a Alcibíades: o que você quer, afinal, é ser amado por mim, e que Agatão seja o seu objeto. Não há outro sentido a ser dado a este discurso, a não ser os sentidos psicológicos mais superficiais, o vago despertar de um ciúme no outro, e não se trata disso. Isso é, efetivamente, o que está em questão, e Sócrates o admite, manifestando seu desejo a Agatão, e pedindo-lhe, em suma, aquilo que inicialmente Alcibíades pediu a ele. A prova disso é que, se considerarmos todas as partes do diálogo do *Banquete* como um longo epitalâmio, e se aquilo em que culmina toda essa dialética tem um sentido, o que acontece no final é que Sócrates faz o elogio de Agatão.

Que Sócrates faça o elogio de Agatão, esta é a resposta à demanda, não passada, mas presente, de Alcibíades. Quando Sócrates faz o elogio de Agatão, dá satisfação a Alcibíades. Dá satisfação a ele por seu ato atual de declaração pública, de colocação no plano do Outro universal daquilo que se passou entre eles por trás dos véus do pudor. A resposta de Sócrates é a seguinte: você pode amar aquele que vou elogiar porque, ao elogiá-lo, saberei fazer passar, eu, Sócrates, a imagem de você como amante, enquanto imagem de amante; é desse modo que você vai entrar na via das identificações superiores traçadas pelo caminho da beleza.

Mas convém não desconhecer que, aqui, Sócrates, justamente porque sabe, substitui alguma coisa por outra coisa. Não é a beleza, nem a ascese, nem a identificação a Deus que deseja Alcibíades, mas esse objeto único, esse algo que ele viu em Sócrates e do qual Sócrates o desvia, porque Sócrates sabe que não o tem.

Mas Alcibíades deseja sempre a mesma coisa. O que ele busca em Agatão, não duvidem, é este mesmo ponto supremo onde o sujeito é abolido na fantasia, seus *agalmata.*

Sócrates, aqui, substitui por seu logro aquilo que vou chamar o logro dos deuses. Ele o faz com toda a autenticidade, na medida em que sabe o que é o amor. E é justamente porque o sabe que está destinado a enganar-se nesse ponto – ou seja, a desconhecer a função essencial do objeto visado constituído pelo *agalma.*

Falaram-nos, ontem à noite, de modelos teóricos. Não é possível deixar de evocar nesse sentido, nem que seja como suporte de nosso pensamento, a dialética intrassubjetiva do ideal do eu, do eu ideal e, justamente, do objeto parcial, e não recordar o pequeno esquema que lhes dei, outrora, do espelho esférico.

Diante desse espelho cria-se, surge a fantasia da imagem real do vaso escondido no aparelho. Se essa imagem ilusória pode ser sustentada e percebida como real é na medida em que o olho se acomoda com relação àquilo em torno de que ela vem se realizar, a saber, a flor que colocamos. Ensinei-os a sustentar, por essas três notações, o ideal do eu, o eu ideal, e *a,* o *agalma* do objeto parcial, as relações recíprocas dos três termos em questão a cada vez que se constitui o quê? – precisamente, o que está em jogo ao termo da dialética socrática.

Trata-se do que Freud nos enunciou como sendo o essencial do enamoramento, e que, com o fim de lhe dar consistência, introduzi esse esquema. Ou seja, o reconhecimento do fundamento da imagem narcísica, na medida em que é esta que constitui a substância do eu ideal.

A encarnação imaginária do sujeito, eis o que está em questão nessa referência tríplice. E vocês me permitirão chegar, afinal, ao que quero dizer: o demônio de Sócrates é Alcibíades.

É Alcibíades, exatamente, no sentido em que nos é dito no discurso de Diotima que o amor não é um deus, mas um demônio, ou seja, quem envia aos mortais a mensagem que os deuses têm a lhe dar.

E é por isso que não pudemos deixar, a propósito desse diálogo, de evocar a natureza dos deuses.

4

Vou deixá-los por quinze dias, e vou lhes dar uma leitura: o *De Natura deorum*, de Cícero.

É uma leitura que me deixou mal numa época muito remota, diante de um célebre pedante que, ao me ver mergulhado nela, emitiu péssimos augúrios quanto ao centramento de minhas preocupações profissionais.

Leiam isso para poderem se reformular. Vão constatar que este senhor Cícero não é o babaca que se tenta descrever para vocês, dizendo-lhes que os romanos eram pessoas que, simplesmente, vinham atrás. Este é um sujeito que articula coisas que lhes vão direto ao coração.

Verão aí, também, todos os tipos de coisas engraçadíssimas, como por exemplo que, no seu tempo, ia-se procurar em Atenas a sombra das grandes *pin-up* da época de Sócrates. Ia-se para lá dizendo-se: vou encontrar Cármides em todas as esquinas. Verão que nossa Brigitte Bardot, diante dos efeitos das Cármides, é um páreo duro. Ficavam que nem moleques, com cada olho assim!

Em Cícero, veem-se casos estranhos. Existe, em especial, uma passagem que não posso lhes dar, mas que é deste tipo: Deve-se realmente dizer, os belos rapazes, aqueles que os filósofos nos ensinaram que está muito certo amar, pode-se procurá-los, sempre há algum aqui e ali, é só isso. O que quer dizer isso? Será que a perda da independência política tem por efeito irremediável alguma decadência racial, ou simplesmente o desaparecimento desse brilho misterioso, desse *imeros enargës,* essa luminosidade do desejo de que Platão nos fala no *Fedro*? Jamais saberemos nada disso.

Vocês aprenderão aí muitas outras coisas mais. Vão aprender aí que é uma questão séria saber onde os deuses se situam. Esta é uma questão que não perdeu sua importância para nós. Se o que lhes digo aqui pode servir para alguma coisa, num dia de um sensível deslizamento das certezas, quando se encontrarem entre duas cadeiras, pois bem, uma dessas coisas terá sido lembrá-los da existência real dos deuses.

Então, por que não nos determos também nesse objeto de escândalo que eram os deuses da mitologia antiga? Sem procurar reduzi-los a pacotes de fichas nem a agrupamentos de temas, vamos nos perguntar o que poderia realmente significar que esses deuses se comportassem da forma que vocês sabem, e cujo modo mais característico era o roubo, a escroqueria, o adultério – não falo de impiedade, isso era problema deles.

Em outras palavras, a questão do que vem a ser um amor de deus é francamente atualizada pelo caráter escandaloso da mitologia antiga. Seu auge está ali na origem, em Homero. Não há como se conduzir de maneira mais arbitrária, mais injustificável, mais incoerente, mais derrisória que esses deuses. Leiam a *Ilíada,* eles estão o tempo todo se metendo nos assuntos dos homens, neles interferindo sem parar. E nem se pode pensar que essas histórias sejam extravagantes. Essa perspectiva, não a adotamos e ninguém pode adotá-la, mesmo o Homais[11] mais obtuso. Não, eles estão ali, bem ali. O que pode, realmente, significar o fato de que os deuses se manifestem aos homens apenas dessa maneira?

É de ver-se o que acontece quando lhes ocorre amar uma mortal, por exemplo. Não há nada que adiante, nem que a mortal, em desespero, se transforme em loureiro ou em rã, não há meio de detê-los. Nada mais longe dos estremecimentos do ser diante do amor que um desejo de deus, ou de deusa, aliás – não vejo por que não incluí-las nisso.

Foi necessário Giraudoux para nos restituir as dimensões, a ressonância deste prodigioso mito de Anfitrião. Esse grande poeta só pôde fazer esboçar, no próprio Júpiter, alguma coisa que pudesse se assemelhar a uma espécie de respeito pelos sentimentos de Alcmena, mas isso foi apenas para tornar a coisa possível para nós. Para quem sabe compreender, esse mito permanece o cúmulo da blasfêmia, poderíamos dizer, e no entanto não era assim, em absoluto, que o escutavam os antigos.

Pois ali as coisas vão além de tudo. É o estupro divino que se disfarça na humana virtude. Em outras palavras, quando digo que nada os detém, eles chegam a fazer embustes até com o que é o melhor. É exatamente aí que está toda a chave do negócio, é que os melhores, os deuses reais, levam a impassibilidade, até o ponto em que eu lhes falava há pouco, de não suportar sequer a qualificação passiva.

Ser amado é entrar, necessariamente, nessa escala do desejável, da qual sabe-se o trabalho que tiveram os teólogos do cristianismo para se desprender. Pois se Deus é desejável, pode sê-lo mais ou menos. Existe, a partir daí, toda uma escala do desejo. E o que é que desejamos em Deus senão o desejável? Mas então, não há mais Deus? De modo que, no momento em que se tentava dar a Deus seu valor mais absoluto ficava-se preso numa vertigem, de onde se saía dificilmente para preservar a dignidade do supremo objeto.

Os deuses da Antiguidade não faziam rodeios. Sabiam que só podiam se revelar aos homens na pedra do escândalo, no *agalma* de alguma coisa que viola todas as regras, como pura manifestação de uma essência que, quanto a ela, permanecia completamente oculta, cujo enigma estava inteiramente por trás. Daí a encarnação demoníaca de suas empresas escandalosas. E é nesse sentido que digo que Alcibíades é o demônio de Sócrates.

Alcibíades dá a representação verdadeira, sem o saber, daquilo em que implica a ascese socrática. Ele mostra o que está ali que não está ausente, acreditem, da dialética do amor, tal como foi ulteriormente elaborada no cristianismo. Pois é justamente em torno disso que vem esbarrar essa crise que, no século XVI, faz bascular toda a longa síntese, e direi, o longo equívoco referente à natureza do amor, que foi sustentada e se desenvolveu durante toda a Idade Média numa perspectiva tão pós-socrática.

Quero dizer que, por exemplo, o deus de Scotus Erigena não difere do deus de Aristóteles, na medida em que atua como *érô-ménon*. Eles são coerentes – é por sua beleza que Deus faz girar o mundo. Que distância entre esta perspectiva e aquela que se lhe opõe – mas que não está oposta a ela, aí está o sentido do que tento articular.

Articula-se, em contrapartida a perspectiva do *agapè*, na medida em que esta nos ensina expressamente que Deus nos ama enquanto pecadores, ama-nos igualmente por nosso mal e por nosso bem. Aí está, com efeito, o sentido da báscula que se fez na história dos sentimentos de amor e, curiosamente, no momento preciso em que reaparece, em seus textos autênticos, a mensagem platônica. O *agapè* divino, enquanto dirigido ao pecador como tal, eis o centro e o cerne da posição luterana. Mas não creiam que haja aqui alguma coisa que fosse reservada a uma heresia, a uma insurreição local na catolicidade. Basta lançar um olhar, mesmo superficial, ao que se seguiu, à Contrarreforma, ou seja, a erupção daquilo a que se chamou a arte do Barroco, para perceber que isso não significa outra coisa senão a colocação em evidência, a ereção como tal do poder da imagem no que esta tem de sedutor.

Depois do longo mal-entendido que havia sustentado a relação trinitária na divindade, do conhecedor ao conhecido, e remontando ao conhecido no conhecedor pelo conhecimento, vemos aí a abordagem dessa revelação que é a nossa, que as coisas vão do inconsciente para o sujeito que se constitui na sua dependência, e remontam até este objeto núcleo que chamamos aqui de *agalma*.

Tal é a estrutura que rege a dança entre Alcibíades e Sócrates.

Alcibíades mostra a presença do amor, mas mostra-a apenas na medida em que Sócrates, que sabe, pode enganar-se ali, e só a acompanha enganando-se. O logro é recíproco. Ele é tão verdadeiro para Sócrates, se este é um logro e se é verdade que ele é logrado, quanto é verdadeiro para Alcibíades que ele é tomado por este logro.

Mas, qual o logrado mais autêntico? – senão aquele que prossegue firme, e sem se deixar ir à deriva, o que lhe traça um amor que chamarei de impressionante.

Não acreditem que aquela que está colocada na origem desse discurso, Afrodite, seja uma deusa que sorri.

Um pré-socrático que é, creio, Demócrito, diz que ela estava lá, inteiramente só, na origem. E é mesmo nesse sentido que, pela primeira vez, aparece nos textos gregos o termo *agalma.* Vênus, para chamá-la por seu nome, nasce todos os dias.

Todos os dias nasce Afrodite, e para retomar no próprio Platão um equívoco que é, acredito, uma verdadeira etimologia, vou concluir esse discurso com as palavras – *kalemera,* bom-dia, *kalimeros,* bom-dia e belo desejo – da reflexão sobre o que lhes trouxe aqui quanto à relação do amor com alguma coisa que, desde sempre, chamou-se eterno amor. Que não lhes seja pesado demais pensar, se recordarem que este termo, eterno amor, é colocado por Dante, expressamente, nas portas do Inferno.

8 de fevereiro de 1961

O Objeto do Desejo e a Dialética da Castração

XII

A TRANSFERÊNCIA NO PRESENTE

Queda do Outro.
Dignidade do sujeito.
Transferência não é apenas repetição.
A verdadeira mola do amor.
A interpretação de Sócrates.

Penso que a maioria de vocês ainda tem a coisa na memória: chegamos, então, ao final do nosso comentário do *Banquete.*

Como, se não lhes expliquei, ao menos indiquei por diversas vezes, esse diálogo de Platão se situa, historicamente, na origem, não somente do que se pode chamar de uma explicação do amor em nossa era cultural, mas de um desenvolvimento dessa função, que é, em suma, a mais profunda, a mais radical, a mais misteriosa das relações entre os sujeitos.

No horizonte do comentário que prossegui diante de vocês, desenhava-se todo o desenvolvimento da filosofia antiga, até o cristianismo.

A filosofia antiga, vocês sabem, não promoveu simplesmente uma posição especulativa. Segmentos inteiros da sociedade foram orientados em sua ação prática pela especulação proveniente de Sócrates. Não foi, absolutamente, de uma forma artificial ou fictícia que um Hegel fez de posições como as posturas estoicas ou epicuristas os antecedentes do cristianismo. Essas posições foram, efetivamente, vividas por um conjunto muito amplo de sujeitos, como alguma coisa que guiou suas vidas de uma maneira equivalente, antecedente, preparatória, com relação ao que lhes trouxe, posteriormente, a posição cristã, que comporta igualmente uma dimensão que supera a especulação, e que o próprio texto do *Banquete* continuou a marcar profundamente.

Não se pode dizer, com efeito, que as posições teológicas fundamentais ensinadas pelo cristianismo tenham sido sem ressonância, sem influenciar profundamente a problemática de cada um, e em especial daqueles que se encontraram, no desenvolvimento histórico, na vanguarda, pela posição de exemplo que assumiam por diversos motivos, fosse por suas declarações, fosse por sua ação diretiva. Trata-se daquilo a que se chama a santidade. Isso só pôde, aqui, ser indicado no horizonte, e nos basta.

Isso nos basta, pois se, de saída, quiséssemos, aqui, ativar o que temos a dizer, teríamos tornado as coisas num nível ulterior. Mas, se, em vez disso, escolhemos esse ponto inicial que é *O Banquete,* se fizemos seu comentário, foi na medida em que ele oculta em si algo de absolutamente radical quanto a essa mola do amor cujo titulo carrega, e do qual se indica como sendo o objetivo.

1

Não acredito exagerar dizendo que isso com que concluímos, da última vez, foi até agora negligenciado por todos os comentadores do *Banquete* e que, nesse sentido, na sequência da história do desenvolvimento das virtualidades que este diálogo oculta, nosso comentário constitui um marco.

Acreditamos ter captado na própria encenação daquilo que se passa entre Alcibíades e Sócrates, a última palavra do que Platão quer nos dizer com referência à natureza do amor. Isso supõe que na apresentação do que se pode chamar de seu pensamento, Platão tratou com reservas o lugar do enigma – em outras palavras, que seu pensamento não está inteiramente patente, livre, desenvolvido nesse diálogo.

Ora, não há nada demais em pedir a vocês que admitam isso, pela simples razão de que, na opinião de todos os comentadores antigos e especialmente modernos de Platão – o caso não é único – um exame atento dos diálogos mostra, de modo muito evidente, que existe ali um elemento exotérico e ao mesmo tempo um elemento fechado. Os modos mais singulares desse fechamento, todos eles, até – e inclusive – as armadilhas mais caracterizadas confinando com o logro, a dificuldade apresentada como tal, têm por objetivo que aqueles que não têm que compreender não compreendam. Isso é realmente estruturante, fundamental, em tudo o que nos foi deixado das narrativas de Platão.

Admitir isso é admitir igualmente o que sempre pode haver de escabroso se avançarmos, formos mais além, tentarmos perfurar, adivinhar, em última instância, o que Platão nos indica. Mas, quanto à temática do amor tal como se apresenta no *Banquete,* à qual estamos limitados, é difícil para nós, analistas, não reconhecer a ponte que é lançada, a mão que nos é estendida, na articulação da última cena do *Banquete,* a saber, a cena que se desenrola entre Alcibíades e Sócrates.

Articulei para vocês, e os fiz sentir isso em dois tempos. Mostrei-lhes a importância, na declaração de Alcibíades, do tema do *agalma,* do objeto escondido no interior do sujeito Sócrates. E mostrei a vocês que é muito difícil não levá-la a sério. Na forma, e na articulação, em que isso nos é apresentado, o que está ali, não são afirmações metafóricas, belas imagens, para dizer que, grosso modo, Alcibíades espera muito de Sócrates. Revela-se ali uma estrutura na qual podemos encontrar aquilo que somos capazes, quanto a nós, de articular como fundamental naquilo a que chamarei a posição do desejo.

Ao mesmo tempo em que peço desculpas aos recém-chegados, posso supor conhecidas por meu auditório, em sua característica geral, as elaborações que já formulei quanto à posição do sujeito, e que estão indicadas no resumo topológico a que chamamos aqui, convencionalmente, o grafo.

Sua forma geral é dada pelo *splitting,* o desdobramento fundamental das duas cadeias significantes onde se constitui o sujeito. Isso supõe que admitamos, como demonstrado a partir de agora, que esse desdobramento é por si só requerido pela relação lógica inicial, inaugural, do sujeito com o significante como tal, que a existência de uma cadeia significante inconsciente decorre unicamente da posição do termo do sujeito enquanto determinado como sujeito pelo fato de ser o suporte do significante.

Que aqueles para quem isso não passa de informação, proposição ainda não demonstrada, se tranquilizem. Teremos que voltar a este ponto. Mas é preciso recordarmos, esta manhã, que isso já foi anteriormente articulado aqui.

Com relação à cadeia significante inconsciente como constitutiva do sujeito que fala, o desejo se apresenta como tal numa posição que somente se pode conceber com base na metonímia determinada pela existência da cadeia significante. A metonímia é esse fenômeno que se produz no sujeito como suporte da cadeia significante. Pelo fato do sujeito submeter-se à marca da cadeia significante, é fundamentalmente instituída nele alguma coisa a que chamamos metonímia, e que não é nada além da possibilidade do deslizamento indefinido dos significantes sob a continuidade da cadeia significante. Tudo o que se acha uma vez associado à cadeia significante – o elemento circunstancial, o elemento de atividade, o elemento do mais-além do termo no qual essa atividade desemboca –, todos esses elementos, em condições adequadas, são capazes de poder ser tomados como equivalentes uns aos outros. Um elemento circunstancial pode assumir o valor representativo daquilo que é o termo da enunciação subjetiva, do objeto para o qual o sujeito se dirige, ou, igualmente, da própria ação do sujeito.

Ora, é na própria medida em que algo se apresenta como revalorizando o tipo de deslizamento infinito, o elemento dissolutivo trazido ao sujeito, por si mesmo, pela fragmentação significante, que ele assume valor de objeto privilegiado, que estanca esse deslizamento infinito. Um objeto pode assumir também, com relação ao sujeito, esse valor essencial que constitui a fantasia fundamental. O próprio sujeito se reconhece ali como detido, ou, para lembrar-lhes uma noção mais familiar, fixado. Nessa função privilegiada nós o chamamos *a*. E é na medida em que o sujeito se identifica à fantasia fundamental que o desejo como tal assume consistência, e pode ser designado, que o desejo, também, de que se trata para nós está enraizado, por sua própria posição, na *Hörigkeit;* isto é, para utilizar a nossa terminologia, que ele se coloca no sujeito como desejo do Outro, grande *A*.

A é definido para nós como o lugar da fala, esse lugar sempre evocado desde que há fala, esse lugar terceiro que existe sempre nas relações com o outro, *a,* desde que há articulação significante. Esse *A* não é um outro absoluto, um outro que seria o que chamamos, em nossa verbigeração moral, o outro respeitado enquanto sujeito, enquanto moralmente nosso igual. Não, esse Outro, tal como lhes ensino aqui a articular, que é simultaneamente necessidade e necessário como lugar, mas ao mesmo tempo incessantemente submetido à questão daquilo que o garante, ele próprio, é um Outro perpetuamente evanescente e que, por isso mesmo, nos coloca numa posição perpetuamente evanescente.

Ora, é à questão formulada ao Outro, quanto ao que ele pode nos dar e ao que tem para nos responder, que se liga o amor como tal. Não que o amor seja idêntico a cada uma das demandas com as quais o assediamos, mas ele se situa no mais-além dessa demanda, na medida em que o Outro possa ou não nos responder como última presença.

Todo o problema consiste em perceber a relação que liga o Outro ao qual se dirige a demanda de amor à aparição do desejo. O Outro não é, então, de modo algum, nosso igual, o Outro ao qual aspiramos, o Outro que não o amor, mas alguma coisa que representa, falando propriamente, uma sua queda – quero dizer, algo que é da natureza do objeto.

O que está em questão no desejo é um objeto, não um sujeito. É neste ponto que reside aquilo que se pode chamar de o mandamento espantoso do deus do amor. Esse mandamento é, justamente, de fazer do objeto que ele nos designa algo que, em primeiro lugar, seja um objeto, e, em segundo lugar, um objeto diante do qual desfalecemos, vacilamos, desaparecemos como sujeito. Pois esta queda, essa depreciação, nós, como sujeito, é que a sofremos.

O que acontece com o objeto é justamente o contrário. Emprego aí termos que não são os mais apropriados, mas não importa, basta que se possa aceitá-los e que eu me faça entender bem: este objeto, quanto a ele, é supervalorizado. E é enquanto supervalorizado que ele tem a função de salvar nossa dignidade de sujeito, isto é, fazer de nós algo distinto de um sujeito submisso ao deslizamento infinito do significante. Ele faz de nós algo distinto do sujeito da fala, esse algo de único, de inapreciável, de insubstituível, afinal, que é o verdadeiro ponto onde podemos designar aquilo a que chamei a dignidade do sujeito.

O equívoco do termo individualidade não é de que sejamos algo único como este corpo, que é este aqui e não um outro. A individualidade consiste inteiramente na relação privilegiada em que culminamos como sujeito no desejo.

Só faço, nesse ponto, trazer uma vez mais esse carrossel de verdade em torno do qual giramos desde o início deste seminário.

Trata-se este ano, com a transferência, de mostrar quais são as suas consequências no mais íntimo de nossa prática.

2

Como se dá que cheguemos tão tarde a essa transferência? – vão me dizer então.

Certamente. É próprio das verdades nunca se mostrarem por inteiro. Em suma, as verdades são sólidos de uma opacidade bastante pérfida. Elas sequer têm, ao que parece, essa propriedade que somos capazes de realizar nos sólidos, a transparência; elas não nos mostram ao mesmo tempo suas arestas anteriores e posteriores. É preciso que se lhes dê a volta, e diria mesmo, é preciso o passe de mágica.

No que diz respeito à transferência, tal como a abordamos este ano – e vocês viram sob que encanto pude conseguir conduzi-los por algum tempo fazendo-os, junto comigo, ocupar-se do amor – devem ter percebido que eu a abordava com uma tendência, por um viés, que não apenas não é o viés clássico, mas, além disso, que não é o viés pelo qual eu tinha até ali abordado diante de vocês essa questão.

Até o presente, sempre reservei o que havia formulado sobre esse tema, dizendo-lhes que era terrivelmente necessário desconfiar daquilo que é sua aparência, a saber, o fenômeno conotado, mais habitualmente, sob os termos transferência positiva ou negativa. Esses termos são da ordem da coleção, e do nível desse discurso quotidiano no qual não somente um público mais ou menos informado, mas nós mesmos, evocamos a transferência.

Sempre chamei a atenção de vocês que se deve partir do fato de que a transferência, em última instância, é o automatismo de repetição. Ora, se desde o início do ano não faço outra coisa senão fazê-los prosseguir nos detalhes do movimento do *Banquete* de Platão, onde só se trata de amor, é, bem evidentemente, para introduzi-los à transferência por um outro lado. Trata-se, pois, de juntar essas duas vias de abordagem.

Essa distinção é tão legítima que se pode encontrá-la nos autores.

Leem-se coisas singulares nos autores, e percebe-se que, por não terem os guias, as linhas que são aquelas que lhes forneço, eles chegam a coisas absolutamente espantosas. Não me incomodaria se alguém um pouco esperto nos fizesse aqui um breve relato nesse sentido, e que pudéssemos realmente discuti-lo. Posso mesmo dizer que gostaria disso, nesse desvio de nosso seminário, por razões precisas e locais sobre as quais não quero me estender, mas voltarei a isso. Certamente é necessário que alguns possam fazer a mediação entre a assembleia bastante heterogênea composta por vocês e aquilo que estou tentando articular-lhes. Evidentemente, é muito difícil que, sem essa mediação, eu avance muito num objetivo que é nada menos que colocar, no ponto máximo daquilo que articulamos este ano, a função do desejo não apenas no analisado, mas essencialmente no analista.

Pergunta-se para quem isso comporta o maior risco. Será para aqueles que, por uma razão ou por outra, sabem algo sobre isso? Ou aqueles que ainda não podem saber de nada? Seja como for, deve haver ainda assim um meio de abordar este tema diante de um auditório suficientemente preparado, mesmo que não tenha a experiência da análise.

Dito isto, chamo a atenção de vocês para um artigo de Herman Nunberg, publicado em 1951 no *International Journal of Psychoanalysis,* e que se chama *"Transference of reality"*, transferência da realidade. Esse texto, como, aliás, tudo aquilo que foi escrito sobre a transferência, é exemplar quanto às dificuldades e escamoteamentos que se produzem à falta de uma abordagem suficientemente metódica, demarcada, esclarecida, do fenômeno da transferência. Nesse curto artigo, que tem exatamente nove páginas, o autor chega, com efeito, a distinguir a transferência do automatismo de repetição. Essas são, diz ele, duas coisas essencialmente diferentes. De qualquer modo, é ir longe demais, e não é isso, decerto, o que lhes digo. Vou pedir, portanto, a alguém que faça para a próxima vez um relato em dez minutos daquilo que lhe parece destacar-se da estrutura do enunciado desse artigo e da maneira pela qual se pode corrigi-lo.

Por ora, vamos marcar bem o que está em questão.

Na sua origem, a transferência é descoberta por Freud como um processo, eu o sublinho, espontâneo – e como estamos na história no começo do aparecimento desse fenômeno, um processo espontâneo bastante inquietante para afastar da primeira investigação analítica um pioneiro dos mais eminentes, Breuer.

Rapidamente a transferência é observada, e ligada ao mais essencial da presença do passado, na medida em que ela é descoberta pela análise. Esses termos são todos muito pesados, e peço-lhes que gravem o que estou dizendo para fixar os pontos principais da dialética que está em causa.

Rapidamente, também, admite-se, a título de uma tentativa que será confirmada pela experiência, que esse fenômeno é manejável pela interpretação.

A interpretação já existe nesse momento, na medida em que se manifestou como um dos recursos necessários à realização da rememoração no sujeito. Percebe-se que existe outra coisa além da tendência à rememoração. Não se sabe bem ainda o quê. Seja como for, dá no mesmo. E essa transferência é admitida imediatamente como manejável pela interpretação e portanto, se quiserem, permeável à ação da fala.

Isso introduz desde logo a questão que ainda permanece em aberto para nós, e que é a seguinte.

O fenômeno de transferência é ele próprio colocado em posição de sustentáculo da ação da fala. Com efeito, ao mesmo tempo em que se descobre a transferência, descobre-se que se a fala se mantém, como se manteve até que percebessem isso, é porque existe a transferência. De modo que, até o presente e em última instância, a questão permaneceu sempre na ordem do dia, e a ambiguidade continua – no estado atual, nada pode reduzir isso: que a transferência, por mais interpretada que seja, guarda em si mesma como que uma espécie de limite irredutível.

O assunto foi longamente tratado e retratado pelos autores mais qualificados na análise. Assinalo para vocês, particularmente, o artigo de Ernest Jones em seus *Papers on Psychoanalysis*, "A Função da sugestão"; mas existem inúmeros deles.

Qual é de fato a questão? Nas condições centrais, normais, da análise, nas neuroses, a transferência é interpretada sobre a base, e com o instrumento da própria transferência. Não poderá, então, ocorrer que não seja da posição que lhe é dada pela transferência que o analista analise, interprete e intervenha sobre a própria transferência. Em suma, resta uma margem irredutível de sugestão, um elemento sempre suspeito, que não está ligado ao que se passa lá fora – não se pode sabê-lo – mas sim ao que a própria teoria é capaz de produzir.

De fato, não são essas dificuldades que impedem que se avance. Nem por isso deixa de ser necessário fixar seus limites, a aporia teórica. Talvez seja isso o que nos vai induzir, ulteriormente, a uma certa possibilidade de ir mais além. Observemos bem o que há, e talvez possamos desde já ver porque vias ir mais além.

A presença do passado, pois, tal é a realidade da transferência. Não existe já alguma coisa que se impõe, e que nos permite uma formulação mais completa? É uma presença um pouco mais que presença – é uma presença em ato, e como os termos alemães e franceses o indicam, uma reprodução.

O que não é evidenciado o bastante naquilo que se diz comumente é em que essa reprodução se distingue de uma simples apassivação do sujeito. Se a reprodução é uma reprodução em ato, então existe na manifestação da transferência algo de criador. Este elemento me parece essencial articular. E, como sempre, se o valorizo, não é porque sua observação já não seja encontrável, de maneira mais ou menos obscura, naquilo que os autores articularam.

Se vocês consultarem o relatório que constitui um marco, de Daniel Lagache, verão que ali está o ponto nevrálgico da distinção que ele introduziu entre repetição da necessidade e necessidade de repetição e que, a meu ver, fica um pouco vacilante e problemática por não ter este último apontamento. Por didática que seja essa oposição, na realidade, ela não está incluída, não está nem mesmo por um só instante realmente em questão naquilo que experimentamos da transferência.

Vamos tornar inicialmente a necessidade de repetição. Não há dúvida, não podemos formular de outra maneira os fenômenos da transferência a não ser sob a forma enigmática seguinte: por que é preciso que o sujeito repita, perpetuamente, uma significação? – no sentido positivo do termo, quero dizer, aquilo que ele nos significa por sua conduta. Chamar a isso uma necessidade já é torcer o que está em jogo. Nesse sentido a referência a um dado psicológico opaco como aquele que Daniel Lagache conota, pura e simplesmente, em seu relatório, a saber, o efeito Zeigarnik, respeita mais, afinal, o que se deve preservar na estrita originalidade daquilo que está em causa na transferência.

Se, por outro lado, a transferência é a repetição de uma necessidade, de uma necessidade que pode se manifestar, em certo momento, como transferência, e num outro como necessidade, é claro que chegamos a um impasse, já que, aliás, estamos o tempo todo dizendo que essa é uma sombra de necessidade, uma necessidade já há muito superada, e que é por esta razão que seu desaparecimento é possível.

Igualmente, chegamos aqui ao ponto onde a transferência aparece como, falando propriamente, uma fonte de ficção. Na transferência, o sujeito fabrica, constrói alguma coisa. E a partir daí, não é possível, parece-me, não integrar imediatamente à função da transferência o termo ficção. Em primeiro lugar, qual é a natureza dessa ficção? Por outro lado, qual o seu objeto? E, tratando-se de ficção, o que é que se finge? E, já que se trata de fingir, para quem?

Se não se responde de imediato *para a pessoa a quem se dirige,* é porque não se pode acrescentar *sabendo disso.* É porque estamos, daqui por diante, muito distanciados, pelo fenômeno, de toda hipótese daquilo que se pode chamar maciçamente pelo nome de simulação.

Portanto, não é para a pessoa a quem se dirige, na medida em que se sabe disso. Mas não porque seja o contrário, ou seja, que é na medida em que não se o sabe que se deve crer que a pessoa a quem se dirige é por isso volatilizada subitamente, desvanecida. Tudo o que sabemos sobre o inconsciente, desde o início a partir do sonho, nos indica que existem fenômenos psíquicos que se produzem, se desenvolvem, se constroem para serem ouvidos, portanto, justamente para este Outro que está ali, mesmo que não se o saiba. Mesmo que não se saiba que eles estão ali para serem ouvidos, eles estão ali para serem ouvidos, e para serem ouvidos por um Outro.

Em outras palavras, parece-me impossível eliminar do fenômeno da transferência o fato de que ela se manifesta na relação com alguém a quem se fala. Este fato é constitutivo. Ele constitui uma fronteira, e nos instrui, ao mesmo tempo, para não engolfar o fenômeno da transferência na possibilidade geral de repetição que a própria existência do inconsciente constitui.

Ora, na análise, existem com certeza repetições ligadas à constante da cadeia significante no sujeito. Essas repetições devem ser estritamente distintas daquilo que podemos chamar de transferência, mesmo que possam, em certos casos, ter efeitos homólogos. É nesse sentido que se justifica a distinção na qual se deixa deslizar, por uma via inteiramente diferente, por uma via de erro, o personagem, no entanto muito notável, que é Herman Nunberg.

Agora, vou voltar a deslizar por um instante, para mostrar-lhes o caráter vivificante de um segmento de nossa exploração do *Banquete*.

3

Lembrem-se da cena extraordinária constituída pela confissão pública de Alcibíades, e tentem situá-la em nossos termos.

Vocês devem sentir, realmente, o peso, absolutamente notável, ligado a essa ação, e que existe ali algo que vai muito além de um puro e simples relato do que se passou entre ele e Sócrates. Isso não é neutro. A prova disso é que, antes mesmo de começar, o próprio Alcibíades se põe ao abrigo de não-sei-que invocação do segredo, que não visa simplesmente protegê-lo a si mesmo. Ele diz: que aqueles que não são capazes nem dignos de ouvir, os escravos que estão aí, tapem os ouvidos, pois existem coisas que mais vale não escutar quando não se é capaz de entender.

Ele se confessa diante de quem? Dos outros, todos os outros, aqueles que, em seu conjunto, seu corpo, seu concílio, parecem dar o maior peso possível àquilo que se pode chamar de o tribunal do Outro. E o que dá valor à confissão de Alcibíades diante deste tribunal? É que ele relata, justamente, ter tentado fazer de Sócrates algo completamente submisso e subordinado a um outro valor que não o da relação entre sujeito e sujeito. Frente a frente com Sócrates, ele manifestou uma tentativa de sedução, quis fazer dele, e da maneira mais explícita, alguém instrumental, subordinado a quê? ao objeto de seu desejo, dele, Alcibíades, que é *agalma,* o bom objeto.

Direi mais. Como não reconhecermos, nós analistas, o que está em questão? Isso é dito claramente: é o bom objeto que Sócrates tem no ventre. Sócrates, ali, não é mais que um invólucro daquilo que é o objeto do desejo.

É mesmo para marcar que ele não passa desse invólucro que Alcibíades quis manifestar que Sócrates é, em relação a ele, o servo do desejo, que Sócrates lhe está assujeitado pelo desejo. O desejo de Sócrates, ainda que o conhecesse, ele quis vê-lo manifestar-se em seu sinal, para saber que o outro, objeto, *agalma,* estava à sua mercê.

Ora, é justamente o ter fracassado nessa tentativa que, para Alcibíades, o cobre de vergonha e faz de sua confissão algo de tão pesado. O demônio do *Aidos,* do pudor, que relatei diante de vocês a seu tempo, nesse sentido, é o que intervém aqui. É isso o que é violado. É que, diante de todos, é desvelado em seu traço o segredo mais chocante, a última mola do desejo, que sempre obriga, no amor, a dissimulá-lo um pouco: seu objetivo é a queda do Outro, A, em outro, *a.* E ainda por cima, revela-se nessa ocasião que Alcibíades fracassou em sua empresa, na medida em que esta consistia em fazer com que Sócrates decaísse daquele escalão.

O que é possível ver de aparentemente mais próximo daquilo que se pode chamar de uma busca da verdade? Poderíamos acreditar que esteja aí o último termo de uma tal busca, não em sua função de épura, de abstração, de neutralização de todos os elementos, mas, bem ao contrário, naquilo que ela traz de valor de resolução, até mesmo de absolvição. Isso é bem diferente, como veem, do simples fenômeno de uma tarefa inacabada, como se diz.

Uma comissão pública, feita até seu termo último, com toda a carga religiosa que a ela atribuímos, certa ou erradamente, eis o que parece estar em questão. Mas, não parece igualmente que é com esse testemunho fulgurante prestado à superioridade de Sócrates que deveria se encerrar a homenagem rendida ao mestre? Não é isso o que acentuaria o que alguns designaram como o valor apologético do *Banquete?*

Vocês conhecem, com efeito, as acusações de que Sócrates, mesmo depois de sua morte, continuava a ser imputado, particularmente no panfleto de um tal de Polícrates. Todos sabem que *O Banquete* foi feito, em parte, com referência a este libelo – temos algumas citações de outros autores – que o acusa, ainda, nessa época, de ter desviado Alcibíades e muitos outros, por lhes haver indicado que o caminho estava livre para a satisfação de todos os seus desejos.

Ora, o que vemos? Um paradoxo. Ali é revelada uma verdade que parece, de alguma forma, bastar por si mesma, mas todos sentem que a questão permanece: por que tudo aquilo? A quem se dirige aquilo? A quem se trata de instruir, no momento em que a confissão é feita? Certamente que não aos acusadores de Sócrates. Qual o desejo que leva Alcibíades a despir-se, assim em público? Não existe aí um paradoxo que merece ser destacado? Como vão ver, ao examinar mais de perto, isso não é tão simples.

O que todos percebem como uma interpretação de Sócrates, com efeito o é. Sócrates retorque a Alcibíades – Tudo o que você acaba de fazer aqui, e Deus sabe que isso não é evidente, pois bem, é para Agatão. Seu desejo é mais secreto que toda a revelação a que você acaba de se entregar. Ele visa agora a um outro, ainda. E este outro, eu o designo para você, é Agatão.

Paradoxalmente, o que revela a interpretação de Sócrates, o que ela coloca no lugar daquilo que se manifesta não é algo de fantasístico vindo do fundo do passado e não tendo mais existência. Escutando Sócrates, é realmente a realidade que exerceria a função daquilo a que podemos chamar de uma transferência, no processo da busca da verdade. Em outras palavras, para que me entendam bem, é como se alguém viesse dizer, durante o processo de Édipo – Édipo só prossegue de uma forma tão exaltada sua busca da verdade, que deve levá-lo a sua perda, porque ele só tem um fim, que é fugir com Antígona. Tal é a situação de paradoxo diante da qual nos coloca a interpretação de Sócrates.

Certamente, há toda uma variação de detalhes. Vê-se bem por que viés isso pode servir para deslumbrar os tolos, fazendo-se um ato tão brilhante, mostrando-se de que se é capaz. Mas de tudo isso, diz Sócrates, no fim das contas nada se sustenta.

Trata-se, sem dúvida alguma, de um ato sobre o qual nos perguntamos até que ponto Sócrates sabe o que está fazendo. Pois, quando responde a Alcibíades, ele não parece merecer ser atingido pela acusação de Polícrates?

Ele, Sócrates, sábio nos assuntos do amor, designa a Alcibíades onde está o desejo deste, e faz muito mais que designá-lo, já que vai, de alguma forma, fazer o jogo deste desejo por procuração. Com efeito, logo depois, Sócrates se apressa em fazer o elogio de Agatão. E em seguida, de repente, por uma parada da câmera, ele é escamoteado, ficamos ofuscados pelo efeito de uma nova entrada de foliões. Graças a isso, a questão permanece enigmática. O diálogo pode se repetir indefinidamente, não saberemos mais o que Sócrates sabe do que faz.

Ou será que é Platão quem o substitui agora? Sem dúvida, já que foi ele quem escreveu o diálogo, sabendo um pouco mais sobre ele, e permitindo aos séculos equivocarem-se quanto ao que ele, Platão, nos designa como a verdadeira razão do amor, acreditando que esta consiste em levar o sujeito às escaladas que lhe permitam a ascensão rumo a um belo cada vez mais confundido com o supremo belo. Isto dito, não é a nada disso, em absoluto, que, seguindo o texto, nos sentimos obrigados.

No máximo, como analistas, poderíamos dizer o seguinte:

Se o desejo de Sócrates, como parece ser indicado em suas afirmações, não é senão levar seus interlocutores ao *gnoti seauton,* o que é traduzido ao extremo, num outro registro, por *ocupe-se de sua alma,* então podemos pensar que isso deva ser levado a sério. Por um lado, com efeito, e vou explicar a vocês através de que mecanismo, Sócrates é um daqueles a quem devemos o ter uma alma – quero dizer, o ter dado consistência a um certo ponto designado pela interrogação socrática, com aquilo que ela engendra de transferência. Mas, se é verdade que aquilo que Sócrates designa assim é, sem o saber, o desejo do sujeito tal como eu o defino e sobre o qual Sócrates se manifesta, efetivamente, diante de nós, como sendo o que se deve chamar de cúmplice – se é isso, e se ele o faz sem sabê-lo, eis então Sócrates num lugar que podemos compreender perfeitamente, e podemos compreender ao mesmo tempo como, afinal, ele exaltou Alcibíades.

Pois o desejo, em sua raiz e sua essência, é o desejo do Outro, e é aqui, falando propriamente, que está a mola do nascimento do amor, se o amor é aquilo que se passa nesse objeto em direção ao qual estendemos a mão pelo nosso próprio desejo e que, no momento em que nosso desejo faz eclodir seu incêndio, nos deixa aparecer, por um instante, essa resposta, essa outra mão que se estende para nós, bem como seu desejo.

Esse desejo se manifesta sempre na medida em que não sabemos. E Ruth não sabia o que Deus queria dela. Mas por não saber o que Deus queria dela, era preciso, assim mesmo, que estivesse em causa que Deus quisesse dela alguma coisa. E se ela nada sabe disso, não é porque não se saiba o que Deus queria dela, mas porque, devido a esse mistério, Deus é eclipsado – mas ele está sempre ali.

É na medida em que não sabe o que Sócrates deseja, e que é o desejo do Outro, é nessa medida que Alcibíades é possuído, pelo quê? – por um amor do qual se pode dizer que o único mérito de Sócrates é designá-lo como amor de transferência, e remetê-lo ao seu verdadeiro desejo.

São esses os pontos que eu queria, hoje, fixar de novo para prosseguir da próxima vez quanto ao que penso poder demonstrar com evidências, a saber, o quanto a articulação última do *Banquete,* este apólogo, esta cena que confina com o mito, nos permite estruturar em torno da posição de dois desejos a situação do analisado na presença do analista.

Poderemos, então, restituí-la, realmente, ao seu verdadeiro sentido de situação a dois, de situação a dois real. Poderemos, ao mesmo tempo, situar exatamente os fenômenos de amor, às vezes ultraprecoces, que ali se produzem, tão desanimadores para aqueles que abordam esses fenômenos – e depois os fenômenos progressivamente mais complexos, à medida que se fazem mais tardios, em suma, todo o conteúdo do que se passa no plano imaginário. É neste plano que o desenvolvimento moderno da análise acreditou dever construir, e não sem fundamento, toda a teoria da relação de objeto, e também a da projeção, termo que está bem longe de ser suficiente, e, afinal, toda a teoria daquilo que é, durante a análise, o analista para o analisado.

Isso não pode ser concebido sem que se situe corretamente a posição que o próprio analista ocupa com relação ao desejo constitutivo da análise, que é aquilo com que se engaja o sujeito, a saber: *O que ele quer?*

1º de março de 1961

XIII

Crítica da contratransferência

O inconsciente primeiro é do Outro.
O desejo no analista.
A partida de bridge analítica.
Paula Heimann e Money-Kyrle.
O efeito latente, ligado à insciência.

Terminei, da última vez – para satisfação de vocês, ao que parece – num ponto daquilo que constitui um dos elementos, e talvez o elemento fundamental, da posição do sujeito na análise. Era a questão onde se recorta para nós a definição do desejo como o desejo do Outro, questão, em suma, marginal, mas que se indica da seguinte maneira como básica na posição do analisado com referência ao analista, mesmo que ele não a formule: o *que ele quer?*

Hoje, depois de ter destacado isso, vamos voltar um passo atrás, como havíamos anunciado no começo de nossa fala da última vez, e avançar no exame dos modos pelos quais os outros teóricos, além de nós mesmos, através das evidências de suas práxis, manifestam a mesma topologia que estou tentando fundamentar para vocês, na medida em que ela torna possível a transferência.

Para testemunhar isso à maneira deles, não é forçoso, com efeito, que a formulem como nós. Isso me parece evidente. Como escrevi em algum lugar, não é preciso que se tenha a planta de um apartamento para bater com a cabeça nas paredes. Direi, mesmo, mais: para essa operação, normalmente a planta é bastante dispensável. Em contrapartida, a recíproca não é verdadeira. Contrariamente a um esquema primitivo da prova da realidade, não basta bater com a cabeça nas paredes para reconstituir a planta de um apartamento, principalmente se essa experiência for feita no escuro. O exemplo que me é caro, de *Théodore cherche des allumettes,* está aí para ilustrá-los.

Esta é uma metáfora talvez um pouco forçada – talvez nem tão forçada quanto lhes possa parecer. É isso o que vamos ver posto à prova, à prova do que acontece, em nossos dias, quando os analistas falam da transferência.

1

Quando os analistas, atualmente, falam da transferência, de que falam eles? Vamos direto ao mais atual dessa questão, tal como ela se propõe para eles. Ela se propõe aí mesmo onde vocês estão sentindo que eu a situo este ano, a saber, do lado do analista. E, para ser explícito, o que os teóricos, e os mais adiantados, mais lúcidos deles, articulam melhor quando a abordam é a questão dita da contratransferência.

Poderia recordar para vocês, neste ponto, verdades primordiais. Não é por serem primordiais que elas são sempre expressas, e, se é escusado dizê-las, é melhor ainda que se as diga.

Sobre a questão da contratransferência, existe, em primeiro lugar, a opinião comum. É aquela de qualquer um que tenha abordado um pouco o problema. É a primeira ideia que se faz dela, primeira no sentido de ser a ideia mais comum que se lhe é dada, mas também a mais antiga abordagem da questão, pois a noção da contratransferência sempre foi apresentada na análise. Muito cedo, desde o começo da elaboração da ideia da noção de transferência, tudo aquilo que, no analista, representa seu inconsciente enquanto, digamos, não analisado, foi considerado como nocivo para sua função e sua operação de analista.

Na opinião que disso se faz, é na medida em que alguma coisa ali permaneceu à sombra que ela se torna a fonte de respostas não controladas e, sobretudo, de respostas cegas. É isso que faz com que se insista na necessidade de uma análise didática levada muito longe – adotamos termos vagos para começar – porque, como está escrito em algum lugar, se negligenciássemos determinado canto do inconsciente do analista, daí resultariam verdadeiros pontos cegos, de onde decorreriam eventualmente, na prática, certos fatos mais ou menos graves ou deploráveis – não-reconhecimento, uma intervenção frustrada, outra inoportuna, até mesmo erro. Este é um discurso efetivamente sustentado, que coloco no condicional, entre aspas, sob reserva, que não subscrevo de saída, mas que é admitido.

Mas por outro lado, não se pode deixar de aproximar dessas afirmações o seguinte: que é na comunicação dos inconscientes que, afinal, nos deveríamos fiar para que se produzissem melhor, no analista, as apercepções decisivas.

Assim, não seria tanto de uma longa experiência do analista, de um conhecimento extenso daquilo que ele pode encontrar na estrutura, que deveríamos esperar a maior pertinência, o salto do leão de que nos fala Freud, que só se dá uma vez em suas melhores realizações – não, é da comunicação dos inconscientes. É daí que sairia aquilo que, na análise existente, concreta, iria mais longe, ao mais profundo, até o maior efeito. Não haveria mais análise onde devesse faltar algum desses momentos que dariam testemunho disso. É de maneira direta, em suma, que o analista seria informado do que se passa no inconsciente de seu paciente. Esta via de transmissão permanece, no entanto, bastante problemática na tradição. Como devemos conceber essa comunicação de inconscientes?

Mesmo de um ponto de vista heurístico, até mesmo crítico, não estou aqui para aguçar as antinomias e fabricar impasses artificiais. Não digo que haja, aí, algo de impensável, e que fosse antinômico definir o analista ideal ao mesmo tempo como aquele em quem, no limite, não restaria mais nada de inconsciente, mas que, ao mesmo tempo, conservaria dele ainda uma boa parte. Isso seria criar, aí, uma oposição infundada.

Levando as coisas ao extremo, pode-se conceber um inconsciente reserva. É preciso realmente admitir que não existe em ninguém qualquer elucidação exaustiva do inconsciente, por mais longe que seja levada uma análise. Admitida essa reserva de inconsciente, pode-se conceber muito bem que o sujeito advertido, precisamente, pela experiência da análise didática, saiba, de alguma maneira, tocar nela como num instrumento, como a caixa do violino do qual, aliás, ele possui as cordas. Assim mesmo, não é de um inconsciente bruto que se trata nele, mas de um inconsciente mitigado, um inconsciente mais a experiência desse inconsciente.

Feitas essas reservas, resta, no entanto, sentir a necessidade legítima de elucidar o ponto de passagem onde essa qualificação é adquirida, e onde pode ser atingido aquilo que é afirmado pela doutrina como sendo, em seu fundo, inacessível à consciência. Com efeito, é como tal que devemos sempre colocar o fundamento do inconsciente. Não que ele seja acessível aos homens de boa vontade – ele não o é. É em condições estritamente limitadas que se pode alcançá-lo, por um desvio, o desvio do Outro, que torna necessária a análise, e reduz de maneira infrangível as possibilidades da autoanálise. Como situar o ponto de passagem onde aquilo que é assim definido pode, todavia, ser utilizado como fonte de informação incluída numa práxis diretiva?

Formular essa questão não é criar uma antinomia inútil. O que nos diz que é assim que o problema se coloca de uma forma válida, quero dizer, que ele é solúvel, é que as coisas se apresentam realmente desse modo.

Ao menos para vocês, que têm as chaves, alguma coisa lhes torna o acesso a ele imediatamente reconhecível: é que existe uma prioridade lógica no que escutam – a saber, que é, inicialmente, como insconsciente do Outro que se faz toda a experiência do inconsciente. Foi, em primeiro lugar, em seus pacientes que Freud encontrou o inconsciente. E para cada um de nós, mesmo que seja elidido, é em primeiro lugar como inconsciente do Outro que surge sempre a ideia de que semelhante troço possa existir. Toda descoberta de seu próprio inconsciente se apresenta como um estágio da tradução em curso de um inconsciente que é, no início, inconsciente do Outro. De modo que não é tão espantoso que se possa admitir que, mesmo para o analista que levou muito longe esse estágio da tradução, esta possa sempre reaparecer no nível do Outro – o que, evidentemente, tira muito de sua importância à antinomia que eu evocava há pouco como podendo ser feita, ao mesmo tempo indicando logo que ela só poderia sê-lo de maneira abusiva.

O que lhes digo quanto à relação com o Outro é feito realmente para exorcizar, em parte, este temor que podemos sentir de não saber o bastante sobre nós mesmos. Voltaremos a isso, pois não pretendo incitá-los a se considerarem desobrigados de qualquer preocupação nesse sentido: isso está bem longe de meu pensamento. Apenas, uma vez admitida a função do Outro, continuamos a encontrar aí o mesmo obstáculo que encontramos conosco mesmos em nossa análise, quando se trata do inconsciente. Ou seja, aquilo que é o elemento muito essencial, para não dizer historicamente original, de meu ensinamento – o poder positivo de desconhecimento que existe nos prestígios do eu no sentido mais amplo, na captura imaginária.

Importa observar aqui que este domínio, que está inteiramente misturado ao deciframento do inconsciente em nossa experiência de análise pessoal, tem uma posição que se deve realmente dizer diferente, quando se trata de nossa relação com o Outro. Aqui surge o que chamarei de ideal estoico que se faz da análise.

Em primeiro lugar, identificaram-se os sentimentos, digamos, por atacado, negativos ou positivos, que o analista pode ter diante de seu paciente, com os efeitos, nele, de uma não completa redução da temática de seu próprio inconsciente. Mas se isso é verdadeiro por si mesmo em sua relação de amor-próprio, em sua relação com o pequeno outro no interior de si, aquilo através do qual ele se vê como outro que não ele mesmo – o que foi entrevisto, descoberto, bem antes da análise – esta consideração não esgota, de modo algum, a questão do que se passa legitimamente quando ele lida com esse pequeno outro, o outro do imaginário, de fora.

Vamos ser mais explícitos. O caminho da apatia estoica demanda que o sujeito permaneça insensível às seduções, como às sevícias eventuais, desse pequeno outro de fora, na medida em que esse pequeno outro de fora sempre teve sobre ele algum poder pequeno ou grande, pelo menos o poder de o estorvar com sua presença. Se o analista se afasta desse caminho, pode-se dizer que isso seja, por si só, imputável a alguma insuficiência da preparação do analista enquanto tal? Absolutamente não, em princípio.

Aceitem este estágio de meu percurso. Isso não quer dizer que alcancei o objetivo. Proponho a vocês, simplesmente, essa observação: quanto ao reconhecimento do inconsciente, não temos como formular que ele coloque, por si mesmo, o analista fora do alcance das paixões. Isso seria implicar que é sempre, e por essência, do inconsciente que provém o efeito total, global, toda a eficiência de um objeto sexual, ou de algum outro objeto capaz de produzir uma aversão qualquer, física.

Em quê isso seria uma necessidade, eu pergunto? – se não para aqueles que fazem a confusão grosseira de identificar o inconsciente como tal com a soma das potências das *Lebenstriebe*. É isso o que diferencia radicalmente o alcance da doutrina que tento articular diante de vocês. Há entre os dois, é claro, uma relação. Esta relação, trata-se mesmo de elucidar por que ela pode se estabelecer, por que são as tendências do instinto de vida que são assim oferecidas a essa relação ao inconsciente. Reparem bem que estas não são quaisquer dentre elas, mas especialmente aquelas que Freud sempre, e tenazmente, demarcou como as tendências sexuais. Existe com certeza uma razão se estas são privilegiadas, cativadas, captadas pela mola da cadeia significante, na medida em que é ela que constitui o sujeito do inconsciente.

Dito isto, nesse estágio de nosso questionamento vale a pena expor a questão: por que um analista, a pretexto de ser bem-analisado, seria insensível a determinada ereção de um pensamento hostil que pudesse perceber numa presença que está ali? – e que se deve, certamente, supor, para que alguma coisa dessa ordem se produza, não estar ali enquanto presença de um doente, mas como presença de um ser que ocupa lugar. E quanto mais o supusermos importante, pleno, normal, mais legitimamente poderão se produzir em sua presença todas as espécies possíveis de reação. E da mesma forma, no plano intrassexual, por exemplo, por que, em si, o movimento do amor ou do ódio seria excluído? Por que isso desqualificaria o analista em sua função?

Para essa maneira de expor a questão, não há outra resposta além da seguinte: com efeito, por que não? Eu diria, mesmo, melhor: quanto melhor o analista for analisado, mais será possível que ele seja francamente amoroso, ou francamente tomado por um estado de aversão, de repulsa, dos modos mais elementares da relação de corpos entre si, com referência ao seu parceiro.

O que digo aqui é um pouco forte, no sentido em que isso nos incomoda. E se considerarmos que deve mesmo haver, ainda assim, algo de justificado na exigência da apatia analítica, deverá ser realmente necessário que esta se enraíze em outra parte. Mas, então, é preciso dizê-lo.

E, quanto a nós, somos capazes de dizê-lo.

2

Se eu lhes pudesse dizer imediatamente, se o caminho já percorrido me permitisse fazê-los entender, naturalmente que eu lhes diria. Mas ainda tenho um caminho a fazê-los percorrer antes de lhes poder dar a sua fórmula, e a fórmula estrita, precisa.

Ainda assim, algo sobre isso pode ser dito desde já, algo que poderia satisfazer até certo ponto. A única coisa que lhes peço é justamente que não fiquem satisfeitos demais com isso.

É o seguinte: se o analista realiza como que a imagem popular, ou igualmente, a imagem deontológica da apatia é na medida em que é possuído por um desejo mais forte que os desejos que poderiam estar em causa, a saber, de chegar às vias de fato com seu paciente, de tomá-lo nos braços ou atirá-lo pela janela.

Isso acontece. Eu teria mesmo maus augúrios, ouso dizê-lo, para alguém que jamais houvesse sentido isso. Mas, enfim, com exceção dessa pequena possibilidade da coisa, isso não deve acontecer de maneira comum.

Por que isso não deve acontecer? Será pela razão, negativa, de que é preciso evitar uma espécie de descarga imaginária total da análise? – da qual não temos que prosseguir mais longe na hipótese, embora esta fosse interessante. Não, é em razão do seguinte, que é o que ponho em questão aqui, este ano, que o analista diz: sou possuído por um desejo mais forte. Ele está autorizado para dizê-lo enquanto analista, enquanto produziu-se, para ele, uma mutação na economia de seu desejo. E é aqui que os textos de Platão podem ser evocados.

Acontece-me, de vez em quando, algo de encorajador. Fiz para vocês, este ano, esse longo discurso, esse comentário sobre *O Banquete,* com o qual não estou descontente, devo dizê-lo, e ocorre que alguém de minhas relações me fez a surpresa – entendam bem essa surpresa no sentido que este termo tem em análise, como algo que tem mais ou menos relação com o inconsciente – de me apontar, numa nota de pé de página, a citação feita por Freud de uma parte do discurso de Alcibíades a Sócrates.

Freud teria podido procurar mil outros exemplos para ilustrar aquilo que o ocupava naquele momento, a saber, o desejo de morte misturado ao amor. Não é preciso mais que abaixar-se, quanto aos exemplos, e colhê-los com uma pá. Alguém, como um grito do coração, lançou-me um dia esta jaculatória: *oh, como eu queria que o senhor ficasse morto por dois anos!* Semelhante testemunho, não é preciso ir buscá-lo no *Banquete.* Portanto, considero que não é indiferente que, num momento essencial de sua descoberta da ambivalência amorosa, seja ao *Banquete* de Platão que Freud se tenha referido. Este não é um mau sinal. Certamente, não é sinal de que estejamos errados em ir procurar ali, nós mesmos, as nossas referências.

Pois bem, em Platão, no *Filebo,* Sócrates emite em algum lugar o seguinte pensamento: que o desejo, de todos os desejos o mais forte, deve mesmo ser o desejo da morte, pois que as almas que estão no Erebo ali permanecem. O argumento pode até não ser muito válido, mas aqui ele assume o valor ilustrativo da direção na qual já lhes indiquei que poderia se conceber a reorganização, a reestruturação do desejo no analista. Isto é, ao menos, um dos pontos de amarra, de fixação, de ancoramento da questão. Certamente não nos contentamos com ele.

Ainda assim, podemos dizer mais adiante, na mesma veia, a propósito do distanciamento do analista no que diz respeito ao automatismo de repetição, que constituiria uma boa análise pessoal. Existe algo aí que deve superar aquilo a que vou chamar a particularidade de seu desvio, ir um pouco mais além, atacar o desvio específico, aquilo que Freud articula quando formula que é concebível que a repetição fundamental do desenvolvimento da vida não seja mais que a derivação de uma pulsão compacta, abissal, que ele chama, nesse nível, de pulsão de morte, e onde nada mais resta senão essa *ananké,* a necessidade do retorno ao zero do inanimado.

Metáfora, sem dúvida. E metáfora que somente é expressa por uma extrapolação, diante da qual alguns recuam, daquilo que é trazido por nossa experiência, a saber, da ação da cadeia significante, inconsciente, na medida em que esta impõe sua marca a todas as manifestações da vida no sujeito que fala. Mas, enfim, metáfora ou extrapolação que não é, afinal, feita à toa. Ela nos permite, ao menos, conceber que algo seja possível disso, e que possa efetivamente existir alguma relação do analista com o Hades, a morte, como escreveu, no primeiro número de nossa revista, uma de minhas alunas, com a mais bela altivez de tom.

Ele joga ou não com a morte? Eu mesmo escrevi, em outra parte, que nesta partida que é a análise, e que não é, certamente, estruturável unicamente em termos de partida a dois, o analista joga com um morto. Encontramos aí esse traço da exigência comum, que deve haver nesse pequeno outro que está nele alguma coisa que seja capaz de jogar como morto.

Na posição da partida de bridge, o S, que ele é, tem diante de si seu próprio pequeno outro, aquilo em quê ele está consigo mesmo nessa relação especular, na medida em que é constituído enquanto eu. Se situarmos aqui o lugar designado desse outro que fala e que ele vai escutar, o paciente, na medida em que é representado pelo sujeito barrado, o sujeito enquanto desconhecido de si mesmo, este último vai se encontrar tendo aqui, em $i(a)$, o lugar da imagem de seu próprio pequeno *a* – vamos chamar o conjunto de imagem do pequeno *a* ao quadrado, $i(a)^2$ – e terá aqui a imagem, ou antes, a posição do grande Outro, na medida em que é o analista quem a ocupa.

Isso significa que o analisado tem um parceiro. E vocês não devem se espantar de encontrar reunido no mesmo lugar o seu próprio eu, dele, do analisado. E ele deve encontrar a verdade desse outro que é o grande Outro do analista.

O paradoxo da partida de bridge analítica é essa abnegação que faz com que, contrariamente ao que ocorre numa partida de bridge normal, o analista deva ajudar o sujeito a encontrar o que existe no jogo de seu parceiro. É por essa razão que é dito que o *i(a)* do analista deve se comportar como um morto. Isso quer dizer que o analista deve sempre saber o que há na distribuição das cartas.

Penso que irão apreciar a relativa simplicidade desta solução do problema. É uma explicação comum, exotérica, para o exterior, é simplesmente uma maneira de falar daquilo em que todos acreditam, e alguém que aparecesse aqui pela primeira vez encontraria nela todas as espécies de razões de satisfação, e poderia dormir o sono dos justos, reconfortado pelo que sempre ouviu dizer; por exemplo, que o analista é um ser superior.

Infelizmente, isso não cola.

Não cola, e o testemunho disso nos é dado pelos próprios analistas. Não apenas sob a forma de uma deploração, lágrimas nos olhos, do estilo – jamais somos iguais à nossa função. Graças a Deus este tipo de declamação, embora exista, nos é poupado há algum tempo, isso é um fato. Um fato pelo qual não sou, eu aqui, o responsável, e que só devo registrar.

Há algum tempo, admite-se efetivamente na prática analítica que o analista deve levar em conta, em sua informação e suas manobras, os sentimentos, não que ele inspira, mas que experimenta na análise, a saber, aquilo a que se chama sua contratransferência.

3

É aos melhores círculos analíticos que estou aludindo, e, precisamente, ao círculo kleiniano.

Vocês vão encontrar facilmente o que Melanie Klein escreveu sobre este tema, ou ainda Paula Heimann num artigo intitulado *On Counter-Transference.* Mas não é num dado artigo preciso que têm que buscar essa concepção, que todos consideram atualmente como adquirida. Articula-se isso mais ou menos francamente, e sobretudo compreende-se mais ou menos bem o que se articula, mas ela está adquirida. De que se trata?

A contratransferência não é mais considerada, em nossos dias, como sendo essencialmente uma imperfeição. O que não quer dizer, aliás, que não possa sê-lo. Se não é mais considerada como uma imperfeição, nem por isso é menos certo que alguma coisa faz com que ela mereça o nome de contratransferência, como vão ver.

Aparentemente a contratransferência é exatamente da mesma natureza dessa outra fase da transferência sobre a qual pretendi, da última vez, centrar a questão, opondo-a à transferência concebida como automatismo de repetição, a saber, a transferência enquanto se a diz positiva ou negativa, e que todos entendem como os sentimentos experimentados pelo analisado com relação ao analista. Pois bem, a contratransferência de que se trata – e que se admite termos de levar em conta, se permanece em discussão o que devemos fazer com ela, e vocês vão ver em que nível – é feita de sentimentos experimentados pelo analista na análise, e que são determinados a cada instante por suas relações com o analisado.

Dentre todos os artigos que li, escolhi um quase ao acaso, mas nunca é completamente ao acaso que se escolhe alguma coisa, e existe, provavelmente, uma razão para que eu tenha vontade de comunicar-lhes o título deste aqui. É um bom artigo, que tem justamente por título o tema de que, em suma, tratamos hoje, *Normal counter-transference and some deviations,* publicado no *International Journal* em 1956. O autor, Roger Money-Kyrle, pertence manifestamente ao círculo kleiniano, e está ligado a Melanie Klein por intermédio de Paula Heimann.

Antes de chegar lá, direi uma palavra sobre o artigo de Paula Heimann, que nos relata certos estados de insatisfação ou de preocupação experimentados por ela. Sob sua pena, trata-se mesmo de um estado de pressentimento. Ela se encontrou, pois, numa situação da qual não é preciso ser um velho analista para se ter a experiência, pois nada mais frequente que confrontar-se com ela nos primeiros tempos de uma análise. Que um paciente se precipite, de uma maneira manifestamente determinada pela própria análise, se não se der conta disso, em decisões prematuras, numa ligação de longo alcance, até mesmo um casamento – ela sabe que isso é coisa para se analisar, se interpretar, e, numa certa medida, se opor. Mas, neste caso específico, relata um sentimento absolutamente embaraçoso que experimenta e que, por si só, sinaliza que ela tem razão de se inquietar com isso mais especialmente. Ela mostra em seu artigo como é que este sentimento é o que lhe permite compreender melhor e ir mais longe.

Muitos outros sentimentos podem surgir. O artigo de Money-Kyrle narra, por exemplo, sentimentos de depressão, de queda geral do interesse pelas coisas, de desafeição, de desafetação mesmo, que o analista pode experimentar com relação a tudo aquilo que ele toca. O analista nos descreve, por exemplo, o que resulta de determinada sessão onde lhe parece não ter conseguido responder de modo suficiente àquilo que chama *a demanding Superego*. Não é por escutarem aí o eco da demanda que vocês precisam apegar-se a ela para compreender seu sotaque inglês. *Demanding* é mais, é uma exigência premente. Se o artigo é bonito de se ler, é porque o autor não se contenta em descrever, mas, além disso, põe em causa, nesse sentido, o papel do *Superego* analítico. Ele o faz de uma maneira que lhes parecerá apresentar algum *gap*, e que realmente só encontrará sua importância se vocês se remeterem ao gráfico. É no mais-além do lugar do Outro que a linha de baixo lhes representa o supereu – linha pontilhada, na medida em que vocês introduzem ali os pontilhados.

Ponho no quadro, para vocês, o resto do gráfico, para que percebam, nesse sentido, em que ele lhes pode servir, e em particular para compreender que nem tudo deve ser sempre lançado à conta desse elemento, afinal, opaco, que é a severidade do *Superego*. Tal demanda pode produzir esses efeitos depressivos, e até mais. Isto se produz, precisamente, no analista, na medida em que há continuidade entre a demanda do Outro e a estrutura dita do *Superego*. Entendam que encontramos, de fato, os efeitos mais fortes daquilo a que se chama a severidade do *Superego* quando a demanda do sujeito vem se introjetar, passar como demanda articulada naquele que é o seu recipiendário, de tal modo que ela representa sua própria demanda sob uma forma invertida – por exemplo, quando uma demanda de amor proveniente da mãe vem ao encontro, naquele que tem que responder a ela, de sua própria demanda de amor em direção à mãe.

Mas, aqui, só faço lhes dar uma indicação, pois não é por aí que passa nosso caminho. Esta é uma observação paralela.

Vamos falar de Money-Kyrle, analista, que parece particularmente ágil e dotado para reconhecer sua própria experiência. Ele relata algo que funcionou em sua prática e o propõe a nós como exemplo. Isso lhe parece merecer ser comunicado, não a título de imperícia, de efeito acidental, mais ou menos bem-corrigido, mas enquanto procedimento integrável à doutrina das operações analíticas. Ele relata, pois, um sentimento que observou em si mesmo como relacionado com as dificuldades apresentadas pela análise de um de seus pacientes.

Isso se passa durante esta pitoresca escansão da vida inglesa que é o *week-end,* e o que ele pôde fazer com seu paciente durante a semana lhe parece problemático e o deixa insatisfeito. E eis que ele próprio sofre, sem que a princípio veja, de modo algum, a ligação, um súbito esgotamento, vamos chamar as coisas pelo nome. Durante a segunda metade de seu *week-end,* encontra-se num estado que só reconhece formulando-o, ele próprio, nos mesmos termos de seu paciente, um estado de inapetência à beira da despersonalização.

O paciente era, por vezes, sujeito a fases no limite da depressão e de pequenos efeitos paranoides – e, nem para o paciente, nem para o analista, era novidade perceber isso. Fora de um desses estados que havia partido toda a dialética da semana, acompanhado de um sonho no qual o analista se baseara para responder-lhe, e ele tivera o sentimento de não ter dado a boa resposta, certa ou erradamente, mas sentimento fundado, em todo caso, no seguinte: que sua resposta encolerizara loucamente o paciente, e a partir daí este se tornara excessivamente hostil para com ele. E eis que a ele, ao analista, acontece reconhecer naquilo que experimenta exatamente o que, inicialmente, o paciente lhe havia descrito quanto a seu estado.

O analista em questão, e aqui, ainda, com todo o seu círculo, que chamo, no caso, de círculo kleiniano, concebe de saída o que está em causa como representando o efeito da projeção do objeto mau, na medida em que o sujeito, em análise ou não, é suscetível de projetá-lo no outro. Não parece constituir problema, num certo campo da análise, dar este tipo de explicação, apesar do grau de crença quase mágica que isso pode supor. Assim mesmo, não deve ser sem razão que se escorrega aí tão facilmente. Este objeto mau projetado deve ser compreendido como tendo, naturalmente, sua eficácia, pelo menos quando se trata daquele que está acoplado ao sujeito numa relação tão estreita e coerente quanto aquela criada por uma análise começada já há algum tempo.

Como tendo toda sua eficácia, em que medida? O artigo o diz para vocês, também: na medida em que esse efeito procede aqui de uma não compreensão do paciente por parte do analista. Há, então, desvio da *Normal Counter-transference,* e o que está em jogo nesse artigo é a utilização possível desses desvios.

Como o começo do artigo nos articula, a *Normal Counter-transference* se produz através do ritmo de vaivém entre a introjeção pelo analista do discurso do analisado e a projeção sobre o analisado daquilo que se produz como efeito imaginário de resposta a essa introjeção. O autor admite, vejam como vai longe, a normalidade desse efeito. O efeito de contratransferência é dito normal, na medida em que a demanda introjetada é perfeitamente compreendida. O analista não tem, então, qualquer dificuldade em se observar, naquilo que se produz claramente em sua própria introjeção. Ele só vê sua consequência, e nem mesmo tem que fazer uso dela. O que se produz ali, e que está realmente no nível de i(*a*), é absolutamente controlado. E o que se produz do lado do paciente, a saber, que o paciente projeta sobre ele, o analista não tem que se surpreender com isso, e nem é por ele afetado.

É somente se o analista não compreende, que ele é afetado e que se produz um desvio da contratransferência normal. E as coisas podem ir até um ponto em que o analista se torne, efetivamente, o paciente desse mau objeto projetado nele por seu parceiro. É o que ocorreu nesse caso – ele sente em si o efeito de alguma coisa de absolutamente inesperado, e apenas uma reflexão feita à parte lhe permite – e ainda assim, talvez somente porque a ocasião é favorável – reconhecer ali o mesmo estado que lhe descreveu seu paciente.

Repito a vocês, não tomo ao meu cargo a explicação. Também não a rejeito. Deixo-a, provisoriamente, em suspenso para ir passo a passo, e levá-los ao viés preciso aonde tenho de levá-los para articular alguma coisa.

Então, se o analista não compreende, nem por isso deixa de tornar-se, no dizer desse analista experimentado, o receptáculo da projeção em causa. Ele sente em si mesmo essas projeções como um objeto estranho, o que o coloca numa singular posição de lixeira.

Se isso ocorre com muitos pacientes assim, estão vendo aonde isso nos pode levar. Quando não se é capaz de situar a propósito de quê se produzem esses fatos, que se apresentam como desconectados na descrição de Money-Kyrle, isso pode causar alguns problemas.

Essa direção da análise não data de ontem. Ferenczi já havia formulado a questão de saber até que ponto o analista devia relatar a seu paciente aquilo que ele, o analista, experimentava na realidade. Este seria, segundo ele, em certos casos, um meio de dar ao paciente o acesso a essa realidade. Ninguém ousa atualmente ir tão longe, e especificamente na escola que estou citando. Paula Heimann dirá, por exemplo, que o analista deve ser muito severo em seu diário de bordo, sua higiene quotidiana, estar sempre analisando aquilo que pode experimentar, ele mesmo, desta ordem, mas enfim este é um assunto dele com ele mesmo, e cujo desígnio é tentar correr contra o relógio, isto é, recuperar o atraso em que terá podido assim incorrer na compreensão, o *Understanding,* de seu paciente.

Seja como for, dou o passo seguinte com nosso autor, Money-Kyrle que, sem ser Ferenczi, também não é tão reservado quanto Paula Heimann. A partir deste ponto local, a identidade do estado sentida por ele com o que seu paciente lhe havia trazido no começo da semana, ele chega ao ponto de comunicar ao seu paciente. E nota o seu efeito – o efeito imediato, pois ele nada nos diz quanto ao efeito a longo prazo – que é um júbilo evidente do paciente, que não deduz nada além de: – Ah, o senhor está me dizendo isso! Pois bem, fico muito contente com isso, pois quando o senhor me deu, outro dia, a interpretação desse estado – e, com efeito, ele lhe havia dado uma, um pouco nebulosa e obscura, reconhecia – eu, disse o paciente, pensei que o que estava dizendo ali, aquilo falava do senhor, e não de mim.

Estamos, pois, aí, em pleno mal-entendido, e nos contentamos com isso. Enfim, o autor se contenta, pois deixa as coisas aí; depois, nos diz ele, a análise recomeça, e lhe oferece, temos que acreditar nisso, todas as possibilidades de interpretação ulteriores. Eis, precisamente, o objeto da comunicação que ele fez em 1955 ao Congresso de Genebra, do qual seu artigo é a reprodução.

O que nos é apresentado como desvio da contratransferência é aqui colocado ao mesmo tempo como meio instrumental, que se pode codificar. Em casos semelhantes, vamos nos esforçar ao menos para recuperar a situação tão depressa quanto possível pelo reconhecimento de seus efeitos sobre o analista, e por meio de comunicações mitigadas, propondo nessa ocasião ao paciente alguma coisa que tem, certamente, o caráter de um certo desvelamento da situação analítica em seu conjunto. Espera-se disso uma nova partida, desatando aquilo que se apresentou, aparentemente, como impasse na situação analítica.

Não estou ratificando a propriedade dessa maneira de proceder. Observo simplesmente que, se alguma coisa dessa ordem pode ser produzida, de algum modo, isso não está, certamente, ligado a um ponto privilegiado. O que posso dizer é que, em toda a medida em que haveria uma legitimidade desta maneira de proceder, são, em todo caso, as nossas categorias que nos permitem compreendê-la.

Parece-me que não é possível compreendê-la fora do registro daquilo que apontei como o lugar de *a,* o objeto parcial, o *agalma,* na relação de desejo, na medida em que ela própria é determinada no interior de uma relação mais vasta, a da exigência de amor. É somente nessa topologia que podemos compreender semelhante modo de proceder. Essa topologia nos permite, de fato, dizer que, mesmo que o sujeito não o saiba, apenas pela suposição, direi, objetiva da situação analítica, já é no outro que o pequeno *a,* o *agalma,* funciona. Segue-se que aquilo que se nos apresenta nessa ocasião como contratransferência, normal ou não, não tem, realmente, qualquer razão de ser especialmente qualificada como tal. Trata-se aí apenas de um efeito irredutível da situação de transferência, simplesmente, por si mesma.

Pelo simples fato de haver: transferência, estamos implicados na posição de ser aquele que contém o *agalma*, o objeto fundamental de que se trata na análise do sujeito, como ligado, condicionado por essa relação de vacilação do sujeito que caracterizamos como o que constitui a fantasia fundamental, como o que instaura o lugar onde o sujeito pode se fixar como desejo.

Este é um efeito legítimo da transferência. Não é preciso fazer intervir, pois, a contratransferência, como se tratasse de alguma coisa que seria a parte própria, e bem mais ainda, a parte faltosa do analista. Apenas, para reconhecê-la, é preciso que o analista saiba certas coisas. É preciso que ele saiba, em particular, que o critério de sua posição correta não é que ele compreenda ou não compreenda.

Não é, em absoluto, essencial que ele compreenda. Direi mesmo que, até certo ponto, o fato de que ele não compreenda pode ser preferível a uma confiança grande demais em sua compreensão. Em outras palavras, ele deve sempre pôr em dúvida aquilo que compreende, e dizer-se que aquilo que procura alcançar é justamente aquilo que, em princípio, não compreende. É somente na medida em que, decerto, ele sabe o que é o desejo, mas não sabe o que esse sujeito, com quem embarcou na aventura analítica, deseja, que ele está em posição de ter em si, deste desejo, o objeto. Esta é a única coisa que pode explicar alguns desses efeitos tão singularmente assustadores ainda, ao que parece.

Li um artigo que lhes vou indicar mais precisamente da próxima vez, no qual um senhor, no entanto cheio de experiência, se interroga quanto ao que se deve fazer quando, a partir dos primeiros sonhos, e às vezes desde antes que a análise se inicie, o analisado produz em si mesmo o analista, como um objeto de amor caracterizado. A resposta do autor em questão é um pouco mais reservada que a de um outro, o qual assume abertamente a posição de dizer que, quando começa assim, é inútil ir mais longe, porque há um excesso de relações de realidade.

Será assim que devemos dizer as coisas? Para nós, se nos deixarmos guiar pelas categorias que produzimos, é no próprio princípio da situação que o sujeito é introduzido como digno de interesse e de amor, *érôménos.* E para ele que se está ali. Este é o efeito – se podemos dizer manifesto. Mas existe um efeito latente, que está ligado a sua não-ciência, a sua insciência. Insciência de quê? – daquilo que é, justamente, o objeto de seu desejo de um modo latente, quero dizer, objetivo, ou estrutural. Este objeto já está no Outro, e é na medida em que é assim que ele é, quer o saiba, quer não, virtualmente constituído como *érastès.* Simplesmente por esse fato ele preenche essa condição de metáfora, a substituição pelo *érastès* do *érôménos,* que constitui em si mesma o fenômeno do amor. Não é de surpreender que vejamos seus efeitos ardentes desde o começo da análise no amor de transferência.

Não há meio, no entanto, de ver aí uma contraindicação. É aí que se coloca a questão do desejo do analista, e, até certo ponto, de sua responsabilidade.

Para dizer a verdade, para que a situação seja, como se exprimem os notários a respeito de contratos, perfeita, basta supor que o analista, mesmo à sua revelia, coloque por um instante seu próprio objeto parcial, seu *agalma,* no paciente com quem está lidando. Aí, com efeito, se pode falar de uma contraindicação, mas como veem, nada menos que localizável – ao menos enquanto a situação do desejo do analista não é explicitada.

Será suficiente que leiam o autor que lhes indico para ver que, a questão do que concerne ao analista, ele é obrigado a colocá-la pela necessidade de seu discurso. E o que nos diz ele? Que duas coisas concernem ao analista quando ele faz uma análise, dois *drives.* É muito estranho ver-se qualificar de pulsões passivas as duas que lhes vou dizer: o *drive* reparador que, nos diz ele textualmente, vai contra a destrutividade latente em cada um dos nós e, por outro lado, o *drive* parental.

Eis, portanto, como um analista de uma escola tão elaborada quanto a escola kleiniana chega a formular a posição que deve adotar um analista como tal. Não vou cobrir o rosto, nem lançar altos gritos. Penso que aqueles que estão familiarizados com meu seminário já veem nele escândalo bastante. Mas, afinal, é um escândalo do qual participamos mais ou menos, pois falamos sem cessar como se isso fosse o que está em questão, mesmo que saibamos bem que não devemos ser os pais do analisado. Basta ver o que dizemos quando falamos do campo das psicoses.

E o *drive* reparador, o que quer dizer isso? Isso quer dizer um número enorme de coisas. Isso tem uma quantidade de implicações em toda nossa experiência. Mas, enfim, não valeria a pena articular, nesse sentido, em que este reparador deve se distinguir dos abusos da ambição terapêutica, por exemplo?

Em suma, o que ponho em causa não é o absurdo de tal temática, mas, ao contrário, aquilo que a justifica. Dou o crédito ao autor, e a toda a escola que ele representa, de visar alguma coisa que tem, efetivamente, lugar na topologia. Mas é preciso articulá-la, situá-la de uma vez, e explicá-la de outra forma. Por que um autor experimentado pode falar de pulsões parental e reparadora a propósito da análise, e dizer ao mesmo tempo algo que, por um lado, deve ter sua justificativa, mas que, por outro lado, requer imperiosamente uma que seja verdadeira?

Eis porque, da próxima vez, vou resumir rapidamente aquilo que, de uma forma apologética, me aconteceu apresentar, no intervalo desses dois seminários, a um grupo de filosofia sobre a posição de desejo.

8 de março de 1961

XIV

Demanda e desejo nas fases oral e anal

O psicanalista e a pulsão.
A goela aberta da vida.
Do polo ao parceiro.
Bout-de-Zan.
A contrademanda.

Para aqueles que caíram do mundo da lua hoje entre nós, dou uma rápida indicação.

Em primeiro lugar tentei recolocar, em termos mais rigorosos do que já se havia feito até agora, o que se pode chamar a teoria do amor, tendo por fundamento *O Banquete* de Platão. E é no interior daquilo que conseguimos situar nesse comentário que começo a articular a posição da transferência, no sentido em que anunciei este ano, isto é, no que chamei de sua disparidade subjetiva.

Entendo com isso que a posição dos dois sujeitos em presença não é de modo algum equivalente. E é por isso que não se pode falar de situação analítica, mas apenas de pseudossituação.

Abordando, pois, das duas últimas vezes a questão da transferência, eu o fiz pelo lado do analista. O que não significa, no entanto, que eu dê ao termo contratransferência o sentido em que este é comumente aceito, de uma espécie de imperfeição da purificação do analista na relação com o analisado. Muito pelo contrário, entendo por contratransferência a implicação necessária do analista na situação de transferência, e é isso, precisamente, que faz com que devamos desconfiar deste termo impróprio. Trata-se, na verdade, pura e simplesmente, de consequências necessárias do próprio fenômeno da transferência, se o analisarmos corretamente.

Introduzi o problema pelo fato de que a contratransferência é atualmente apreendida na prática analítica de um modo bastante amplo. Considera-se, com efeito, que aquilo que poderemos chamar um certo número de afetos, na medida em que o analista seja tocado por eles na análise, constitui um modo, senão normal, pelo menos normativo, do balizamento da situação analítica, e um elemento não somente da informação do analista, mas até mesmo de sua intervenção, pela comunicação que ele pode fazer disso, eventualmente, ao analisado.

Não subscrevi a legitimidade deste método. Constato que ele pôde ser introduzido e promovido na prática, e que foi recebido e admitido num campo muito vasto da comunidade analítica.

Isto é, por si só, bastante indicativo. E nosso caminho será, por ora, analisar como os teóricos que entendem assim o uso da contratransferência o legitimam.

1

Os teóricos legitimam o uso da contratransferência, ligando-a a momentos de incompreensão por parte do analisado. Tudo se passa como se sua incompreensão fosse em si o critério, o divisor, a vertente onde se define o que obrigaria o analista a passar a um outro modo de comunicação, e a um outro instrumento em sua maneira de se situar na análise do sujeito.

É em torno do termo compreensão que vai girar o que pretendo mostrar hoje a vocês, a fim de lhes permitir aproximar-se mais daquilo que se pode chamar, segundo nossos termos, a relação da demanda do sujeito com seu desejo. Lembro, com efeito, que colocamos em primeiro plano, e no princípio, aquilo cujo retorno mostramos que era necessário, a saber, que o que está em questão na análise nada mais é que a emergência da manifestação do desejo do sujeito.

Onde está a compreensão quando compreendemos, quando acreditamos compreender? Digo que, na sua forma mais certa, e diria, na sua forma primária, a compreensão do que quer que seja que o sujeito exiba diante de nós pode ser definida, no nível do consciente, pelo seguinte, que nós sabemos responder àquilo que o outro demanda. É na medida em que acreditamos poder responder à sua demanda que estamos no sentimento de compreender.

Sobre a demanda, no entanto, sabemos um pouco mais do que esta abordagem imediata. Sabemos precisamente disto: que a demanda não é explícita. Ela é, mesmo, muito mais que implícita, ela é oculta para o sujeito, ela é como algo que deve ser interpretado. E é aí que reside a ambiguidade.

Com efeito, nós que a interpretamos, respondemos à demanda inconsciente no plano de um discurso que é, para nós, um discurso concreto. É aí, exatamente, que está o viés, a armadilha. E da mesma maneira tendemos desde sempre a deslizar para essa suposição que nos captura, de que o sujeito deveria, de alguma forma, contentar-se com o que revelamos por nossa resposta – que ele deveria se satisfazer com nossa resposta.

Bem sabemos, no entanto, que é neste ponto que se produz sempre alguma resistência. E foi da situação dessa resistência, da maneira pela qual podemos qualificá-la, e das instâncias às quais a referimos, que decorreram todas as etapas da teoria analítica do sujeito, a saber, a teoria das diversas instâncias com as quais, nele, temos de lidar. Todavia, sem negar a parte que têm, na resistência, essas diversas instâncias do sujeito, não será possível chegar a um ponto mais radical?

A dificuldade das relações da demanda do sujeito com a resposta que lhe é dada se situa mais adiante, num ponto absolutamente original, aonde tentei levá-los mostrando a vocês o que resulta, no sujeito que fala, do fato – eu o exprimia assim – de que suas necessidades devam passar pelos desfiladeiros da demanda. Nesse ponto original, daí resulta que tudo aquilo que é, no sujeito que fala, tendência natural, tem que se situar num mais-além e num aquém da demanda.

Num mais-além que é a demanda de amor. Num aquém que é o que chamamos o desejo, com aquilo que o caracteriza como condição, e que chamamos de sua condição absoluta na especificidade do objeto a que ele se refere, *a,* objeto parcial. Tentei mostrá-lo a vocês como incluído desde a origem nesse texto fundamental da teoria do amor que é *O Banquete,* como *agalma,* na medida em que o identifiquei também ao objeto parcial da teoria analítica.

Pretendo hoje fazê-los tocar nisso, novamente, por um breve re-percurso do que há de mais original na teoria analítica, a saber, as *Triebe,* as pulsões e seu destino. Poderemos, em seguida, deduzir o que daí decorre quanto ao que nos importa, a saber, o *drive* interessado na posição do analista.

Vocês se recordam de que foi neste ponto problemático que eu os deixei, da última vez, na medida em que um autor, aquele, precisamente, que se exprime sobre o objeto da contratransferência, o designa naquilo a que chama o *drive* parental, necessidade de ter prole, e no *drive* reparador, necessidade de ir contra a destrutividade natural suposta em todo sujeito enquanto analisável.

Vocês captaram imediatamente a ousadia e a audácia que há em formular afirmações como estas. Basta deter-se aí por um instante para perceber o seu paradoxo. Se o *drive* parental deve estar presente na situação analítica, como ousar mesmo falar da situação de transferência, já que é, realmente, uma figura parental que o sujeito em análise tem diante de si? O que há de mais legítimo do que ele recair, relativamente a este, na mesma posição que manteve durante toda a sua formação com referência aos sujeitos em torno dos quais se construíram as situações fundamentais que constituem para ele a cadeia significante, os automatismos de repetição?

Em outras palavras, como não se aperceber que rumamos direto ao escolho que nos permitirá repousar? Que temos, aí, uma contradição direta, já que dizemos ao mesmo tempo que a situação de transferência, tal como se estabelece na análise, está em discordância com a realidade da situação analítica? – que alguns exprimem, imprudentemente, como uma situação tão simples, ligada ao *hic et nunc* da relação com o médico. Se este médico está, aqui, armado do *drive* parental, como não ver, por mais elaborado que o supuséssemos pelo lado de uma posição educativa, que não existe absolutamente nada que distancie a resposta normal do sujeito à situação de tudo o que poderá ser enunciado como a repetição de uma situação passada?

Nem há meio de articular a situação analítica sem colocar, ao menos em alguma parte, a exigência contrária. Vejam, por exemplo, o terceiro capítulo do *Além do Princípio do Prazer*. Freud, retomando a articulação do que está em causa na análise, faz efetivamente a separação entre a rememoração, a reprodução e o automatismo de repetição, *Wiederholungszwang*, na medida em que considera este último como um semifracasso da visada rememorativa da análise, um fracasso necessário. Ele chega mesmo a lançar na conta da estrutura do eu – na medida em que experimenta, nessa fase de sua elaboração, fundar sua instância como em grande parte inconsciente – a função da repetição, certamente que não o todo dessa função, já que todo o artigo é feito para demonstrar que existe uma margem, mas sua parte mais importante. A repetição é lançada na conta da defesa do eu, enquanto a rememoração recalcada é considerada como o verdadeiro termo, o termo último da operação analítica, talvez ainda considerada, naquele momento, como inacessível.

A visada última da rememoração encontra uma resistência, que é situada na função inconsciente do eu. Seguindo essa via de elaboração, Freud nos diz que devemos passar por isso e que, na regra, o médico não pode poupar ao analisado esta fase, mas deve deixá-lo reviver de novo um pedaço de sua vida esquecida. Ele tem que tomar conta disso, porque uma certa medida de *Überlegenheit*, de superioridade, permanece conservada, graças ao quê a realidade aparente, *die anscheinliche Realität*, poderá no entanto sempre ser novamente reconhecida pelo sujeito como um reflexo, um efeito especular de um passado esquecido.

Deus sabe a que abusos de interpretação se prestou essa indicação do *Überlegenheit*. Aí está aquilo em torno do que se pôde edificar toda a teoria da aliança com a *soi-disant* parte sadia do eu. Não há, entretanto, nada de semelhante nessas páginas. Posso sublinhar aquilo que, de passagem, deve ter surgido para vocês, a saber, o caráter de certo modo neutro, nem de um lado nem de outro, desta *Überlegenheit*. Onde está esta superioridade? Deverá ela ser compreendida do lado do médico que, esperemos, conserva toda a sua lucidez? Ou estará do lado do doente?

Na tradução francesa, que é tão má quanto as que foram feitas sob diversos outros patrocínios, a coisa é curiosamente traduzida – *e deve apenas zelar para que o doente conserve um certo grau de serena superioridade.* Não há nada semelhante no texto – *que lhe permita constatar, apesar de tudo, que a realidade daquilo que ele reproduz é apenas aparente.*

Esta *Überlegenheit,* exigível sem dúvida, deve ser situada de uma maneira infinitamente mais precisa do que todas as elaborações que pretendam comparar a ab-reação atual, daquilo que se repete no tratamento, como uma situação que se dá como perfeitamente conhecida.

Vamos, pois, voltar a partir do exame das fases, e das demandas, das exigências do sujeito tais como as abordamos em nossas interpretações. E comecemos seguindo a diacronia dita das fases da libido, pela demanda mais simples, aquela a que nos referimos tão frequentemente, a demanda oral.

2

O que é uma demanda oral? É a demanda de ser alimentado. Que se dirige a quem, a quê? Ela se dirige a este Outro que espera e que, neste nível primário da enunciação da demanda, pode realmente ser designado como aquilo que chamamos de lugar do Outro. O Outro impessoal, o *Outron* – eu diria, para fazer rimar nossas designações com aquelas que são familiares na Física. Aí está, a este Outron abstrato, dirigida pelo sujeito, mais ou menos à sua própria revelia, a demanda de ser alimentado.

Dissemos que toda demanda, pelo fato de ser fala, tende a se estruturar no seguinte: no fato de que ela atrai do outro sua resposta invertida. Ela evoca, por força de sua estrutura, sua própria forma transposta segundo uma certa inversão. Por força da estrutura significante, à demanda de ser alimentado responde, assim, e de uma maneira que se pode dizer logicamente contemporânea a esta demanda, no lugar do Outro, no nível do Outron, a demanda de se deixar alimentar.

Bem sabemos disso na experiência. Não está aí a elaboração refinada de um diálogo fictício. É disso que se trata cada vez que explode o menor conflito nesta relação entre a criança e a mãe, que parece ser feita para se fechar de maneira estritamente complementar. O que existe que responda melhor, aparentemente, à demanda de ser alimentado do que a de deixar-se alimentar? Sabemos, no entanto, que é no próprio modo de confrontamento entre as duas demandas que jaz este ínfimo *gap,* esta hiância, este rasgão, onde se insinua de uma maneira normal a discordância, o fracasso pré-formado do encontro. Este fracasso consiste, justamente, em não ser encontro de tendências, mas encontro de demandas.

No primeiro conflito que explode na relação de alimentação, no encontro da demanda de ser alimentado com a demanda de se deixar alimentar, manifesta-se que esta demanda é transbordada por um desejo – que ela não poderia ser satisfeita sem que esse desejo se saciasse ali – que é para que esse desejo que transborda a demanda não se sacie que o sujeito que tem fome, pelo fato de que à sua demanda de ser alimentado, responde à demanda de se deixar alimentar, não se deixa alimentar, e recusa de alguma forma desaparecer como desejo pelo fato de ser satisfeito como demanda – que a extinção ou o esmagamento da demanda na satisfação não se poderia produzir sem matar o desejo. É daí que saem todas essas discordâncias, das quais a mais imajada é aquela da recusa de se deixar alimentar na anorexia dita, com maior ou menor justiça, nervosa.

Encontramos aí essa situação que eu não poderia traduzir melhor senão jogando com os equívocos autorizados pelas sonoridades da fonemática francesa. Não se poderia confessar ao outro aquilo que é o mais primordial, a saber, *tu és o desejo* (*tu és le désir*), sem ao mesmo tempo dizer-lhe *matado o desejo* (*tué le désir*), isto é, sem lhe conceder que ele mate o desejo, sem lhe abandonar o desejo como tal. A ambivalência primeira, própria a toda demanda, é que, em toda demanda, é igualmente implicado que o sujeito não quer que ela seja satisfeita. O sujeito visa em si a salvaguarda do desejo, e testemunha a presença do desejo inominado e cego.

Esse desejo, o que é? Nós o sabemos, e podemos responder da maneira mais clássica e mais original. A demanda oral tem um outro sentido além da satisfação da fome. Ela é demanda sexual. Ela é, em seu fundo, nos diz Freud desde os *Três ensaios sobre a teoria da sexualidade,* canibalismo, e o canibalismo tem um sentido sexual. Ele nos recorda, o que está mascarado na primeira formulação freudiana, que alimentar-se está para o homem, ligado à boa vontade do Outro – está ligado a este fato por uma relação polar.

Existe também este termo, que não é apenas do pão da boa vontade do Outro que o sujeito primitivo tem que se alimentar, mas simplesmente do corpo daquele que o alimenta. Pois é preciso chamar as coisas por seus nomes – a relação sexual é aquilo pelo qual a relação com o Outro desemboca numa união de corpos. E a união mais radical é a da absorção original, onde desponta, na mira, o horizonte do canibalismo, que caracteriza a fase oral como aquilo que ela é na teoria analítica.

Vamos observar bem aqui o que está em questão. Tomei as coisas pelo lado mais difícil, ao começar pela origem, quando é sempre para trás, retroativamente, que devemos achar como as coisas se montam no desenvolvimento real.

Existe uma teoria da libido, contra a qual vocês sabem que me insurjo, ainda que tenha sido promovida por um de nossos amigos, Franz Alexander. Este, com efeito, faz da libido o excedente de energia que se manifesta no vivente, uma vez obtida a satisfação das necessidades ligadas à conservação. É bastante cômodo, mas é falso. A libido sexual não é isso. A libido sexual é realmente, com efeito, um excedente, mas um excedente que torna inútil toda satisfação da necessidade ali onde ela se coloca. E à necessidade, é mesmo o caso de dizer-se, ela recusa essa satisfação para preservar a função do desejo.

Tudo isso não passa de evidência, que se confirma por toda a parte, como vão ver se voltarem atrás e recomeçarem na demanda de ser alimentado. Vocês vão sentir isso imediatamente no seguinte: pelo simples fato de que a tendência da boca que tem fome se exprime por esta mesma boca numa cadeia significante; entra nela esta possibilidade de designar o alimento, que é o desejo. Que alimento? A primeira coisa que resulta disso é que esta boca pode dizer: *esse não.* A negação, o afastamento, o *eu gosto disso e não de outra coisa* do desejo, já entra aqui, e aqui explode a especificidade da dimensão do desejo.

Daí a extrema prudência que devemos ter com relação a nossas interpretações no nível do registro oral. Pois, eu o disse, esta demanda se forma no mesmo ponto, no nível do mesmo órgão onde se erige a tendência. E é aí mesmo que reside o problema. É possível produzir todas as espécies de equívocos ao responder a essa demanda. Certamente, daquilo que lhe é respondido resulta, afinal, a preservação do campo da fala, e portanto a possibilidade de reencontrar sempre aí o lugar do desejo, mas é também a possibilidade de todas as sujeições – tenta-se impor ao sujeito que, uma vez sua necessidade satisfeita, ele só pode se contentar. Daí se fazer da frustração compensada o termo da intervenção analítica.

Quero ir mais além, e tenho hoje minhas razões, como vão ver, para fazê-lo. Quero passar à fase dita da libido anal. É aí que creio poder atingir e refutar um certo número de confusões que se introduzem da maneira mais corrente na interpretação analítica.

3

O que é a demanda na fase anal?

Todos vocês têm, penso, experiência bastante para que eu não precise ilustrar ainda mais aquilo que vou chamar de demanda de reter o excremento, na medida em que ela funda, sem dúvida, alguma coisa que é um desejo de expulsar. Mas isso não é assim tão simples, pois essa expulsão é também exigida, mesmo, numa certa hora, pelos pais que educam. Aí é demandado ao sujeito dar alguma coisa que satisfaça, chegado o momento, a expectativa do educador materno.

A elaboração que resulta da complexidade dessa demanda merece que nos detenhamos neste ponto, pois ela é essencial. Observemos que aqui não se trata mais da relação simples entre uma necessidade e sua forma demandada, ligada ao excedente sexual. É outra coisa. É de uma disciplina da necessidade que se trata, e a sexualização só se produz no movimento de retorno à necessidade.

É este movimento que, se posso dizer, legitima a necessidade como dom à mãe, a qual espera que a criança satisfaça suas funções, e faça emergir, aparecer alguma coisa digna da aprovação geral.

Igualmente, o caráter de presente que assume o excremento é bem conhecido e observado desde a origem da experiência analítica. É de tal forma neste registro que, aqui, um objeto é vivido, que a criança, no excesso de seus transbordamentos ocasionais, o emprega naturalmente, pode-se dizer, como meio de expressão. O presente excrementício faz parte da temática mais antiga da análise.

Quero, neste sentido, levar a seu termo último esse extermínio, ao que me esforço desde sempre, da mítica da oblatividade, mostrando a vocês aqui a que ela se relaciona realmente. O campo da dialética anal é o verdadeiro campo da oblatividade, e uma vez que o tenham percebido, não poderão mais reconhecê-lo de outra maneira.

Há muito tempo que, sob formas diversas, tento introduzi-los a esta observação. E, em especial, fiz com que observassem que o próprio termo oblatividade é uma fantasia obsessiva. *Tudo para o outro,* diz o obsessivo, e é isso mesmo o que ele faz, pois, estando na perpétua vertigem da destruição do outro, ele nunca faz o bastante para que o outro se mantenha na existência. Vemos aqui a raiz disso.

A fase anal se caracteriza pelo seguinte, que o sujeito só satisfaz uma necessidade para a satisfação de um outro. Essa necessidade, ele foi ensinado a retê-la para que ela se funde, se institua unicamente como a ocasião da satisfação do outro, que é o educador. A satisfação da maternagem, da qual faz parte a higiene anal, é inicialmente a do outro. E é na medida em que é um dom que é demandado ao sujeito que se pode dizer que a oblatividade está ligada à esfera de relações da fase anal.

Reparem sua consequência – a margem do lugar que resta para o sujeito, em outras palavras, o desejo, vem nessa situação ser simbolizada por aquilo que é suprimido na operação. O desejo, literalmente, vai à merda. A simbolização do sujeito como aquilo que vai embora no urinol ou no buraco, nós a reencontramos na experiência como ligada, o mais profundamente, à posição do desejo anal.

É isso, realmente, o que constitui ao mesmo tempo sua atração e igualmente, em muitos casos, sua evitação. Nem sempre é a este termo que conseguimos levar o *insight* do paciente. Vocês podem, todavia, dizer a si mesmos que, na medida em que a fase anal está implicada nisso, estariam errados em não desconfiar da pertinência de sua análise, se ainda não encontraram, a cada vez, este termo. Enquanto não observarem, nesse ponto, a relação básica, fundamental, do sujeito como desejo com o objeto mais desagradável, asseguro-lhes que não terão dado um grande passo na análise das condições do desejo.

Este ponto preciso é um ponto nevrálgico, que bem vale, pela importância que tem na experiência, por todos esses primitivos objetos orais, bons ou maus, sobre os quais se fazem tantos comentários. Não podem negar que este lembrete não seja feito a todo instante na tradição analítica. Se ficaram tanto tempo surdos é na medida em que as coisas não são indicadas, ali, em sua topologia fundamental, como me esforço, aqui, em fazê-lo para vocês.

Mas então, vão me dizer, o que há aqui de sexual, e da famosa pulsão sádica que se conjuga, graças a um travessão, ao termo anal, como se isso fosse evidente por si mesmo?

Aqui é necessário um certo esforço, um esforço daquilo que não podemos chamar de compreensão, senão na medida em que se trata de uma compreensão no limite do sexual, que só pode entrar aqui de uma forma violenta. É isso mesmo que se passa aqui, com efeito, já que da mesma maneira é da violência sádica que se trata. Embora isso ainda guarde em si mais que um enigma, convém que nos detenhamos nele.

É na relação anal que o outro como tal assume plenamente o domínio. E é isso, justamente, que faz com que o sexual se manifeste no registro próprio a essa fase. Podemos entrevê-lo, recordando seu antecedente, qualificado de sádico-oral.

Falar da fase sádico-oral, com efeito, é recordar em suma que a vida é, no fundo, assimilação devoradora como tal. Na fase oral, é o tema do devoramento que está situado à margem do desejo, é a presença da goela aberta da vida.

Há, na fase anal, como que um reflexo dessa fantasia. O outro, sendo colocado como o segundo termo, deve aparecer como existência oferecida a esta hiância. Chegaremos a dizer que o sofrimento está implicado aí? É um sofrimento bem particular. Para evocar uma espécie de esquema fundamental que lhes dará, no melhor dos casos, a estrutura da fantasia sadomasoquista, direi que se trata de um sofrimento esperado pelo outro. A suspensão do outro imaginário sobre o abismo do sofrimento é o que forma a ponta e o eixo da erotização sadomasoquista. É nessa relação que se institui, no nível anal, aquilo que não é mais somente o polo sexual, mas vai ser o parceiro sexual. Podemos, pois, dizer que já há ali uma espécie de reaparecimento do sexual.

O que constitui a fase anal como estrutura sádica ou sadomasoquista marca a partir de um ponto de eclipse máximo do sexual, de um ponto de pura oblatividade anal – a nova escalada em direção ao que se vai realizar na fase genital. O genital, o Eros humano, o desejo em sua plenitude normal, que se situa, não como tendência ou necessidade, não como pura e simples copulação, mas como desejo, tem seu início, encontra seu ponto de partida, tem seu ponto de re-emergência na relação com o outro, como submetendo-se à expectativa dessa ameaça suspensa, esse ataque virtual que caracteriza e funda para nós aquilo a que se chama a teoria sádica da sexualidade, da qual conhecemos o caráter primitivo na enorme maioria dos casos individuais.

Muito mais que isso, é nesse traço situacional que se funda este fato, que está na origem da sexualização do outro – no primeiro modo de sua apreensão, o outro deve ser, como tal, entregue a um terceiro para se constituir como sexual. Aí está a origem da ambiguidade que faz com que, na experiência original, da qual os teóricos mais recentes da análise fizeram a descoberta, o sexual permaneça indeterminado entre este terceiro e este outro. Na primeira forma de apreensão libidinal do outro, no nível do ponto de re-escalada a partir de um certo eclipse puntiforme da libido como tal, o sujeito não sabe o que deseja mais, desse outro ou desse terceiro interveniente.

Isso é essencial para toda a estrutura das fantasias sadomasoquistas. Com efeito, se demos aqui, da fase anal, uma análise correta, aquele que constitui essa fantasia, não vamos esquecer, o sujeito – testemunha neste ponto-chave da fase anal, é mesmo aquilo que ele é: acabo de dizê-lo, ele é a mãe. E, além disso, ele é uma demanda.

Este é o verdadeiro fundamento de toda uma estrutura que vão reencontrar, radical, na fantasia fundamental do obsessivo, especialmente. Este se desvaloriza, coloca fora de si todo o jogo da dialética erótica, finge, como diz o outro, ser seu organizador. É sobre o fundamento da sua própria eliminação que ele funda toda essa fantasia.

As coisas, aqui, estão enraizadas em algo que, uma vez reconhecido, permite-lhes elucidar pontos absolutamente banais. Com efeito, se as coisas estão realmente fixadas no ponto de identificação do sujeito com o pequeno *a* excrementício, o que iremos ver? Não vamos nos esquecer de que aqui, afinal de contas, não é mais a quem está implicado no nó dramático da necessidade com a demanda que é confiado, ao menos em princípio, o cuidado de articular essa demanda. Em outras palavras, salvo nos quadros de Jerônimo Bosch, não falamos com o próprio traseiro. E no entanto temos esses curiosos fenômenos de cortes seguidos por explosões, que nos fazem entrever a função simbólica da fita excrementícia na própria articulação da fala.

Outrora, há muito tempo, e penso que não há ninguém aqui que se lembre disso, havia um pequeno personagem querido pelas crianças, como sempre houve, pequenos personagens significativos nessa mitologia infantil que é, na realidade, de origem parental. Em nossos dias, fala-se muito em Pinóquio, mas num tempo que sou velho o bastante para me lembrar existia Bout-de-Zan. A fenomenologia da criança como objeto precioso excrementício está por inteiro nessa designação, onde a criança é identificada ao elemento adocicado do alcaçuz, *glukurriza,* a doce raiz, como é, ao que parece, sua raiz grega.

Não é em vão, sem dúvida, que seja a propósito desta palavra, alcaçuz, que possamos encontrar um exemplo dos mais açucarados, é o caso de dizê-lo, da perfeita ambiguidade das transcrições significantes.

Permitam-me estes pequenos parênteses. Esta pérola, encontrei-a para uso de vocês em meu percurso – não o de ontem, aliás, reservei-lhes isso há muito tempo, mas já que o reencontro a propósito de Bout-de-Zan, vou dá-lo a vocês. Alcaçuz (*réglisse*) é, na origem, *glukurriza.* Certamente, isso não vem diretamente do grego, mas quando os latinos ouviram isso, fizeram dele *liquiritia,* servindo-se de licor. Daí, no francês antigo, *licorice,* depois *ricolice* por metástase. *Ricolice* encontrou *regle, regula* (regra) e isso deu *rygalisse.* Confessem que este encontro do alcaçuz com a regra é soberbo.

Mas isso não é tudo, pois segundo a etimologia consciente em que tudo isso resulta, e na qual confiaram, enfim, as últimas gerações, *réglisse* deveria se escrever *rai de Galıce,* porque o alcaçuz é feito com uma raiz doce que só se encontra na Galícia. O raio de Galícia, eis para onde voltamos depois de partir, é o caso de dizê-lo, da raiz grega.

Penso que essa pequena demonstração das ambiguidades significantes os terá convencido de que estamos num terreno sólido, dando-lhe toda a sua importância.

Afinal, como vimos, no nível anal ainda mais que em qualquer outro lugar, devemos ser reservados quanto à compreensão do outro. Toda compreensão da demanda, com efeito, o implica tão profundamente que devemos pensar duas vezes antes de irmos ao seu encontro. O que estou querendo dizer com isso? – senão aquilo que vem ao encontro do que vocês todos sabem, pelo menos aqueles que fizeram um pouquinho de trabalho terapêutico. A saber, que ao obsessivo não se deve dar nenhum encorajamento, desculpabilização, até mesmo comentário interpretativo que avance um pouco demais. Se o fizerem, então deverão ir muito mais longe, e vão se ver acedendo, e cedendo para maior dano de vocês, a este mecanismo precisamente pelo qual ele quer fazê-los comer, se posso dizer, seu próprio ser – uma merda.

Vocês estão instruídos pela experiência de que este não é um processo pelo qual lhe prestarão serviço, muito pelo contrário.

É noutra parte que se deve situar a introjeção simbólica, na medida em que ela tem nele que restituir o lugar do desejo. Já que, para antecipar a fase seguinte, o que o neurótico quer ser o mais comumente é o falo, certamente é produzir um curto-circuito, indevidamente, nas satisfações a lhe dar, oferecer-lhe essa comunhão fálica contra a qual já formulei, em meu seminário *O Desejo e sua Interpretação,* as objeções mais precisas. O objeto fálico como objeto imaginário não poderia em caso algum prestar-se a revelar de maneira completa a fantasia fundamental. Ele só poderia, de fato, à demanda do obsessivo, responder por aquilo a que podemos chamar, grosso modo, uma obliteração. Em outras palavras, uma via é, dessa maneira, aberta ao sujeito, por esquecer um certo número de mecanismos mais essenciais que desempenharam um papel nos acidentes de seu acesso ao campo do desejo.

Para marcar um ponto de parada em nosso percurso sobre o que formulamos hoje, diremos aqui que, se o neurótico é desejo inconsciente, isto é, recalcado, isso é, antes de mais nada, na medida em que seu desejo sobre o eclipse de uma contrademanda – que o lugar da contrademanda é, falando propriamente, o mesmo que aquele onde se situa e se edifica em seguida tudo o que o exterior possa acrescentar de suplemento à construção do supereu, uma certa maneira de satisfazer essa contrademanda – que todo modo prematuro da interpretação é criticável, na medida em que esta compreende depressa demais, e não percebe que o que há de mais importante a compreender na demanda do analisado, é aquilo que está para além dessa demanda. É a margem da incompreensão, que é a mesma do desejo. É na medida em que isso não é percebido que uma análise se fecha prematuramente, e, em suma, fracassa.

A armadilha, decerto, é que, ao interpretar, vocês dão ao sujeito alguma coisa de que se alimenta a fala, até mesmo o próprio livro que está por detrás. A fala permanece, mesmo assim, o lugar de desejo, mesmo que vocês a deem de tal maneira que esse lugar não seja reconhecível, quero dizer, mesmo que ele permaneça, este lugar, para o desejo do sujeito, inabitável.

Responder à demanda de alimento, à demanda frustrada, num significante alimentício, deixa elidido o seguinte: que para além de todo alimento da fala, o que o sujeito realmente necessita é aquilo que ele significa metonimicamente, e que não está em ponto algum dessa fala. E portanto, a cada vez que vocês introduzem – sem dúvida, são obrigados a isso – a metáfora, permanecem na mesma via que dá consistência ao sintoma. Sem dúvida, é um sintoma mais simplificado, mas ainda é um sintoma, pelo menos com relação ao desejo que se trataria de destacar.

Se o sujeito está nessa relação singular com o objeto do desejo é porque ele foi inicialmente, ele próprio, um objeto de desejo que se encarna. A fala como lugar do desejo é este *Poros* onde estão todos os recursos. E o desejo, como Sócrates nos ensinou originalmente a articular, é antes de tudo falta de recursos, aporia. Essa aporia absoluta se aproxima da fala adormecida e se faz emprenhar de seu objeto. O que quer dizer isso? – senão que o objeto estava ali, e que era ele quem pedia para emergir.

A metáfora platônica da metempsicose da alma errante, que hesita antes de saber onde virá habitar, encontra seu suporte, sua verdade e sua substância no objeto do desejo, que está ali desde antes de seu nascimento.

E Sócrates, sem o saber, quando faz o elogio, *épaïneï,* de Agatão, faz o que quer fazer, a saber, reconduzir Alcibíades à sua alma, fazendo vir à luz este objeto que é o objeto de seu desejo.

Este objeto, objetivo e fim de cada um, limitado sem dúvida porque o todo está mais além, só pode ser concebido como mais além do fim de cada um.

15 de março de 1961

XV

Oral, anal, genital

O gozo do louva-a-deus.
O Outro, lixeira do desejo.
O desejo na dependência da demanda.
Privilégio do objeto falo.

Vamos ainda errar, tenho vontade de dizer, através do labirinto da posição do desejo. Um certo retorno, um certo esgotamento do tema, um certo *working through,* como se diz, parecem-me necessários a uma posição exata da função da transferência. Já indiquei isso da última vez, e disse o porquê.

É por isso que voltarei hoje a frisar o sentido daquilo que lhes disse, levando ao exame as fases ditas da migração da libido sobre as zonas erógenas. É importante ver em que medida a visão naturalista pertencente a essa definição se articula e se resolve em nossa maneira de enunciá-la, centrando-a na relação entre a demanda e o desejo.

1

Desde o início deste encaminhamento, apontei que o desejo mantém seu lugar à margem da demanda como tal – que é esta margem da demanda que constitui seu lugar – que é num mais-além e num para aquém no todo que passa a se articular o vazio que já se esboça desde o grito da fome – que, na outra extremidade, o objeto que se chama em inglês de *nipple,* o bico do seio, o mamilo, assume no erotismo humano seu valor de *agalma,* de maravilha, de objeto precioso, tornando-se o suporte do prazer, da volúpia do mordiscar, onde se perpetua o que bem podemos chamar de uma voracidade sublime, na medida em que ela ganha este *Lust,* este prazer.

E da mesma maneira, esses *Lüste,* esses desejos – vocês conhecem o equívoco que conserva em si o termo alemão, o deslizamento de significação produzido pela passagem do singular ao plural – seu prazer e sua concupiscência, esse objeto oral os assume em outra parte. É por isso que, por uma inversão do emprego do termo sublimação, tenho o direito de dizer que vemos aqui o desvio quanto ao objetivo se fazer no sentido inverso do objeto de uma necessidade.

Com efeito, não é da fome primitiva que o valor erótico desse objeto privilegiado ganha aqui sua substância. O *érós* que o habita vem *nachträglich,* por retroação, e não apenas só-depois. E foi na demanda oral que se cavou o lugar deste desejo. Se não houvesse a demanda, com o mais-além de amor que ela projeta, não haveria este lugar para aquém, de desejo, que se constitui em torno de um objeto privilegiado. A fase oral da libido sexual exige esse lugar cavado pela demanda.

É importante examinar se esta apresentação das coisas não comportaria, de minha parte, alguma especificação que se pudesse rotular de excessivamente parcial. Não devemos tomar ao pé da letra o que Freud nos apresenta em um dos seus enunciados como a migração pura e simples de uma erogeneidade orgânica, mucosa, diria eu? Não se pode dizer que negligencio fatos naturais? A saber, por exemplo, essas moções devoradoras instintuais que encontramos, na natureza, ligadas ao ciclo sexual.

É um fato que as gatas comem seus filhotes, e se a grande figura fantasística da fêmea do louva-a-deus assombra o anfiteatro analítico é porque, realmente, ela se apresenta como uma imagem mãe, uma matriz da função atribuída àquilo que se chama ousadamente, e talvez tão impropriamente, a mãe castradora. Sim, é claro, eu mesmo, em minha iniciação analítica, de bom grado tomei por base esta imagem tão rica para ecoar, a partir do domínio natural, sobre o que se apresenta no fenômeno inconsciente. E, encontrando esta objeção, vocês podem me sugerir a necessidade de alguma correção da linha teórica com a qual acredito poder satisfazê-los comigo.

Detive-me por um instante nesta imagem e no que ela representa. Um simples olhar lançado sobre a diversidade da etologia animal nos mostra, com efeito, uma riqueza luxuriante de perversões. Nosso amigo Henri Ey fixou ali seu olhar, e fez mesmo, em *L'Évolution psychiatrique,* um número sobre o tema das perversões animais, que vão além de tudo o que a imaginação humana foi capaz de inventar. Considerados nesse registro, não seremos remetidos ao ponto de vista aristotélico, que situa o fundamento do desejo perverso num campo externo ao campo humano?

Peço-lhes que considerem o que fazemos quando nos detemos na fantasia da perversão natural. Pedindo a vocês que me acompanhem neste terreno, não desconheço o que semelhante reflexão pode parecer ter de teimosia e especulações, mas acredito que ela seja necessária para decantar aquilo que há de fundado e de infundado, ao mesmo tempo, nessa referência. E da mesma maneira, iremos com isso, vocês logo verão, ao encontro do que designo como fundamental na subjetivação, enquanto momento essencial de toda instauração da dialética do desejo.

Subjetivar a fêmea do louva-a-deus nessa ocasião é supor nela, o que nada tem de excessivo, um gozo sexual. Certamente, nada sabemos dele. O louva-a-deus fêmea talvez seja, como Descartes não hesitaria em dizer, uma pura e simples máquina, no sentido que a máquina assume na linguagem dele, que supõe justamente a eliminação de toda subjetividade. Mas não temos necessidade alguma, quanto a nós, de nos atermos a essas posições mínimas. Concedemos a ela este gozo.

Este gozo – é o passo seguinte – é gozo de alguma coisa, na medida em que ela o destrói? Pois é somente a partir daí que ele pode nos indicar as intenções da natureza.

Para apontar de imediato o que é essencial, e para que ele seja para nós um modelo qualquer do que está em questão, a saber, de nosso canibalismo oral, devemos imaginar aqui que este gozo seja correlativo da decapitação do parceiro, que ele é suposto conhecer, em algum grau, como tal.

Isso não me repugna. Pois, na verdade, a etologia animal é para nós a principal referência para se manter essa dimensão do conhecer que todos os progressos do conhecimento tornam para nós, no mundo humano, tão vacilante, por se identificar com a dimensão do desconhecer, da *Verkennung*, como diz Freud. É o campo do vivo que permite observar a *Erkennung* imaginária, e este privilégio do semelhante que chega, em certas espécies, a se revelar em esforços organógenos. Não vou voltar ao antigo exemplo em torno do qual fazia girar minha exploração do imaginário, no tempo em que começava a articular algo sobre isso que chega, com os anos, à maturidade diante de vocês, minha doutrina da análise a saber, a pomba, que não amadurece como pomba até que veja uma imagem de pombo, para o quê pode bastar um espelhinho na gaiola, e também um grito. Ela só atravessa essa fase por haver encontrado um outro grito.

Não há dúvida de que, naquilo que fascina, não somente nós mesmos, mas também o louva-a-deus macho, há a ereção de sua forma, essa exibição, essa atitude que se nos apresenta como aquela da oração, e da qual o louva-a-deus tira para nós seu nome, não sem se prestar, sem dúvida, a não-sei-que volta vacilante. Constatamos que é diante dessa fantasia, essa fantasia encarnada, que o macho cede, que ele é capturado, atraído, aspirado, cativado no abraço que será, para ele, mortal.

É claro que a imagem do outro imaginário como tal está ali, presente no fenômeno, e não é demais supor que algo ali se revele, mas será que isso equivale a dizer que seja alguma prefiguração, já ali, um decalque invertido daquilo que se apresentaria no homem como uma espécie de resto e de sequela de uma possibilidade definida, das variações, do jogo, das tendências naturais?

Se atribuímos um valor a este exemplo monstruoso, não podemos ainda assim deixar de observar a diferença do que se apresenta na fantasística humana, aquela onde podemos partir com certeza do sujeito, ali somente onde nós estamos certos disso, a saber, na medida em que ele é o suporte da cadeia significante. Não podemos, portanto, deixar de observar que, naquilo que nos é apresentado aqui pela natureza, existe, do ato ao seu excesso, ao que o transborda, ao que o conduz a um excedente devorador, o sinal, para nós, de que uma outra estrutura, uma estrutura instintual, está aí exemplificada. Este sinal é de que existe ali sincronia. É no momento do ato que se exerce esse complemento, que exemplifica para nós a forma paradoxal do instinto.

E a partir de então, não se vê desenhar-se aqui um limite, que nos permite definir estritamente para quê o que está ali exemplificado nos serve? Esse exemplo só nos serve para dar a forma daquilo que queremos dizer quando falamos de um desejo.

Se falamos do gozo deste outro que é o louva-a-deus fêmea, se nos interessa no momento, é que ou bem ela goza ali onde está o órgão do macho, ou bem ela goza também em outra parte. Mas, onde quer que ela goze – isso de que jamais saberemos nada, pouco importa – que ela goze noutra parte só tem sentido pelo fato de que ela goze – ou não goze, pouco importa – lá. Que ela goze onde lhe aprouver, isso só tem sentido, no valor assumido por essa imagem, pela relação ao *lá* de um gozar virtual. Na sincronia, seja do que for que se trate, isso jamais passará, mesmo desviado, de um gozo copulatório.

Na infinita diversidade natural dos mecanismos instintuais, podemos facilmente descobrir formas evocativas, inclusive, por exemplo, aquelas em que o órgão da copulação é perdido *in loco,* na própria consumação. Podemos igualmente considerar que o fato de que o devoramento é uma das numerosas formas do prêmio dado à parceira individual da copulação, enquanto ordenada a seu fim específico, para retê-la no ato que se trata de permitir. O caráter exemplificador da imagem que nos é proposta não começa, portanto, senão no ponto preciso onde não temos o direito de ir.

Explico-me. O louva-a-deus, a parceira fêmea, executa com suas mandíbulas o devoramento da extremidade cefálica do parceiro macho. Ora, essa parte de sua anatomia participa como tal das propriedades constituídas na natureza viva pela extremidade cefálica, a saber, um certo agrupamento da tendência individual e a possibilidade, em qualquer registro que se exerça, de um discernimento e de uma escolha. Em outras palavras, isso faz pensar que a fêmea do louva-a-deus gosta mais *disso,* da cabeça de seu parceiro, que de qualquer outra coisa. Que existe ali uma preferência absoluta. Que é *isso* que ela ama.

É na medida em que ela ama *isso* – o que se mostra para nós, na imagem, como gozo a expensas do outro – que começamos a colocar nas funções naturais o que está em questão, a saber, o senso moral – em outras palavras, que entramos na dialética sadiana.

A preferência dada ao gozo com relação a toda referência ao outro se descobre como a dimensão essencial da natureza – mas é por demais visível que este senso moral somos nós quem o trazemos. Só o trazemos na medida em que descobrimos o sentido do desejo como relação com aquilo que, no outro, é objeto parcial, e como escolha desse objeto.

Aqui, vamos prestar um pouco mais de atenção. Seria este exemplo plenamente válido para nos ilustrar a preferência da parte com relação ao todo, julgamento ilustrável pelo valor erótico dado à extremidade mamilar de que eu falava há pouco? Não estou tão certo disso. Na imagem do louva-a-deus, é menos a parte que seria preferida ao todo – da maneira mais horrível, e de um modo tal que já nos permitiria fazer um curto-circuito na função da metonímia – mas o todo que é preferido à parte.

Não vamos omitir, com efeito, que mesmo numa estrutura animal tão distanciada de nós, aparentemente, quanto a do inseto, funciona certamente o valor de concentração, de reflexão, de totalidade da extremidade cefálica enquanto representada em alguma parte. Em todo caso, na fantasia, na imagem que nos captura, esta acefalização do parceiro atua com sua acentuação particular. Não vamos omitir, em suma, o valor fabulatório do louva-a-deus fêmea, subjacente ao que ela representa numa certa mitologia, ou mais simplesmente num folclore, em tudo aquilo que Roger Caillois acentuou, sob o registro do *Mito e o Sagrado.* Esta é sua primeira obra, e não parece que ele tenha indicado suficientemente que estamos, ali, na poesia. Esta imagem não tira sua ênfase, apenas, de uma referência à relação com o objeto oral, tal como se esboça na *koine* do inconsciente, a língua comum. Trata-se de uma característica mais acentuada, que nos designa uma certa ligação da acefalia com a transmissão da vida como tal, com a passagem da chama de um indivíduo para outro, numa eternidade significada da espécie, a saber, que o *Gelüst* não passa pela cabeça.

Aí está o que dá à imagem do louva-a-deus seu sentido trágico, e que nada tem a ver com a preferência por um objeto dito oral, que, na fantasia humana, jamais se relaciona, em ocasião alguma, com a cabeça.

É de coisa bem diferente, que se trata na ligação do desejo humano com a fase oral.

2

O que se perfila pela identificação recíproca entre o sujeito e o objeto do desejo oral vai, a experiência nos mostra de imediato, na direção de um despedaçamento constitutivo.

Foram evocadas recentemente, por ocasião de nossas Jornadas provinciais, essas imagens de espedaçamento como ligadas a não-sei-que terror primitivo que parecia, não sei por que, assumir para os autores um certo valor de designação inquietadora, quando é, realmente, a fantasia mais fundamental, a mais difundida, nas origens de todas as relações do homem com sua somática. Os pedaços de pavilhão de anatomia que povoam a imagem célebre do *São Jorge* de Carpaccio na pequena igreja de Santa Maria dos Anjos em Veneza não deixam de ser apresentados no nível do sonho a toda experiência individual, com ou sem análise. E igualmente, no mesmo registro, a cabeça que passeia sozinha continua muito bem, como em Cazotte, a contar suas historietas.

O importante não está aí.

A descoberta da análise é que o sujeito, no campo do Outro, não encontra somente as imagens de seu próprio despedaçamento, mas daí por diante, desde a origem, os objetos do desejo do Outro – a saber, os da mãe, não apenas em seu estado de despedaçamento, mas com os privilégios que lhe são atribuídos pelo desejo desta. Em particular, diz-nos Melanie Klein, um desses objetos, o falo paterno, é encontrado desde as primeiras fantasias do sujeito, e está na origem do fantasma do *ele vai falar, ele deve falar.* No império interior do corpo da mãe onde se projetam as primeiras formações imaginárias algo que se distingue como mais especialmente acentuado, até mesmo nocivo, é percebido no falo paterno.

No campo do desejo do Outro, o objeto subjetivo já encontra ocupantes identificáveis, na medida dos quais, se posso dizer, ou ao preço dos quais ele já tem de se avaliar e pesar. Penso nesses pequenos pesos, diversamente modelados, em uso nas tribos primitivas da África, onde vocês veem um animalzinho à maneira de uma rodilha, até mesmo algum objeto faliforme como tal.

No nível fantasístico, o privilégio da imagem da fêmea do louva-adeus está ligado ao seguinte: que não é, afinal, tão certo que se suponha que a louva-a-deus coma seus machos em série. A passagem ao plural é a dimensão essencial onde ela assume para nós um valor fantasístico.

Aí está, pois, definida a fase oral. É somente no interior da demanda que o Outro se constitui como reflexo da fome do sujeito. O Outro, portanto, não é de modo algum apenas fome, mas fome articulada, fome que demanda. E o sujeito está, dessa maneira, aberto para se tornar objeto, mas, se posso dizer, de uma fome que ele escolhe.

A transição se faz da fome ao erotismo pela via daquilo a que eu chamava há pouco uma preferência. Ela ama alguma coisa, *isso,* em especial – por uma gulodice, se podemos dizer. Eis-nos reintroduzidos ao registro dos pecados originais. O sujeito vem se situar no cardápio do canibalismo, que, todos sabem, nunca está ausente de qualquer fantasia de comunhão.

Leiam, a respeito, um tratado daquele autor de que lhes falo ao longo dos anos, numa espécie de retorno periódico, Balthasar Gracián. É evidente que só aqueles de vocês que sacam espanhol podem encontrar nele plena satisfação a menos que o façam traduzir – pois, se Gracián foi traduzido muito cedo, como se traduzia na época, quase instantaneamente em toda a Europa, várias de suas obras permaneceram não traduzidas. Trata-se aqui de seu tratado sobre a comunhão, *El Comulgatorio,* que é um bom texto, no sentido em que nele se revela algo raramente confessado – as delícias do consumo do corpo do Cristo são ali detalhadas, e pedem-nos que nos detenhamos naquela bochecha excelente, naquele braço delicioso, dispenso-os da continuação onde a concupiscência espiritual se prolonga, revelando-nos assim aquilo que permanece sempre implicado nas formas, mesmo as mais elaboradas, da identificação oral. Nessa temática, vocês veem a tendência mais original se desenvolver pela virtude do significante, em todo um campo criado daí por diante para ser secundariamente habitado.

Em oposição, quis mostrar-lhes, da última vez, um sentido habitualmente pouco ou mal-articulado da demanda anal.

A demanda anal se caracteriza por uma completa reversão, em benefício do Outro, da iniciativa. É aí, isto é, numa fase que, em nossa ideologia normativa, não é muito avançada, nem madura, que jaz a fonte da disciplina – nem digo o dever, mas a disciplina – da limpeza –, palavra da qual a língua francesa marca tão lindamente a oscilação com a propriedade – com aquilo que pertence como próprio –,[12] a educação, as boas maneiras. Aqui, a demanda é exterior, está no nível do Outro, e coloca-se enquanto articulada como tal.

O estranho é que devemos ver nisso – e reconhecer, no que sempre foi dito, e do qual, parece, ninguém captou a importância – o ponto onde nasce o objeto de dom enquanto tal. Nessa metáfora, o que o sujeito pode dar está exatamente ligado àquilo que ele pode reter, a saber, seu próprio dejeto, seu excremento. É impossível não se ver aí algo de exemplar, indispensável de se designar como o ponto radical onde se decide a projeção do desejo do sujeito no Outro.

Há um ponto da fase em que o desejo se articula e se constitui, em que o Outro é, falando propriamente, sua lixeira. E não é de se espantar ver que os idealistas da temática de uma hominização do cosmos, ou, como são forçados a se exprimir em nossos dias, do planeta, esquecem que uma das fases manifestas desde sempre da hominização do planeta é que o animal-homem faz dele um depósito de lixo. O testemunho mais antigo que temos de aglomerações humanas são enormes pirâmides de restos de conchas, que levam um nome escandinavo.

Não é à toa que as coisas são assim. Mais, ainda, se for necessário, algum dia, reconstituir o modo pelo qual o homem se introduziu no campo do significante, será nesses primeiros amontoados que convirá designá-lo.

Aqui, o sujeito se designa no objeto evacuado. Aqui está, se posso dizer, o ponto zero de uma... do desejo. Ele repousa inteiramente no efeito da demanda do Outro – o Outro decide isso. É ali mesmo que encontramos a raiz da dependência do neurótico. Lá está a nota sensível pela qual o desejo do neurótico se caracteriza como pré-genital. Ele depende tanto da demanda do Outro que o que o neurótico demanda ao Outro, em sua demanda de amor de neurótico, é que se o deixe fazer alguma coisa.

O lugar do desejo permanece manifestamente, até certo ponto, na dependência da demanda do Outro.

3

Que sentido podemos dar, com efeito, à fase genital? O único sentido que lhe podemos dar é o seguinte.

O desejo deveria, realmente, ressurgir um dia, como algo que merecesse ser chamado de um desejo natural, ainda que, tendo em vista seus nobres antecedentes, jamais pudesse sê-lo. Em outras palavras, o desejo deveria aparecer como aquilo que não se demanda, como visar aquilo que não se demanda.

Não se precipitem em dizer, por exemplo, que o desejo é aquilo que se toma. Tudo o que disserem não fará jamais senão fazê-los recair na pequena mecânica da demanda.

O desejo natural tem essa característica de não poder se dizer de maneira nenhuma, e é por isso mesmo que vocês nunca terão nenhum desejo natural. O Outro já está instalado no lugar, o Outro com O maiúsculo, como aquele onde repousa o signo. E o signo é bastante para instaurar a questão *Che vuoi?*, à qual, inicialmente, o sujeito nada pode responder.

Um signo representa alguma coisa para alguém, e à falta de saber o que representa o signo, o sujeito, diante dessa questão, quando aparece o desejo sexual, perde o alguém a quem o desejo se dirige, isto é, ele mesmo. E nasce a angústia do pequeno Hans.

Aqui se desenha o que, preparado pela fratura do sujeito através da demanda, se instaura na relação entre a criança e a mãe que, por um instante, vamos manter, como ela se mantém frequentemente, isolada.

A mãe do pequeno Hans, e também todas as mães – *apelo a todas as mães,* como dizia o outro – distingue sua posição porque profere, a propósito do que começa a aparecer em Hans como uma pequena agitação, um pequeno estremecimento nada duvidoso quando do primeiro despertar de uma sexualidade genital – *É uma grande porcaria.* Isso é repugnante, o desejo, este desejo do qual ele não pode dizer o que é. Mas isso é estritamente correlativo de um interesse não menos duvidoso pelo objeto ao qual aprendemos a dar toda a sua importância, a saber, o falo.

De uma maneira sem dúvida alusiva, mas não ambígua, quantas mães, todas as mães, diante da torneirinha do pequeno Hans ou de algum outro, seja como for que se o chame, farão reflexões como – *Ele é muito bem-dotado, o meu filho.* Ou então: *Você vai ter muitos filhos.* Em suma, a apreciação que incide aqui sobre o objeto, este ainda bem parcial, contrasta com a recusa do desejo, no próprio momento do encontro com aquilo que solicita o sujeito no mistério do desejo. A divisão se instaura entre, por um lado, este objeto que se torna a marca de um interesse privilegiado, que se torna *agalma,* a pérola no seio do indivíduo que estremece, aqui, em torno do ponto pivô de seu advento à plenitude viva e, por outro lado, uma depreciação do sujeito. Ele é apreciado como objeto, ele é depreciado como desejo.

E é em torno disso que vão operar as contas e vai girar a instauração do registro do ter. Vale a pena nos determos aqui. Vou entrar em mais detalhes.

A temática do ter, eu a anuncio para vocês há muito tempo através de fórmulas do tipo – o amor é dar o que não se tem. Decerto, quando a criança dá o que tem, é na fase anterior. O que é que ela não tem, e em que sentido? Pode-se, certamente, fazer girar a dialética do ser e do ter em torno do falo. Mas não é para esse lado que vocês devem olhar para bem-compreender.

Qual é a dimensão nova introduzida pela entrada no drama fálico? O que ele não tem, aquilo que não está à sua disposição naquele ponto de nascimento e de revelação do desejo genital, nada mais é que seu ato. Ele não tem mais nada a não ser uma promissória para o futuro. Ele institui o ato no campo do projeto.

Peço-lhes que observem aqui a força das determinações linguísticas. Assim como o desejo assumiu, na conjunção das línguas romanas, a conotação de *desiderium,* de luto e de pesar, não é à toa que as formas primitivas do futuro sejam abandonadas por uma referência à voz. *Eu cantarei,* é exatamente o que vocês veem escrito: *eu cantar-ei.* Isso vem, efetivamente, de *cantare habeum.* A língua romana decadente achou o caminho mais seguro de reencontrar o verdadeiro sentido do futuro – *Eu transarei mais tarde, Eu transei como uma promissória contra o futuro, Eu desejarei.* E da mesma forma este *habeo* é a introdução da dívida simbólica a um *habeo* destituído. E é no futuro que se conjuga esta dívida, quando ela assume a forma de mandamento – *Honrarás teu pai e tua mãe* etc.

Quero, hoje, detê-los num último ponto, às portas, apenas, daquilo que resulta desta articulação, lenta, sem dúvida, mas feita justamente para que vocês não precipitem aí excessivamente a marcha.

O objeto de que se trata, disjunto do desejo, o objeto falo, não é a simples especificação, o homólogo, a homonímia, do *a* imaginário onde decai a plenitude do Outro, do grande A. Não é uma especificação, enfim surgida, daquilo que teria sido anteriormente o objeto oral, depois o objeto anal. Como lhes indiquei desde o início do discurso de hoje, quando marquei para vocês o primeiro encontro do sujeito com o falo – o falo é um objeto privilegiado no campo do Outro, um objeto que vem em dedução do estatuto do Outro como tal.

Em outras palavras, no nível do desejo genital da fase da castração, da qual tudo isso é feito para lhes introduzir a articulação precisa, o *a* é o A menos *phi* (φ). E é por este viés que o *phi* vem simbolizar aquilo que falta ao Outro para ser o A noético, o A de pleno exercício, o Outro enquanto se pode confiar na sua resposta à demanda. Deste Outro noético, o desejo é um enigma. E este enigma está enlaçado com o fundamento estrutural da sua castração.

É aqui que se inaugura toda a dialética da castração.

Prestem atenção, agora, para não confundir também este objeto fálico com aquilo que seria o signo, no nível do Outro, de sua falta de resposta. A falta de que se trata aqui é a falta do desejo do Outro. A função assumida pelo falo, enquanto reencontrado no campo do imaginário, não é a de ser idêntico ao Outro como designado pela falta de um significante; é de ser a raiz desta falta. Pois é o Outro que se constitui numa relação com esse objeto *phi*, relação privilegiada, certamente, porém complexa.

É aqui que vamos encontrar a ponta do que constitui o impasse e o problema do amor, a saber, que o sujeito não pode satisfazer a demanda do Outro senão rebaixando-o – fazendo deste Outro o objeto de seu desejo.

22 de março de 1961

XVI

Psiquê e o complexo de castração

Zucchi e Apuleio.
As desventuras da alma.
Paradoxo do complexo de castração.
A significância do falo.
O desejo do analista.

Não é porque nos desviamos, aparentemente, daquilo que é o centro da preocupação de vocês, que não se o reencontra na extrema periferia. Foi o que me aconteceu em Roma, quase sem que eu percebesse, na Galeria Borghèse, no lugar mais inesperado.

Minha experiência ensinou-me a sempre olhar para o que está perto do elevador, que é frequentemente significativo e para onde nunca se olha. A experiência em questão é absolutamente aplicável a um museu, e, transferida para o museu da Galeria Borghèse, me fez voltar a cabeça no momento de sair do elevador, graças ao quê vi alguma coisa na qual nunca nos detemos, e de que eu jamais tinha ouvido falar por ninguém – um quadro de um tal de Zucchi.

Não é um pintor muito conhecido, embora não tenha escapado completamente às malhas da crítica. É aquilo a que se chama um maneirista, do primeiro período do maneirismo, e suas datas são, mais ou menos, 1547-1590.

Trata-se de um quadro que se chama *Psiche sorprende Amore,* isto é, Eros. É a cena clássica de Psiquê elevando sua pequena lâmpada sobre Eros, que é, já há algum tempo, seu amante noturno, nunca visto.

Vocês têm, sem dúvida, uma pequena ideia desse drama. Psiquê, favorecida por um extraordinário amor, o do próprio Eros, goza de uma felicidade que poderia ser perfeita se não lhe viesse a curiosidade de ver de quem se trata. Não que não fosse advertida pelo seu próprio amante de nunca procurar lançar luz sobre ele, sem que este pudesse lhe dizer que sanção resultaria disso, mas sua insistência em permanecer invisível era extrema. Entretanto, Psiquê não pôde agir de outra forma senão chegar a isso, e naquele momento seus dissabores começaram.

Não posso contá-los a todos vocês. Quero em primeiro lugar mostrar-lhes de que se trata, já que, igualmente, é aí que está o importante de minha descoberta. Arranjei duas reproduções desse quadro, e vou fazê-las circular. Dupliquei-as por um esboço feito por um pintor do qual mesmo aqueles que não conhecem minhas relações familiares reconhecerão, espero, o traço. Ele quis, de bom grado, esta manhã mesma, tendo em vista o desejo que tinha de me agradar, fazer para vocês este pequeno esboço, que me permitirá apontar o que está em causa na minha demonstração.

Vocês estão vendo que o esboço de André Masson corresponde, em suas linhas significativas, ao menos, ao que estou fazendo circular.

Indico que o tom de minha voz hoje se explica pelo fato de que acreditei dever ir ao lugar, no Palatino, que o comendador Boni, há uns cinquenta anos, acreditou poder identificar com aquilo que os autores latinos denominam o *mundus*. Fui capaz de descer até lá, mas receio que se trate apenas de uma cisterna, e consegui apanhar ali uma dor de garganta.

1

Não sei se vocês já viram o tema de Eros e Psiquê ser tratado desta maneira, embora ele tenha sido tratado de maneiras inumeráveis, tanto na escultura quanto na pintura. Por mim, jamais vi Psiquê aparecer em obra de arte armada, como está neste quadro, com algo que é representado aí muito vivamente como um pequeno trinchante, e que é, precisamente, uma cimitarra.

Por outro lado, vão observar o que é, aqui, significativamente, projetado sob a forma de uma flor, do buquê do qual ela faz parte, e do vaso em que ela se insere. Verão que, de uma forma muito intensa, muito marcante, esta flor é, propriamente falando, o centro mental visual do quadro. O buquê e esta flor vêm, com efeito, em primeiro plano, e são vistos contra a luz, o que quer dizer que isso faz uma massa negra, que é tratada de tal modo que dá ao quadro este caráter chamado de maneirista. O conjunto é desenhado de uma maneira extremamente refinada.

Haveria, certamente, coisas a dizer sobre as flores que foram escolhidas no buquê. Mas, em torno desse buquê, vindo por trás dele, brilha uma luz intensa que incide sobre as coxas alongadas e o ventre do personagem que simboliza Eros. É realmente impossível não ver aqui, designado da forma mais precisa, e como pelo indicador mais firme, o órgão que deve anatomicamente se dissimular por trás desta massa de flores, a saber, muito precisamente, o falo de Eros.

Isso é visto na própria maneira do quadro, acentuado de forma tal que não se trata de modo algum, no que lhes digo, de uma interpretação analítica. Não pode deixar de se apresentar à representação o fio que une a ameaça do trinchante àquilo que nos é aqui designado.

Isso vale a pena ser sublinhado, pois não é frequente em arte. Já nos representaram muito *Judith e Holofernes,* mas não é disso que se trata aqui, já que é cortação de cabeça. Todavia, o próprio gesto, tenso, do outro braço que carrega a lâmpada é feito realmente para nos evocar todas as ressonâncias desse outro tipo de quadro a que faço alusão, pois aquela lâmpada ali está suspensa sobre a cabeça de Eros.

Vocês sabem que, na história, é uma gota de óleo, entornada num movimento um pouco brusco de Psiquê, muito emocionada, que vem despertar Eros, causando-lhe, aliás, a história nos indica, um ferimento do qual ele sofreu por muito tempo. Vamos observar, para sermos minuciosos, que, na reprodução que vocês têm sob os olhos, há, com efeito, algo como um traço luminoso que parte da lâmpada indo em direção à espádua de Eros. No entanto, a obliquidade desse traço não deixa pensar que se trate desta lágrima de óleo, mas sim de um raio de luz.

Alguns pensarão que existe aí alguma coisa muito notável, e que representa por parte do artista uma inovação, e portanto uma intenção que lhe poderíamos atribuir sem ambiguidade – a de representar a ameaça da castração, aplicada na conjuntura amorosa. Se avançássemos nesse sentido, creio que logo teríamos que voltar atrás.

Logo teríamos que voltar atrás porque – ainda não lhes apontei este fato, mas espero que ele já tenha vindo à mente de alguém – esta história, apesar da fulguração que teve na história da arte, só nos é conhecida através de um único texto, que está no *Asno de Ouro* de Apuleio.

Espero, para seu prazer, que tenham lido *O Asno de Ouro.* É um texto, devo dizer, muito estimulante. Se algumas verdades estão, como sempre se disse, incluídas nesse livro, sob uma forma mítica e imajada, verdadeiros segredos esotéricos, é uma verdade embrulhada nos aspectos mais cambiantes, para não dizer excitantes e titilantes. À primeira vista, é, para dizer a verdade, alguma coisa que ainda não foi superada, nem pelas mais recentes produções que nesses últimos anos, na França, nos regalaram no gênero erótico mais caracterizado, com toda a nuance de sadomasoquismo que constitui o destaque mais comum do romance erótico.

O Asno de Ouro conta uma horrível história do rapto de uma jovem, acompanhado das ameaças mais aterrorizantes a que esta se encontra exposta em companhia do asno, aquele que fala na primeira pessoa nesse romance, e é num entreato incluído nessa aventura de um gosto bem refinado, que uma velha, para distrair por um instante a moça em questão, a sequestrada, conta-lhe longamente a história de Eros e Psiquê.

Ora, é em consequência da ação pérfida de suas irmãs, que não descansam até fazê-la cair na cilada, violar as promessas que fez a seu amante divino, que Psiquê sucumbe. O último artifício de suas irmãs é sugerir-lhe que ele é um monstro horrendo, uma serpente do aspecto mais odioso, e que certamente ela não deixa de correr algum perigo com ele. Depois do que, o curto-circuito mental se produz, ou seja, lembrando-se dos interditos extremamente insistentes que lhe impõe seu interlocutor noturno, recomendando-lhe não violar em caso algum sua interdição muito severa de não tentar vê-lo, ela vê coincidir demais esse discurso com o que lhe sugerem suas irmãs. E é aí que dá o passo fatal.

Para dá-lo, em vista do que lhe foi sugerido, isto é, aquilo que acredita dever encontrar, ela se arma. E é por isso, apesar de a história da arte não nos dar nenhum outro testemunho de que eu tenha conhecimento – seria grato a alguém, incitado por minhas observações, que me trouxesse agora a prova em contrário – que Psiquê foi representada, naquele momento significativo, como armada. Foi realmente do texto de Apuleio que o maneirista em questão, Zucchi, tornou emprestado o que faz a originalidade da cena.

O que quer dizer isso? Na época em que Zucchi nos representa essa cena, sua história estava muito difundida, e por todos os tipos de razões. Se disso temos um único testemunho literário, temos muitos deles na ordem das representações plásticas e figuradas. Dizem, por exemplo, que o grupo que está no Museu dos Ofícios de Florença representa um Eros com uma Psiquê, desta vez ambos alados. Podem observar que aqui, se Eros tem asas, Psiquê não.

Psiquê nasceu das asas da borboleta. Possuo objetos alexandrinos onde a Psiquê é representada sob diversos aspectos, e frequentemente munida de asas de borboleta, que eram, naquela ocasião, o signo da imortalidade da alma. Vocês conhecem as fases da metamorfose que a borboleta sofre, a saber, que ela nasce inicialmente em estado de lagarta, de larva, depois envolve-se numa espécie de túmulo, de sarcófago, de uma maneira que lembra uma múmia, e ali fica até ressurgir sob uma forma glorificada. A temática da borboleta como significativa da imortalidade da alma apareceu desde a Antiguidade, e não apenas nas religiões diversamente periféricas. Ela foi mesmo utilizada na religião cristã como simbólica da imortalidade da alma, e ainda o é. E é muito difícil negar que se trate, nessa história, daquilo que se pode chamar de dissabores e desventuras da alma.

Temos apenas um texto mitológico como fundamento de sua transmissão na Antiguidade, o de Apuleio. Os autores acentuam diversamente as significações religiosas e espirituais da coisa, e achariam, de bom grado, que só temos em Apuleio uma forma depreciada, romanesca, que não nos permite alcançar a importância original do mito. Apesar de suas alegações, acredito, ao contrário, que o texto de Apuleio é extremamente rico.

O que é representado, aqui, pelo pintor, é somente o começo da história. Na fase anterior, temos o que se pode chamar a felicidade de Psiquê, mas também uma primeira prova, a saber, que esta é considerada inicialmente tão bela quanto Vênus, e já é por efeito de uma primeira perseguição dos deuses que se acha exposta no alto de um rochedo outra forma do mito de Andrômeda – a um monstro que a deve capturar. Este, de fato, ocorre ser Eros, a quem Vênus deu o encargo de entregar Psiquê àquele de quem ela deve ser a vítima. Seduzido por aquela contra quem ele deve ser o delegado das ordens cruéis de sua mãe, ele a sequestra e instala num esconderijo, onde ela goza, em suma, da felicidade dos deuses.

A história, pois, quer dizer que a pobre Psiquê participa de uma outra natureza que não a natureza divina, e mostra as fraquezas mais deploráveis, entre os quais sentimentos de família – ela não sossega enquanto não obtém de Eros, seu esposo desconhecido, a permissão para rever suas irmãs, e aqui a história se encadeia. Há, portanto, antes do momento representado nesta pequena obra-prima, um curto momento anterior, mas toda a história se estende depois. Não vou contá-la a vocês por inteiro; pois isso foge ao nosso tema.

Essa história se espalha, aliás, pelo teto e pelas muralhas do encantador palácio da Farnesina, e nem mais nem menos que pelo pincel do próprio Rafael. São cenas amáveis, quase que amáveis em excesso. Não somos mais capazes de suportar essa espécie de bonitezas. Parece ter-se degradado para nós o que apareceu, da primeira vez que seu tipo surgia do pincel genial de Rafael, como uma beleza surpreendente. Na verdade, deve-se sempre levar em conta, que um certo protótipo, uma certa forma, deve causar no momento de sua aparição, uma impressão completamente diferente daquela que causa depois de ter sido, não somente milhares de vezes reproduzida, mas milhares de vezes imitada. Em suma, as pinturas de Rafael em Farnesina nos dão um tratamento escrupulosamente calcado no texto de Apuleio, das desventuras de Psiquê.

Para que não duvidem de que Psiquê não é uma mulher, e sim a alma, que me seja bastante dizer a vocês, por exemplo, que ela vai recorrer a Deméter, presentificada com todos os instrumentos, todas as armas de seus mistérios, pois é, realmente, da iniciação aos mistérios de Elêusis que se trata. Ela é rejeitada, porque a tal de Deméter deseja, antes de tudo, não se indispor com sua cunhada Vênus. Trata-se apenas disso: por haver decaído, e dado inicialmente um mau passo de que ela nem mesmo é culpada, pois o ciúme de Vênus só provém de considerá-la uma rival, a infeliz alma se vê como um joguete, repelida por todos os socorros, até mesmo os socorros religiosos. Assim se poderia fazer toda uma pequena fenomenologia da alma desventurada, comparada àquela da consciência qualificada pelo mesmo nome.

Não nos enganemos nesse ponto. A temática desta linda história de Psiquê não é a do casal. Não se trata das relações entre homem e mulher. Basta saber ler para ver aquilo que só está realmente escondido por estar em primeiro plano e evidente demais, como na *Carta Roubada* – nada além das relações entre a alma e o desejo.

É neste ponto que podemos dizer, sem forçar as coisas, que, para nós, a composição extremamente minuciosa desse quadro dá, de modo exemplar, pela intensidade da imagem aqui produzida isoladamente, um caráter sensível ao que poderia ser uma análise estrutural do mito de Apuleio que resta a se fazer.

Já disse a vocês o bastante sobre o que vem a ser a análise estrutural de um mito para que saibam, ao menos, que isso existe. Já que se faz, em Claude Lévi-Strauss, a análise de um certo número de mitos norte-americanos, não vejo por que não nos entregaríamos a esta mesma análise com referência à fábula de Apuleio. Estamos – coisa curiosa – menos bem-servidos nas coisas mais próximas de nós que em outras que nos parecem mais distanciadas quanto às fontes.

Temos somente uma versão deste mito, a de Apuleio. Mas não parece impossível operar num sentido que permita colocar em evidência, aí, um certo número de pares de oposições significativas.

Apenas, sem o recurso do pintor, talvez nos arriscássemos a deixar passar despercebido o caráter realmente primordial e original daquele tempo da história de Psiquê.

Este é, no entanto, o seu tempo mais conhecido, e todos sabem que Eros foge e desaparece porque a pequena Psiquê foi curiosa demais, e, além disso, desobediente. E isso que, na memória coletiva, resta do sentido desse mito. Mas alguma coisa está oculta atrás, e, se acreditarmos no que nos revela aqui a intuição do pintor, isso seria simplesmente este momento decisivo que ele pintou.

Esta não é, decerto, a primeira vez que vemos aparecer este momento num mito antigo. Mas seu valor de ênfase, seu caráter crucial, sua função pivô, tiveram que esperar durante longos séculos antes de serem postos por Freud no centro da temática psíquica.

2

Se não me pareceu inútil, tendo feito este achado, contá-lo para vocês, é que ocorre que a pequena imagem que ficará, pelo próprio fato do tempo que lhe consagro esta manhã, impressa em seus espíritos, ilustra aquilo que hoje não posso fazer mais que designar como o ponto de convergência de toda a dinâmica instintual, na medida em que lhes ensinei a considerar seu registro como marcado pelos fatos do significante.

É isso que me permite acentuar como se deve articular, nesse nível. o complexo de castração. Ele só pode se articular plenamente considerando-se a dinâmica instintual como estruturada pela marca do significante. Ao mesmo tempo, o valor da imagem é mostrar-nos que existe, portanto, uma superposição, ou uma sobreimposição, um centro comum, no sentido vertical, entre a alma e esse ponto de produção do complexo de castração, onde os deixei da última vez. Vamos, agora, prosseguir.

Tomei a temática do desejo e da demanda na ordem cronológica, mas sublinhando-lhes, a todo instante, a divergência, o *splitting,* a diferença, entre o desejo e a demanda, que marca com seu traço todas as primeiras etapas da evolução libidinal. Mostrei-a a vocês determinada pela ação *nachträglich,* retroativa, vinda de um certo ponto onde o paradoxo do desejo e da demanda aparece com um mínimo de fulgor, e que é a fase genital – na medida em que, ali pelo menos, desejo e demanda, ao que parece, deveriam poder se distinguir.

Demanda e desejo são marcados, aí, por este traço de divisão e de dispersão, que ainda é para os analistas, se vocês lerem os autores, um problema, uma questão, um enigma mais evitado do que resolvido, e a que se chama o complexo de castração.

É preciso que vejam, graças a esta imagem, que o complexo de castração, em sua estrutura e em sua dinâmica instintual, está centrado de um modo tal que recorta exatamente aquilo a que podemos chamar o ponto de nascimento da alma.

Se o mito tem um sentido, é com efeito o de que Psiquê só começa a viver como Psiquê, isto é, não simplesmente como provida de um dom inicial extraordinário que a faz igual a Vênus, nem tampouco por um favor mascarado e desconhecido que lhe oferece uma felicidade infinita e insondável, mas enquanto sujeito de um pathos que é, propriamente falando, aquele da alma, no momento em que o desejo que a cumulou se esquiva e foge dela. É a partir desse momento que começam as aventuras de Psiquê.

Já disse a vocês um dia, todo dia é o nascimento de Vênus, e como nos diz o mito platônico, devido a isso é também todo dia a concepção de Eros. Mas o nascimento da alma, no universal e no particular, é, para todos e cada um, um momento histórico. E é a partir deste momento que se desenvolve a história dramática com que temos a ver em todas as suas consequências.

Pode-se dizer, afinal, que a análise, com Freud, foi direto a este ponto. A mensagem freudiana terminou nessa articulação, a saber, que existe um termo último – a coisa é articulada em *Análise Terminável e Interminável* – a que se chega quando se consegue reduzir no sujeito todas as avenidas de sua ressurgência, de sua revivescência, de sua repetição inconsciente, quando se consegue fazer convergir esta última para o rochedo – o termo está no texto – do complexo de castração.

Trata-se do complexo de castração no homem, bem como na mulher – o termo *Penisneid* é, no texto, um dos marcadores do complexo de castração. É em torno desse complexo de castração e, se posso dizer, voltando a partir desse ponto, que devemos pôr à prova novamente tudo o que pôde, de alguma forma, ser descoberto a partir deste ponto limite. Quer se trate da valorização do efeito decisivo e primordial daquilo que compete às instâncias do saber, quer se trate da entrada em funcionamento daquilo a que se chama a agressividade do sadismo primordial, ou ainda daquilo que se articulou, nos diferentes desenvolvimentos possíveis, em torno da noção de objeto, de sua decomposição e seu aprofundamento, até valorizar a noção dos bons e maus objetos primordiais – tudo isso só pode ser ressituado numa justa perspectiva se recapturarmos a partir do quê isso efetivamente divergiu – este ponto, até um certo grau insustentável por seu paradoxo, que é o do complexo de castração.

A imagem que tenho o cuidado de mostrar a vocês hoje tem o valor de encarnar o que quero dizer quando falo do paradoxo do complexo de castração. Com efeito, até agora, nas diferentes fases que estudamos, estava presente uma divergência motivada pela distinção e pela discordância entre o que constitui o objeto da demanda – que seja, na fase oral, a demanda do sujeito, ou, na fase anal, a demanda do Outro – e aquilo que, no Outro, está no lugar do desejo. Aí está o que seria, até certo ponto no caso de Psiquê, mascarado e velado, ainda que secretamente percebido pelo sujeito arcaico, infantil. Ora, não pareceria que, naquilo que se pode, maciçamente, chamar a terceira fase, e que é o que se chama correntemente de fase genital, a conjunção do desejo, enquanto podendo estar interessado em alguma demanda qualquer do sujeito, deve encontrar seu correspondente, seu idêntico, no desejo do Outro?

Se existe um ponto onde o desejo se apresenta como desejo é justamente aí; onde, a primeira acentuação de Freud foi feita para situá-lo para nós, isto é, no nível do desejo sexual, revelado na sua consistência real, e não mais de uma maneira contaminada, deslocada, condensada, metafórica. Não se trata mais da sexualização de alguma outra função, mas da própria função sexual.

Para fazê-los medir o paradoxo em questão, procurei esta manhã um exemplo a destacar que encarnasse o embaraço em que ficam os psicanalistas no que diz respeito à fenomenologia da fase genital, e fui cair no *International Journal* de 1952, num artigo de René de Monchy dedicado ao *Castration Complex.*

A que ponto um analista que volta a se interessar, em nossos dias, pelo complexo de castração – e não há muitos deles – é levado para explicá-lo? Duvido que vocês adivinhem. Vou lhes resumir muito rapidamente.

Há um paradoxo, que não pode deixar de surpreendê-los, no fato de que a revelação da pulsão genital é obrigatoriamente marcada por esse *splitting* que consiste no complexo de castração.

O autor, que não deixa de ter certa bagagem, evoca no começo de seu artigo aquilo que se chama os *Releaser-mechanisms.* É o fato de que, nos passarinhos que nunca foram submetidos a experiência alguma, basta que se projete uma sombra idêntica à de um homem ou de um falcão para provocar todos os reflexos do terror. Em suma, a imajaria do *leurre* (logro), como se exprime em francês o autor deste artigo escrito em inglês, o captura.

Para ele as coisas são muito simples. O engodo primitivo no homem deve ser buscado na fase oral. É o reflexo da mordida, correlativo dessas famosas fantasias sádicas que a criança pode ter, e que vão dar no seccionamento do objeto precioso dentre todos, o mamilo de sua mãe. Esta é a origem daquilo que numa fase ulterior, genital, irá se manifestar, por uma transferência de fantasia, como a possibilidade de privar, ferir, mutilar o parceiro do desejo sexual sob a forma de seu órgão. E é por isso, não que sua filha é muda, mas que a fase genital é marcada pelo signo possível da castração.

O caráter de semelhante explicação é significativo da orientação atual do pensamento psicanalítico, e da inversão que aí se operou, fazendo progressivamente colocar, sob o registro das pulsões primárias, pulsões que se tornam cada vez mais hipotéticas, à medida que se as fazem recuar no fundamento inicial. Isso resulta em acentuar a temática constitucional, não-sei-que de inato na agressividade primordial.

Estaremos soletrando corretamente as coisas detendo-nos, ao contrário, naquilo que, de fato, a experiência, quero dizer, os problemas que ela levanta para nós, nos propõe comumente? Já relatei a vocês a noção que ocorreu a Ernest Jones, animado por uma certa necessidade de explicar o complexo de castração. Trata-se da *aphanisis,* termo grego comum, mas colocado na ordem do dia na articulação do discurso analítico por Freud, e que quer dizer *desaparecimento.* Segundo Jones, o que estaria em causa no complexo de castração seria o temor suscitado no sujeito pelo desaparecimento do desejo.

Aqueles que seguem meu ensinamento já há bastante tempo não podem, espero, deixar de se lembrar – e aqueles que não se lembram disso podem se reportar aos excelentes resumos feitos por Lefevre-Pontalis – que eu já levei adiante este tema em meu seminário, dizendo que, se existe aí uma perspectiva na articulação do problema, existe também uma singular inversão que os fatos clínicos nos permitem apontar. É por esta razão que fiz longamente, diante de vocês, a crítica do famoso sonho de Ella Sharpe, que é precisamente o que meu seminário *O Desejo e sua Interpretação* analisou em sua última sessão, e que gira inteiramente em torno da temática do falo. Peço-lhes que se reportem a este resumo, porque não podemos nos repetir, e as coisas ditas então são essenciais.

O sentido do que está em causa, na ocasião, é o seguinte, que já indiquei – longe do temor da *aphanisis* se projetar, se podemos dizer, na imagem do complexo de castração, é ao contrário a necessidade, a determinação do mecanismo significante que, no complexo de castração, empurra na maioria dos casos o sujeito, não a temer a *aphanasis,* mas, ao contrário, a refugiar-se nela, a guardar seu desejo no bolso. O que a experiência analítica nos revela é que, mais precioso que o próprio desejo, é guardar o seu símbolo, que é o falo. Eis o problema que nos é proposto.

Espero que tenham notado bem, no quadro, as flores que estão ali diante do sexo de Eros. Elas são, justamente, marcadas por uma tal abundância apenas para que não se possa ver que, por detrás, não há nada. Não há lugar, literalmente, para o menor sexo. Aquilo que Psiquê está ali a ponto de cortar já desapareceu diante dela.

E além disso, se alguma coisa chama a atenção como oposta à boa, bela forma humana dessa mulher efetivamente divina, é realmente o caráter extraordinariamente compósito da imagem de Eros. A figura é de criança, mas o corpo tem algo de miguelangesco. É um corpo musculoso, que começa, quase, a se marcar, para não dizer afrouxar, sem falar nas asas.

Todos sabem que se discutiu por muito tempo sobre o sexo dos anjos. Se isso foi discutido por tanto tempo, provavelmente foi porque não se sabia muito bem onde parar. Seja como for, o apóstolo nos diz que, quaisquer que sejam as alegrias da ressurreição dos corpos, uma vez chegado o festim celeste, não haverá mais na ordem sexual nem ativo, nem passivo.

De modo que o que está em jogo, e que está concentrado nessa imagem, é realmente o centro do paradoxo do complexo de castração. É que o desejo do Outro, na medida em que é abordado no nível da fase genital, nunca pode ser aceito, de fato, naquilo que chamarei de seu rito, que é, ao mesmo tempo, sua fugacidade.

Isso diz respeito, em primeiro lugar, aos paradoxos da situação da criança, a saber, que se trata nela de um desejo ainda frágil, incerto, prematuro, antecipado. Mas essa observação nos mascara, afinal, de que se trata – é, simplesmente, a realidade do desejo sexual à qual não está adaptada, se podemos dizer, a organização psíquica na medida em que é psíquica e isso em qualquer nível. Pois o órgão só é trazido e abordado se transformado em significante, e para ser transformado em significante ele é cortado.

Releiam tudo o que lhes ensinei a ler no nível do pequeno Hans. Verão que só se trata disso – ele está enraizado? é amovível? No fim, Hans se arranja – ele é desatarraxável. Pode-se desatarraxá-lo, e colocar outros no lugar. Portanto, é disso que se trata.

O que nos é demonstrado aqui, é esta própria elisão graças a qual nada mais há, aqui, senão o próprio signo que estou dizendo, o signo da ausência. Pois o que lhes ensinei é o seguinte: se *phi,* o falo como significante, tem um lugar, é, muito precisamente, o de suplência no ponto onde, no Outro, desaparece a significância – onde o Outro é constituído por haver, em algum lugar, um significante que falta. Daí o valor privilegiado deste significante, que se pode escrever, sem dúvida, mas que só se pode escrever entre parênteses, dizendo que ele é o significante do ponto onde o significante falta.

E é por essa razão que ele pode se tornar idêntico ao próprio sujeito, no ponto em que podemos escrevê-lo como sujeito barrado, isto é, no único ponto em que nós, analistas, podemos colocar um sujeito como tal. Digo *nós, analistas,* na medida em que estamos ligados aos efeitos que resultam da coerência do significante, quando um ser vivo se faz seu agente e suporte. Se admitirmos essa determinação, essa sobredeterminação como a chamamos, o sujeito não tem mais, a partir daí, outra eficácia possível se não pelo significante que o escamoteia. E é por isso que o sujeito é inconsciente.

Se é possível falar, mesmo ali onde não se é analista, de dupla simbolização, é no sentido em que a natureza do símbolo é tal que dois registros dela decorrem necessariamente, aquele que está ligado à cadeia simbólica e aquele ligado à desordem, à bagunça que o sujeito foi capaz de trazer para ali, pois é ali que, afinal, ele se situa da maneira mais certa.

Em outras palavras, o sujeito só afirma a dimensão da verdade como original no momento em que se serve do significante para mentir.

3

Eu queria, esta manhã, chamar a atenção de vocês para a relação do falo com o efeito do significante, e para o fato de que o falo como significante – e isso quer dizer, como transposto a uma função inteiramente diferente de sua função orgânica – é o centro de toda apreensão coerente daquilo de que se trata no complexo de castração.

Mas quero ainda inaugurar, não de maneira ainda articulada e racional, mas de uma maneira figurada, aquilo que traremos da próxima vez.

Isso está, se posso dizer, genialmente representado graças ao próprio maneirismo do artista. Não lhes veio à mente que ao colocar esse vaso de flores diante do falo como faltoso, e como tal elevado à maior significância, o artista antecipou em três séculos e meio, e à minha revelia, asseguro-lhes, até estes últimos dias, a própria imagem de que me servi para articular a dialética das relações entre o eu ideal e o ideal do eu?

Eu disse isso há muito tempo, mas retomei inteiramente a coisa num artigo que logo deverá ser publicado. A relação com o objeto como objeto do desejo, como objeto parcial com toda a acomodação necessária, tentei articular suas diferentes peças em sistema, numa experiência de física para principiantes a que chamei a ilusão do vaso invertido.

O importante é projetar em seus espíritos a ideia de que o problema da castração, centro de toda a economia do desejo tal como a análise a desenvolveu, está estreitamente ligado a este outro problema, que é o seguinte: o Outro, que é o lugar da fala, que é o sujeito de pleno direito, que é aquele com quem mantemos as relações da boa e da má-fé – como se dá que ele possa e deva tornar-se alguma coisa de exatamente análogo àquilo que se pode encontrar no objeto mais inerte, a saber, o objeto do desejo, *a*? É esta tensão, este desnivelamento, esta queda de nível fundamental que se torna a regulação essencial de tudo o que, no homem, é problemática do desejo. Eis o que se trata de analisar, e que penso poder, da próxima vez, articular para vocês da maneira mais nítida.

Terminei o que lhes ensinei a propósito do sonho de Ella Sharpe com estas palavras: esse falo, dizia eu, falando de um sujeito tomado na situação neurótica mais exemplar para nós, na medida em que era a da *aphanisis* determinada pelo complexo de castração, esse falo, ele o é e não o é. Este intervalo, o ser e o não ser, a língua permite percebê-lo numa fórmula onde desliza o verbo ser – ele não é sem tê-lo. E em torno dessa assunção subjetiva entre o ser e o ter que atua a realidade da castração. E o falo, escrevia eu então, tem uma função de equivalente na relação com o objeto. É na proporção de uma certa renúncia ao falo que o sujeito entra na posse da pluralidade dos objetos que caracterizam o mundo humano. Numa fórmula análoga, poderíamos dizer que a mulher é sem tê-lo. O que pode ser vivido muito penosamente sob a forma do *Penisneid,* mas que – acrescento aqui ao texto – é também uma grande força. É isso que o paciente de Ella Sharpe não consente em perceber. Ele protege o significante falo. E, concluía eu, sem dúvida, existe algo mais neurotizante que perder o falo, é não querer que o Outro seja castrado.

Mas hoje, depois que percorremos a dialética da transferência no *Banquete,* vou lhes propor uma outra fórmula. Se o desejo do Outro está essencialmente separado de nós pela marca do significante, não compreendem agora por que Alcibíades, tendo percebido que há, em Sócrates, o segredo do desejo, demanda de maneira quase impulsiva, por um impulso que está na origem de todas as falsas vias da neurose ou da perversão, por que Alcibíades demanda esse desejo de Sócrates, que ele sabe, aliás, existir, já que é neste ponto que ele se funda, por que ele demanda vê-lo, quer vê-lo como signo?

E é também por isso que Sócrates recusa. Pois não há ali mais que um curto-circuito. Ver o desejo como signo não é, por este fato, aceder ao encaminhamento por onde o desejo é tomado numa certa dependência, que é o que se trata de saber.

Vocês veem, aqui, iniciar-se o caminho que tento forçar em direção ao que deve ser o desejo do analista. Para que o analista possa ter aquilo que falta ao outro, é preciso que ele tenha a nesciência enquanto nesciência. É preciso que ele esteja sob o modo do ter, que ele não seja, ele também, sem tê-lo, que não falte nada para que ele seja tão nesciente quanto seu sujeito.

De fato, ele também não é sem ter um inconsciente. Sem dúvida, ele está sempre para além de tudo aquilo que o sujeito sabe, sem poder dizer isso a ele. Só pode lhe fazer um signo. Ser aquilo que representa alguma coisa para alguém, esta é a definição do signo. Não tendo, em suma, nada mais que o impeça de ser, este desejo do sujeito, senão justamente por tê-lo, o analista está condenado à falsa surpresa. Mas digam a si mesmos que só há eficácia se nos oferecermos à verdadeira, que é intransmissível, e da qual ele só pode dar um signo.

Representar alguma coisa para alguém, é justamente isso que deve se romper. Pois ao signo que há para dar, falta significante.

Este é, como sabem, o único signo que não é sustentado, porque é aquele que provoca a mais indizível angústia. No entanto é o único que pode fazer aceder o outro àquilo que é da natureza do inconsciente – à ciência sem consciência sobre a qual talvez vocês compreendam hoje, diante desta imagem, em que sentido, não negativo, mas positivo, Rabelais disse que ela é a ruína da alma.

12 de abril de 1961

XVII

O símbolo Φ

Arcimboldo e a persona.
A falta de significante e a questão.
O significante sempre velado.
O falo na histeria e na obsessão.

Retomo, diante de vocês, meu discurso difícil – cada vez mais difícil por sua visada.

Dizer, no entanto, que os conduzo hoje por um terreno desconhecido seria inadequado. Se começo hoje a conduzi-los por um terreno, é porque, forçosamente, desde o início já comecei.

Falar, por outro lado, de terreno desconhecido quando se trata do nosso, que se chama o inconsciente, é ainda mais inadequado, pois aquilo de que se trata, e que faz a dificuldade deste discurso, é que nada lhes posso dizer cujo peso não provenha daquilo que não digo.

Não que não seja necessário dizer tudo, e que para dizer com justeza não possamos dizer tudo aquilo que poderíamos formular. Já há algo nessa fórmula que, captamos isso a todo instante, precipita no imaginário o que está em causa, e que é essencialmente aquilo que se passa pelo fato de que o sujeito humano é, enquanto tal, presa do símbolo.

Atenção: no ponto em que chegamos, este *do símbolo,* devemos colocá-lo no singular ou no plural? No singular, certamente, na medida em que aquele que introduzi a última vez é, falando propriamente, um símbolo inominável, vamos ver por que e em quê – o símbolo grande *Phi.*

É neste ponto que devo retomar hoje meu discurso, para lhes mostrar em que este símbolo nos é indispensável para compreender a incidência do complexo de castração no que tange à transferência.

1

Há, com efeito, uma ambiguidade fundamental entre Φ e φ, entre o grande *Phi,* símbolo, e o pequeno *phi.*

O pequeno *phi* designa o falo imaginário enquanto interessado concretamente na economia psíquica, no nível do complexo de castração, onde o encontramos em primeiro lugar, ali onde o neurótico o vivencia de uma maneira que representa seu modo particular de operar e manobrar com esta dificuldade radical que estou tentando articular para vocês através do uso que dou ao símbolo *Phi.*

Este símbolo, Φ, da última vez e já muitas vezes anteriormente, eu o designei brevemente, quero dizer, de maneira rápida e resumida, como símbolo no lugar onde se produz a falta de significante.

Novamente revelei, desde o início desta sessão, a imagem que nos serviu, da última vez, de suporte para introduzir as antinomias e os paradoxos ligados a deslizamentos diversos, tão sutis e tão difíceis de reter, em seus diversos tempos, e que são, no entanto, indispensáveis de se sustentar, se quisermos compreender o que está em causa no complexo de castração. São, em especial, os deslocamentos, as ausências, os níveis e as substituições onde intervém o falo, em suas formas múltiplas, quase ubíquas. Na experiência analítica, vocês o veem ressurgir a todo instante – e, ao menos nos escritos teóricos, isso é inegável – ser reinvocado sob as formas mais diversas, até o termo último das investigações mais primitivas sobre as primeiras pulsações da alma. Veem-no identificado, por exemplo, com a força da agressividade primitiva, na medida em que ele é o pior objeto encontrado ao termo no seio da mãe, e enquanto, igualmente, o objeto mais nocivo. Por que esta ubiquidade?

Não sou eu quem a sugere, pois está manifesta em toda tentativa de se formular a técnica analítica num plano tanto antigo quanto novo, ou renovado. Pois bem, vamos tentar colocar ordem nisso, e vejamos por que é necessário que eu insista nesta ambiguidade, ou nesta polaridade, se quiserem. Esta polaridade, referente à função do significante falo, está em dois termos extremos, o simbólico e o imaginário.

Digo *significante,* na medida em que ele é utilizado como tal. Mas quando o introduzi há pouco, disse o *símbolo* falo, e este talvez seja, com efeito, o único significante a merecer, em nosso registro, e de uma maneira absoluta, o título de símbolo.

Portanto, re-desvelei para vocês a imagem do quadro de Zucchi, que não é simples reprodução do original de que parti como de uma imagem exemplar, carregada em sua composição de todas as riquezas que uma certa arte da pintura pode reproduzir, e da qual examinei o caráter maneirista. Vou tornar a mostrar a imagem, ao menos para os que não a puderam ver. Quero simplesmente, a título de complemento, marcar bem, para aqueles que talvez não tenham podido ouvi-lo de maneira precisa, o que pretendo sublinhar aqui da importância daquilo a que vou chamar a aplicação maneirista. Este termo, aplicação, deve se empregar tanto no sentido próprio quanto no sentido figurado.

Vejam aquele buquê de flores, ali no primeiro plano. Sua presença serve para recobrir o que é para se recobrir, e que, como eu disse a vocês, era menos o falo ameaçado de Eros – aqui, surpreso e descoberto por iniciativa da questão da Psiquê, *Dele, o que foi feito?* – que o ponto preciso de uma presença ausente, de uma ausência presentificada. A história técnica da pintura da época nos solicita aqui, por uma aproximação – e não pela minha via, mas pela dos críticos que partem de premissas inteiramente diferentes daquelas que poderiam me guiar aqui.

Temos, com efeito, algumas indicações de que as flores não foram, provavelmente, pintadas pelo mesmo artista, mas por um irmão ou um primo, Francesco, e não Iacopo, que, em razão de sua habilidade técnica, foi solicitado a vir fazer o mais difícil, as flores em seu vaso, no lugar conveniente. Devido ao próprio fato desse colaborador provável, os críticos sublinharam o parentesco da técnica empregada com aquela de alguém que espero que um certo número de vocês conheça, e que foi trazida, já há alguns meses, ao conhecimento dos que se informam um pouco quanto às diversas voltas à atualidade de fases por vezes elididas, veladas, esquecidas da história da arte – a saber, Arcimboldo.

Este Arcimboldo, que trabalhava em parte na corte do famoso Rodolfo II da Boêmia, que deixou outras marcas na tradição do objeto raro, se distingue por uma técnica singular, que deu seu último broto na obra de meu velho amigo Salvador Dali, naquilo que ele chamou de desenho paranoico. Por exemplo, tendo de representar a figura do bibliotecário de Rodolfo II, Arcimboldo o faz por meio de uma sábia composição dos utensílios primordiais da função do bibliotecário, a saber, livros, dispostos sobre o quadro de maneira que a imagem de um rosto seja, mais que sugerida, realmente imposta. Ou ainda, o tema simbólico de uma estação, encarnada sob a forma de um rosto humano, será materializado pelos frutos dessa estação, cuja montagem será realizada de tal sorte que a sugestão de um rosto vai se impor, igualmente, na forma realizada.

Em suma, o procedimento maneirista consiste em realizar a imagem humana em sua figura essencial pela coalescência, a combinação, a acumulação de um monte de objetos, cujo total será encarregado de representar aquilo que, a partir daí, se manifesta ao mesmo tempo como substância e como ilusão. Ao mesmo tempo em que a aparência da imagem humana é mantida, alguma coisa é sugerida, que se imagina no desagrupamento dos objetos. Estes objetos, que têm, de alguma forma, uma função de máscara, mostram ao mesmo tempo a problemática dessa máscara.

É com isso, em suma, que sempre temos a ver cada vez que vemos entrar em jogo a função, tão essencial, da *persona,* que está o tempo todo em primeiro plano na economia da presença humana, a saber que, se há necessidade de *persona* é porque, por trás, talvez, toda forma se esquiva e se desvanece.

E, certamente, é de um agrupamento complexo que a *persona* resulta. É aí, com efeito, que residem o logro, e a fragilidade de sua subsistência. Por detrás, nada sabemos do que pode se sustentar, pois é uma aparência redobrada que se sugere a nós, um redobramento de aparência, que deixa a interrogação de um vazio – a questão é saber o que há no último termo.

É justamente neste registro mesmo que se afirma, na composição do quadro, o modo sob o qual se sustenta a questão daquilo de que se trata, no que há para nos ocupar aqui, o ato de Psiquê.

Psiquê, satisfeita, se interroga sobre com que está lidando, e é este instante preciso, privilegiado, que o artista reteve, talvez muito além daquilo que ele próprio poderia articular quanto a isso num discurso. Há, inclusive, um discurso desse personagem sobre os deuses antigos, fiz questão de conhecê-lo, sem grandes ilusões e, com efeito, não há grande coisa a se tirar dele – mas a obra fala o suficiente por si mesma.

O artista, nessa imagem, captou aquilo a que chamei, da última vez, o momento de aparição, de nascimento, da Psiquê, essa espécie de troca de poderes que faz com que ela ganhe corpo. Vai se suceder todo o cortejo de desgraças que serão as suas antes que ela feche o seu circuito, e reencontre então aquilo que, naquele instante, vai desaparecer para ela no instante seguinte, o que ela quis desvelar e capturar, a figura do desejo.

2

A introdução do símbolo Φ, o que a justifica, já que o dou como aquilo que vem no lugar do significante faltoso? O que quer dizer que um significante falta?

Quantas vezes eu já não lhes disse que, uma vez dada a bateria do significante – para além de um certo mínimo, que resta a determinar, mas, a rigor, quatro devem poder bastar para todas as significações, como nos ensina Jakobson –, nada falta. Não há língua, por mais primitiva que seja, onde tudo não possa, finalmente, se exprimir, salvo que, como diz o provérbio da região de Vaud, tudo é possível ao homem, o que ele não pode fazer, ele deixa – o que não puder se exprimir na dita língua, pois bem, simplesmente isso não será sentido nem subjetivado.

Ser subjetivado é tomar lugar num sujeito como válido para um outro sujeito, isto é, passar àquele ponto mais radical onde a própria ideia da comunicação é possível. Toda bateria significante pode lhes dizer que aquilo que ela não pode dizer nada significará no lugar do Outro. Ora, tudo o que significa para nós se passa sempre no lugar do Outro.

Para que alguma coisa signifique, é preciso que ela seja traduzível no lugar do Outro. Suponham uma língua que não tenha determinada figura, pois bem, aí está, ela não vai exprimi-la. Mas vai significá-la mesmo assim, por exemplo, pelo processo do deve ou do haver. É o que se passa, de fato. Já os fiz observar que é assim em francês e em inglês, exprime-se o futuro: *tu cantarás,* é perfeitamente atestado que é, originalmente, o verbo haver que se declina. *He shall sing* exprime também, de maneira indireta, o futuro que o inglês não tem.

Não há significante que falta. Em que momento começa a aparecer, possivelmente, a falta de significante? Nesta dimensão que é subjetiva, e que se chama a pergunta.

Tratei, a seu tempo, do caráter fundamental do surgimento, na criança, da pergunta como tal. É um fato já bem conhecido, e destacado na observação mais frequente. Trata-se de um momento particularmente embaraçoso, por causa do caráter dessas perguntas. A criança, a partir do momento em que sabe lidar e se virar com o significante, introduz-se naquela dimensão que a faz formular a seus pais as perguntas mais importunas, que todos sabem causar o maior desconcerto e, na verdade, respostas quase necessariamente deficientes.

O que é correr? O que é bater com o pé? O que é um imbecil? O que nos torna tão inadequados para responder a essas perguntas? Algo nos força a respondê-las de uma maneira tão especialmente inábil, como se não soubéssemos que dizer *correr é andar muito depressa,* é realmente estragar o trabalho – que dizer *bater com o pé é ficar com raiva,* é realmente proferir um absurdo – e não insisto na definição que possamos dar do imbecil. De que se trata, no momento da pergunta? – senão do recuo do sujeito com relação ao uso do próprio significante, e de sua incapacidade de captar o que quer dizer que haja palavras, que se fale, e que se designe determinada coisa tão próxima por este algo enigmático a que se chama uma palavra ou um fonema.

A incapacidade sentida nesse momento pela criança é formulada na pergunta, que ataca o significante como tal, no momento em que sua ação já está marcada em tudo, é indelével. Tudo o que se apresentará como pergunta na sequência histórica da meditação pseudofilosófica, afinal, só vai decair. Quando o sujeito atingir o *que sou eu?*, ele estará muito menos longe dessa decadência – a não ser, claro, se for analisado. Mas se não o for – e não está em seu poder sê-lo há tanto tempo assim –, colocando-se em questão sob a forma *quem sou eu?*, ele esconde o fato de que se perguntar o que se é não quer dizer nada além da etapa da dúvida sobre o ser, pois ao simplesmente formular assim sua questão, ele cai em cheio na metáfora, só que não se dá conta disso. Para nós, analistas, é um mínimo nos lembrarmos disso, a fim de lhe evitar renovar este erro antigo, sempre ameaçador à sua inocência sob todas as formas, e impedi-lo de responder, por exemplo, mesmo com nossa autoridade, *eu sou uma criança.*

Aí, está, certamente, a nova resposta que lhe é dada pela doutrinação de forma renovada da repressão psicologizante. E com isso, no mesmo embrulho, ela vai criar nele, sem que ele perceba, o mito do adulto, que, seria, supostamente, alguém que não é mais criança – fazendo, assim, abundar novamente essa espécie de moral que sustenta uma pretensa realidade onde, na verdade, ele se deixa levar sem questionamento por todos os tipos de trapaças sociais. Da mesma maneira, o *eu sou uma criança,* não esperamos nem pela análise nem pelo freudismo para que sua fórmula se introduzisse como um espartilho destinado a fazer se manter ereto aquilo que por algum motivo se encontrasse numa posição um pouco bizarra.

Chega-se a dizer que, sob o artista, há uma criança, e que são os direitos da criança que ele representa junto às pessoas consideradas como sérias, que não são crianças. Eu lhes disse, no ano passado, nas lições sobre a *Ética da Psicanálise,* esta concepção data do início do período romântico; ela começa mais ou menos na época de

Coleridge na Inglaterra, para situá-la numa tradição, e não vejo porque iríamos nos encarregar de substituí-lo.

Quero, aqui, fazê-los compreender, a respeito, aquilo a que, por ocasião das Jornadas provinciais, fiz alusão.

O nível inferior do grafo, da maneira como é construído o duplo recorte de suas duas flechas, serve para atrair nossa atenção para o fato de que simultaneidade não é, de modo algum, sincronia. Suponhamos que se desenvolvam simultaneamente os dois tensores ou vetores em jogo, o da intenção e o da cadeia significante. Vocês veem que aquilo que se produz aqui como incoação dessa sucessão, por exemplo, a dos diferentes elementos fonemáticos do significante, se desenvolve muito antes de encontrar a linha na qual toma seu lugar aquilo que é chamado a sê-lo, a intenção de significação, podemos mesmo dizer a necessidade, se quiserem, que ali se oculta. Da mesma maneira, esse cruzamento vai se refazer uma segunda vez, simultaneamente. Se o *nachträglich,* com efeito, significa alguma coisa, é que é no instante em que a frase é terminada que o sentido se destaca. Sem dúvida, a escolha já se fez na passagem, mas o sentido só se apreende quando os significantes sucessivamente empilhados vêm tomar seus lugares, cada um por sua vez, e se desenvolvem aqui sob a forma invertida – *eu sou uma criança* aparece sobre a linha significante na ordem em que são articulados seus elementos.

O que acontece quando o sentido se completa? Acontece o que há de sempre metafórico em toda atribuição. Nada mais sou além de eu que falo, e atualmente sou uma criança. Dizê-lo, afirmá-lo, realiza esta captura, esta qualificação do sentido, graças à qual me concebo numa certa relação com objetos que são os objetos infantis. Faço-me diferente do que não pude, de forma alguma, me apreender no começo. Encarno-me, cristalizo-me, faço-me eu ideal, e isso, de modo muito direto, no processo da simples incoação significante, no fato de ter produzido signos capazes de se referirem à atualidade da minha fala. O ponto de partida está no eu (*je*), e o termo está na criança.

O que permanece aqui como sequela, posso vê-lo ou não – é o enigma da própria pergunta. É isso o que exige ser aqui retomado, em seguida, no nível de A. A sequela do que sou aparece sob a forma em que fica como pergunta. Esta sequela é, para mim, o ponto de visada, o ponto correlativo, onde me fundo como ideal do eu. É a partir deste ponto que a pergunta tem, para mim, importância, é aí que a pergunta se me impõe na dimensão ética, e dá a forma, que é a mesma que Freud conjuga com o supereu.

Mas o que acontece com este nome que se liga diretamente, tanto quanto eu saiba, à minha incoação significante, e que qualifica o sujeito de uma maneira diversamente legítima, como sendo uma criança? Esta resposta é precipitada, prematura. Ela faz com que, em suma, eu elida toda a operação central que é feita. O que me faz precipitar-me como criança é o evitamento da verdadeira resposta, que deve começar bem mais cedo que qualquer outro termo da frase. A resposta ao *que sou eu?* não é nenhuma outra coisa de articulável, da mesma forma em que lhes disse que nenhuma demanda é suportada. Ao *que sou eu?* não há outra resposta no nível do Outro que o *deixa-te ser*. E toda precipitação dada a esta resposta, qualquer que seja ela na ordem da dignidade, criança ou adulto, não passa de *eu fujo ao sentido deste deixa-te ser*.

O que quer dizer esta aventura, no ponto degradado em que a apreendemos, é que o que está em questão em toda pergunta formulada não está no nível do *que sou eu?*, mas no nível do Outro, e sob a forma que a experiência analítica nos permite revelar, do *que queres?* Trata-se, neste ponto preciso, de saber o que desejamos formulando a pergunta. É aí que ela deve ser compreendida. E é aí que intervém a falta de significante de que se trata no Φ do falo.

A análise descobriu, como sabemos, que aquilo com que o sujeito tem a ver é o objeto da fantasia, na medida em que este se apresenta como o único capaz de fixar um ponto privilegiado naquilo a que é preciso chamar, com o princípio do prazer, uma economia regulada pelo nível do gozo. A análise nos ensina também que, ao referir a questão ao nível do *que quer ele?*, do *que é que isso quer lá dentro?*, encontramos um mundo de signos alucinados, e ela nos representa a prova da realidade como uma maneira de experimentar, o quê? – a realidade desses signos surgidos em nós segundo uma sequência necessária, em que consiste, precisamente, a dominância, sobre o inconsciente, do princípio do prazer.

O que está em questão, pois, na prova da realidade, vamos observar bem, é certamente controlar uma presença real, mas uma presença de signos, Freud enfatiza isso com extrema energia. Não se trata em absoluto, na prova de realidade, de verificar se nossas representações correspondem mesmo a um real – sabemos há muito tempo que não nos sairemos melhor nisso que os filósofos – e sim de verificar que nossas representações estejam simplesmente representadas, no sentido do *Vorstellungsrepräsentanz*. Trata-se de saber se os signos estão realmente ali, mas enquanto os signos, já que são signos, de uma relação com outra coisa. É isto o que quer dizer a articulação freudiana, que a gravitação de nosso inconsciente diz respeito a um objeto perdido, que jamais é senão reencontrado, isto é, jamais realmente reencontrado.

O objeto jamais é senão significado, e isso em razão mesmo da cadeia do princípio do prazer. O objeto verdadeiro, autêntico, de que se trata quando falamos de objeto, não é de modo algum apreendido, transmissível, cambiável. Ele está no horizonte daquilo em torno do que gravitam nossas fantasias. E, no entanto, é com isso que devemos fazer objetos que, por seu lado, sejam cambiáveis.

O negócio está muito longe de se arranjar. Já lhes sublinhei o suficiente, no ano passado, o que está em causa na moral utilitária. Ela tem um papel fundamental no reconhecimento dos objetos constituídos naquilo a que se pode chamar o mercado dos objetos. São objetos que podem servir a todos, e nesse sentido a moral dita utilitária é mais que fundada, não existe outra. E é realmente porque não existe outra que as dificuldades que ela supostamente apresentaria são, na verdade, perfeitamente resolvidas.

Os utilitaristas têm inteira razão quando dizem que cada vez que lidamos com algo que pode ser trocado com nossos semelhantes, a regra é a sua utilidade – não para nós, mas a sua possibilidade de uso, a utilidade para todos e para o maior número. É isso até que faz a hiância entre a constituição do objeto privilegiado que surge na fantasia e toda espécie de objeto do mundo dito socializado, do mundo da conformidade.

Com efeito, o mundo da conformidade já é coerente com uma organização universal do discurso. Não há utilitarismo sem uma teoria das ficções, e pretender que um recurso seja possível a um objeto natural, pretender reduzir mesmo as distâncias em que se mantêm os objetos do acordo comum, é introduzir na problemática da realidade uma confusão, um mito a mais. Em contrapartida, o objeto de que se trata na relação de objeto analítica deve ser localizado no ponto mais radical onde se coloca a questão do sujeito quanto à sua relação com o significante.

Qual a relação do sujeito com o significante? Lidamos apenas, no nível da cadeia inconsciente, com signos. É uma cadeia de signos. A consequência é que não há nenhum estancamento no reenvio de cada um destes signos àquele que o sucede. Pois o próprio da comunicação por signos é, deste outro mesmo a quem me dirijo para incitá-lo a visar da mesma maneira que eu, o objeto ao qual se relaciona determinado signo, fazer dele um signo.

A imposição do significante ao sujeito fixa-o na posição própria do significante. Trata-se de encontrar a garantia desta cadeia que, transferindo o sentido de signo em signo, deve parar em alguma parte – encontrar aquilo que nos dá o signo de que temos o direito de operar com signos.

É aí que surge o privilégio de Φ entre todos os significantes. E talvez lhes pareça simples demais, quase infantil, sublinhar o que está em causa, então, nesse significante.

Esse significante é sempre escondido, sempre velado. A tal ponto, meu Deus, que nos espantamos, que destacamos como uma particularidade e quase um empreendimento exorbitante ver sua forma em determinado canto da representação ou da arte. É mais raro, embora, naturalmente, isso exista, vê-lo posto em jogo numa cadeia hieroglífica, numa pintura rupestre pré-histórica. Não podemos dizer que ele não desempenhe papel algum na imaginação humana, mesmo antes de toda exploração analítica, e no entanto ele é, de nossas representações fabricadas, significantes, o mais frequentemente elidido, ou eludido. O que quer dizer isso?

De todos os signos possíveis, não é aquele que reúne em si mesmo o signo e o meio de ação e a própria presença do desejo como tal? Deixar emergir o falo em sua presença real, não é de natureza a estancar todo o reenvio que tem lugar na cadeia de signos, e, mais ainda, fazer com que os signos voltem a não-sei-que sombra do desejo? Não há signo mais certo, sob a condição de que nada mais haja além do desejo.

Entre este significante do desejo e toda a cadeia significante, estabelece-se uma relação de *ou ... ou*. A Psiquê estava muito feliz numa relação com aquilo que não era, absolutamente, um significante, mas a realidade de seu amor por Eros. Mas, como é Psiquê, ela quer saber. Ela se coloca a questão, porque a linguagem já existe, e não se passa a vida apenas fazendo amor, mas também papeando com as irmãs. Papeando com as irmãs, ela quer possuir sua felicidade, e isso não é coisa assim tão simples. Uma vez que se entrou na ordem da linguagem, possuir sua felicidade é poder mostrá-la, dar conta dela, arrumar suas flores, é igualar-se a suas irmãs mostrando que tem coisa melhor que elas, e não somente que tem outra coisa. E é por isso que Psiquê surge na noite com sua luz, e também com seu pequeno trinchante.

Ela não terá absolutamente nada a trinchar, já lhes disse, porque isso já foi feito. Ela não terá nada a cortar, senão que teria feito bem em cortar ligeiro a corrente. Ela nada mais vê além de um grande clarão de luz, seguido, bem contra sua vontade, de uma pronta volta às trevas, cuja iniciativa deveria ter sido sua antes que seu objeto se perdesse definitivamente. Eros fica doente com isso, e durante muito tempo. Ele só vai se reencontrar depois de uma longa cadeia de provações.

No quadro, é Psiquê quem está iluminada, e como lhes ensino há muito tempo, com referência à forma grácil da feminilidade, no limite entre o púbere e o impúbere, ela é quem é, para nós, a imagem fálica. E ao mesmo tempo se vê encarnado que não é a mulher nem o homem que, em última instância, são o suporte da ação castradora, mas esta própria imagem, na medida em que é refletida – refletida sobre a forma narcísica do corpo.

A relação inominada, porque inominável, porque indizível, do sujeito com o significante puro do desejo se projeta sobre o órgão localizável, preciso, situável em alguma parte no conjunto do edifício corporal. Daí este conflito propriamente imaginário, que consiste em ver a si mesmo como privado, ou não privado, desse apêndice.

E em torno deste ponto imaginário que se elaboram os efeitos sintomáticos do complexo de castração.

3

Quanto aos efeitos sintomáticos do complexo de castração, só posso aqui iniciar sua análise. Mas quero lembrar, em resumo, aquilo que já abordei para vocês de maneira bem mais desenvolvida quando lhes falei daquilo que constituiu muitas vezes nosso objeto, isto é, as neuroses.

O que é que a histérica faz? O que faz Dora, em última instância? Ensinei-lhes a seguir os encaminhamentos e os desvios do labirinto das identificações complexas, onde Dora se vê confrontada com o quê? Aqui, o próprio Freud tropeça e se perde. Vocês sabem que ele se engana quanto ao objeto de desejo dela, justamente porque procura a referência de Dora enquanto histérica, em primeiro lugar e antes de mais nada, na escolha de seu objeto, de um objeto, sem dúvida, *a*.

É bem verdade que, de uma certa maneira, o sr. K. é o objeto *a*, e que na verdade é ali mesmo que está a fantasia, na medida em que a fantasia é o suporte do desejo. Mas Dora não seria uma histérica se essa fantasia a contentasse. Ela visa a outra coisa, ela visa a algo melhor, ela visa ao A. Visa ao Outro absoluto.

Expliquei-lhes, há muito tempo, que a sra. K. é para ela a encarnação desta questão, *o que é uma mulher*? E por causa disso, no nível da fantasia, não se produz a relação de *fading* entre o sujeito e *a*, e sim uma outra coisa, porque ela é histérica.

É um A como tal, em que ela crê, contrariamente a uma paranoica. *O que sou eu*? tem para ela um sentido, que não é aquele de há pouco, dos descaminhos morais nem filosóficos, mas um sentido pleno e absoluto. E ela não pode deixar de encontrar, sem sabê-lo, o signo Φ que responde a ele, perfeitamente fechado, sempre velado. E é por isso que ela recorre a todas as formas de substituto, as formas mais próximas, reparem bem, que ela pode dar deste signo Φ. Se acompanharem as operações de Dora, ou de qualquer outra histérica, verão que não se trata jamais para ela senão de um jogo complicado, pelo qual ela pode, se posso dizer, sutilizar a situação colocando, ali onde é preciso, o φ, o pequeno *phi* do falo imaginário.

Seu pai é impotente com a sra. K.? Pois bem, que importância tem isso, é ela quem fará a cópula. Ela pagará com sua pessoa. E ela quem vai sustentar essa relação. E já que isso ainda não é bastante, fará intervir a sua imagem substituta, como há muito tempo já lhes mostrei e demonstrei, do sr. K. – que ela precipitará nos abismos, que lançará nas trevas exteriores, no momento em que este animal lhe disser a única coisa que não lhe devia dizer, *minha mulher nada é para mim*. A saber, ela não me faz ficar de pau duro. Se ela não o faz ficar de pau duro, então, para que é que você serve?

Pois tudo o que está em questão para Dora, como para toda histérica, é ser fornecedora deste signo sob a forma imaginária. O devotamento da histérica, sua paixão por se identificar com todos os dramas sentimentais, de estar ali, de sustentar nos bastidores tudo o que possa acontecer de apaixonante e que, no entanto, não é da sua conta, é aí que está a mola, o recurso em torno do que vegeta e prolifera todo o seu comportamento.

Ela troca sempre seu desejo por este signo, não vejam noutra parte a razão para aquilo a que se chama sua mitomania. É que há uma coisa que ela prefere ao seu desejo – ela prefere que seu desejo seja insatisfeito a que o Outro guarde a chave de seu mistério.

Esta é a única coisa que lhe importa, e é por isso que, identificando-se com o drama do amor, ela se esforça, quanto a este Outro, em reanimá-lo, reassegurá-lo, recompletá-lo, repará-lo. É realmente disso que devemos desconfiar, de toda etiologia reparadora de nossa iniciativa de terapeuta, de nossa vocação analítica. Mas não é aí que a advertência pode ter o máximo de importância, pois a via que nos é mais facilmente aberta não é, certamente, a da histérica.

Existe uma outra, a do obsessivo, que é, como todos sabem, muito mais inteligente em sua maneira de operar.

Se a fórmula da fantasia histérica pode se escrever assim:

$$\frac{a}{(-\varphi)} \quad \Diamond \quad A$$

a, o objeto substituto ou metafórico, sobre alguma coisa que está escondida, a saber, *menos phi,* sua própria castração imaginária, em sua relação com o Outro, eu não faria hoje mais que introduzir a fórmula diferente da fantasia do obsessivo. Mas, antes de escrevê-la, é preciso que lhes dê um certo número de toques e de pontos de indicação que os ponham no caminho.

Sabemos qual é a dificuldade do manejo do símbolo Φ na sua forma desvelada. Disse-o há pouco a vocês, o que ele tem de insuportável é que não é simplesmente signo e significante, mas presença do desejo. E a presença real.

Peço-lhes que agarrem o fio que lhes dou e que, tendo em vista a hora, só poderei deixar aqui a título de indicação para retomá-lo da próxima vez. No fundo das fantasias, dos sintomas, desses pontos de emergência onde vemos o labirinto deixar, de alguma forma, escorregar sua máscara, encontramos alguma coisa que chamarei de insulto à presença real. E o obsessivo, ele também, se confronta com o mistério Φ do significante fálico, e também para ele trata-se de torná-lo manejável.

Um autor de quem deverei falar da próxima vez abordou, de uma maneira certamente instrutiva e frutífera para nós, se soubermos criticá-la, a função do falo na neurose obsessiva. Ele entrou nisso pela primeira vez num relato a propósito de uma neurose obsessiva feminina, onde sublinha algumas fantasias sacrílegas nas quais a figura do Cristo, até mesmo o seu próprio falo, são pisoteados, de onde surge para a paciente uma aura erótica percebida e confessada. E o autor logo se precipita na temática da agressividade, da inveja do pênis, e isso apesar dos protestos da paciente.

Mil outros fatos, que eu poderia fornecer em profusão, não nos mostram que convém nos determos muito mais na fenomenologia desse fantasiamento chamado, muito sumariamente, de sacrilégio? Lembramos aqui a fantasia do homem dos ratos imaginando que, no meio da noite, seu pai morto ressuscitado vem bater à porta, mostrando-se a ele enquanto se masturba. Insulto, também, à presença real.

Aquilo que, na obsessão, chamamos de agressividade, se apresenta sempre como uma agressão contra essa forma de aparição do Outro que chamei, em outros tempos, de *falofania,* o Outro enquanto pode se apresentar como falo. Golpear o falo no Outro para curar a castração simbólica, golpeá-lo no plano imaginário, é a via escolhida pelo obsessivo para tentar abolir a dificuldade que designo sob o nome de parasitismo do significante no sujeito, e restituir ao desejo sua primazia, ao preço de uma degradação do Outro, que o faz essencialmente função de elisão imaginária do falo.

Neste ponto preciso do Outro onde ele está em estado de dúvida, de suspensão, de perda, de ambivalência, de ambiguidade fundamental, a relação do obsessivo com o objeto – um objeto sempre metonímico, pois para ele o Outro é essencialmente intercambiável – é essencialmente governada por alguma coisa que tem relação com a castração, a qual assume aqui forma diretamente agressiva – ausência, depreciação, rejeição, recusa, do signo do desejo do Outro. Não abolição, nem destruição do desejo do Outro, mas rejeição dos seus signos. Eis o que determina esta impossibilidade tão particular que marca, no obsessivo, a manifestação de seu próprio desejo.

Certamente, mostrar-lhe, e com insistência, como fazia o analista a quem os remetia há pouco, sua relação com o falo imaginário para, se posso dizer, familiarizá-lo com seu impasse, não podemos dizer que isto não esteja no caminho da solução das dificuldades do obsessivo. Mas como não guardar, de passagem, esta observação, que depois de tal etapa do *working through* da castração imaginária, o sujeito não estava de modo algum livre de suas obsessões, mas somente da culpa a elas ligada?

Decerto. Esta via terapêutica está julgada ali. Ao que isso nos introduz? A função Φ do significante falo, como significante na própria transferência.

Como o próprio analista se situa com relação a esse significante? Se a questão é aqui essencial, é por nos ser, desde já, ilustrada pelas formas e pelos impasses que uma certa terapêutica orientada neste sentido nos demonstra.

É isso que vou tentar abordar para vocês da próxima vez.

19 de abril de 1961

XVIII

A presença real

A farsa contemporânea.
O falicismo do obsessivo.
O significante excluído do significante.
Fobia e perversão.

Ocorreu-me, no sábado e no domingo, abrir pela primeira vez as notas tomadas em diferentes pontos de meu seminário dos últimos anos, para ver se as referências que lhes dei ali, sob a rubrica *A Relação de Objeto,* e depois *O Desejo e sua Interpretação,* convergiam sem flutuar excessivamente, em direção ao que tento este ano articular diante de vocês sob o termo *Transferência.*

Percebi que, com efeito, em tudo o que lhes trouxe, e que está, ao que parece, em algum lugar, nos armários da *Sociedade,* há muitas coisas que vocês poderão encontrar, num tempo em que se tiver tempo para retirá-las – num tempo em que dirão que, em 1961, havia alguém que lhes ensinava alguma coisa.

Não será dito que nesse ensinamento nenhuma alusão será feita ao contexto daquilo que vivemos nesta época. Haveria nisso algo de excessivo. E igualmente, para acompanhá-lo, vou ler para vocês um pequeno trecho do que foi meu encontro, neste mesmo domingo passado, na obra deste Deão Swift, sobre o qual só tive muito pouco tempo para lhes falar quando abordei a função simbólica do falo, quando a questão é de tal modo onipresente em sua obra que se pode dizer que, tomando-se esta obra no seu conjunto, ela está ali articulada.

Swift e Lewis Carroll são dois autores aos quais, sem que eu tenha tempo de fazer deles um comentário efetivo, vocês fariam bem em se reportar para neles encontrarem muito de uma matéria que se relaciona bem de perto, tão perto quanto possível, tão perto quanto é possível nas obras literárias, da temática de que estou, neste instante, mais próximo.

Nas *Viagens de Gulliver,* que eu olhava numa encantadora ediçãozinha do meio do século passado, ilustrada por Granville, encontrei a passagem seguinte, na terceira parte, a *Viagem a Laputa,* que tem a característica de não se limitar à viagem a Laputa.

Portanto é em Laputa, formidável antecipação das estações cosmonáuticas, que Gulliver vai passear, e onde percorre diversos reinos sobre os quais nos relata um certo número de visões significantes que conservam, para nós, toda a sua riqueza. E, em especial, conversa com um acadêmico, dizendo-lhe que, no reino de Tribnia, chamado Langden pelos nativos, onde ele havia residido, *a massa do povo compunha-se de delatores, caluniadores, informantes, acusadores, perseguidores, testemunhas compradas, blasfemadores acompanhados de todos os seus instrumentos auxiliares e subordinados, todos sob a bandeira, as ordens, e a soldo dos ministros e seus acólitos.* Passemos sobre esta temática.

Gulliver nos explica como operam os denunciadores. *Eles se apoderam das cartas e papéis dessas pessoas e as fazem prender. Seus papéis são postos em mãos de especialistas hábeis em decifrar o sentido oculto das palavras, das sílabas e das letras.* É aqui que começa o ponto em que Swift se solta. E, como vão ver, é bem bonito na medula substantífica.

> Por exemplo, eles vão descobrir que uma cadeira furada significa um conselho privado, um bando de gansos, um senado; um cachorro manco, uma invasão; a peste, uma força-tarefa; um besouro, um primeiro-ministro; a gota, um alto sacerdote; uma forca, um secretário de Estado; um urinol, um comitê de grandes senhores; um crivo, uma dama da corte; uma vassoura, uma revolução; uma ratoeira, um emprego público; um poço perdido, o Tesouro público; um esgoto, um tribunal; um gorro de guizos, um favorito; um caniço quebrado,

uma corte de justiça; um tonel vazio, um general; uma chaga aberta, os negócios públicos.

Quando este meio não dá em nada, eles têm outros mais eficazes, que seus sábios chamam de acrósticos e anagramas. Dão a todas as letras iniciais um sentido político: assim, N poderia significar uma conspiração, B um regimento de cavalaria, L uma esquadra no mar. Ou então transpõem as letras de um papel suspeito de maneira a pôr a descoberto os desígnios mais secretos de um partido descontente. Por exemplo, vocês leem numa carta: "Nosso irmão Tom está com hemorroidas"; o hábil transcritor encontrará, no conjunto dessas palavras indiferentes, uma frase que dará a entender que tudo está pronto para um levante.

Acho muito bom restituir, com a ajuda deste texto, que não é tão antigo, as coisas contemporâneas à sua base paradoxal, tão manifesta em todas as espécies de marcas. Pois, na verdade, por ter sido intempestivamente acordado, esta noite, por alguém que me comunicou aquilo que vocês todos, mais ou menos, souberam, uma falsa notícia, meu sono foi, por um instante, perturbado pela questão seguinte – perguntei-me se eu não estaria desconhecendo, a propósito dos acontecimentos contemporâneos, a dimensão da tragédia. Isso, para mim, criava problema depois do que lhes expliquei no ano passado com referência à tragédia, pois não via em parte alguma aparecer aquilo que chamei de o reflexo da beleza.

Isso efetivamente me impediu de voltar a dormir por algum tempo. Em seguida tornei a adormecer, deixando a questão em suspenso. Esta manhã, ao acordar, a questão tinha perdido um tanto de sua pregnância. Parecia que estivéramos sempre no plano da farsa. E o problema que eu me colocava se desvanecia ao mesmo tempo.

Dito isso, vamos retomar as coisas no ponto em que as deixamos da última vez.

1

Dei a vocês, da última vez, no quadro, a fórmula seguinte como sendo a da fantasia do obsessivo:

$$\not{A} \lozenge \varphi\ (a, a', a'', a''', \ldots)$$

É claro que, apresentada assim sob forma algébrica, ela só pode ser opaca para aqueles que não acompanharam nossa elaboração precedente, e vou tentar, falando sobre ela, restituir-lhe suas dimensões.

Vocês sabem que ela se opõe à da histérica, que lhes escrevi da última vez assim – *a* sobre *menos phi,* em sua relação com o A. Pode-se ler essa relação de diversas maneiras – *desejo de,* é uma maneira de dizê-lo, A.

$$\frac{a}{(-\varphi)} \quad \lozenge \quad A$$

Trata-se, pois, para nós de precisar quais são as funções respectivamente atribuídas em nossa simbolização ao grande *Phi* e ao pequeno *phi,* Φ e φ.

Incito-os, vivamente, a fazerem um esforço para não se precipitarem em tendências análogas às quais é sempre fácil, tentador, ceder, e dizerem por exemplo, que Φ é o falo simbólico, e φ o falo imaginário. Talvez isto seja verdade, num certo sentido, mas apegando-se a isso vocês se expõem a desconhecer o interesse dessas simbolizações, que não nos comprazemos de forma alguma, acreditem, em multiplicar em vão pelo prazer das analogias superficiais e de facilitação mental. Esse não é, falando propriamente, o objetivo de um ensinamento.

Trata-se de ver o que representam esses dois símbolos em nossa intenção, e vocês podem, daqui por diante, prever sua importância e estimar sua utilidade por todas as espécies de índices.

Por exemplo, o ano começou com uma conferência muito interessante de nosso amigo Georges Favez que, falando-lhes sobre o que é o analista e sua função para o analisado, concluía que, afinal, o analista assume para o paciente função de fetiche. Tal é a fórmula – num certo aspecto, em torno do qual ele havia agrupado todo o tipo de fatos convergentes – em que sua conferência resultava. É certo que existe ali uma visão das mais subjetivas. Certamente, ela não o deixa completamente isolado, pois a sua formulação é preparada por todas as espécies de outras coisas que se encontram em diversos artigos sobre a transferência, mas não se pode, mesmo assim, dizer que ela não se apresente sob uma forma algo surpreendente e paradoxal. Eu disse ao autor que as coisas que íamos articular este ano não deixariam de responder de alguma maneira à questão ali formulada.

Vamos agora a um autor que tentou articular a função especial da transferência na neurose obsessiva. Ele nos lega uma obra, hoje encerrada, que partiu da consideração das incidências terapêuticas da tomada de consciência da inveja do pênis na neurose obsessiva feminina, para chegar a uma teoria generalizada da função da distância-do-objeto no manejo da transferência, especialmente elaborada a partir de uma experiência fundada nos progressos das análises de obsessivos. O fator principal, ativo, eficaz, na retomada de posse, pelo sujeito, do sentido do sintoma, especialmente quando obsessivo, seria a introjeção imaginária do falo e, mais precisamente, enquanto encarnado na fantasia imaginária do falo do analista.

Existe aí uma questão sobre a qual já comecei a abordar, diante de vocês, a posição e a crítica, a propósito das obras deste autor, Bouvet, e especialmente sobre sua técnica. Hoje, tendo abordado de mais perto a questão da transferência, vamos poder esclarecer ainda mais essa crítica. Isso exige que entremos numa articulação precisa do que é a função do falo, especialmente na transferência.

Esta função, tentamos articulá-la com a ajuda dos termos aqui simbolizados, Φ e φ. Entendemos bem que jamais se trata, na articulação da teoria analítica, de proceder de uma maneira dedutiva, de cima para baixo, se posso dizer. Não há nada que parta mais do particular que a experiência analítica. É isso o que faz com que algo permaneça válido numa articulação como aquela do autor a que eu estava aludindo. É isso, também, o que faz com que sua teoria da função da imagem fálica na transferência parta de uma experiência absolutamente localizada, o que pode, sob alguns aspectos, limitar seu alcance, mas exatamente na mesma medida em que lhe dá seu peso.

Devido ao autor ter partido, de maneira sutil e marcante, da experiência dos obsessivos, temos que reter e discutir o que ele concluiu disso. Vamos partir igualmente, hoje, do obsessivo, e é por isso que apresentei, à frente do que tenho a lhes dizer, a fórmula com que tento articular sua fantasia.

Já disse a vocês muitas coisas sobre o obsessivo, e não se trata de repeti-las. Não se trata, simplesmente, de repetir o que há de basicamente substitutivo, de perpetuamente eludido na espécie de prestidigitação que caracteriza a maneira pela qual o obsessivo procede em sua forma de se situar com relação ao Outro, mais exatamente, de jamais estar naquele lugar, naquele instante, em que parece se designar.

A formulação do segundo termo da fantasia do obsessivo faz, precisamente, alusão ao fato de que os objetos são para ele, enquanto objetos de desejo, colocados em função de certas equivalências eróticas – aquilo que temos o hábito de assinalar, ao falar da erotização de seu mundo, e em especial de seu mundo intelectual. Esta colocação em função pode ser notada por φ. Basta, com efeito, reabrir um relato de caso analítico, quando é benfeito, para percebermos que o φ é justamente aquilo que é subjacente à equivalência instaurada entre os objetos no plano erótico. O φ é, de alguma maneira, a unidade de medida, onde o sujeito acomoda a função *a,* ou seja, a função dos objetos de seu desejo.

Para ilustrá-lo, basta que eu me debruce sobre o principal caso clínico da neurose obsessiva. Mas vocês também vão encontrá-lo em todos os outros, bastando para isso que sejam válidos.

Por que ele é chamado por Freud de *Rattenmann,* o homem dos ratos, no plural? – quando, na fantasia em que Freud aborda pela primeira vez uma espécie de visão interna da estrutura de seu desejo, naquele *horror,* captado em seu rosto, *de um gozo ignorado,* não existem ratos, só existe um, aquele que figura no famoso suplício turco a que vou voltar daqui a pouco. Se falamos no homem dos ratos, no plural, é realmente porque o rato prossegue sua corrida de forma multiplicada, em toda a economia dessas trocas singulares, dessas substituições, daquela metonímia permanente da qual a sintomática do obsessivo é o exemplo encarnado.

A fórmula que é a sua, a propósito do pagamento dos honorários na análise, *tantos ratos, tantos florins,* não passa de uma ilustração particular da equivalência permanente de todos os objetos naquilo que é uma espécie de mercado, do metabolismo dos objetos nos sintomas. Ela se inscreve, de maneira mais ou menos latente, numa espécie de unidade comum de padrão-ouro. O rato simboliza, ocupa propriamente o lugar daquilo a que chamo φ, na medida em que ele é uma certa forma de redução de Φ, e mesmo a degradação deste significante. Vamos ver o que nos permite dizê-lo.

Com efeito, o que representa Φ? A função do falo em sua generalidade, para todos os sujeitos que falam, e trata-se de perceber seu estatuto no inconsciente, a partir do ponto que nos é dado na sintomatologia da neurose obsessiva, onde esta função emerge sob formas que chamo de degradadas.

Ela emerge, observem bem, no nível do consciente. É aquilo que a experiência nos mostra, de modo muito manifesto, na estrutura do obsessivo. A colocação em função fálica não é, aí, recalcada, isto é, profundamente escondida, como na histérica. O φ que está ali em posição de postura em função de todos os objetos, como o *f* minúsculo de uma fórmula matemática, é perceptível, confessado no sintoma – consciente, em verdade perfeitamente visível. *Consciente, conscius,* designa originalmente a possibilidade de cumplicidade do sujeito consigo mesmo, logo, também, de uma cumplicidade com o Outro que o observa. O observador quase não tem trabalho para ser seu cúmplice. O signo da função fálica emerge de todas as partes no nível da articulação dos sintomas.

É mesmo nesse sentido que se pode formular a questão daquilo que Freud tenta, não sem dificuldades, imajar para nós quando articula a função da *Verneinung.* Como é possível que as coisas sejam ao mesmo tempo tão ditas e tão desconhecidas? Se o sujeito não passasse do que dele faz um certo psicologismo, que mantém sempre seus direitos mesmo no seio de nossas Sociedades analíticas, se o sujeito fosse ver o outro vê-los, se fosse só isso, como se poderia dizer que a função do falo no obsessivo fosse capaz de ser conhecida? Pois ela é perfeitamente patente. E no entanto pode-se dizer que, mesmo sob esta forma patente, ela participa daquilo que chamamos de recalque. Por mais confessada que seja, ela não o é pelo sujeito, sem a ajuda do analista. Sem a ajuda do registro freudiano, ela não é reconhecida, nem mesmo reconhecível. É aí mesmo que podemos comprovar que ser sujeito é algo diferente de ser um olhar diante de outro olhar, segundo a fórmula que chamei de psicologista, e que chega a incluir igualmente em suas características a teoria sartreana existente.

Ser sujeito é ter seu lugar no grande A, no lugar da fala. Ora, existe aqui um acidente possível, designado pela barra posta sobre o grande A. A saber, que ocorra a falta de fala do Outro. É no momento preciso em que o sujeito, manifestando-se como a função de *phi* com relação ao objeto, se desvanece, não se reconhece mais, é neste ponto preciso, na falha do reconhecimento, que o desconhecimento se produz automaticamente. Neste ponto de falha onde se encontra encoberta a função de falicismo a que o sujeito se dedica, produz-se, no lugar, essa miragem de narcisismo que chamarei de realmente frenética no sujeito obsessivo.

Esta espécie de alienação do falicismo se manifesta de maneira visível no obsessivo, por exemplo, naquilo a que se chama suas dificuldades do pensamento. Estas podem se exprimir de uma maneira perfeitamente clara, articulada, admitida pelo sujeito, sentidas como tais. O que eu penso – diz-lhes o sujeito em seu discurso, de uma maneira implícita, mas muito suficientemente articulada para que se possa passar um traço e efetuar a soma a partir de sua declaração – não é tanto por ser culpado que me é difícil sustentar-me e progredir, mas por ser absolutamente necessário que aquilo que penso seja de mim, e nunca do vizinho, de um outro.

Quantas vezes escutamos isso? – não apenas nas situações típicas do obsessivo, mas no que vou chamar de relações obsessivizadas que produzimos artificialmente numa relação tão específica quanto a do ensinamento analítico.

2

Falei em algum lugar, especialmente em meu relatório de Roma, daquilo que designei como o *muro da linguagem*. Pois bem, nada mais difícil do que levar o obsessivo a ficar contra o muro de seu desejo.

Existe algo que não sei se já foi realmente destacado, e que no entanto é um ponto muito claro. Vou adotar, para situá-lo, um termo que vocês sabem que já empreguei mais de uma vez, a *aphanisis,* introduzida por Jones, de uma maneira da qual marquei todas as ambiguidades, para designar o desaparecimento – este é o sentido da palavra em grego – do desejo.

Jamais, parece-me, apontou-se para esta coisa tão simples e tão tangível nas histórias do obsessivo. Quando este está numa certa via de pesquisa autônoma, de autoanálise, se quiserem, quando ele avança no caminho do que se chama, qualquer que seja a sua forma, *realizar sua fantasia,* é aí mesmo que convém empregar o termo *aphanisis.* Esta é mesmo uma função impossível de se descartar nesse ponto.

Se empregamos este termo, é para designar inicialmente uma *aphanisis* natural e comum, que se refere ao poder limitado que o sujeito tem para manter a ereção. O desejo tem, com efeito, um ritmo natural. Antes mesmo de evocar os extremos de incapacidade de sustentação, as formas mais inquietantes da brevidade do ato, pode-se observar que o sujeito se defronta, aí, com algo como um obstáculo, um escolho que é básico na sua relação com a sua fantasia. Trata-se daquilo que nele a linha de ereção, e em seguida de queda, do desejo, tem de sempre terminado. Existe, muito exatamente, um momento em que a ereção se esquiva. Entretanto, no conjunto, meu Deus, o obsessivo não é provido de mais nem de menos do que chamamos de uma genitalidade bastante comum, ou até mesmo bastante delicada, pude observar, e, para ser explícito, se fosse neste nível que se situasse o que está em questão nos avatares e tormentos que lhe são infligidos pelas molas ocultas de seu desejo, não seria aí que conviria concentrar nosso esforço.

Evoco sempre, em contraponto, aquilo de que, justamente, não nos ocupamos em absoluto, mas que me espanta que não se pergunte o porquê de não nos ocuparmos. Não nos ocupamos, com efeito, da organização de palestras para a união sexual, nem de fazer viver o corpo na dimensão da nudez e da captura pelo ventre. À parte algumas exceções – vocês bem sabem o quanto uma delas foi condenada, a de Reich, especialmente que eu saiba este não é um campo a que jamais se tenha estendido a atenção do analista.

O obsessivo pode se entender, mais ou menos, com este manejo do seu desejo. É, em suma, uma questão de costumes, num assunto em que as coisas, com ou sem análise, se mantêm no domínio do clandestino, e onde, por conseguinte, as variações culturais não têm muito a ver. O que está em jogo se situa noutra parte, a saber, no nível da discordância entre sua fantasia, na medida em que ela está, justamente, ligada à função do falicismo, e o ato onde ele aspira encarná-la e que, com relação à fantasia, sempre fica aquém da expectativa. E, naturalmente, é pelo lado dos efeitos da fantasia, essa fantasia que é toda falicismo, que se desenvolvem todas as consequências sintomáticas que são feitas para se prestar a isso. Ele inclui aí tudo o que se presta a isso, nessa forma de isolamento tão típica, tão característica, cujo mecanismo foi posto em evidência no nascimento do sintoma.

Se existe, pois, no obsessivo, este temor da *aphanisis* que Jones sublinha, é na medida, e unicamente na medida em que ela é a colocação à prova, que sempre resulta em derrota, da função Φ do falo. O resultado disso é que o obsessivo nada teme, afinal, tanto quanto aquilo a que ele imagina aspirar, a liberdade de seus atos e de seus gestos, e o estado de natureza, se posso exprimir-me assim. As tarefas da natureza não são seu feito, nem tampouco o que quer que seja que lhe permita ficar à vontade, se posso me expressar assim, com Deus, a saber, as funções extremas da responsabilidade, a responsabilidade pura, aquela que se tem diante deste Outro onde se inscreve aquilo que articulamos.

Em nenhum lugar o ponto que designo está mais bem-ilustrado, digo de passagem, que na função do analista, e, muito propriamente, no momento em que este articula a interpretação. Estão vendo que durante minha fala de hoje não paro de inscrever, correlativamente ao campo da experiência do neurótico, aquele que nos é descoberto pela ação analítica. Este é, forçosamente, o mesmo, já que é para lá que se deve ir.

Na base da experiência do obsessivo, existe sempre o que chamarei de um certo receio de desinflar, relacionado com a inflação fálica. De certo modo, a função Φ do falo não poderia ser mais bem-ilustrada nele do que pela fábula da rã que quer se fazer tão grande quanto um boi. O *miserável animal,* como sabem, *inchou tanto que estourou.*

Este é um momento de experiência incessantemente renovada no impasse real que o obsessivo atinge nos confins de seu desejo. Parece haver interesse em sublinhá-lo, não somente no sentido de acentuar uma fenomenologia derrisória, mas também para permitir-lhes articular o que está em questão na função Φ do falo, enquanto oculta por trás de sua negociação no nível da função do φ.

3

A função Φ, comecei a articulá-la da última vez, formulando um termo que é o da presença real. Penso que tenham o ouvido sensível o bastante para terem percebido entre que aspas eu o colocava. Tampouco o introduzi só, e falei do insulto à presença real, de modo a que ninguém se enganasse nesse ponto. Não estamos, aqui, diante de uma realidade neutra.

A presença real, seria bem estranho que, se ela vem preencher a função que é aquela, radical, que tento aqui fazê-los abordar, ainda não tenha sido observada em algum lugar. E penso que todos vocês já perceberam sua homonímia, sua identidade com aquilo que é chamado por este nome no dogma religioso, aquele ao qual, em nosso contexto cultural, temos acesso, se posso dizer, desde o nascimento. A presença real, este par de palavras na medida em que faz significante, estamos habituados, próximos ou distantes, a escutá-lo há muito tempo murmurado em nosso ouvido a propósito do dogma católico, apostólico e romano, da eucaristia. Pois bem, asseguro-lhes que não é preciso ir buscar mais longe para percebermos que isso está absolutamente à flor da pele na fenomenologia do obsessivo.

Já que falei, há pouco, da obra de alguém que se dedicou a focalizar a pesquisa da estrutura obsessiva no falo, vou tomar seu artigo principal cujo título dei a vocês ainda agora, falando das "Incidências Terapêuticas da tomada de consciência da inveja do pênis na neurose obsessiva feminina". Começo a ler e, desde as primeiras páginas, erguem-se todas as possibilidades de comentário crítico.

> ... Como o obsessivo masculino, a mulher tem necessidade de identificar-se de um modo regressivo ao homem, para poder se libertar das angústias da primeira infância; mas, enquanto o primeiro vai se apoiar nessa identificação para transformar o objeto de amor infantil em objeto de amor genital, ela, a mulher, baseando-se inicialmente nessa mesma identificação, tende a abandonar este primeiro objeto e orientar-se em direção a uma fixação heterossexual, como se pudesse proceder a uma nova identificação feminina, desta vez com a pessoa do analista.

Mais adiante:

> ... Pouco depois que o desejo de possessão fálica, e correlativamente de castração do analista é revelado, e que, portanto, os efeitos precitados de tranquilização são obtidos, esta personalidade do analista masculino é assimilada àquela de uma mãe benevolente.

Três linhas mais adiante, vamos recair naquela famosa pulsão destrutiva inicial da qual a mãe é o objeto, isto é, nas coordenadas principais da análise do imaginário no tratamento ora conduzido.

Não pontuei esta temática senão para fazê-los entender, de passagem, as dificuldades que supõem superadas esta interpretação geral, resumida, aqui, em exórdio, e que toda a continuação vai, supostamente, ilustrar. Mas só preciso atravessar meia página para entrar na fenomenologia do que está em causa, e naquilo que o autor, que era um clínico, e do qual este é o primeiro escrito, decide nos contar das fantasias de sua paciente, situada como obsessiva.

A primeira coisa que salta aos olhos é a seguinte – *ela representava na sua imaginação órgãos genitais masculinos no lugar da hóstia.*

É-nos explicado – *sem que se trate de fenômenos alucinatórios.* Não duvidamos disso. Tudo o que vemos e elaboramos nos habitua a saber muito bem que se trata de coisa inteiramente diversa. Ela superimpõe os órgãos masculinos em forma significante. E ao quê – senão àquilo que é para nós, da maneira simbólica mais identificável, a presença real? O que está em causa quanto a esta presença real é reduzi-la, quebrá-la, triturá-la no mecanismo do desejo. As fantasias sacrílegas que tomei emprestadas, da última vez, ao mesmo caso, um pouco mais adiante o sublinham bastante.

Não imaginem que este caso seja único. Vou citar para vocês, entre dezenas de outros, porque a experiência de um analista nunca chega, num domínio, a superar a centena, a fantasia seguinte, ocorrida a um obsessivo num dado ponto de sua experiência.

As tentativas de encarnação desejante podem chegar, nos obsessivos, a um extremo de acuidade erótica, em conjunturas onde eles encontram, no parceiro, alguma complacência, deliberada ou fortuita, para com aquilo que é comportado pela temática da degradação do grande Outro em pequeno outro, em cujo campo se situa o desenvolvimento de seu desejo. No próprio momento em que o sujeito em questão acreditava poder se ater a um tipo de relação que é sempre acompanhada, nos obsessivos, de todos os correlativos de uma culpa extremamente ameaçadora, que pode ser equilibrada, de alguma maneira, pela intensidade do desejo, ele alimentava a fantasia seguinte com uma parceira que representava para ele, momentaneamente, ao menos, aquele complemento tão satisfatório: fazer, no coito, com que um papel fosse desempenhado pela hóstia santa, na medida em que, inserida na vagina da mulher, ela iria envolver o pênis do sujeito no momento da penetração.

Não creiam que isso seja um daqueles refinamentos que só se encontram numa literatura especial. Isso é, realmente, moeda corrente no registro da fantasística, especialmente a do obsessivo.

Como não deixar de precipitar tudo isso no registro de uma banalização tal como a de uma pretensa distância do objeto, na medida em que o objeto de que se trata seria definido na objetividade? No entanto, é isso o que se nos descreve – a objetividade do mundo, tal como é registrada pela enumeração e pela combinação mais ou menos harmoniosa das relações imaginárias comuns – a objetividade da forma, tal como é especificada pelas dimensões humanas – as fronteiras da apreensão do mundo exterior, ameaçadas por um distúrbio que seria aquele da delimitação do eu com os objetos da comunicação comum. Como não perceber que, ao contrário, existe aí uma outra coisa, de uma outra dimensão?

Esta presença real, trata-se no entanto de situá-la em alguma parte, e num outro registro que não o do imaginário. Digamos que seja na medida em que lhes ensino a situar o lugar do desejo com relação à função do homem enquanto sujeito que fala, que podemos entrever que o desejo vem habitar o lugar da presença real e povoá-lo com seus fantasmas.

Mas então, o que quer dizer o Φ? Será que o limite a designar o lugar da presença real na medida em que esta só pode aparecer nos intervalos do que é encoberto pelo significante? Será por esses intervalos que a presença real ameaça todo o sistema significante? É verdade. Há verdade nisso. O obsessivo o demonstra para vocês em todos os pontos daquilo a que chamam seus mecanismos de projeção ou de defesa, ou, mais precisamente, fenomenologicamente, de conjuração. A maneira que ele tem de preencher tudo o que se pode apresentar de entre-dois no significante – aquela, por exemplo, pela qual o *Rattenmann* de Freud se obriga a contar até tanto entre o clarão do relâmpago e o seu ruído – se designa, aqui, em sua estrutura verdadeira. Por que esta necessidade de preencher o intervalo significante? Porque ali pode se introduzir aquilo que iria dissolver toda a fantasmagoria.

Apliquem esta chave a vinte e cinco ou trinta dos sintomas que pululam, literalmente, no *Rattenmann* e em todos os casos de obsessivos e palparão a verdade que está em questão. Mais, ainda, estarão situando ao mesmo tempo a função do objeto fóbico, que não é senão a forma mais simples deste preenchimento.

Aquilo que denominei para vocês, da outra vez, a propósito do pequeno Hans, o significante universal realizado pelo objeto fóbico, é isso, e não outra coisa. Aqui é na vanguarda, bem à frente do furo, da hiância realizada no intervalo onde ameaça a presença real, que um signo único impede o sujeito de se aproximar. É por isso que o motor e a razão da fobia não são, como acreditam aqueles que só têm a palavra medo na boca, um perigo genital nem mesmo narcísico. Muito precisamente – ao sabor de certos desenvolvimentos privilegiados da posição do sujeito com relação ao grande Outro, como é o caso na relação do pequeno Hans com sua mãe – o que o sujeito teme encontrar é uma espécie de desejo, que seria de natureza a fazer voltar, antecipadamente, ao nada toda criação significante, todo o sistema significante.

Mas então, por que o falo, neste lugar e neste papel? É aqui que quero, ainda, avançar hoje para fazê-los sentir o que eu poderia chamar de conveniência dessa elaboração. Não falo de sua dedução, pois é a experiência, a descoberta empírica, que a assegura para nós, mas existe aí, também, alguma coisa que nos faz perceber que, como experiência, isso não é irracional. O falo, pois, é a experiência que o mostra para nós. Mas a conveniência que desejo apontar é determinada pelo fato de que o falo, enquanto nos é revelado pela experiência, não é simplesmente o órgão da copulação, mas é tomado no mecanismo perverso.

Entendam-me bem. Acentuo agora que, do ponto que, enquanto estrutural, representa a falta do significante, o falo, Φ, pode funcionar como o significante. O que quer dizer isso? O que é que define como significante alguma coisa da qual acabamos de dizer que, por hipótese, por definição, de saída, é o significante excluído do significante? Será, então, que ele só pode voltar por artifício, contrabando e degradação? – e é por isso mesmo que nunca o vemos a não ser em função de φ imaginário. Mas então, o que nos permite falar dele, assim mesmo, como significante, e isolar Φ como tal? É isso a que chamo o mecanismo perverso.

Façamos do falo o esquema seguinte, que é, de alguma forma, natural. O que é o falo? O falo, sob a função orgânica do pênis, não é, no reino animal, um órgão universal. Os insetos têm outras maneiras de se acoplar entre eles, e, sem ir tão longe, as relações entre os peixes não são relações fálicas. O falo se apresenta no nível humano, entre outros, como o signo do desejo. É também o seu instrumento, e também sua presença, mas retenho a sua qualidade de signo para detê-los, por um instante, num elemento de articulação essencial de se guardar – é simplesmente pelo fato de ser um signo que ele é um significante? Seria atravessar um pouco depressa demais um limite, dizer que tudo se resume a isso, pois existem, afinal, outros signos do desejo.

Constatamos, na fenomenologia, a projeção mais fácil do falo, em razão de sua forma pregnante, sobre o objeto feminino, por exemplo, e foi isso o que nos fez muitas vezes articular, na fenomenologia perversa, a famosa equivalência, *Girl = Phallus* em sua forma mais simples, a forma ereta do falo. Mas isso não basta, ainda que concebamos esta escolha profunda cujas consequências encontramos por toda parte como suficientemente motivada.

Um significante, simplesmente representa alguma coisa para alguém? Não está aí a definição do signo? É isso, mas não simplesmente isso. Acrescentei uma outra coisa da última vez que recordei para vocês a função do significante, é que o significante não consiste simplesmente em fazer signo *para* alguém, mas, no mesmo momento da mola significante, da instância significante, fazer signo *de* alguém – fazer com que o alguém para quem o signo designa alguma coisa, este signo o assimile, que o alguém se torne, ele também, este significante.

É nesse momento que designo expressamente como perverso que nos aproximamos da instância do falo. O fato de que o falo que se mostra tenha por efeito produzir também no sujeito a quem ele é mostrado a ereção do falo não é uma condição que satisfaça, no que quer que seja, alguma exigência natural.

É aqui que aparece aquilo a que chamamos, de maneira mais ou menos confusa, a instância homossexual. E não é à toa que, neste nível etiológico, seja sempre no nível do sexo masculino que o apontamos. É na medida em que o resultado, em suma, é que o falo como signo do desejo se manifesta como objeto do desejo, como objeto de atração para o desejo. É nessa base que reside sua função significante, e é assim que ele é capaz de operar neste nível, nesta zona, neste setor, onde devemos ao mesmo tempo identificá-lo como significante e compreender aquilo que ele é, assim, levado a designar.

O que ele designa não é nada que seja significável diretamente. É aquilo que está para além de toda significação possível, e, especialmente a presença real, para a qual eu quis, hoje, atrair seus pensamentos, para fazer dela a sequência de nossa articulação.

26 de abril de 1961

O Mito de Édipo Hoje

Um comentário da trilogia dos Coûfontaine, de Paul Claudel

XIX

O não de Sygne

... onde nós somos supostos saber.
A tragédia contemporânea.
O esgar da vida.
Uma passagem para além da fé.

Estou tentando, este ano, recolocar a questão fundamental que se levanta para nós em nossa experiência pela transferência, orientando o pensamento de vocês rumo ao que deve ser, para responder a esse fenômeno, a posição do analista.

Esforço-me, neste assunto, para apontar, no nível mais essencial, o que deve ser essa posição diante do apelo do ser, o mais profundo, que emerge no momento em que o paciente vem nos demandar nossa ajuda e nosso socorro. Isto é o que, para ser rigoroso, correto, imparcial, para ser tão aberto quanto é indicado pela natureza da questão que nos é colocada, formulo, interrogando o que deve ser o desejo do analista.

Certamente, não é adequado contentarmo-nos em pensar que o analista, por sua experiência e sua ciência, seja o equivalente moderno, o representante, autorizado pela força de uma pesquisa, de uma doutrina e de uma comunidade, daquilo a que se poderia chamar o direito da natureza, e que ele teria que nos designar, novamente, a via de uma harmonia natural, que seria acessível através dos desvios de uma experiência renovada.

Se voltei a partir, diante de vocês, da experiência socrática; foi essencialmente para situá-los em torno do seguinte, que é dado desde o início do estabelecimento da experiência analítica – somos interrogados como quem sabe, e mesmo como portadores de um segredo, mas que não é o segredo de todos, um segredo único.

1

Por mais obscuramente que seja, aqueles que vêm à nossa procura já sabem – e, se não o sabem, serão rapidamente orientados para esta noção por nossa experiência – que o segredo que somos supostos deter é mais precioso do que tudo aquilo que se ignora e que se continuará a ignorar, na medida em que este segredo vai responder pela parcialidade do que se sabe.

É verdade? Não é verdade? Não tenho que decidir sobre este ponto, digo apenas que é assim que a experiência analítica se propõe, se oferece, que é assim que ela é abordada, que é assim que se pode, sob um certo aspecto, definir o que ela introduz de novo no horizonte de um homem que é aquele que nós somos, com nossos contemporâneos.

No fundo de cada um dentre nós que tenta essa experiência, seja qual for o lado por que a abordemos, analisado ou analista, existe essa suposição. Ao menos num nível realmente central, mais essencial para nossa conduta, existe essa suposição. E quando digo *essa suposição,* posso até deixá-la marcada por um tom de dúvida, pois é como uma tentativa que essa experiência pode ser tomada, e é tomada, na maioria das vezes, por aqueles que vêm a nós.

Qual é essa suposição? É a suposição de que os impasses devidos a nossa ignorância talvez sejam determinados apenas pelo fato de que nos enganamos quanto ao que se pode chamar as relações de força de nosso saber – que, em suma, colocamos falsos problemas. E essa suposição, essa esperança, diria eu, com tudo o que comporta de otimismo, é favorecida por algo que se tornou consciência comum: que o desejo não se apresenta com o rosto descoberto, e que ele não está no lugar que a experiência secular da filosofia, para chamá-la por seu nome, designou para contê-lo e, de uma certa maneira, excluí-lo do direito de nos reger. Muito longe disso, os desejos estão por toda parte, e no próprio centro de nossos esforços para nos tornarmos seus senhores. Muito longe disso, mesmo ao combatê-los pouco mais fazemos que satisfazer a eles. Digo *a eles* e não *os,* pois dizer *satisfazê-los* seria demais, seria considerá-los apreensíveis, poder dizer onde eles estão. *Satisfazer a eles* se diz aqui como se diz, no sentido oposto, *livrar-se deles, ou não se livrar deles,* na medida mesma de um desígnio fundamental, justamente, de livrar-se deles.

Pois bem, não se livra deles, tanto que não basta evitá-los para deixar de nos sentirmos mais ou menos culpados. Em todo caso, seja o que for de que possamos dar testemunho quanto a nosso projeto, o que a experiência analítica nos ensina em primeiro lugar é que o homem é marcado, é perturbado por tudo aquilo a que se chama sintoma – na medida em que o sintoma é aquilo que o liga aos seus desejos.

Não podemos definir-lhe o limite nem o lugar – por satisfazer isso sempre, de alguma maneira, e, o que é mais, sem prazer.

Parece que uma doutrina tão amarga implicaria que o analista fosse o detentor, em algum nível, da mais estranha medida. Com efeito, dá-se aí tanta ênfase a uma extensão tão grande do desconhecimento fundamental – não, como foi feito até aqui, numa forma especular de onde ela surgiria, de certa forma, com a questão, mas sob uma forma que não creio poder fazer mais que chamar, ao menos por ora, do jeito que me vem, de textual, no sentido em que é um desconhecimento tecido pela construção pessoal no sentido mais amplo – que, se esta suposição é feita, o analista deveria, e para muitos é considerado como, senão tendo superado, pelo menos como devendo superar a mola deste desconhecimento. Ele deveria ter em si o ponto de parada que lhes designo como o do *Che vuoi?,* ali onde viria esbarrar o limite de todo conhecimento de si. Ou, ao menos, o caminho daquilo a que chamarei o bem próprio, na medida em que ele é conformidade de si consigo mesmo no plano do autêntico, deveria estar aberto ao analista para ele mesmo. Ao menos neste ponto da experiência particular, algo poderia ser apreendido desta natureza, deste natural que se sustentaria por sua própria ingenuidade.

Vocês sabem, que, fora da experiência analítica, um certo ceticismo, para não dizer um certo asco, um certo niilismo, para empregar o termo com que os moralistas de nossa época o rotularam, capturou o conjunto de nossa cultura a propósito daquilo que se pode designar como a medida do homem.

Nada mais distanciado do pensamento moderno e, precisamente, contemporâneo, que esta ideia natural, tão familiar durante tantos séculos, de tender a se dirigir para uma justa medida da conduta, o que quer que se tenha entendido por isso, e sem que parecesse, sequer, que sua noção pudesse ser discutida.

O que se supõe, assim, sobre o analista nem deveria se limitar ao campo de sua ação, com uma importância apenas local na medida em que ele exerce a análise e está ali *hic et nunc,* como se diz, mas ser-lhe atribuído como habitual. Deem a este último termo seu sentido pleno, aquele que se refere mais ao *habitus,* no sentido escolástico, à integração de si mesmo, à constância de ato e de forma em sua própria vida, ao que constitui o fundamento de toda virtude, do que no sentido onde a palavra se orienta para a simples noção de cunho e passividade.

Este ideal, preciso discuti-lo antes de o riscarmos com uma cruz? Não, decerto, que não se possam evocar no analista exemplos do estilo do coração puro, mas é pensável que este ideal seja requerido, de saída, no analista? Poderia ser ele de alguma maneira esboçado, se fosse comprovado? Digamos que não seja isso o comum nem a reputação do analista. Poderíamos também dar facilmente nossas razões de decepção quanto a esta fórmula débil. Cada vez que tentamos formular em nosso magistério alguma coisa que atinja o valor de uma ética, isso nos escapa a todo instante.

Quando tento deslindar, para vocês, os esforços recentes, e sempre meritórios, que foram feitos para batizar os ideais de nossa doutrina, não é por prazer, creiam, que me detenho em certa fórmula de uma caracterologia pretensamente analítica para mostrar suas falhas, a natureza de falsa janela, de pueril oposição. Eis que se formula o caráter genital do fim da análise, que se assimilam os nossos objetivos com a pura e simples suspensão dos impasses identificados com o pré-genital, o que seria suficiente para resolver todas as suas antinomias. Peço-lhes que vejam as consequências comportadas por semelhante exibição de impotência para pensar a verdade de nossa experiência.

É num relativismo inteiramente outro que se situa o problema do desejo humano. E se devemos ser algo mais que simples companheiros da procura do paciente, que ao menos não percamos de vista esta medida, que o desejo do sujeito é essencialmente, como lhes ensino, o desejo do Outro, com O maiúsculo. O desejo não pode se situar, se colocar, e ao mesmo tempo se compreender senão nesta alienação fundamental, que não está simplesmente ligada à luta do homem com o homem, mas à relação com a linguagem.

O desejo do Outro – este genitivo é ao mesmo tempo subjetivo e objetivo. Desejo no lugar onde está o Outro, desejo para poder estar nesse lugar – e desejo de alguma alteridade. Para satisfazer à busca do objetivo, ou seja, do que deseja esse outro que nos vem ao encontro, é preciso que nos prestemos, ali, à função do subjetivo, que de alguma maneira possamos, durante algum tempo, representar, não, como se acredita, e como seria, meu Deus, derrisório, confessem, e quão simplório também, que pudéssemos sê-lo, não o objeto que é visado pelo desejo, mas o significante. O que é, ao mesmo tempo, muito menos, mas também muito mais.

É preciso que mantenhamos o lugar vazio onde é convocado este significante que só pode ser anulando todos os outros, este **Φ** do qual tento, para vocês, mostrar a posição, a condição, central em nossa experiência.

Nossa função, nossa força, nosso dever, é certo, e todas as dificuldades se resumem ao seguinte: é preciso saber ocupar seu lugar, na medida em que o sujeito deve poder localizar aí o significante faltoso. E portanto, por uma antinomia, por um paradoxo que é o de nossa função, é no próprio lugar em que somos supostos saber que somos convocados a ser, e a ser, nada mais, nada menos, que a presença real, justamente na medida em que ela é inconsciente.

No último termo, no horizonte daquilo que é nossa função na análise, estamos ali como isso – isso, justamente, que se cala, e que se cala no sentido em que falta a ser. Estamos no último termo, em nossa presença, nosso próprio sujeito, no ponto em que este se desvanece, em que é barrado. É por essa razão que podemos ocupar o mesmo lugar onde o próprio paciente, como sujeito, se apaga e se subordina a todos os significantes de sua própria demanda.

Isso não se produz somente no nível da regressão, dos tesouros significantes do inconsciente, do vocabulário do *Wunsch,* na medida em que o deciframos no decorrer da experiência analítica, mas, no último termo, no nível da fantasia. Digo no último termo na medida em que a fantasia é o único equivalente da descoberta pessoal pela qual é possível que o sujeito designe o lugar da resposta, o S(Ⱥ) que ele espera da transferência, e que faça sentido S(Ⱥ).

Na fantasia, o sujeito se apreende como faltoso diante de um objeto privilegiado, que é degradação imaginária do Outro neste ponto de falha. Para que, na transferência, entremos nós mesmos, para o sujeito passivo na fantasia no nível de $\mathbb{S}$, é preciso que, de uma certa maneira, sejamos realmente este $\mathbb{S}$, que sejamos, no último termo, aquele que vê *a,* o objeto da fantasia, que sejamos capazes, em qualquer experiência que seja, e até na experiência mais estranha a nós mesmos, de ser, afinal, aquele vidente, aquele que pode ver o objeto do desejo do Outro, a qualquer distância que o Outro esteja de si mesmo.

É realmente por ser assim que vocês me veem, ao longo de todo este ensinamento, e sob todos os aspectos em que não apenas a experiência, mas a tradição podem nos servir, girar em torno do que é o desejo do homem. Ao longo do caminho que percorremos juntos, vimos a alternância da definição científica, no sentido mais amplo, aquele que tem sido tentado desde Sócrates, e algo de inteiramente oposto, que é, na medida em que seja apreensível nos monumentos da memória humana, a experiência trágica. Será necessário que eu lhes recorde que há dois anos fi-los percorrer o drama original do homem moderno, *Hamlet*? Que no ano passado eu tentei lhes dar uma visão do que quer dizer aqui a tragédia antiga?

Se vou, agora, retomar este caminho, é em razão de um encontro que tive, é o caso de dizê-lo, por acaso, com uma das formulações nem melhor nem pior do que aquelas que vemos atualmente em nosso círculo, do que vem a ser a fantasia. Com efeito, encontrei no último *Bulletin de psychologie* uma articulação da função da fantasia, sobre a qual posso dizer, mais uma vez, que me causou sobressalto por sua mediocridade. Mas o autor não vai se ofender em excesso, com esta apreciação, já que ele é aquele mesmo que desejava, há tempos, formar um grande número de psicanalistas medíocres.

Foi exatamente isso o que voltou a me dar, não posso dizer a coragem, é preciso, aí, um pouco mais, mas uma espécie de furor, para tornar a passar, mais uma vez, por um desses desvios de que espero que tenham a paciência de seguir o circuito.

Procurei ver se não havia em nossa experiência contemporânea algo onde pudesse se ligar o que tento lhes demonstrar, que deve, realmente, estar sempre ali, e, direi, mais que nunca no tempo da experiência analítica, que não é concebível como tendo sido apenas um milagre, surgido de não se sabe que acidente individual chamado o pequeno-burguês vienense Freud.

Certamente, e sensível em toda parte, existem em nossa época todos os elementos de uma dramaturgia, que deve nos permitir colocar em seu nível o drama daquilo com que temos de lidar quando se trata do desejo. Trata-se de não se contentar com uma verdadeira história de estudante, tal como se pode colhê-la de passagem, e tal como se encontra, por exemplo, identificada com a fantasia, no trecho que eu lhes citava há pouco. O fato é certamente mentiroso, ainda por cima, porque, como bem se vê no texto, nem mesmo é um caso que tenha sido analisado. É a história de um feirante que, de súbito, a partir do dia em que lhe disseram que não tinha mais que doze meses de vida, teria sido libertado daquilo que se chama, no texto, de sua fantasia, a saber, o temor de doenças venéreas e que, a partir daí – como se exprime o autor, sobre o qual é de se perguntar onde foi recolher este vocabulário, pois mal se o imagina na boca do sujeito citado – *teria tirado o atraso.*

Tal é o nível incriticado, a um grau que basta para torná-lo mais que suspeito para vocês, a que se leva a abordagem do desejo humano e de seus obstáculos.

Será outra coisa que me decide a lhes oferecer novamente um passeio pelo lado da tragédia, na medida em que ela nos toca?

2

Vou dizer-lhes imediatamente de que tragédia se trata, e por que acaso é a ela que me refiro.

Trata-se da tragédia moderna, quero dizer, contemporânea. Desta vez, não existe somente um exemplar único dela. No entanto, não é muito divulgada. E, se tenho a intenção de fazê-los percorrer uma trilogia de Claudel, vou lhes dizer igualmente o que me decidiu a isso.

Há muito tempo que eu não relia a trilogia composta por *l'Otage, Le Pain dur* e *Le Père humilié.*[13] Fui remetido a ela, há algumas semanas, por um acaso do qual vou-lhes contar o lado acidental, porque é divertido, pelo uso, ao menos pessoal, que faço dos meus próprios critérios.

Disse a vocês numa fórmula – o interesse das fórmulas é que se pode tomá-las ao pé da letra, a saber, tão burramente quanto possível, e elas devem nos levar a algum lugar. Este é o lado operacional das fórmulas, e é verdadeiro também para as minhas. Ora, não pretendo ser operacional só para os outros.

Eu estava lendo a correspondência entre André Gide e Paul Claudel, que, cá para nós, não é nada má, recomendo a vocês. Mas o que lhes vou dizer não tem relação alguma com o objeto dessa correspondência, de que Claudel não sai engrandecido, o que não impede que eu o ponha aqui, em primeiro plano, o que ele merece, como um dos maiores poetas que já existiram.

Acontece que, nesta correspondência onde André Gide desempenha seu papel de diretor de *La Nouvelle Revue française* – não somente da revista, mas dos livros editados por ela naquela época anterior a 1914 – trata-se da edição de *L'Otage* e, prestem atenção, não quanto ao conteúdo, mas ao papel e à função que dei à letra, pois é esta mesma a causa eficiente do fato de que vocês ouvirão falar, durante uma ou duas sessões, dessa trilogia sem igual.

Com efeito, um dos problemas em questão durante duas ou três cartas é que, para imprimir *L'Otage,* será preciso fundir um tipo que não existe não só na impressora da *Nouvelle Revue française* mas em nenhuma outra – o *u* maiúsculo com acento circunflexo.

Nunca, em ponto algum da língua francesa, se teve necessidade de um *u* com acento circunflexo. É Paul Claudel quem, chamando a sua heroína Sygne de Coûfontaine,[14] com – em nome de seu poder poético discricionário – um acento no *u* de Coûfontaine, propõe essa pequena dificuldade aos tipógrafos. O que não causaria problema no nível da minúscula, cria um no nível da maiúscula, e os nomes dos personagens de teatro que dão as réplicas são, numa edição correta, escritos em letras maiúsculas.

Diante deste signo do significante faltoso, disse a mim mesmo que ali devia haver alguma coisa, e que reler *L'Otage* me levaria bem mais longe. Eis o que me fez retomar uma parte considerável do teatro de Claudel e, como podem prever, fui recompensado.

L'Otage, para começar com esta peça, é uma obra que Claudel escreveu na época em que era funcionário do Ministério do Exterior, representante da França em não sei que cargo, digamos, algo como conselheiro, provavelmente mais que um adido – enfim, pouco importa, ele era funcionário da República no tempo em que isso ainda tinha um sentido. Ora, o próprio Claudel escreve a André Gide: seria melhor, tendo em vista o aspecto demasiado reacionário da coisa, não se assinar Claudel.

Não vamos sorrir desta prudência. A prudência sempre foi considerada como uma virtude moral. E, creiam-me, estaríamos enganados se acreditássemos, por não estar mais em moda, que devêssemos desprezar os últimos que deram provas dela.

Os valores que são agitados em *L'Otage* são aqueles a que vamos chamar os valores da fé. Trata-se de uma história sombria, suposta passar-se no tempo de Napoleão I, a história de uma dama que, não vamos esquecer, começa a se tornar uma solteirona desde o tempo em que se dedica a uma obra heroica que já dura uns dez anos, já que a história é considerada ocorrer no auge do poderio napoleônico.

O que está em jogo, e que é naturalmente transformado pelas necessidades do drama, é o constrangimento exercido pelo Imperador sobre a pessoa do Papa. Isso, portanto, nos situa a um pouco mais de uns dez anos da época de onde partem as provações de Sygne de Coûfontaine.

Vocês já perceberam, pela ressonância de seu nome, que ela faz parte dos *ci-devant,* aqueles que, entre outras coisas, foram destituídos de seus privilégios e de seus bens pela Revolução. Desde essa época, Sygne de Coûfontaine, que permaneceu na França enquanto seu primo emigrou, dedicou-se à tarefa paciente de reunir os elementos do domínio dos Coûfontaine. Isso não se deve apenas a uma tenacidade, mas nos é apresentado como consubstancial, codimensional a este pacto com a terra que, para dois dos personagens, e igualmente para o autor que os faz falar, é idêntico à constância, ao valor da própria nobreza.

Vocês vão ver no texto os termos, aliás admiráveis, nos quais se exprime o vínculo com a terra como tal, que não é simplesmente um vínculo de fato, mas também um vínculo místico. É igualmente em torno deste vínculo que se define toda uma ordem de lealdade que é a ordem, propriamente falando, feudal, unindo num só feixe o vínculo do parentesco com um vínculo local em torno do qual se ordena tudo o que define senhores e vassalos, direitos de nascimento. Só posso lhes indicar, em algumas palavras, todos esses temas. Não é aí que está o objeto próprio de nossa busca. Penso, além disso, que vão encontrá-los à vontade, remetendo-se ao texto.

É no decorrer deste empreendimento, fundado, pois, na exaltação dramática, poética, recriada diante de nós, de certos valores, que são valores ordenados segundo uma certa forma da fala, que vem interferir a seguinte peripécia:

O primo emigrado, ausente, que, aliás, fez nos anos anteriores, diversas vezes, aparições clandestinas junto a Sygne de Coûfontaine, reaparece mais uma vez, acompanhado por um personagem cuja identidade não nos é revelada, e que não é outro senão o Padre supremo, o Papa, de quem toda a presença no drama será definida, literalmente, como aquela do representante na terra do Pai celeste. O drama vai se desenrolar em torno desta personagem fugitiva, evadida – pois é com a ajuda do primo de Sygne de Coûfontaine que ele se encontra ali, subtraído ao poder do opressor.

Aqui surge um terceiro personagem, o assim chamado barão Turelure, Toussaint Turelure,[15] cuja imagem vai dominar toda a trilogia.

Sua figura é desenhada de modo a nos fazer sentir horror por ele. Como se já não fosse suficientemente malvado e vilão vir atormentar uma mulher tão encantadora, ele vem, além disso, chantageá-la – Senhorita, há muito tempo que a desejo e amo, mas hoje, quando tem este velho papai eterno em sua casa, vou encurralá-lo e torcer-lhe o pescoço se não ceder à minha demanda.

Não é sem intenção que conoto de uma sombra de Guignol este núcleo do drama. O velho Turelure nos é apresentado com todos os atributos, não apenas do cinismo, mas da feiura. Não basta que ele seja malvado, mostram-no, além disso, manco, um pouco corcunda, odioso. Mais, ainda, foi ele quem fez com que cortassem as cabeças de todas as pessoas da família de Sygne de Coûfontaine nos bons tempos de 93, e da maneira mais ostensiva, de modo que ele ainda faz com que a dama tenha que passar por isso. E mais, ele é o filho de um feiticeiro e de uma mulher que foi a ama de leite, e portanto criada, de Sygne de Coûfontaine – de maneira que, quando o desposar, ela estará se casando com o filho de sua empregada e do feiticeiro.

Não dirão que existe alguma coisa aí um pouco forte demais para tocar o coração de um auditório, para quem essas velhas histórias assumiram, afinal, um aspecto um pouco diferente? Isto é, a Revolução Francesa demonstrou, em sua sequência, algo que não pode ser unicamente julgado à luz dos martírios sofridos pela aristocracia. É claro que não é por este lado que a peça pode, de alguma forma, ser recebida como é. Não que este auditório se estenda muito em nossa nação, mas não se pode dizer tampouco que o auditório dos que assistiram à representação, aliás tardia na história da peça, tenha sido unicamente composto, não posso dizer de partidários do conde de Paris, pois como todos sabem o conde de Paris é muito progressista, mas de pessoas saudosas da época do conde de Chambord. Antes, é um auditório avançado, cultivado, formado, que, diante de *L'Otage* sente o choque, digamos, do trágico, para a ocasião, comportado pela continuação das coisas.

Trata-se de compreender o que quer dizer essa emoção, ou seja, que não somente o público aceita, mas igualmente, prometo-lhes, vocês não terão dúvida alguma, à leitura, que se trata, aí, de uma obra que tem, na tradição do teatro, todos os direitos e todos os méritos aferentes ao que lhes é apresentado de melhor. Onde pode estar, realmente, o segredo daquilo que nos comove através de uma história que se apresenta com esse aspecto de farsa, levada ao ponto de uma espécie de caricatura?

Vamos mais longe. Não se detenham no pensamento de que se trata, aí, daquilo que é sempre evocado em nós pela sugestão dos valores religiosos.

É este ponto, precisamente, que vamos agora interrogar.

3

Qual é o motor, a cena principal, o centro acentuado do drama?

O veículo da solicitação a que vai ceder Sygne de Coûfontaine não é o horrível personagem – e vocês vão ver, não apenas horrível, mas capital para toda a sequência da trilogia – que é Toussaint Turelure, e sim o confessor de Sygne, a saber, uma espécie de santo, o padre Badilon.

Sygne de Coûfontaine, que não está simplesmente ali como sua prima, mas a título de ter levado, através de ventos e marés, sua obra de manutenção, está ali no momento em que seu primo vem procurá-la e fica sabendo por este que ele acaba de experimentar em sua própria vida, em sua pessoa, a mais amarga traição. Com efeito, ele percebeu que a mulher que amava só tinha feito enganá-lo durante longos anos, sendo ele o único a nada saber, isto é, era a amante daquele que se chama, no texto de Paul Claudel, o Delfim. Nunca houve um delfim emigrado, mas não importa, pois o que está em questão é mostrar os personagens principais, Sygne de Coûfontaine e seu primo em sua decepção, seu isolamento verdadeiramente trágico.

As coisas não ficam aí. Alguma rubéola ou coqueluche varreu, não só a interessante personagem da mulher do primo, mas também as crianças, sua descendência. Ele chega ali, portanto, privado de tudo pelo destino, com exceção de sua constância à causa real. E num diálogo que é, em suma, o ponto de partida trágico daquilo que vai se passar, Sygne e seu primo comprometem-se um com o outro e diante de Deus. Nada, nem no presente e nem no futuro, lhes permite fazer passar ao ato este compromisso. Mas comprometem-se para além de tudo o que é possível e impossível, são votados um ao outro. O padre Badilon vem então requerer de Sygne de Coûfontaine, não uma coisa qualquer, mas que ela considere que, recusando o que o vilão Turelure lhe propôs, ela se torna a chave deste momento histórico, quando o Pai de todos os fiéis será entregue ou não a seus inimigos.

Certamente o santo Badilon não lhe impõe, propriamente falando, nenhum dever. Ele vai mais longe. Nem mesmo é à sua força que ele apela, diz ele, e escreve Claudel, mas à sua fraqueza. Mostra-lhe aberto diante dela, o abismo dessa aceitação pela qual ela se fará agente de um ato de libertação sublime. Mas, reparem bem, tudo é feito para nos mostrar que, ao fazer isso, ela deve renunciar em si mesma a alguma coisa que vai além de toda atração, de todo prazer possível, de todo dever mesmo. Ela deve renunciar àquilo que é seu próprio ser – ao pacto que a liga, desde sempre, à sua fidelidade à sua própria família, já que se trata de casar-se com o exterminador dessa família –, ao compromisso sagrado que acaba de assumir para com aquele que ama. Aí está algo que nos conduz, não aos limites da vida, pois sabemos que é uma mulher que faria de bom grado o seu sacrifício, como o demonstrou no passado, mas sim ao sacrifício daquilo que, para ela, como para todo ser, vale mais que sua vida – não somente suas razões de viver, mas aquilo em que ela reconhece seu próprio ser.

Eis-nos, portanto, através daquilo que chamo provisoriamente essa tragédia contemporânea, levados aos limites que são os da segunda morte, que lhes ensinei a abordar no ano passado com *Antígona,* com a diferença de que, aqui, pede-se à heroína que os atravesse.

Se demonstrei a vocês, no ano passado, o que significa o destino trágico – se pude conseguir fazê-los observar numa topologia que chamamos de sadiana, a saber, nesse lugar que foi batizado aqui, como escuto por meus ouvintes, de o entre-duas-mortes – se mostrei que este jogo passou, não, como se diz, numa espécie de refrão, para além do bem e do mal, o que é uma bela fórmula para obscurecer o que está em jogo, mas para além do bem, falando propriamente – se o segundo limite desse domínio, o limite da segunda morte, é designado por aquilo a que chamo o fenômeno da beleza, aquele que explode no texto sofocleano no momento em que, tendo Antígona atravessado o limite de sua condenação, não apenas aceita mas provocada por Creonte, o coro irrompe no canto *Eros aníkate náxam,* (Eros invencível no combate), – aqui, depois de vinte séculos de era cristã, é para além desse limite que nos conduz o drama de Sygne de Coûfontaine.

Ali onde a heroína antiga é idêntica a seu destino, *Atè,* a esta lei, para ela divina, que a conduz à provação – é contra a sua vontade, contra tudo aquilo que a determina, não em sua vida, mas em seu ser, que, por um ato de liberdade, a outra heroína vai contra tudo o que se liga a seu ser até suas mais íntimas raízes.

A vida ali é deixada, de longe, para trás. Pois, não se esqueçam disso, há algo diverso que é acentuado pelo dramaturgo com toda a sua força: é que, dado o que ela é, sua relação de fé com as coisas humanas, aceitar casar-se com Turelure não poderia ser apenas ceder a uma imposição. O casamento, mesmo o mais execrável, é casamento indissolúvel. Mas isso ainda não é nada. O casamento comporta a adesão ao dever do casamento como dever de amor.

Quando digo que a vida é deixada de longe para trás, temos a prova disso no ponto de desenlace para onde nos conduz a peça.

Sygne, então, cedeu, tornou-se a baronesa Turelure. É no dia do nascimento do pequeno Turelure, cujo destino nos ocupará da próxima vez, que vai se passar a peripécia máxima, e término do drama. Em Paris atacada, o barão Turelure, que vem ali ocupar o centro, a figura histórica de toda esta *grande farsa* de marechais, dos quais sabemos, pela história, quais foram as oscilações, fiéis e infiéis, em torno do grande desastre, Turelure, naquele dia, deve, sob certas condições, devolver as chaves da cidade ao rei Luís XVIII.

O embaixador dessa negociação não será outro, como vocês esperam, e como é necessário para a beleza do drama, senão o primo de Sygne em pessoa. Tudo o que pode haver de mais odioso nas circunstâncias do encontro não deixa de ser aí acrescentado. É, a saber, que dentre as condições que Turelure impõe para sua boa e lucrativa traição – a coisa não nos é apresentada de outra maneira –, impõe-se que o apanágio de Coûfontaine, isto é, o último daquilo que resta, a sombra das coisas, mas também o essencial, a saber, o nome do Coûfontaine, deverá passar a essa descendência malcasada.

Levadas as coisas a este ponto, não se surpreendam que elas terminem por um pequeno atentado a pistola. A saber, uma vez as condições aceitas, o primo que, quanto a ele, está aliás longe de não ter regateado, está bem decidido a acertar suas contas como se diz, ao tal de Turelure o qual, sendo provido, naturalmente, de todos os caracteres da astúcia e da malícia, previu o golpe e tem, ele também, seu revolverzinho no bolso. No tempo em que o pêndulo dá três batidas, os dois revólveres disparam, e naturalmente não é o malvado a ficar estendido no chão. O essencial é que Sygne de Coûfontaine se joga no caminho da bala que vai atingir seu marido e, por ter-lhe evitado a morte, vai morrer nos instantes seguintes.

Suicídio, diremos, e não sem justiça, já que, igualmente, tudo em sua atitude nos mostra que ela bebeu o cálice sem nada encontrar nele de diferente do que era, a perdição absoluta, o próprio abandono, experimentado, das potências divinas, a deliberação de levar a termo aquilo que, nesse grau, quase não merece mais o nome de sacrifício.

Em suma, na última cena, antes do gesto em que colhe a morte, Sygne nos é apresentada como agitada por um tique facial, assinalando assim, de algum modo, o destino do belo. É isso que nos mostra que se encontra, aqui, superado esse termo que lhes designava no ano passado como respeitado pelo próprio Sade – a beleza insensível aos ultrajes.

Sem dúvida, esse esgar da vida que sofre é mais atentatório ao estatuto da beleza que o esgar da morte e da língua estendida que podemos evocar no rosto de Antígona enforcada quando Creonte a descobre.

Ora, o que se passa bem no final? Com o quê o poeta nos deixa ao termo de sua tragédia em suspenso? Há dois fins, peço-lhes que guardem isso.

Um desses fins consiste na entrada do rei. Entrada grotesca, na qual Toussaint Turelure recebe a justa recompensa por seus serviços, e onde a ordem restaurada assume os aspectos dessa espécie de feira caricatural que é excessivamente fácil atribuir ao público francês, depois do que a história nos ensinou sobre as sequelas da Restauração. Em suma, a imagem de Épinal verdadeiramente derrisória, que não nos deixa, aliás, dúvida alguma quanto ao julgamento que o poeta pode fazer de todo retorno àquilo a que se chama o Antigo Regime.

O interessante é o segundo final, ligado por uma íntima equivalência àquilo com que o poeta é capaz de nos deixar quanto à imagem de Sygne de Coûfontaine. Trata-se, aí, de sua morte – não, certamente, que ela seja eludida no primeiro final.

Logo antes da figura do rei, Badilon reaparece para exortar Sygne, e só consegue, até o fim, obter dela um "não", uma recusa absoluta da paz, do abandono, da oferenda de si mesma a Deus, que vai recolher sua alma. Todas as exortações do santo, ele mesmo dilacerado pela última consequência de que ele foi o obreiro, esbarram numa negativa última. Sygne não pode encontrar, por viés algum, seja o que for que a reconcilie com uma fatalidade sobre a qual peço-lhes que observem que supera tudo o que se pode encontrar na tragédia antiga como indício daquilo que o sr. Ricoeur; que percebi que estudava as mesmas coisas que eu na *Antígona* mais ou menos no mesmo momento, chama a função do Deus malvado.

O deus malvado da tragédia antiga ainda é alguma coisa que se reúne ao homem por intermédio da *Atè,* esta aberração nomeada, articulada, da qual ele é o ordenador. Reúne-se à *Atè* do outro, como diz Antígona, e como diz Creonte, na tragédia sofocleana, sem que nem um nem outro tenham vindo ao seminário. Esta *Atè* do outro tem um sentido, onde o destino de Antígona se inscreve.

Aqui, estamos para além de todo sentido. O sacrifício de Sygne de Coûfontaine só atinge a derrisão absoluta de seus fins. O velhote que se tratava de furtar às garras de Turelure nos será representado até o fim da trilogia, por mais Pai supremo dos fiéis que seja, como um Pai impotente que, com relação aos ideais que ascendem, nada tem a lhes oferecer senão a inútil repetição de palavras tradicionais, mas sem força. A legitimidade que se diz restaurada não passa de um logro, ficção, caricatura, e, na realidade, prolongamento da ordem subvertida.

O que o poeta acrescenta ali no segundo final é este achado em que se necrosa o seu desafio, o de fazer exortar Sygne de Coûfontaine por Turelure com as próprias palavras de suas armas, de sua divisa, que é para ela a significação de sua vida – *Coûfontaine adsum, Coufontaine, eis-me aqui.*

Diante de sua mulher incapaz de falar, ou recusando-se a falar, ele tenta ao menos obter um sinal, qualquer que seja, quando mais não fosse o consentimento à vinda do novo ser, o reconhecimento do fato de que o gesto que ela fez era para protegê-lo, a ele, Turelure. A tudo isso a mártir apenas responde, até se extinguir, por um não.

O que significa que o poeta nos conduza a este extremo da falta, à derrisão do próprio significante? O que quer dizer que semelhante coisa nos seja apresentada? Parece-me que já os fiz percorrer bastante os graus daquilo a que chamarei esta enormidade para que isso lhes seja aparente.

Vocês me dirão que somos duros de roer, que já os fizeram ver todo o tipo de coisas para que nada mais os espante – mas, assim mesmo ... Bem sei que existe alguma coisa em comum entre a poesia de Claudel e a dos surrealistas. O que não podemos duvidar, em todo caso, é que Claudel, ao menos, imaginava saber o que escrevia. E seja como for, está escrito. Semelhante coisa pôde emergir da imaginação humana.

Quanto a nós, espectadores, sabemos bem que se se tratasse, ali, apenas de nos representar, de forma imajada, uma temática com a qual nos encheram os ouvidos sobre os conflitos sentimentais do século XIX, isso não nos alteraria em nada. Bem sabemos que se trata de outra coisa, que não é isso o que nos toca, que nos retém, que nos suspende, que nos atrai, que nos projeta de *L'Otage* para a sequência ulterior da trilogia. Há algo diferente nessa imagem, onde os termos nos faltam. Vocês se recordam dos termos de Aristóteles que lhes citei no ano passado, *di eléou kai fóbou peraínousa,* isto é, não *pelo terror e pela piedade,* mas *através de todo terror e toda piedade atravessados.* O que nos é aqui apresentado nos leva ainda mais adiante. É a imagem de um desejo diante unicamente do quê, parece, ainda vale a referência sadiana.

A substituição, pela imagem da mulher, do signo da cruz cristã, não lhes parece que ela está ali, não apenas designada, mas expressamente situada no texto? A imagem do crucifixo está no horizonte desde o início da peça, e nós a reencontraremos na peça seguinte, mas, ainda assim, vocês não se surpreendem com isso? – a coincidência deste tema, enquanto propriamente heroico com aquilo que é aqui, nomeadamente e sem que haja um outro fio, um outro ponto de referência, que nos permita transfixar toda a intriga, o enredo – o tema da superação, da passagem feita para além de todo o valor da fé.

Esta peça, aparentemente crente, e da qual os crentes, e os mais ilustres, o próprio Bernanos, se afastam como de uma blasfêmia, não será para nós o indício de um sentido novo dado ao trágico humano?

É isso que vou tentar lhes mostrar da próxima vez com os dois outros termos da trilogia.

3 de maio de 1961

XX

A abjeção de Turelure

História do pai.
O pai jogado nos dados.
Como operava Freud.
O objeto do desejo e seu instrumento.
Três gerações bastam.

Vão desculpar-me, neste lugar aberto a todos, peço àqueles unidos pela mesma amizade que dirijam por um momento seus pensamentos a um homem que foi amigo de vocês, meu amigo, Maurice Merleau-Ponty, que nos foi levado quarta-feira última, na noite de meu último seminário; num instante, e cuja morte foi sabida algumas horas depois daquele instante. Nós a recebemos em pleno coração.

Maurice Merleau-Ponty seguia seu caminho, prosseguia em sua pesquisa que não era a mesma que a nossa. Tínhamos partido de pontos diferentes, tínhamos alvos diferentes, e diria mesmo que era de perspectivas diferentes que nos encontrávamos, ambos, em posição de ensinar. Ele sempre quisera ensinar, e posso dizer que é bem contra minha vontade que ocupo esta cátedra.

Posso dizer também que nos terá faltado tempo, em razão dessa fatalidade mortal, para aproximar ainda mais nossas fórmulas e nossos enunciados. Seu lugar, com relação àquilo que lhes ensino, terá sido de simpatia. E, acreditem, durante estes oito dias, o luto profundo que senti com o seu desaparecimento fez com que eu me interrogasse quanto ao nível em que posso preencher este lugar, e de uma maneira tal que possa pôr-me, diante de mim mesmo, em questão. Ao menos, parece-me que dele, por sua resposta, por sua atitude, por suas declarações amigáveis a cada vez que veio aqui, recolho uma ajuda, e conforta a ideia que acredito que tínhamos em comum, do ensinamento, uma ideia que afasta ao máximo toda enfatuação de princípio e, numa palavra, todo pedantismo.

Vão desculpar-me, portanto, se hoje, quando contava terminar este desvio do qual lhes dei, da última vez, as razões, não levarei as coisas além do que conseguir fazer. Vão perdoar-me em razão do que tive que subtrair à preparação que lhes consagro habitualmente.

1

Na última vez, deixamos as coisas ao final de *L'Otage* e no surgimento da imagem de Sygne de Coûfontaine que diz não. Este *não* é o próprio lugar para onde uma tragédia, que chamarei provisoriamente de cristã, empurra sua heroína. É necessário deter-se em cada um desses termos.

Falei-lhes o bastante da tragédia para que vocês saibam que, para Hegel, a tragédia cristã, quando ele a situa na *Fenomenologia do Espírito,* está ligada à reconciliação, à *Versöhnung,* à redenção que, a seus olhos, resolve o impasse fundamental da tragédia grega, e consequentemente não lhe permite instituir-se em seu plano próprio, mas instaura, no máximo, o nível do que se pode chamar de uma divina comédia, aquela em que, no último termo, os filhos são todos sustentados por Aquele no qual todo vínculo, ainda que para além de nosso reconhecimento, se reconcilia.

Sem dúvida, a experiência vai contra essa apreensão noética na qual vem esbarrar numa certa parcialidade a perspectiva hegeliana, já que igualmente renasce depois dela esta voz humana, a de Kierkegaard, que lhe traz, novamente, uma contradição. Também o testemunho do *Hamlet* de Shakespeare, no qual nos detivemos por muito tempo, há dois anos, está aí para nos mostrar outra coisa, que uma outra dimensão subsiste, e não nos permite dizer que a era cristã encerra a dimensão da tragédia.

Hamlet é uma tragédia? Decerto, e acredito tê-lo mostrado a vocês. Será uma tragédia cristã? É exatamente aí que a interrogação de Hegel nos reencontraria, pois, na verdade, nesse *Hamlet* não aparece o menor traço de uma reconciliação. Apesar da presença no horizonte do dogma da fé cristã, não há no *Hamlet,* em momento algum, recurso à mediação de uma redenção qualquer. O sacrifício do filho permanece, no *Hamlet,* pura tragédia.

Ainda assim, não podemos absolutamente eliminar o seguinte, que não está menos presente nesta estranha tragédia, e que nela inscreve aquilo a que eu chamei há pouco a dimensão do dogma ou da fé cristã, a saber que o *ghost,* aquele que, para além da morte, revela ao filho que foi morto, e como, e por quem, é um pai condenado.

Estranho, disse eu sobre essa tragédia, da qual certamente não pude, diante de vocês, esgotar em meu comentário todos os recursos. Estranho, posso repetir diante desta contradição suplementar na qual não nos detivemos, que é o fato de não ser posto em dúvida que sejam as chamas do inferno, da danação eterna, que aquele pai testemunha. Ainda assim, é como cético, como discípulo de Montaigne, como se disse, que Hamlet se interroga, *to be or not to be, dormir, sonhar, talvez.* Este além da vida nos livra desta vida maldita, deste oceano de humilhação e servidão que é a vida?

E tampouco podemos deixar de traçar a gradação que se estabelece por esta escala que, da tragédia antiga ao drama claudeliano, poderia se formular assim.

No nível do *Édipo,* o pai é morto sem mesmo que o herói o saiba. Ele não sabia, não apenas que fora por ele que o pai morrera, mas nem mesmo que o tivesse sido. A trama da tragédia implica, no entanto, que ele já o está.

No nível do *Hamlet,* o pai é condenado. O que pode querer dizer isso, para além da fantasia da danação eterna? Esta danação não está ligada à emergência disto, que o pai começa aqui a saber? Decerto ele não sabe todo o mecanismo, mas sabe dele mais do que se crê. Sabe, em todo caso, quem o matou, e como foi morto. Deixei em aberto em meu comentário o mistério deixado pelo dramaturgo, daquilo que significa aquele *orchard* onde a morte o surpreendeu, diz-nos o texto, na flor de seus pecados – e esse outro enigma, que foi pelo ouvido que o veneno lhe foi ministrado. O que é que entra pelo ouvido, senão uma palavra, e qual é, por trás dessa palavra, esse mistério de volúpia?

Será que, respondendo à estranha iniquidade do gozo materno, uma certa *hubris* não responde aqui, traída pela forma que assume aos olhos de Hamlet o ideal do pai? Esse pai a propósito do qual não se diz outra coisa senão que ele era aquilo que poderíamos chamar de o ideal do cavaleiro do amor cortês. Esse homem atapetava de flores o caminho a ser percorrido pela rainha. Esse homem afastava de seu rosto, diz-nos o texto, o mínimo sopro de vento. Tal é a estranha dimensão onde permanece, e unicamente para Hamlet, a eminente dignidade de seu pai e a fonte sempre fervilhante de indignação em seu coração. Em parte alguma esse pai é evocado como rei em parte alguma ele é discutido, diria eu, como autoridade. O pai é ali uma espécie de ideal de homem, e isso não merece menos permanecer para nós em estado de questão, pois, a cada uma dessas etapas, só podemos esperar a verdade de uma revelação ulterior.

E da mesma maneira, à luz do que nos parece natural, a nós analistas, projetar através da história, como a questão repetida de idade em idade sobre o pai, parem um instante para observar em que ponto, antes de nós, nunca, em seu cerne, esta função do pai foi interrogada.

A própria figura do pai antigo, na medida em que a convocamos em nossas imagens, é uma figura de rei. A figura do pai divino, através dos textos bíblicos, coloca a questão de toda uma pesquisa. A partir de quando o Deus dos judeus se torna um pai? A partir de quando, na história? A partir de quando, na elaboração profética? Todas essas coisas agitam questões temáticas, históricas, exegéticas, tão profundas que nem mesmo são colocadas, ao se evocá-las assim. Simplesmente, observa-se que é realmente necessário que em algum momento a temática do pai, *o que é um pai?* de Freud se tenha singularmente reduzido para ter assumido para nós a forma obscura do nó, não apenas mortal, mas assassino, sob a qual está fixada para nós na forma do complexo de Édipo.

Deus criador, Deus providência, não é isso o que está em jogo para nós na questão do pai, ainda que todas essas harmônicas lhe formem um fundo. E este fundo, poderia ocorrer que, pelo fato de termos articulado esta questão, ele seja esclarecido só depois. A partir daí, quaisquer que possam ser nossos gostos, nossas preferências, seja o que for que a obra de Claudel possa representar ou não para cada um, não será oportuno, necessário, não nos será imposto perguntar-nos o que pode ser, numa tragédia, a temática do pai? – quando se trata aqui de uma tragédia que foi lançada na época em que, através de Freud, a questão do pai mudou profundamente.

E tampouco podemos aceitar que seja um acaso se, na tragédia claudeliana, é somente do pai que se trata. A última parte dessa trilogia, completando nossa série, chama-se *Le Père humilié.* Há pouco, o pai já morto, o pai na danação de sua morte, agora o pai humilhado. O que quer dizer isso? O que quer dizer Claudel com este termo, pai humilhado? E para começar, na temática claudeliana, este pai humilhado, onde está? Procurem o pai humilhado – como se diz, nos quebra-cabeças ilustrados, procurem o ladrão, ou mesmo o policial.

Quem é o pai humilhado? Será o Papa? Mesmo sendo sempre Pio, existem dois deles no espaço da trilogia. O primeiro, fugitivo, menos que fugitivo, sequestrado, a ponto de – a ambiguidade incidindo sempre sobre os termos dos títulos – podermos nos perguntar se não é ele o Refém. O outro, o Pio do final, do terceiro drama, o Pio que se confessa, numa cena eminentemente tocante e feita para explorar toda a temática de um certo sentimento propriamente cristão e católico, o do servidor do servidor, aquele que se faz menor do que os pequenos. Vou ler para vocês essa cena de *Le Père humilié,* onde ele vai se confessar a um pequeno monge que é apenas um guardador de gansos ou porcos, pouco importa, e que, naturalmente, porta em si o ministério da mais profunda e mais simples sabedoria.

Não vamos nos deter em demasia nessas imagens excessivamente belas onde parece que Claudel sacrifica, antes, ao que é explorado infinitamente mais em todo um dandyismo inglês, onde catolicidade e catolicismo são, a partir de uma certa data que remonta, agora, a mais ou menos uns duzentos anos, o cúmulo da distinção.

É realmente noutra parte que reside o problema. O pai humilhado, não acredito que seja esse Papa. Existem muitos outros ecos de pais. Só se trata disso ao longo desses três dramas. E também o pai que mais se vê, o pai numa estatura que confirma com uma espécie de obscenidade, o pai numa estatura, propriamente falando, impudente, o pai a propósito do qual não podemos deixar de notar, precisamente, alguns ecos da forma pela qual, no horizonte, o mito de Freud o faz aparecer para nós, o pai é realmente, ali, Toussaint Turelure – cujo drama, e cujo assassinato, vai constituir não somente o pivô, mas o objeto, propriamente falando, da peça central, *Le Pain dur*.

Não é a humilhação do pai que nos é mostrada sob esta figura, que não é simplesmente impulsiva, ou simplesmente depreciada; que vai até a forma da mais extrema derrisão, uma derrisão que confina mesmo com o abjeto? Seria isso o que poderíamos esperar de um autor que professa ser católico e fazer reviver, reencarnar diante de vocês os valores tradicionais? Não é estranho que não se tenha reagido com mais escândalo diante dessa peça – a qual, quando é lançada isoladamente três ou quatro anos depois de *L'Otage*, pretende apreender, cativar nossa atenção por um episódio onde uma espécie de sordidez, de ecos balzaquianos, se destaca apenas de um paroxismo, de uma superação, também ali, de todos os limites.

Não sei se devo pedir que levantem o dedo aqueles que não leram, desde a última vez, *Le Pain dur*. Penso que não basta que eu lhes indique uma pista para que todos vocês logo se precipitem em direção a ela. Creio-me então obrigado a resumir sucintamente de que se trata.

2

Le Pain dur começa com o diálogo entre duas mulheres.

Certamente, mais de vinte anos se passaram desde a morte de Sygne, no dia do batizado do filho que ela deu a Toussaint Turelure. O homem, que já não era mais muito jovem naquela época, tornou-se um velhote bastante sinistro. Não o vemos, ele está dissimulado nos bastidores, mas o que vemos são duas mulheres, uma das quais é sua amante e a outra, a amante de seu filho. Esta última está de volta de uma terra que assumiu, desde então, uma certa atualidade, a Argélia, onde ela deixou Louis de Coûfontaine – pois ele se chama Louis, decerto, em honra ao soberano restaurado.

Que não se perca a ocasião de lhes dirigir aqui uma observação, uma diversãozinha, que não sei se alguém aqui já fez. A origem do nome Louis é *Ludovicus, Ludovic, Lodovic, Clodovic* dos merovíngios, e nada mais é – uma vez escrito pode-se vê-lo melhor – do que Clóvis, com o *c* suspenso. O que faz de Clóvis o primeiro Luís. E podemos nos perguntar se tudo não seria diferente se Luís XIV soubesse que era Luís XV. Talvez seu reinado tivesse mudado de estilo, e indefinidamente assim por diante. Enfim, passemos adiante dessa pequena diversão destinada a descontraí-los.

Enquanto Louis de Coûfontaine ainda está, ou pelo menos se acredita, em terras da Argélia, a pessoa que chega à casa de Toussaint, seu pai, vem reclamar seus direitos. Esta história fez, tão lindamente, com que se esbaldassem os autores de dois livros de pastiches célebres, que é a cena da reclamação junto ao velho Toussaint que lhes serviu de tema em seus *À la manière de*. Foi por isso que se lançou, por uma série de gerações, a famosa réplica bem digna de Claudel, mais verdadeira que a natureza, que é imputada ao personagem da paródia, quando exigem deste que devolva uma certa soma da qual teria espoliado uma infeliz – *Não existem pequenas economias.*

As economias de que se trata não são, de modo algum, as economias da moça que as vem reclamar ao Toussaint Turelure; são nada menos que o fruto dos sacrifícios dos emigrados poloneses. A soma de dez mil francos, até mais, que foi emprestada pela jovem, da qual verão em seguida o papel e a função que lhe convém dar, constitui o objeto de sua solicitação. Ela vem reclamá-la ao velho Toussaint, não que tenha sido a ele que cedeu ou emprestou esta soma, mas a seu filho. O filho está, agora, insolvente, não apenas quanto a esses dez mil francos, mas quanto a outros dez mil. Trata-se de obter do pai a soma de vinte mil daqueles francos do meio do século passado, isto é, do tempo em que um franco era um franco, peço-lhes que me acreditem, e isso não se ganhava num instante.

A jovem que está ali encontra uma outra, Sichel. Sichel é a amante oficial do velho Toussaint. E a amante oficial do velho Toussaint não deixa de apresentar alguns espinhos. É uma posição que apresenta certa rudeza. Mas a pessoa que a ocupa é de peso.

Em suma, o que entra em jogo muito depressa entre essas duas mulheres é saber como tirar a pele do velho. Se não se tratasse, antes de tirar sua pele, de tirar outra coisa, parece que a questão seria resolvida mais depressa ainda. Quer dizer, em suma, que o estilo não é, absolutamente, o da ternura, nem do mais alto idealismo. Essas duas mulheres, cada uma a sua maneira, como vão ver, voltarei a isso, bem podem ser qualificadas de ideais. Para nós, espectadores, elas não deixam de imajar formas singulares da sedução.

É preciso, realmente, que eu indique a vocês tudo o que se trama de cálculos, e de cálculos extremos, na posição dessas duas mulheres, diante da avareza de Turelure, essa avareza que só se iguala à sua desordem, a qual é superada apenas por sua improbidade, como se exprime textualmente a tal de Sichel. A pessoa da polonesa Lumir – *Loum-yir,* como Claudel nos diz expressamente que se deve pronunciar seu nome – está pronta a ir até o fim para reconquistar aquilo que ela considera como um bem, um legado sagrado pelo qual é responsável, que ela alienou, mas que deve de qualquer maneira restituir àqueles aos quais se sente fiel e para com os quais tem seu único compromisso, todos os emigrados, todos os mártires, mesmo os mortos por aquela causa eminentemente apaixonada, passional, apaixonante que é a causa da Polônia dividida, a Polônia repartida. A jovem está decidida a ir tão longe quanto se possa ir, até oferecer-se, até ceder ao que conhece do desejo do velho Turelure.

O velho Turelure sabe de antemão o que se pode esperar dele. Basta que uma mulher seja a mulher de seu filho para que ela já esteja certa de não ser para ele, longe disso, um objeto interditado. Reencontramos, aqui, um traço que só foi introduzido a partir de uma época bastante recente, no que eu poderia chamar da temática comum de certas funções do pai.

A outra, a parceira do diálogo, Sichel, chamei-a há pouco, espertalhona, não deixa de conhecer os componentes da situação.

Também existe aí uma novidade – quero dizer, algo que, com relação a esse singular jogo que chamamos de complexo de Édipo, acrescenta-se a este em Claudel. Sichel não é a mãe, observem isso. A mãe está morta, fora de cena, e sem dúvida essa disposição do drama claudeliano é, aqui, de natureza a fazer com que apareçam os elementos suscetíveis de nos interessar nessa trama, essa topologia, essa dramaturgia fundamental, na medida em que alguma coisa de comum a uma mesma época vem ligá-la novamente, de um criador a outro, de um pensamento refletido a um pensamento criador.

Ela não é a mãe. Nem mesmo é a mulher do pai. Ela é o objeto de um desejo tirânico, ambíguo. É bastante acentuado por Sichel que, se existe alguma coisa que ligue o pai a ela, é um desejo que está bem próximo do desejo de destruí-la, já que igualmente, ele fez dela sua escrava e é capaz de falar da atração que tem por ela como tendo começado a partir de um certo encanto que se destacava do seu talento de pianista, e de um dedinho que ia tão bem tocar a tecla do piano. Este piano, desde que controla as contas do velho Turelure, ela não pôde mais abrir.

Essa Sichel tem, então, sua ideia. Essa ideia, vamos vê-la florir sob a forma da chegada brusca do tal de Louis de Coûfontaine no ponto em que vai se nodular o drama. Pois essa chegada não deixa de provocar no velho pai um verdadeiro nó nas tripas, um verdadeiro ataque de medo abjeto – *Ele vem aí?* grita ele, de súbito, abandonando a "bela linguagem" de que acaba de se servir um minuto antes para descrever à jovem mulher de que falei os sentimentos poéticos que o unem a Sichel, *ele vem aí?*

Ele vem sim, com efeito, e vem trazido por uma operação de bastidores, por uma cartinha de advertência da tal de Sichel. Chega ao centro, e a peça vai culminar com uma espécie de singular jogo a quatro, poderíamos dizer, se não se acrescentasse a ele o personagem do pai de Sichel, o velho Ali Habenichts – *haben nichts,* que não tem nada, é um jogo de palavras – o velho usurário, espécie de duplo de Toussaint Turelure, através de quem este último trafica essa operação complicada que consiste em retomar peça por peça, e pedaço por pedaço, a seu próprio filho, os bens dos Coûfontaine, que esse filho cometeu o erro de lhe exigir em papel timbrado como herança, a partir de sua maioridade.

Vocês veem como tudo se liga. Não foi à toa que evoquei a temática balzaquiana. A circulação, o metabolismo, o conflito no plano do dinheiro é duplicado pela rivalidade afetiva. O velho Toussaint Turelure vê precisamente em seu filho aquilo para o que a experiência freudiana chamou a nossa atenção, um outro ele mesmo, uma repetição dele mesmo, uma figura nascida dele mesmo em quem só pode ver um rival. E quando seu filho, ternamente, tenta, num momento, dizer-lhe: *Será que não sou um verdadeiro Turelure?*, ele responde asperamente – *Sim, sem dúvida, mas já existe um, e é o bastante. Em matéria de Turelure, já basta eu para desempenhar o papel.* Outra temática em que podemos reconhecer o que é introduzido pela descoberta freudiana.

Tampouco isso é tudo. E chegamos ao que vem culminar, depois de um diálogo onde foi necessário que Lumir, a amante de Louis de Coûfontaine, instigasse este último com todas as chicotadas da injúria diretamente lançadas ao seu amor-próprio, a sua imagem narcísica, como dizemos, e revelasse ao filho de que propostas ela havia sido objeto por parte do pai, daquele pai que, por suas tramas, quer empurrá-la a esse termo de falência no qual ele se acha encurralado quando começa o drama, aquele pai que, não somente vai se apropriar de sua terra, que comprará barato graças a seus intermediários da usura, mas também lhe vai roubar a mulher. Em suma, Lumir arma a mão de Louis de Coûfontaine contra seu pai. E assistimos em cena esse assassinato tão bem-preparado pela estimulação da mulher, que é, aqui, não somente a tentadora, mas aquela que combina, que faz todo o artifício do crime em torno do qual se vai fazer o advento do próprio Louis de Coûfontaine à função de pai.

Para esse assassinato que vemos se desenrolar em cena, a outra cena do assassinato do pai, as duas mulheres, em suma, colaboraram. Como diz Lumir, em algum lugar, foi Sichel quem me deu essa ideia. E, com efeito, foi na primeira conversa entre elas que Sichel fez surgir, na imaginação de Lumir, essa dimensão – a saber, que o velho que ali está, animado por um desejo, personagem que

Claudel erige diante de nós, é um pai ridicularizado, e, se posso dizer, um pai jogado. O pai jogado é, decerto, o tema fundamental da comédia clássica, mas aqui é preciso entender *jogado* num sentido que vai ainda mais longe que o logro e a derrisão: ele é, se podemos dizer, jogado nos dados, é jogado porque, afinal, ele é um elemento passivo na partida, como é expressamente evocado nas réplicas que encerram o diálogo entre as duas mulheres.

Depois de se terem aberto mutuamente e até o fundo seus pensamentos, uma diz à outra – *Faça seu jogo, eu faço o meu, tenho meus trunfos também, todas duas contra o morto.* É precisamente neste momento que Toussaint Turelure faz sua entrada. – *E então! Quem está falando em morto? – Estamos discutindo os princípios do whist e o jogo de ontem à noite: os fracos e os fortes do morto.* E neste ponto o velho Toussaint, que não desconfia do que se trata, replica fazendo algumas brincadeiras sobre o que lhe deixaram naquela partida, a saber, naturalmente, as honras. Elegância bem francesa, à qual se faz, o tempo todo, alusão – *É um verdadeiro francês!* disse Sichel a Lumir. *E conseguirá tudo dele, pois ama as mulheres, ah! é um verdadeiro francês! Com exceção de dinheiro,* o dinheiro, ugh.

Não é surpreendente ver ressurgir a imagem da partida a quatro, aqui a do whist, que muitas vezes evoquei, num outro sentido, para designar a estrutura da posição analítica?

O pai, antes que a cena do drama se passe, já está morto, ou quase. Não é preciso mais que um sopro. E é isso mesmo o que vamos ver. Há ali um diálogo cuja dimensão conjunta do trágico e do bufão mereceria que fizéssemos juntos sua leitura, pois na verdade é uma cena que merece, na literatura universal, ser guardada como bastante única, nesse gênero, o máximo do máximo, e as peripécias mereceriam também que nos detivéssemos, se somente tivéssemos que fazer aqui uma análise literária. Infelizmente é preciso que eu ande um pouco mais depressa do que desejaria se devesse fazê-los saborear todos os meandros.

Seja como for, é muito bonito ver, num desses desvios, o filho adjurar o pai a dar-lhe esses famosos vinte mil francos, que ele sabe – com razão, já que todo o negócio foi tramado por Turelure há muito tempo por intermédio de Sichel – que este tem no bolso, que os deixe, que os ceda para permitir-lhe não apenas cumprir seus compromissos, não apenas pagar uma dívida sagrada, não apenas evitar perder o que possui – ele, o filho – mas também não se ver reduzido a não ser mais que um servo na própria terra onde investiu toda a sua paixão, pois essa terra, próxima à Argélia, que está em questão, é ali que Louis de Coûfontaine foi buscar o rebento – no sentido de algo que germinou e está brotando, no sentido do broto – o broto de seu ser, de sua solidão, desse abandono em que sempre se sentiu, ele que sabe que sua mãe não o quis, que seu pai jamais, diz ele, o observou crescer senão com inquietação.

É da paixão por uma terra, é do retorno para o lugar de onde se sente expulso, a saber, de todo recurso à natureza, é disso que se trata. E, na verdade, aí está um tema que valeria bem ser considerado na gênese histórica daquilo a que se chama o colonialismo, e que é o de uma emigração que não somente invadiu os países colonizados mas também desbravou terras virgens. O recurso dado a todos os filhos perdidos da cultura cristã bem valeria ser isolado como um recurso ético, que estaríamos errados em negligenciar no momento em que se medem suas consequências.

É, pois, no momento em que esse Louis se vê no ponto culminante da prova de força entre seu pai e ele, que ele saca as pistolas, com as quais sua mão foi armada por Lumir.

Essas pistolas são duas. Peço a vocês que se detenham aí por um instante. Esse é o artifício dramatúrgico, propriamente falando, é a astúcia, o refinamento. Ele foi armado com duas pistolas – duas pistolas, direi logo a vocês, que não vão disparar, embora estejam carregadas.

É o contrário do que acontece numa passagem célebre do *Sapeur Camembert*. Dá-se ao soldado Bidou uma carta para o general. Olhe, diz ele, esta carta não está carregada,[16] não que o general não tenha os meios, mas não está carregada. Pois bem, isso não vai impedi-lo de partir assim mesmo. Ali é o contrário. Apesar de estarem carregadas, as duas, pelos cuidados de Lumir, as pistolas não disparam. E isso não impede o pai de morrer. Ele morre de medo, o pobre homem, e é isso, exatamente, o que se esperava desde sempre, já que foi expressamente dessa maneira que Lumir havia entregue a Louis de Coûfontaine uma das pistolas, a pequena, dizendo-lhe – Esta aqui está carregada, mas de festim, fará barulho, simplesmente, e é possível que isso baste para que o outro pife. Se isso não bastar, então você se servirá da grande, que tem uma bala.

Louis foi criado no contexto de uma terra que se desbrava, mas não se adquire, isso é muito bem-indicado no texto, sem algumas manobras de despossessão um pouco rudes, e certamente, no segundo tiro, não se deve temer que a mão daquele que vai apertar o gatilho trema mais que no primeiro. Como dirá mais tarde Louis de Coûfontaine, ele não gosta de adiamentos. Não é de boa vontade que chegará a fazer isso, mas, já que se chegou a este ponto, diz ele, as duas pistolas serão disparadas ao mesmo tempo.

Ora, como lhes disse, carregadas ou não, tanto uma como a outra, nenhuma dispara. Só há barulho, mas esse barulho é bastante, e, como descreve lindamente a indicação do cenário no texto, o velho fica com os olhos arregalados, o maxilar caído. Falamos, da última vez, de um certo esgar da vida, aqui o esgar da morte não é elegante. E, podem crer, o caso está liquidado.

Eu lhes disse, e vocês estão vendo, todos os requintes quanto à dimensão imaginária do pai são aqui muito bem-articulados. Mesmo na ordem da eficácia o imaginário pode bastar, isso nos é demonstrado pela imagem. Mas para que as coisas fiquem ainda melhores a tal de Lumir faz, neste momento preciso, sua nova entrada.

Decerto, o rapaz não está absolutamente calmo. Ele não tem qualquer espécie de dúvida quanto a ser mesmo parricida, porque, em primeiro lugar, quis perfeitamente matar seu pai, e, em suma, o fez. Os termos e o estilo das declarações conclusivas trocadas nesse nível valem a pena que nos detenhamos, e peço-lhes que se remetam a eles. Não lhes falta uma certa rudeza, de um grande sabor. Pude observar que, para certos ouvidos, e não dos menores, e que não deixam de ter mérito, tanto *Le Pain dur* como *l'Otage* podem parecer peças um pouco tediosas. Confesso que, quanto a mim, não acho de modo algum tediosos todos esses rodeios. Isso é muito sombrio. O que nos desanima é que esse sombrio é representado exatamente ao mesmo tempo que uma espécie de cômico, sobre o qual deve-se dizer que a qualidade pode parecer um pouco ácida. Mas nem por isso são méritos menores.

A questão, ainda assim, é – Para onde querem nos levar? o que é que nos apaixona ali? Sei, é claro, que afinal a demolição desse fantoche de pai, massacrado no gênero bufão, não é de natureza a suscitar em nós sentimentos bem nitidamente localizados nem localizáveis.

O que é, mesmo assim, muito bonito é ver como termina esta cena, a saber, que Louis de Coûfontaine diz – Stop, pare. Uma vez riscado o ato, enquanto a moça escamoteia a carteira do bolso do pai, ele diz: um minuto, um detalhe, permita-me verificar uma coisa. Ele abre a pequena pistola, remexe dentro dela com as coisas que se usavam na época para carregar as armas, e vê que a pequena pistola estava também carregada, o que observa para a apaixonante pessoa que armou sua mão. Ela olha para ele e não tem outra resposta senão um riso gentil.

Isso também não é de natureza a levantar para nós algum problema? O que quer dizer o poeta? Vamos sabê-lo, com certeza, no terceiro ato, quando veremos confessar-se a verdadeira natureza desta Lumir. O fato de que esse desejo possa levá-la, a ela que se considera destinada, e de maneira certa, ao supremo sacrifício, ao enforcamento, no qual vai acabar certamente, e do qual a continuação da história nos indica que ela acaba, com efeito, não exclui que sua paixão pelo amante, aquele que é verdadeiramente para ela seu amante, Louis de Coûfontaine, não vá a ponto de querer para ele o fim trágico, por exemplo, do cadafalso.

Essa temática do amor ligado à morte, e, propriamente falando, do amante sacrificado, nos é literariamente ilustrada pelo que se encontra em *O Vermelho e o Negro,* no horizonte da história dos dois La Mole, o La Mole decapitado, cuja cabeça teria sido recolhida por uma mulher, e Julien Sorel, do qual uma Senhorita de La Mole, esta imaginária, vai igualmente reunir os despojos e beijar a cabeça cortada. A natureza extrema do desejo de Lumir é aí exatamente o que convém guardar. É na via desse desejo, desse amor que não visa mais nada senão consumar-se num instante extremo, é em direção a esse horizonte que Lumir convoca Louis de Coûfontaine. Mas este, o parricida, reinvestido em sua herança pelo assassinato de seu pai, mas também entrado numa outra dimensão, diversa daquela que até então conhecia, vai se tornar a partir daí um outro Turelure, um outro personagem sinistro, do qual Claudel não nos poupará tampouco, na continuação, a caricatura.

Prestem bem atenção ao fato de que ele se torna embaixador. Estariam errados se acreditassem que todos esses reflexos fossem prodigalizados por Claudel sem que se pudesse dizê-lo interessado, no fundo de si mesmo, em não-sei-que ambivalência. Louis recusa, portanto, acompanhar Lumir, e, por não acompanhar Lumir é que ele se casará com a amante de seu pai, Sichel.

Dispenso-lhes o final da peça, como opera essa espécie de reprise, essa transmutação que o conduz não apenas a esvaziar os bolsos do morto mas também a ocupar a sua cama. Trata-se de sombrias histórias de reconhecimento de dívidas, de toda uma transação, de toda uma precaução que o pai, sempre esperto, havia tomado antes de morrer para fazer com que aqueles que se ligassem a ele, e em especial se fosse Lumir, não tivessem muito interesse em seu desaparecimento. Ele havia arranjado as coisas de modo a que seus bens fossem inscritos no livro de dívidas de seu associado obscuro, Ali Habenichts, e parecessem ser devidos a este. Na medida em que Sichel transmite a Louis de Coûfontaine esse crédito é que ela adquire junto a ele um título verdadeiramente de abnegação. Ele *abnega,* como dizia Paul Valéry, seu título, ao casar-se com ela, e é neste ponto que termina a peça – o noivado de Louis de Coûfontaine e de Sichel Habenichts, a filha do companheiro de usura de seu pai.

Depois desse final, podemos nos interrogar ainda mais quanto ao que quer dizer o poeta e, precisamente, quanto ao ponto em que está ele mesmo, seu pensamento, quando forja o que se pode realmente chamar, propriamente falando, agora que a contei para vocês como estou contando, *esta estranha comédia.* Assim como existe, no começo da trilogia, uma tragédia que perfura a tela, que supera tudo em possibilidades, em exigências impostas à heroína, no lugar ocupado, ao final, por sua imagem também no final da segunda peça, no coração da trilogia claudeliana, só pode haver a obscuridade total de uma derrisão radical.

Isso chega a um ponto cujos ecos podem nos parecer muito antipáticos, na medida em que, por exemplo, a posição judia, não se sabe realmente porque, encontra-se ali implicada. Pois acentuam-se ali os sentimentos de Sichel. Esta articula qual a sua posição na vida. É preciso que avancemos sem mais relutância neste elemento da temática claudeliana, e que eu saiba ninguém jamais, neste ponto, imputou a Claudel sentimentos que pudéssemos qualificar, sob qualquer título, de suspeitos. Quero dizer que a grandeza, por ele mais que respeitada, exaltada, da antiga Lei, jamais cessou de habitar em sua dramaturgia, os menores personagens que pudessem estar ligados a ela. E, para ele, todo judeu está ligado a ela por essência, mesmo que seja um judeu a quem aconteça, quanto a esta antiga Lei, rejeitá-la, e dizer que é ao seu fim que ele aspira. A direção tomada pelo judeu é a da partilha, por todos, deste algo que é o único real, e que é o gozo.

É mesmo esta, com efeito, a linguagem de Sichel, e é assim que ela se apresenta a nós antes do assassinato. Mais ainda depois, quando oferece a Louis de Coûfontaine o amor, do qual se revela que ela sempre foi por ele animada.

Não será este ainda um problema a mais a nos ser proposto nesse estranho arranjo? Bem vejo que, tendo-me deixado levar a contar-lhe a história central do *Pain dur,* e era realmente preciso que o fizesse, nada mais posso fazer hoje senão lhes propor o seguinte. Esta peça que talvez volte a ser encenada, que *foi* encenada algumas vezes, da qual não se pode dizer que seja mal construída nem que não nos atraia –, não lhes parece que, vendo-a encerrar-se depois daquela estranha peripécia, vocês se encontrariam ali diante de uma figura, como se diz uma figura de balé, diante de uma cifra que se propõe essencialmente a vocês sob uma forma realmente inédita por sua opacidade? Eis um cenário que somente atrai o interesse de vocês no plano do mais total enigma.

O tempo não me permite de forma alguma nem mesmo abordar aquilo que nos permitirá resolvê-lo. Mas compreendam que, se o proponho a vocês, ou se observo simplesmente que não é possível deixar de relatar uma construção semelhante, publicada em, não vou dizer o século, mas no decênio da aparição de nosso pensamento do complexo de Édipo, tenho minhas razões.

Compreendam por que eu o trago aqui, e aquilo que, com a solução que penso trazer a esse enigma, justifica que eu o sustente por tanto tempo, de uma maneira tão detalhada, diante da atenção de vocês.

3

O pai.

O pai veio, no começo do pensamento analítico, sob uma forma da qual a comédia é feita exatamente para nos fazer realçar todos os caracteres escandalosos, e esse pensamento teve que articular, como na origem da lei, um drama, do qual basta que o vejam transportado para um palco contemporâneo para medir, não simplesmente o seu caráter criminoso, mas a possibilidade de decomposição caricatural, até mesmo abjeta, como eu disse há pouco. Se é assim, o problema é saber em que isso foi necessitado por nosso objeto, que é realmente a única coisa que nos justifica, a nós, em nossa pesquisa. O que torna necessário que esta imagem apareça no horizonte da humanidade, senão a sua consubstancialidade com a valorização, a colocação em obra da dimensão do desejo?

Em outras palavras, designo para vocês isso que tendemos a rejeitar de nosso horizonte, cada vez mais, até mesmo, paradoxalmente, a negar cada vez mais em nossa experiência de analista – a saber, o lugar do pai. E por quê? Simplesmente porque ela se apaga, na medida em que perdemos o sentido e a direção do desejo, em que nossa ação diante daqueles que se confiam a nós tenderia a aplicar a este desejo um suave cabresto, a ministrar-lhe não-sei-que soporífero, a fazer uso de não-sei-que maneira de sugerir que o remetesse à necessidade. E é por isso mesmo que vemos sempre mais, e cada vez mais, no fundo deste Outro que evocamos em nossos pacientes, a mãe.

Há alguma coisa que resiste, infelizmente, é que a esta mãe chamamos de castradora. E por quê? Graças a quê ela o é?

Nós o sabemos bem na experiência, e é este, realmente, o cordão que nos mantém em contato com essa dimensão que não se deve perder. E o seguinte – do ponto em que estamos, do ponto da perspectiva, reduzida ao mesmo tempo, que é a nossa, a mãe é tanto mais castradora quanto não está ocupada em castrar o pai.

Peço-lhes que se remetam à sua experiência clínica. A mãe ocupada integralmente em castrar o pai, isso existe, mas não seria preciso fazer entrar em função a mãe como castradora se não houvesse o pai, quer o vejamos ou não, ou mesmo que não tenha nada a castrar, se não houvesse, ao menos a título de possibilidade, ainda que negligenciada ou ausente, a manutenção da dimensão do pai, do drama do pai, desta função do pai em torno de que vocês bem veem que se agita, por ora, aquilo que nos interessa na posição da transferência.

Sabemos bem que não podemos tampouco operar em nossa posição de analista como operava Freud, que assumia na análise a posição do pai. E é isso que nos espanta na sua maneira de intervir. E é por isso que não sabemos mais onde nos meter – porque não aprendemos a rearticular, a partir daí, qual deve ser nossa posição. O resultado é que passamos nosso tempo dizendo a nossos pacientes – Vocês estão nos tomando por uma mãe má – o que não é, tampouco, a posição que devemos adotar.

O caminho no qual tento colocá-los, com a ajuda do drama claudeliano, é o de ressituar, no coração do problema, a castração. Pois a castração é idêntica àquilo a que chamarei a constituição do sujeito do desejo como tal – não do sujeito da necessidade, não do sujeito frustrado, mas do sujeito do desejo. Como já adiantei bastante a noção para vocês, a castração é idêntica àquele fenômeno que faz com que o objeto de sua falta, do desejo – já que o desejo é falta – seja, em nossa experiência, idêntico ao próprio instrumento do desejo, o falo.

O objeto de sua falta, do desejo – seja qual for, e mesmo num plano outro que não o genital – deve, para ser caracterizado como objeto do desejo, e não dessa ou daquela necessidade frustrada, advir ao mesmo lugar simbólico que vem preencher o próprio instrumento do desejo, o falo, isto é, este instrumento na medida em que é portado à função do significante.

É isso que lhes mostrarei, da próxima vez, ter sido articulado pelo poeta, por Claudel, seja o que for que ele tivesse, e ainda que ele não suspeitasse absolutamente em que formulação sua criação poderia um dia vir a ser inscrita. Ela só se torna mais convincente, assim como é absolutamente convincente ver Freud enunciar antecipadamente em *A Interpretação dos Sonhos* as leis da metáfora e da metonímia.

E por que esse instrumento é portado à função de significante? Justamente para preencher esse lugar de que acabo de falar, que é simbólico. Que lugar é esse? Pois bem, é justamente o lugar do ponto morto ocupado pelo pai na medida em que já morto. Quero dizer que, unicamente pelo fato de que o pai é aquele que articula a lei, a voz só pode enfraquecer atrás. Da mesma maneira, ou ele falta como presença, ou, como presença, está presente demais. Este é o ponto onde tudo o que se enuncia torna a passar por zero, entre o sim e o não. Não fui eu quem a inventou, essa ambivalência radical nem bem nem mal, para não falar chinês, ou entre o amor e o ódio, entre a cumplicidade e a alienação. Numa palavra, a lei, para se instaurar como lei, necessita como antecedente a morte daquele que lhe serve de suporte.

O fato de que se produza nesse nível o fenômeno do desejo, não basta simplesmente dizê-lo. Devemos ainda representar essa hiância radical, e é por essa razão que me esforço por fomentar diante de vocês os esquemas topológicos que nos permitem isso. Com efeito, essa hiância se desenvolve, e o desejo acabado não é simplesmente esse ponto, mas aquilo que se pode chamar de um conjunto no sujeito, do qual tento não somente ilustrar a topologia num sentido paraespacial, mas também marcar os tempos. A explosão ao fim da qual se realiza a configuração do desejo se decompõe em três tempos, e vocês podem ver isso marcado em gerações. É por essa razão que não há necessidade, para situar a composição do desejo num sujeito, de remontar, numa recorrência perpétua, até o pai Adão. Três gerações bastam.

Na primeira, a marca do significante. É aquilo que, na composição claudeliana, é ilustrado ao extremo, e tragicamente, pela imagem de Sygne de Coûfontaine, levada até a destruição de seu ser, por ter sido totalmente arrancada de todas as suas ligações de palavra e de fé.

Segundo tempo. Mesmo no plano poético, as coisas não param na poesia. Mesmo nos personagens criados pela imaginação de Claudel, isso resulta no aparecimento de um filho. Aqueles que falam e que são marcados pela fala engendram. Introduz-se, no intervalo, algo que é inicialmente *infans* e este é Louis de Coûfontaine. Na segunda geração, o objeto totalmente rejeitado, o objeto não desejado, o objeto enquanto não desejado.

Como se configura a nossos olhos, nesta criação poética, o que vai resultar disso na terceira geração? – isto é, na única verdadeira. Certamente, ela está no nível de todas as outras, mas quero dizer que as outras são suas decomposições artificiais, são os antecedentes da única de que se trata.

Como o desejo se compõe entre a marca do significante e a paixão do objeto parcial?

Aí está o que espero articular para vocês da próxima vez.

10 de maio de 1961

XXI

O desejo de Pensée

O dizer-não.
O trágico renasce...
... o desejo, o mito e a inocência...
O Outro encarnado nessa mulher.

Coûfontaine, sou tua! Toma e faz de mim o que quiseres.
Que eu seja uma esposa, ou, já para além da vida, lá onde o corpo não serve mais,
Nossas almas, uma à outra, soldem-se sem qualquer mistura![17]

Gostaria de indicar a vocês o reaparecimento, ao longo de todo o texto da trilogia, de um termo que é aquele em que se articula o amor. A essas palavras de Sygne, em *l'Otage,* logo Coûfontaine vai responder.

Sygne, encontrada por último, não me engane como o resto. Haverá, então, afinal, para mim,
Algo meu de sólido, fora de minha própria vontade?[18]

Tudo está ali, com efeito. Este homem a quem tudo traiu, tudo abandonou, que leva, como diz, *esta vida de animal acuado, sem um esconderijo que seja seguro,* lembra-se do que dizem os monges indianos –

Que toda esta vida má
É uma vã aparência, e só permanece conosco porque nos movimentamos com ela
E nos bastaria apenas sentarmos e assim ficar
Para que ela passasse de nós.
Mas essas são tentações vis; eu, ao menos, nessa queda de tudo
Continuo o mesmo, a honra e o dever o mesmo.
Mas tu, Sygne, pensa no que dizes. Não vás falhar como o resto, nesta hora em que atinjo o meu fim.
Não me enganes...[19]

Tal é o início que dá seu peso à tragédia. Sygne acaba traindo aquele mesmo com quem ela se comprometeu de toda a sua alma. Reencontraremos mais adiante o tema da troca de almas, concentrado num instante em *Le Pain dur* no decorrer do diálogo entre Louis e Lumir – *Loum-yir* como Claudel nos indica expressamente que se deve pronunciar o nome da polonesa – quando, cometido o parricídio, esta lhe diz que não vai acompanhá-lo, que não voltará à Argélia com ele, mas convida-o a vir consumar com ela a aventura mortal que a aguarda. Louis acaba, justamente, de sofrer a metamorfose que nele se consuma no parricídio, e recusa. Ele tem ainda, no entanto, um movimento de oscilação, durante o qual se dirige apaixonadamente a Lumir, dizendo-lhe que a ama como ela é, que existe uma única mulher para ele. Ao quê a própria Lumir, cativada por este apelo da morte que dá a significação de seu desejo, lhe responde –

É verdade que existe uma só para ti?
Ah, eu sei que é verdade! Ah, dize o que quiseres!
Há, ainda assim, em ti algo que me compreende e que é meu irmão!
Uma ruptura, uma lassidão, um vazio que não pode ser preenchido.
Tu não és mais o mesmo que algum outro. Tu és único.
Para sempre, não podes mais cessar de ter feito o que fizeste (*docemente*), parricídio!
Estamos sós, os dois, neste horrível deserto.
Duas almas humanas no nada, que são capazes de se dar uma à outra.

E, num só segundo, semelhante ao detonar de todo o tempo que se aniquila, de substituir todas as coisas, um pelo outro!

Não é bom estar sem perspectiva alguma? Ah, se a vida fosse longa, valeria a pena ser feliz. Mas, ela é curta e existe meio de tomá-la mais curta ainda.

Tão curta que a eternidade aí caiba!

LOUIS: – Nada tenho que fazer da eternidade!

LUMIR: – Tão curta que a eternidade aí caiba! Tão curta que aí caiba este mundo que não queremos e esta felicidade que as pessoas acham tão importante!

Tão pequena, tão estreita, tão estrita, tão reduzida, que nada além de nós dois aí caiba![20]

E ela retoma, mais adiante –

E eu serei a Pátria entre teus braços, a Doçura outrora abandonada, a terra de Ur, a antiga. Consolação!

Existe apenas tu comigo no mundo, existe apenas este momento, único, enfim, em que nos veremos face a face!

Acessíveis, ao final, até esse mistério que encerramos.

Há meio de sacar a alma do corpo, como uma espada, leal, cheia de honra, há meio de se romper a parede.

Há meio de fazer um juramento e dar-se por inteiro a este outro, único, que existe.

Apesar da horrível noite e da chuva, apesar disso que é, em torno de nós, o nada.

Como bravos!

De dar-se a si mesmo e de crer no outro, inteiramente!

De se dar e de crer, num único relâmpago!

– Cada um de nós pelo outro, e apenas isso![21]

Tal é o desejo expresso por aquela que, depois do parricídio, é por Louis afastada de si, para casar-se, como é dito, com *a amante de seu pai*. Aí está o ponto de virada da transformação de Louis, e o que vai nos conduzir, hoje, a nos interrogar quanto ao sentido do que vai nascer dele, a saber, esta figura feminina que, no início do terceiro termo da trilogia, responde à figura de Sygne-Pensée de Coûfontaine.[22]

É em torno dela que iremos nos interrogar quanto ao que quis dizer aí Claudel.

1

Se é fácil e habitual desembaraçar-se de toda fala que se articule fora das vias da rotina, dizendo, *Isto é do Fulano* – e vocês sabem que é comum dizê-lo a propósito de alguém que neste instante lhes fala – parece que ninguém chega mesmo a sonhar espantar-se a propósito do poeta. Contentam-se em aceitar sua singularidade. E, diante das estranhezas de um teatro como o de Claudel, ninguém pensa mais em interrogar-se sobre as inverossimilhanças e os caracteres de escândalo aonde ele nos arrasta, e sobre o que, afinal, poderia ser realmente sua vida e seu desígnio.

Pensée de Coûfontaine, na terceira peça, *Le Père humilié,* o que quer ela dizer? Vamos nos interrogar sobre a significação de Pensée de Coûfontaine como sobre a de um personagem vivo. Trata-se do desejo de Pensée de Coûfontaine, do desejo de Pensamento. E o desejo de Pensamento, vamos encontrar nele, certamente, o próprio pensamento do desejo.

Não vão acreditar que isso seja interpretação alegórica. Esses personagens são símbolos apenas na medida em que atuam no cerne da incidência do simbólico sobre uma pessoa. E a ambiguidade dos nomes, que lhes são pelo poeta conferidos, está aí para nos indicar que é legítimo interpretá-los como momentos da incidência do simbólico sobre a própria carne.

Seria fácil nos divertirmos lendo a própria ortografia dada por Claudel a este nome tão singular, Sygne. A palavra começa por um S, e ele está ali, realmente, como um convite a nele reconhecer um signo.[23] Há, ainda, essa mudança imperceptível, a substituição do *i* pelo *y,* poderíamos reconhecer nessa superimposição da marca, por alguma coisa que vem encontrar, por não-sei-que convergência, por uma geomancia cabalística, nosso $\mathbb{S}$ através do qual eu lhes mostrava que a imposição do significante sobre o homem é ao mesmo tempo aquilo que o marca e que o desfigura.

Na outra extremidade, Pensée. Aqui, a palavra é deixada intacta, e para ver o que significa dizer este Pensamento do desejo é realmente necessário que tornemos a partir do que significa, em *l'Otage,* a paixão sofrida por Sygne.

A primeira peça da trilogia deixou-nos emocionados com esta figura da sacrificada que faz sinal de *Não,* com a marca do significante levada ao seu grau supremo, a recusa levada a uma posição radical. É isso que precisamos sondar.

Ao sondar essa posição, se soubermos interrogá-la, encontraremos aí um termo que nos pertence, graças a nossa experiência, no mais alto grau. Se vocês se lembram do que lhes ensinei, em seu devido tempo, por várias vezes, aqui e alhures, no seminário e na *Sociedade,* pedi a vocês para rever o uso que é feito hoje, em análise, do termo frustração. Era para incitar um retorno ao que significa, no texto de Freud onde jamais este termo é empregado, a palavra original *Versagung,* na medida em que sua ênfase pode ser colocada bem para além, e bem mais profundamente, do que toda frustração concebível.

Versagung implica a falta à promessa, e a falta a uma promessa pela qual a tudo já se renunciou, aí está o valor exemplar do personagem e do drama de Sygne. O que lhe é demandado renunciar é aquilo a que ela dedicou todas as suas forças, a que ela ligou toda a sua vida, e que já estava marcado pelo signo do sacrifício. Essa dimensão no segundo grau, no mais profundo da recusa pela operação do verbo, pode ser aberta a uma realidade abissal. Eis o que está colocado na origem da tragédia claudeliana. e não podemos permanecer indiferentes a isso, nem considerá-lo como o extremo, o excessivo, o paradoxo, de uma espécie de loucura religiosa, já que, muito pelo contrário, como vou lhes mostrar, é ali, justamente, onde nos situamos, nós, homens de nosso tempo, na própria medida em que essa loucura religiosa nos falta.

Observemos bem o que está em questão para Sygne de Coûfontaine. O que lhe é imposto não é simplesmente da ordem da força e da obrigação. Impõe-se a ela que se engaje, e livremente, na lei do casamento, com aquele que ela chama de filho de sua criada e do feiticeiro Quiriace. Ao que lhe é imposto, nada pode estar ligado que não seja maldito para ela. Assim a *Versagung,* a recusa de que ela não pode se desligar, torna-se aquilo que a estrutura do termo implica, *versagen,* a recusa referente ao dito e, se eu quisesse equivocar para encontrar a melhor tradução, a perdição. Tudo aquilo que é condição torna-se perdição. E é por isso que, ali, não dizer torna-se o dizer-não.

Já encontramos esse ponto extremo, mas o que eu quero mostrar a vocês é que, aqui, ele é ultrapassado. Nós o encontramos ao final da tragédia edipiana, no *mé funai* do *Édipo em Colono,* esse *pudesse eu não ser,* que quer dizer *não ser nascido.* Lembro isso a vocês de passagem, encontramos aí o verdadeiro lugar do sujeito na medida em que ele é o sujeito do inconsciente, a saber, o *mé,* ou o *não* muito particular do qual apenas apreendemos na linguagem os vestígios, no momento de sua aparição paradoxal em termos como o *receio que ele venha,* ou *antes que ele apareça,*[24] onde ele parece, aos gramáticos, ser um expletivo, quando é ali, justamente, que se mostra a ponta do desejo – não o sujeito do enunciado, que é o *eu,* aquele que fala atualmente, mas o sujeito onde se origina a enunciação.

Mé funai, este *não seja eu,* ou esse *não fosse eu* para ficar mais próximo, esse *não estar ali*[25] que equivoca tão curiosamente em francês com o verbo do nascimento, eis onde ficamos com o Édipo. E o que é designado ali, senão o fato de que, mediante a imposição ao homem de um destino, mediante a troca prescrita pelas estruturas parentais, alguma coisa ali é encoberta, que faz de sua entrada no mundo a entrada no jogo implacável da dívida? Afinal de contas, é simplesmente pela cobrança que recebe da dívida do *Atè* que o precede, que ele é culpado.

Aconteceu, desde então, algo de diferente. O Verbo foi para nós encarnado. Ele veio ao mundo e, contra a palavra do Evangelho, não é verdade que não o tenhamos reconhecido. Nós o reconhecemos, e vivemos das sequências desse reconhecimento. Estamos numa das fases das consequências desse reconhecimento. Aí está o que que queria articular para vocês.

O Verbo não é simplesmente para nós a lei onde nos inserimos para portar, cada um de nós, a carga da dívida que faz nosso destino. Ele abre para nós a possibilidade, a tentação de onde é possível nos maldizermos, não somente como destino particular, como vida, mas como o próprio caminho onde o Verbo nos conduz, e como encontro com a verdade, como hora da verdade. Não estamos mais, apenas, passíveis de ser culpados pela dívida simbólica. É ter a dívida ao nosso encargo que nos pode ser, no sentido mais próximo que essa palavra indica, censurado. Em suma, é a própria dívida onde tínhamos nosso lugar que nos pode ser retirada, e é ali que podemos nos sentir nós mesmos totalmente alienados. Sem dúvida o *Atè* antigo nos tornava culpados dessa dívida, mas ao renunciar a ela, como podemos fazer agora, somos tomados por uma infelicidade ainda maior, a de que esse destino não seja mais nada.

Em resumo, o que sabemos, por nossa experiência de todos os dias, é que a culpa que nos resta, aquela que palpamos no neurótico, deve ser paga justamente pelo seguinte, que o Deus do destino está morto. O fato de que este Deus esteja morto está no coração daquilo que nos é apresentado em Claudel.

O Deus morto é aqui representado por esse padre proscrito, que não nos é mais apresentado senão sob a forma daquilo a que se chama o Refém, que dá seu título à primeira peça da trilogia. A figura daquilo que foi a fé antiga é, daqui por diante, o Refém nas mãos da política, presa daqueles que querem utilizá-lo para fins de restauração.

Mas o avesso dessa redução do Deus morto é que a alma fiel é que se torna o Refém – o Refém dessa situação, onde mais além do fim da verdade cristã, renasce propriamente o trágico, a saber, que tudo se esquiva a ela se o significante pode ser cativo.

Só pode ser refém, certamente, aquela que crê, Sygne, e que, por crer, deve testemunhar daquilo em que crê. É justamente por isso que ela é presa, cativa nessa situação que basta forjar para que exista – ser chamada a sacrificar à negação daquilo em que crê.

Ela é mantida como refém na própria negação, sofrida, daquilo que ela tem de melhor. Algo nos é proposto que vai mais longe que a infelicidade de Jó e sua resignação. A Jó está reservado todo o peso da infelicidade que ele não mereceu, mas à heroína da tragédia moderna é exigido assumir como um gozo a própria injustiça que lhe causa horror.

Tal é o que inaugura como possibilidade, diante do ser que fala, o fato de ser o suporte do Verbo no momento em que lhe é pedido, quanto a este Verbo, que ele o garanta.

O homem se tornou o Refém do Verbo porque disse a si, ou também para que dissesse a si, que Deus está morto. Neste momento abre-se essa hiância onde nada mais pode ser articulado senão o que é somente o próprio começo do *não fosse eu,* que não poderia ser mais que uma recusa, um *não,* esse tique, esse esgar, em suma, essa curvatura do corpo, essa psicossomática, que é o termo onde temos que encontrar a marca do significante.

O drama, tal como prossegue através dos três tempos da tragédia, é saber como, dessa posição radical, pode renascer um desejo, e qual.

É aqui que somos levados ao outro extremo da trilogia, a Pensée de Coûfontaine.

2

Pensée de Coûfontaine é uma figura incontestavelmente sedutora, que nos é manifestamente proposta, a nós, espectadores – que espectadores, vamos tentar dizê-lo – como o objeto do desejo, falando propriamente.

Basta ler *Le Père humilié* – o que há de mais repulsivo que essa história? Que pão mais duro poderia nos ser oferecido além daquele? – a trama desse pai promovido como uma figura de velhote obsceno, e do qual só o assassinato, diante de nós figurado, abre a possibilidade de ver continuar aquilo que se transmite a Louis de Coûfontaine, e que não passa de uma figura, a mais degradada, a mais degenerada, do pai. Basta entender aquilo que a cada um de nós pôde ser sensível, a ingratidão representada pelo aparecimento, numa festa noturna em Roma, no começo do *Père humilié,* da figura de Pensée de Coûfontaine, para compreender que ela nos é apresentada ali como um objeto de sedução.

E por quê? E como? O que equilibra ela? O que ela compensa? Alguma coisa recairá sobre ela do sacrifício de Sygne? Numa palavra, é em nome do sacrifício de sua avó que ela vai merecer alguma consideração?

Faz-se alusão a isso em um momento, no diálogo entre o Papa e os dois homens que vão representar para ela a abordagem do amor. Faz-se alusão àquela velha tradição de família, como a uma antiga história que se conta. É na boca do próprio Papa, dirigindo-se a Orian que é o objeto desse amor, que aparece nesse sentido o termo superstição – *Tens medo desta pobre moça? Vã superstição! Ergue os olhos! Eleva o coração!* Vais ceder, meu filho, a essa superstição? Pensée irá representar algo como uma figura exemplar, um reconhecimento da fé por um instante eclipsada? Muito longe disso.

Pensée é livre pensadora, se podemos exprimir assim, por um termo que não é aqui o termo claudeliano. Mas é disso realmente que se trata. Pensée é animada apenas por uma paixão, aquela, diz ela, de uma justiça que vai além de todas as exigências da própria beleza. O que ela quer é a justiça, e não uma qualquer, não a justiça antiga, aquela de algum direito natural a uma distribuição, nem a uma retribuição – a justiça de que se trata é uma justiça absoluta. É a justiça que anima o movimento, o ruído, o andamento daquela Revolução que faz o ruído de fundo do terceiro drama. Essa justiça é o avesso de tudo aquilo que, do real, de tudo aquilo que, da vida, é, graças ao Verbo, sentido como ofensa à justiça, sentido como horror da justiça. É de uma justiça absoluta em todo seu poder de abalar o mundo que se trata no discurso de Pensée de Coûfontaine.

Vocês estão vendo, isso é exatamente a coisa mais distante da pregação que poderíamos esperar de Claudel, homem de fé. E é justamente isso o que vai nos permitir dar sentido à figura para a qual converge todo o drama do *Père humilié*.

Para compreendê-lo, é preciso que nos detenhamos por um instante no que Claudel faz de Pensée de Coûfontaine, representada como fruto do casamento de Louis de Coûfontaine com aquela que, em suma, seu pai lhe deu por mulher, pelo simples fato de que aquela mulher já era sua mulher. Ponto extremo, paradoxal, caricatural do complexo de Édipo. Tal é o ponto limite do mito freudiano que nos é proposto – o velhote obsceno força seus filhos a se casarem com suas mulheres e isso na própria medida em que quer roubar as deles. Outra maneira mais exagerada, e aqui mais expressiva, de acentuar o que aparece no mito freudiano. Isso não dá um pai de melhor qualidade, isso dá um outro canalha.

É exatamente assim que Louis de Coûfontaine nos é representado ao longo de todo o drama. Ele se casa com aquela que o quer, a ele, como objeto de seu gozo. Casa-se com aquela figura singular da mulher, Sichel, que rejeita todos os encargos da lei e principalmente da sua, da antiga Lei, o estatuto da esposa santa figura da mulher, na medida em que é a da paciência. Ela é, enfim, quem revela sua vontade de estreitar o mundo.

O que vai nascer daí? O que vai nascer daí é, singularmente, o renascimento daquilo mesmo que o drama do *Pain dur* nos mostrou que estava afastado, a saber, esse mesmo desejo, em seu absoluto, que era representado pela figura de Lumir.

Lumir, nome singular. Precisamos nos deter no fato de que Claudel nos indica, numa pequena nota, que se deve pronunciá-lo *Loum-yir.* Deve-se referi-lo ao que Claudel nos diz das fantasias do velho Turelure, de dar sempre a cada nome uma pequena modificação derrisória, que ele chame Rachel de Sichel, o que significa em alemão, diz-nos o texto, a foice, e em especial aquela que é figurada, no céu, pelo crescente da lua. Eco singular da figura que termina o *Booz endormi,* de Hugo. Claudel faz incessantemente o mesmo jogo de alteração de nomes, como se ele mesmo assumisse aqui a função do velho Turelure. Lumir é o que reencontraremos mais tarde no diálogo entre o Papa e os dois personagens de Orso e Orian, como a luz, *a cruel luz.*

Essa cruel luz nos ilumina quanto ao que representa a figura de Orian, pois, por mais fiel que ele seja ao Papa, essa cruel luz em sua boca faz sobressaltar esse Papa. A luz, diz-lhe o Papa, não é nada cruel.

Mas não é absolutamente duvidoso que é Orian quem tem razão quando diz isso. O poeta está com ele. Ora, aquela que virá encarnar a luz buscada obscuramente, sem o saber, por sua própria mãe, a luz buscada através de uma paciência, pronta a tudo servir e a tudo aceitar, é Pensée. Pensée, sua filha. Pensée que vai se tornar o objeto encarnado do desejo daquela luz. E este pensamento em carne e osso, esse Pensamento vivo, o poeta só pode imaginá-lo cego, e representá-lo para nós como tal.

Creio dever parar aqui um instante. O que pode querer o poeta com esta encarnação do objeto? – do objeto parcial, do objeto na medida em que é o ressurgimento e o efeito da constelação parental. Uma cega. Essa cega vai ser exposta diante de nossos olhos ao longo de toda essa terceira peça, e da maneira mais comovente.

Ela aparece no baile de máscaras, onde se representa o fim de um momento daquela Roma que está às vésperas de sua tomada pelos garibaldinos. É também uma espécie de fim que se celebra nessa festa, o de um nobre polonês que, levado ao cabo de sua solvência, deve ver, no dia seguinte, os oficiais de justiça entrarem em sua propriedade. Esse nobre polonês está aqui para nos recordar, sob a forma de uma figura num camafeu, uma pessoa de quem se ouviu falar tantas vezes, e que morreu de modo muito triste. Façamos uma cruz sobre ela. Não falemos mais disso. Todos os espectadores entendem bem que se trata da tal de Lumir. E também esse nobre, todo impregnado da nobreza e do romantismo da Polônia mártir, é, ainda assim, aquele tipo de nobre que parece, inexplicavelmente, ter sempre uma *villa* para liquidar.

É nesse contexto que vemos desfilar a cega Pensée, como se ela visse claramente. Pois sua surpreendente sensibilidade lhe permite, num instante de visita preliminar, observar, por sua fina percepção de ecos, de aproximações e de movimentos, toda a estrutura de um lugar, bastando para tal dar alguns passos. Se nós, espectadores, sabemos que ela é cega, durante todo um ato aqueles que estão com ela, os convidados daquela festa, poderão ignorar isso, e em especial aquele sobre o qual incidiu seu desejo.

Esse personagem, Orian, vale uma palavra de apresentação para aqueles que não leram a peça. Orian, duplicado por seu irmão Orso, leva o nome de Homodarmes,[26] bem claudeliano, por seu som e essa mesma construção ligeiramente deformada, acentuada quanto ao significante por uma bizarrice que reencontramos em tantos personagens da tragédia claudeliana. Lembrem-se de Sir Thomas Pollock Nageoire.[27] Isso soa tão bonito quanto o que existe no texto sobre as armaduras em *Le Peu de réalité* de André Breton.

Esses dois personagens, Orian e Orso, estão em jogo. Orso é o bom rapaz que ama Pensée. Orian, que não é exatamente um gêmeo, que é o irmão mais velho, é aquele sobre quem Pensée fez incidir seu desejo. Por que sobre ele, senão por ser ele inacessível? Pois, para dizer a verdade, para essa cega, o texto, o mito claudeliano nos indica que quase não lhe é possível distingui-los pela voz. A ponto de que no fim do drama, Orso poderá dar a ela, por um momento, a ilusão de que ele é Orian, que está morto. É justamente porque ela vê outra coisa que a voz de Orian, mesmo quando é Orso quem fala, a faz desfalecer.

Mas vamos nos deter por um instante nessa moça cega. O que ela quer dizer? E, para considerar em primeiro lugar aquilo que ela projeta diante de nós, não parece ser ela protegida por uma espécie de figura sublime do pudor? – que se apoia no seguinte: por não poder se ver, ser vista, ela parece estar ao abrigo do único olhar que desvela.

Não acredito que seja excêntrico referir-me aqui à dialética que fiz vocês escutarem, outrora, sobre o tema das perversões ditas exibicionista e voyeurista. Chamava a atenção de vocês para o fato de que elas não podiam ser apreendidas pela simples relação entre aquele que vê e que se mostra a um parceiro simplesmente outro, objeto ou sujeito. O que está em questão, tanto na fantasia do exibicionista como na do voyeur, é um elemento terceiro, que implica que pode surgir no parceiro uma consciência cúmplice que recebe o que lhe é dado ver – que aquilo que o expande em sua solidão, aparentemente inocente, se oferece a um olhar oculto – que, assim, é o próprio desejo que sustenta sua função na fantasia, que vela para o sujeito seu papel no ato – que o exibicionista e o voyeur gozem, de alguma maneira, vendo e mostrando, mas sem saberem o que veem e o que mostram.

Quanto a Pensée, ei-la então, ela que não pode ser surpreendida, se posso dizer, pelo fato de não ser possível lhe mostrar nada que a submeta ao pequeno outro, e também por não se poder espiá-la sem ser, como Acteon, acometido de cegueira, e começar a se dilacerar com as mordidas da matilha de seus próprios desejos.

Misterioso poder do diálogo entre Pensée e Orian – Orian que é simplesmente, com a diferença de uma letra apenas, o nome de um dos caçadores que Diana metamorfoseou em constelação.[28] Para ele, somente, a misteriosa confissão pela qual termina esse diálogo, *Eu sou cega*, tem a força de um *Eu te amo*, por evitar toda consciência no outro de que este *Eu te amo* seja dito, para ir diretamente se colocar nele como fala. Quem poderia dizer *Eu sou cega*, senão de onde a fala cria a noite? Quem, ouvindo isso, não sentiria em si nascer essa profundeza da noite?

É aí que quero levar vocês – à diferença que existe entre a relação com o *ver-se* e a relação com o *ouvir-se*. Já se observou há muito tempo que é característico da fonação ressoar imediatamente no próprio ouvido do sujeito à medida de sua emissão, mas não na medida em que o outro a quem essa fala se dirige tenha o mesmo lugar nem a mesma estrutura que aquele do desvelamento visual. E justamente porque a fala não suscita o ver, justamente porque ela é, por si mesma, enceguecimento.

Vemo-nos ser vistos, é por este motivo que nos furtamos a isso. Mas não se ouve ser ouvido. Isso quer dizer que não ouvimos lá onde se ouve, isto é, na cabeça alheia, ou mais exatamente, existem com efeito aqueles que se ouvem serem ouvidos, e são os loucos, os alucinados. Esta é a estrutura da alucinação. Eles só poderiam ouvir-se sendo ouvidos no lugar do Outro, lá onde se escuta o Outro reenviar a sua própria mensagem sob sua forma invertida.

O que quer dizer Claudel com Pensée cega é que basta que a alma, já que é da alma que se trata, feche os olhos ao mundo – e isso é indicado através de todo o diálogo da terceira peça – para poder ser aquilo que falta ao mundo, e o objeto mais desejável do mundo. Pensée, que não pode mais acender a lâmpada, atrai, se posso dizer, aspira para si o ser de Eros que é falta. O mito de Poros e Penia renasce aqui sob a forma da cegueira espiritual, pois nos é dito que Pensée encarna aqui a figura da própria Sinagoga, tal como é representada no pórtico da catedral de Reims, de olhos vendados.

Por outro lado, Orian, que está diante dela, é justamente aquele cujo dom pode ser recebido, justamente porque ele é superabundância. Orian é uma outra forma de recusa. Se ele não dá a Pensée seu amor é, diz ele, porque seus dons, ele os deve em outra parte, a todos, à obra divina. O que ele desconhece é justamente que aquilo que lhe é demandado no amor, não é o seu *poros,* seu recurso, sua riqueza espiritual, sua superabundância, nem mesmo, como ele se exprime, sua alegria, mas é justamente o que ele não tem. Ele é um santo, decerto, mas é bastante surpreendente que Claudel nos mostre aqui os limites da santidade.

É um fato que o desejo é aqui mais forte que a própria santidade. É um fato que Orian, o santo, curva-se e cede no diálogo com Pensée, perde a partida, e, para chamar as coisas por seu nome, fode lindamente a pequena Pensée.

E é isso o que ela quer. E ao longo de todo o drama, ela não perdeu meio segundo, um quarto de linha, para operar nesse sentido pelas vias que não chamaremos as mais curtas, mas certamente as mais retas, as mais seguras. Pensée de Coûfontaine é realmente o renascimento de todas aquelas fatalidades que começam pelo estupro, continuam com o tráfico feito com a honra, o casamento desigual, a abjuração, o luís-felipismo que não-sei-quem chamava de o segundo *tempo-pior,*[29] para renascer dali como antes do pecado, como a inocência, mas não, no entanto, a natureza.

É por isso que é importante ver com que cena culmina o drama.

3

Esta cena é a última.

Pensée se isola com sua mãe, que estende sobre ela sua asa protetora, porque ficou grávida por obra do tal de Orian. E eis que ela recebe a visita do irmão, Orso, que vem aqui trazer a última mensagem daquele que morreu. A lógica da peça, e a situação anteriormente criada, preparam esta cena, já que todo esforço de Orian foi para fazer aceitar por Pensée, bem como por Orso, uma enormidade – que eles se casem.

Orian, o santo, não vê obstáculo a que seu bom e bravo irmãozinho encontre sua felicidade. Isso está no seu nível. É um bravo e um corajoso. E além disso a declaração do rapaz não deixa dúvida alguma, ele é capaz de assegurar o casamento com uma mulher que não o ama. Sempre se dará um jeito. Ele é um corajoso, faz o que deve. Inicialmente, combatia na esquerda; disseram-lhe que estava enganado, combate à direta. Estava com os garibaldinos, juntou-se aos zoavos do Papa. Ele está sempre ali, pés firmes, bons olhos, é um rapaz seguro.

Não riam demais desse babaca, isso é uma armadilha. E vamos ver daqui a pouco por quê, pois na verdade, em seu diálogo com Pensée, não pensaremos mais em rir.

O que é Pensée nessa cena? O objeto sublime, certamente. O objeto sublime, na medida em que já indicamos sua posição no ano passado como substituto da Coisa. Vocês ouviram, de passagem, que a natureza da Coisa não está tão longe daquela da mulher – se não fosse verdade que, com relação a todas as maneiras que temos de nos aproximar dessa Coisa, a mulher se verifica ser ainda uma outra coisa. Digo qualquer mulher, e na verdade Claudel, como todos os outros, não nos mostra que tenha dela uma ideia conclusiva, longe disso.

Essa heroína de Claudel, essa mulher que ele promove para nós, é a mulher de um certo desejo. Assim mesmo, façamos-lhe justiça, em outra parte, em *Partage de midi,* Claudel nos fez uma mulher, Ysé, que não ficou mal. Aquela ali se parece muito com o que é, a mulher.

Aqui, estamos em presença do objeto de um desejo. E o que quero mostrar a vocês, e que está inscrito em sua imagem, é que é um desejo que não tem mais, neste nível de despojamento, que a castração para separá-lo, mas separá-lo radicalmente, de qualquer desejo natural.

Na verdade, se vocês olharem para o que acontece na cena, isso é bastante bonito, mas, para situá-lo exatamente, vou pedir-lhes que recordem o cilindro anamórfico que lhes apresentei aqui, o tubo colocado sobre a mesa, sobre o qual vinha se projetar uma figura de Rubens, a da *Crucificação,* pelo artifício de uma espécie de desenho informe astuciosamente inscrito na base. Eu imagei assim, para vocês, o mecanismo do reflexo da figura fascinante, da beleza erigida, tal como se projeta no limite para nos impedir de ir mais longe no coração da Coisa.

Se é verdade que aqui a figura de Pensée, e toda a linha desse drama, é feita para nos levar àquele limite um pouco mais recuado, o que vemos nós, senão uma figura de mulher divinizada para ser ainda aqui a mulher crucificada?

O gesto é indicado no texto, e volta com insistência em outros tantos pontos da obra claudeliana, desde a princesa de *Téte d'or* até a própria Sygne, até Ysé, até a figura de Dona Prouhèze. Essa figura carrega em si o quê? – uma criança, sem dúvida, mas não nos esqueçamos do que nos é dito, é que pela primeira vez essa criança acaba, nela, de se animar, de se mexer, e esse momento é o momento em que ela vem tomar em si a alma, como ela diz, daquele que está morto.

Como essa captura da alma nos é figurada? Pensée se fecha, se posso dizer, com as abas de seu casaco sobre a corbelha de flores que havia sido enviada pelo irmão Orso, aquelas flores que crescem num terreno do qual o diálogo vem nos revelar, detalhe macabro, que contém o coração eviscerado de seu amante, Orian. Aí está aquilo cuja essência simbólica, ao se levantar, considera-se que ela tenha feito repassar para si. É esta alma que ela impõe com a sua própria, diz ela, sobre os lábios desse irmão que acaba de comprometer-se com ela a fim de dar um pai a uma criança, dizendo-lhe ao mesmo tempo que jamais será seu esposo.

Essa transmissão, essa realização singular da fusão das almas é aquela que as duas primeiras citações que fiz para vocês, no começo desse discurso, de *l'Otage,* por um lado, do *Pain dur,* por outro, nos indicam como sendo a aspiração suprema do amor. É dessa fusão de almas que, em suma, Orso, de quem se sabe que irá juntar-se ao irmão na morte, é ali o portador designado, o veículo, o mensageiro.

O que quer dizer isso? Disse a vocês há pouco, esse pobre Orso que nos faz sorrir até nessa função em que ele se finda, de marido postiço, não nos enganemos, não nos deixemos tomar por seu ridículo. O lugar que ele ocupa é o próprio lugar, afinal, em que nós mesmos somos chamados a ser aqui cativados. É ao nosso desejo, e como a revelação de sua estrutura, que é proposta essa fantasia, que nos revela qual é o poder magnético que nos atrai na mulher, e não forçosamente, como diz o poeta, para cima que essa potência é terceira e que não poderia ser nossa, senão representando nossa perda.

Existe sempre no desejo alguma delícia da morte, mas de uma morte que não podemos nós mesmos nos infligir. Reencontramos aqui os quatro termos que são representados, se posso dizer, em nós – os dois irmãos, *a* e *a'* – nós, o sujeito, na medida em que não compreendemos nada disso – e a figura do Outro encarnada nessa mulher. Entre esses quatro elementos, todas as espécies de variedades são possíveis, da morte infligida, dentre as quais é possível enumerar as formas mais perversas do desejo.

Aqui está, apenas, o caso mais ético que é realizado, na medida em que é o homem verdadeiro, o homem realizado, que se afirma e se mantém em sua virilidade, Orian, que paga por isso o preço de sua morte. Isso nos recorda que é verdade. Esse preço, ele o paga sempre, e em todos os casos – mesmo se, de maneira mais custosa para sua humanidade do ponto de vista moral, ele rebaixa esse preço no nível do prazer.

Assim termina o projeto do poeta. Ele nos mostra, depois do drama dos sujeitos como puras vítimas do *logos,* da linguagem, o que se torna o desejo. E para isso, o desejo nos é tomado visível por ele na figura da mulher, desse terrível sujeito que é Pensée de Coûfontaine.

Ela merece seu nome, Pensamento, ela é pensamento sobre o desejo.

O amor do outro, esse amor que ela exprime, está ali mesmo onde, fixando-se, ela se torna o objeto do desejo.

Tal é a topologia onde se conclui o longo encaminhamento da tragédia.

Como todo processo, como todo progresso da articulação humana, é só depois, apenas, que se percebe aquilo que, por linhas traçadas no passado tradicional, o anuncia, converge com, e um dia aparece. Ao longo de toda a tragédia de Eurípides encontramos, como uma espécie de ponto fraco, como uma ferida que o exaspera, a relação com o desejo, e mais especialmente, com o desejo da mulher. Aquilo a que se chama a misoginia de Eurípides, e que é uma espécie de aberração, de loucura, que parece atingir toda a sua poesia, só podemos captá-la a partir daquilo que ela se tornou, por se ter elaborado através da sublimação da tradição cristã.

Esses pontos de esquartejamento de termos cujo cruzamento torna necessários os efeitos com os quais nós, analistas, nos defrontamos, aqueles da neurose na medida em que, no pensamento freudiano, eles se afirmam como mais originais que aqueles da justa medida, que os da normal, – é necessário que o toquemos, que os exploremos, que conheçamos seus extremos, se quisermos que nossa ação se situe e se oriente, que ela não seja cativa da miragem, sempre ao nosso alcance, do bem da ajuda mútua, mas responda ao que pode existir ali, mesmo sob as formas mais obscuras, e que exige ser revelado, no outro que acompanhamos na transferência.

Os extremos me tocam, dizia não-sei-mais quem. É preciso, ao menos por um instante, que os toquemos, para poder – e é este o meu fim – observar exatamente qual deve ser nosso lugar no momento em que o sujeito está no único caminho a que devíamos conduzi-lo, aquele onde ele deve articular seu desejo.

17 de maio de 1961

XXII

Decomposição estrutural

O analista, objeto ou sujeito.
A análise estruturalista do mito.
A Versagung *original.*
O sujeito trocado por seu desejo.

O que vamos, então, fazer com Claudel, num ano em que o tempo já não nos é mais amplo o bastante para formular o que temos a dizer sobre a transferência?

Sob alguns aspectos, nossas declarações podem dar esta sensação. Ao menos, para alguém menos avisado que vocês. Tudo aquilo que dissemos tem, no entanto, um eixo comum, que penso ter articulado o bastante para que vocês tenham percebido que este é o essencial de meu objetivo este ano. Para designá-lo, vou tentar explicitá-lo para vocês assim.

1

Falou-se muito da transferência desde que a análise existe. Fala-se disso ainda hoje. Isso não é simplesmente uma esperança teórica. Aquilo em cujo interior nos deslocamos sem cessar, aquilo através do que sustentamos o movimento de nossa prática, seria preciso afinal que soubéssemos o que vem a ser. O que designo a vocês este ano para abordar esta questão tem um eixo que se pode formular assim – em que devemos nos considerar como implicados na transferência?

Deslocar assim a questão não significa que consideremos resolvido o problema de saber o que é a transferência. Mas considero este deslocamento necessário, se quisermos apreender em função do quê se produziram as divergências muito sensíveis, e mesmo as diferenças muito profundas de pontos de vista que se manifestam a este respeito na comunidade analítica, não somente hoje, mas ao longo das etapas históricas da análise. Poderemos igualmente conceber dessa maneira em que cada um desses pontos de vista sobre a transferência tem a sua verdade, é utilizável – o que temos como certo.

A questão que coloco, portanto, é a da nossa participação na transferência. Não é a da contratransferência. Fez-se dessa rubrica um vasto depósito de experiências, comportando, ao que parece, quase tudo o que somos capazes de experimentar em nosso ofício. Fez-se, assim, entrar todas as espécies de impurezas na situação, pois está bem claro que somos homem, e como tal afetado de mil maneiras pela presença do doente, e tornou-se realmente esta noção doravante inutilizável. Se colocássemos sob o registro assim definido da contratransferência nossa participação na transferência, se fizéssemos também entrar ali a casuística, o problema do que se trata de fazer em cada caso definido por suas coordenadas particulares, isso seria realmente tornar impossível todo questionamento.

Coloco, portanto, a questão da participação que é a nossa na transferência, e pergunto – como concebê-la? Esta é a via que nos permite situar aquilo que está no coração do fenômeno da transferência no sujeito, a saber, o analista.

Já existe alguma coisa, sem dúvida, que é sugerida por essa abordagem da questão. A necessidade em que estamos de responder à transferência concerne ao nosso ser, ou trata-se simplesmente de definir uma conduta a ser mantida, um *handling* de alguma coisa que nos é exterior, um *how to,* um como fazer? Se vocês me ouvem há anos, não podem duvidar da resposta implicada por aquilo em cuja direção os conduzo – o que está em questão na nossa implicação na transferência é da ordem daquilo que acabo de designar dizendo que isso concerne ao nosso ser.

Isso é, afinal, tão evidente que mesmo o que me pode ser o mais oposto na análise, quero dizer o que é menos articulado daquilo que se revela das maneiras de se abordar a situação analítica, tanto em seu início quanto no seu fim, e aquilo pelo qual posso ter o máximo de aversão pois bem, é ainda assim por este aspecto que se terá ouvido um dia proferir a propósito, não da transferência, mas da ação do analista, que o analista age menos pelo que diz e pelo que faz do que pelo que é.

Não se enganem, esta espécie de observação maciça me parece o que há de mais chocante, na medida, precisamente, em que diz algo de justo, e em que o diz de uma forma que fecha imediatamente a porta. Ela é bem-apropriada precisamente para me encolerizar. O que é o analista, essa é realmente, desde o início, toda a questão.

Quando se define objetivamente a situação analítica, existe um dado que é o seguinte – o analista desempenha seu papel transferencial precisamente na medida em que ele é, para o doente, aquilo que não é no plano do que se pode chamar de a realidade. Isso é o que nos permite julgar o grande desvio da transferência, fazer perceber ao doente a que ponto ele está longe do real, devido ao que ele produz de fictício com a ajuda da transferência.

E no entanto, é certo que existe algo de verdade na ideia de que o analista intervém por alguma coisa que é da ordem de seu ser. Isso é tudo o que há de mais provável. É, em primeiro lugar, um fato de experiência. Por que haveria necessidade de uma regulagem, de uma correção, da posição subjetiva do analista, de um rigor na sua formação, onde tentamos fazê-lo descer ou subir, se não para que algo na sua posição seja convocado a funcionar de maneira eficaz, numa relação que não pode de modo algum se esgotar inteiramente numa manipulação, ainda que recíproca?

Da mesma forma, tudo o que se desenvolveu depois de Freud com referência à importância da transferência põe em jogo o analista como um existente. Pode-se mesmo dividir as articulações propostas da transferência de uma maneira bastante clara, que, sem esgotar a questão, recobre bem o panorama. Essas duas tendências, como se diz, da psicanálise moderna, já dei seus epônimos, sem pretender exauri-los, mas simplesmente para demarcá-los – Melanie Klein, por um lado, Anna Freud por outro.

A tendência Melanie Klein acentua a função de objeto do analista na relação transferencial. Vocês podem mesmo dizer, se quiserem, ainda que este não fosse, certamente, o princípio da sua posição, que é Melanie Klein a mais fiel ao pensamento e à tradição freudianos, e que é nessa medida que ela foi levada a articular a relação transferencial nesses termos.

Explico-me. Se Melanie Klein foi levada a fazer funcionar o analista, a presença analítica no analista, a intenção do analista, como bom ou mau objeto para o sujeito, é na medida em que ela pensa a relação analítica como dominada desde as primeiras palavras, os primeiros passos, pelas fantasias inconscientes. Temos a ver com isso de imediato, e podemos, não digo que devemos, interpretá-las desde o início.

Não digo que seja essa uma consequência necessária. Acredito, mesmo, que esta seja uma consequência necessária apenas em função das falhas do pensamento kleiniano, e na medida em que a função da fantasia, ainda que percebida de forma muito pregnante, foi por ela insuficientemente articulada, o que é a grande falha de sua articulação. Mesmo em seus melhores acólitos ou discípulos, que certamente por mais de uma vez esforçaram-se para isso, a teoria da fantasia nunca foi realmente realizada.

Existem aí, entretanto, muitos elementos extremamente utilizáveis. Por exemplo, a função primordial da simbolização foi ali articulada e acentuada de uma maneira que, sob certos aspectos, chega a ser muito satisfatória. De fato, a chave da correção necessitada pela teoria kleiniana da fantasia está por inteiro no símbolo que dou a vocês da fantasia, ($ ◊ *a*), que se pode ler S *barrado desejo de* a.

O $, trata-se de saber o que é isso. Não é simplesmente o correlativo noético do objeto. O $ está na fantasia. A não ser dando a volta é que os faço refazer de mil maneiras diferentes, não é fácil abordar a experiência da fantasia. É nos meandros exigidos pela abordagem dessa experiência que vocês compreenderão melhor, se já acreditaram entrever algo, ou simplesmente compreenderão, se lhes pareceu, até aqui, obscuro, aquilo que tento promover com essa formalização.

Mas prossigamos. A outra vertente da teoria da transferência acentua o seguinte, que não é menos irredutível, e também mais evidentemente verdadeiro: que o analista está implicado na transferência como sujeito. Nessa vertente, que isolei com o nome de Anna Freud, que não a designa mal, com efeito, mas não é a única, a ênfase é dada à aliança terapêutica. Existe uma verdadeira coerência interna entre esta ênfase e aquela que é sua correlata, a saber, a ênfase nos poderes do ego.

Esses poderes, não se trata simplesmente de reconhecê-los objetivamente, trata-se de saber qual é o lugar a lhes dar na terapêutica. E aí, o que dizem a vocês? Que em toda a primeira parte do tratamento não se trata de pôr em jogo o plano do inconsciente, que vocês só têm, no início, a defesa, e isso durante um bom tempo. É o mínimo que poderão lhes dizer. Certamente, isso é nuançado na prática, mais do que naquilo que se doutrina, e deve se adivinhar através da teoria.

Não é a mesma coisa colocar em primeiro plano, o que é legítimo, a importância das defesas, e teorizar as coisas até fazer do próprio ego uma espécie de massa de inércia. A característica da escola de Hartmann e dos outros é, até mesmo, de conceber o ego como comportando elementos irredutíveis, ininterpretáveis, no fim das contas. E a isso que eles chegam, as coisas estão claras. Não os faço dizer o que eles não dizem, eles o dizem.

O passo seguinte é dizer que, afinal, tudo está muito bem assim e que deveríamos mesmo tornar ainda mais irredutível esse ego.

Este é um modo concebível de conduzir a análise. Não estou absolutamente, nesse momento, dando a isso uma conotação de julgamento de rejeição. É assim. Mas o que se pode, no entanto, observar, é que, comparada à outra vertente, não parece que seja este lado o mais freudiano, é o mínimo que se pode dizer.

Mas nós temos outra coisa a fazer, não é mesmo?, em nossa discussão deste ano, ao invés de voltar a essa conotação de excentricidade à qual demos tanta importância nos primeiros anos de nosso ensinamento. Pôde-se ver ali alguma intenção polêmica, quando eu lhes asseguro que isso está bem longe de meu pensamento. O que está em questão é mudar o nível de acomodação do pensamento.

As coisas não são mais perfeitamente iguais hoje em dia. Na época, esses desvios assumiam, na comunidade analítica, um valor realmente fascinante, que chegava a esvaziar o sentimento que existia das questões. Desde então, foi restaurada uma certa perspectiva, resgatada uma certa inspiração, graças ao que é também, simplesmente, a restauração da língua analítica, quero dizer, da sua estrutura, daquilo que serviu para fazê-la surgir inicialmente em Freud. A situação hoje é diferente. O fato de que mesmo aqueles que podem aqui sentir-se um pouco perdidos devido a que num certo ponto de meu seminário, íamos a todo vapor para Claudel, tenham assim mesmo a sensação de que isso tem a mais estreita relação com a questão da transferência prova bem, por si só, que alguma coisa mudou o suficiente para que não haja mais necessidade de insistir quanto ao lado negativo de tal ou qual tendência.

Não são os lados negativos que nos interessam, mas os lados positivos, aqueles que podem nos servir, no ponto em que estamos, de elementos de construção.

2

Gostaria, agora, de chamar a atenção de vocês para a função do mito na análise.

Para que pode, então, nos servir aquilo a que chamarei, com um termo conciso, a mitologia claudeliana?

Eu mesmo fiquei surpreso, é engraçado, relendo esses dias um negócio que jamais tinha relido, e que Jean Wahl publicara sem correções. Foi no tempo em que eu fazia pequenos discursos abertos a todos no *Collège philosophique,* e tratava-se de uma conferência sobre a neurose obsessiva, da qual não me recordo mais o título, *O mito do neurótico,* creio. Vocês estão vendo que já estamos no coração da questão. Eu mostrava, a propósito do homem dos ratos, a função das estruturas míticas no determinismo dos sintomas.

Como tinha de corrigir o texto, considerei a coisa como impossível. Com o tempo, estranhamente, eu o reli sem grande descontentamento, e tive a surpresa de ver – se me cortassem a cabeça, eu não o teria dito – que eu falava ali do *Pai humilhado.* Devia haver razões para isso. Não é, portanto, por ter encontrado o *u* com acento circunflexo que lhes falo dele.

Retomemos.

O que o analisado vem buscar na análise? Ele vem buscar o que há para ser encontrado, ou, mais exatamente, se ele procura, é porque existe algo a se encontrar. E a única coisa que há para ele encontrar, falando propriamente, é o tropo por excelência, o tropo dos tropos, aquilo a que se chama o seu destino.

Se esquecermos a relação que existe entre a análise e aquilo a que se chama o destino, essa espécie de coisa que é da ordem da figura, no sentido em que essa palavra se emprega para dizer *figura do destino,* como se diz, igualmente, *figura de retórica,* isso quer dizer que esquecemos simplesmente as origens da análise, pois ela nem mesmo poderia ter dado um passo sem essa relação. Paralelamente, produz-se na evolução da análise um deslizamento em direção a uma prática sempre mais insistente, mais pregnante, mais exigente quanto aos resultados a fornecer. Sem dúvida, sob certos aspectos – isso é uma sorte, mas isso arrisca fazer-nos esquecer o que é o peso do mito. Felizmente continuou-se a se interessar muito por isso noutros lugares.

Este é um desvio. Existe aí algo que nos diz respeito mais legitimamente do que talvez acreditamos. Talvez tenhamos algo a ver com isso, com esse interesse pela função do mito.

Fiz alusão a isso há muito tempo, e mais que alusão – articulei isso desde este primeiro trabalho. Meu seminário sobre o homem dos ratos havia começado, e as pessoas vinham fazer esse trabalho comigo, em minha casa. Eu colocava em jogo ali, a articulação estrutural do mito, tal como ela foi depois aplicada de maneira sistemática e desenvolvida por Lévi-Strauss no seminário dele. Tentei mostrar a vocês o seu valor para explicar a história do homem dos ratos.

Para aqueles que deixaram passar as coisas, ou que não o sabem, vou dizer o que é a articulação estruturalista do mito. Tomando um mito em seu conjunto, quero dizer o *épos,* a história, a maneira pela qual isso é contado do começo ao fim, constrói-se um modelo unicamente constituído por uma série de conotações opostas de funções interessadas – por exemplo, no mito do Édipo, a relação pai-filho, o incesto etc. Decerto, eu esquematizo, reduzo, para lhes dizer de que se trata. Percebe-se que o mito não para ali, que existem as gerações seguintes. Se é um mito, as gerações não são simplesmente a sequência da entrada dos atores, o fato de que, quando os velhos caem, há jovens que vêm para que isso recomece. O que nos interessa é a coerência significante que existe entre a primeira constelação e aquela que se segue. Acontece, por exemplo, alguma coisa que vocês conotarão como quiserem, digamos, irmãos inimigos, depois aparece a função de um amor transcendente que vai contra a lei, como o incesto, que é manifestamente situado no outro extremo na sua função, o que dá lugar a relações definíveis por um certo número de termos em oposição. Em suma, estou no nível de Antígona.

Este é um jogo no qual se trata de detectar as regras que lhe dão rigor. E reparem que não há outro rigor concebível além daquele que se instaura justamente no jogo. Na função do mito, em seu jogo, as transformações se operam segundo certas regras, que por esse motivo têm um valor revelador, criador de configurações superiores ou de casos particulares iluminadores. Em suma, demonstram a mesma espécie de fecundidade que as matemáticas. É disso que se trata na elucidação dos mitos. E isso nos interessa da maneira mais direta, já que não nos é possível abordar o tema com que lidamos na análise sem encontrar a função do mito.

Isso é um fato comprovado pela experiência. Em todos os casos, desde os primeiros passos da análise, a *Traumdeutung*, Freud se apoia em uma referência ao mito, e em especial ao mito do Édipo. Isso é elidido por nós, colocamo-lo entre parênteses, tentamos exprimir tudo de nossa experiência sob o modo econômico, como se diz – por exemplo, a função do conflito entre tendências primordiais, até as mais radicais, as defesas contra as pulsões, a articulação, conotada topicamente na tese sobre o narcisismo, do ego e do ego ideal, e depois um certo isso.[30] Ir neste sentido, perder a outra borda de referência, deve se apreciar em nossa experiência como um esquecimento, no sentido positivo que o termo tem para nós.

Isso não impede a experiência, que continua a ser sempre uma experiência analítica. Mas é uma experiência analítica que esquece seus próprios termos.

Vocês estão vendo que volto, como faço frequentemente, como faço quase sempre, a articular coisas alfabéticas. Isso não é unicamente pelo prazer da soletração, embora ele exista, mas porque é isso o que permite colocar, em seu caráter denso, as verdadeiras questões.

Mas quais são elas? A análise é uma introdução do sujeito ao seu destino? Será esta a verdadeira questão? Certamente que não. Isso seria colocarmo-nos numa posição demiúrgica, que jamais foi a da análise. Mas para permanecer num nível maciço, absolutamente de começo, é ainda assim uma fórmula que assume seu valor por se destacar das maneiras convencionais de colocar a questão, que valem muitas outras.

Foi antes que nos acreditássemos espertos e fortes o suficiente para falar de não-sei-quê, que não seria uma neurose, mas uma normalidade. Nós, de fato, jamais nos acreditamos tão fortes, tão espertos, para não sentir uma certa vacilação de nossa pena a cada vez que atacamos o tema do que é uma normalidade. Mas N* escreveu um artigo sobre isso. É preciso dizer que ele foi audacioso. Deve-se dizer também que ele não se saiu muito mal. Mas também, vê-se a dificuldade.

Seja como for, é realmente apenas por um escamoteamento que se pode fazer entrar em jogo na análise uma noção qualquer de normalização. É uma parcialização teórica, como quando nos pomos a falar, por exemplo, de maturação instintiva, como se se tratasse apenas disso. Entregamo-nos, então, a extraordinários vaticínios nos limites de uma pregação moralizante, feitos realmente para inspirar recuo e desconfiança. Fazer entrar, sem mais aquela, uma noção normal do que quer que seja em nossa práxis, quando nela descobrimos justamente até que ponto o sujeito dito, considerado normal não o é – isso é de molde a nos inspirar a suspeita mais radical e mais firme quanto a seus resultados. Seria preciso, assim mesmo, colocar inicialmente a questão de saber se podemos empregar a noção de normal para seja o que for que esteja no horizonte de nossa prática.

Limitemo-nos, por ora, à questão seguinte – podemos dizer que a mestria que adquirimos desse deciframento onde se observa a figura do destino nos permite obter, o quê? – digamos, o mínimo de drama possível.

Inversão do sinal. Se a configuração humana à qual nos aferramos é o drama, trágico ou não, podemos nos contentar em visar ao mínimo de drama possível, pensando que um sujeito precavido – um precavido vale por dois – se arranjará para se sair bem da situação? Afinal de contas, por que não? Pretensão modesta. Mas isso tampouco jamais correspondeu em nada, vocês bem sabem, a nossa experiência. Não é isso.

Pretendo que a porta por onde se entra para dizer coisas que tenham, somente, algum bom senso, e que nós tenhamos a sensação de estar na linha do que temos a dizer, está aí onde vou situá-la.

Como sempre, o que se trata de ver está mais próximo de nós que o ponto onde se captura a pretensa evidência, aquilo a que se chama o senso comum. Assim o entroncamento que, no caso presente, se esboça da maneira mais boba entre destino ou normalidade, não leva a parte alguma. Em contrapartida, se existe algo que a descoberta freudiana nos ensinou é a ver nos sintomas uma figura que tem relação com a figura do destino, nós não o sabíamos antes, mas agora o sabemos. Sabê-lo, isso faz uma diferença. Isso não nos permite colocar-nos no exterior, nem ao sujeito ficar de lado, e que isso continue a caminhar no mesmo sentido, o que seria um esquema grosseiro, absurdo. O fato de saber ou não saber é, pois, essencial à figura do destino. Eis a boa porta. E o mito o confirma.

Os mitos são figuras desenvolvidas que são referíveis, não à linguagem, mas à implicação de um sujeito capturado na linguagem – e, para complicar as coisas, no jogo da fala. Das relações do sujeito com um significante qualquer desenvolvem-se figuras onde se constatam pontos necessários, pontos irredutíveis, pontos principais, pontos de recruzamento, que são, por exemplo, aqueles que tentei figurar no grafo. Tentativa da qual não interessa saber se seria falha, se não seria incompleta, se não poderia ser, talvez, mais harmoniosamente construída ou reconstruída por algum outro – quero simplesmente evocar aqui sua visada. A visada de uma estrutura mínima desses oito pontos de recruzamento parece ser exigida unicamente pelo confrontamento entre o sujeito e o significante. E já é muito poder sustentar, apenas por esse fato, a necessidade de uma *Spaltung* do sujeito.

Esta figura, este grafo, esses pontos observados, e também a atenção aos fatos, nos permitem reconciliarmo-nos com nossa experiência do desenvolvimento a função verdadeira daquilo que é trauma. Não é trauma, simplesmente, aquilo que fez irrupção num momento, e abriu uma fenda, em algum lugar, numa estrutura que se imagina total, já que é para isso que serviu para alguns a noção do narcisismo. O trauma é que alguns acontecimentos venham se situar num certo lugar nessa estrutura. E, ocupando-o, assumem aí o valor significante que a ele está ligado num determinado sujeito. Eis o que faz o valor traumático de um acontecimento. Daí o interesse de fazer um retorno à experiência do mito.

Admitam vocês mesmos que para os mitos gregos não estamos tão bem-situados. Temos muitas variantes deles, mas nem sempre, se posso dizer, são as boas. Não podemos garantir sua origem. Não são variantes contemporâneas, nem mesmo locais, são rearranjos mais ou menos alegóricos e romanceados, que não são utilizáveis da mesma maneira que o pode ser tal variante recolhida ao mesmo tempo, como oferece a coleta de um mito numa população americana do norte ou do sul. Isso não nos permite tratar esse material como aquele trazido por um Boas ou algum outro. Igualmente, quando eu quis apresentar a vocês o modelo daquilo que advém do conflito edipiano quando o saber como tal entra, justamente, num dado ponto no interior do mito, fui buscá-lo noutro lugar, na invenção shakespeariana do *Hamlet,* que estudei para vocês há dois anos. E eu tinha, aliás, toda a permissão para fazê-lo, pois que desde a origem Freud havia tomado as coisas assim.

Nós acreditamos poder conotar aí algo que, de uma maneira particularmente apaixonante, se modifica num ponto da estrutura. É, com efeito, um ponto absolutamente particular, apórico, da relação do sujeito com o desejo, que Hamlet promoveu à reflexão, à meditação, à interpretação, à pesquisa, ao quebra-cabeças estruturado que ele representa. Conseguimos, com sucesso, fazer sentir a especificidade desse caso, sublinhando a diferença seguinte – contrariamente ao pai do assassinato edipiano, o pai morto no *Hamlet,* não é *ele não sabia* que se deve dizer dele, mas *ele sabia.* Não somente ele sabia, mas este fator intervém na incidência subjetiva que nos interessa, a do personagem central, Hamlet.

Este é, para dizer a verdade, o único personagem. Trata-se de um drama inteiramente incluído no sujeito Hamlet. Fizeram-no saber que o pai foi morto, e fizeram-no saber o bastante para que ele soubesse muito sobre isso, até saber por quem. Dizendo isso, só faço repetir o que Freud disse desde a origem.

Eis a indicação de um método pelo qual nos é demandado medir, sobre a própria estrutura, o efeito do que é introduzido pelo nosso saber. Para dizer as coisas maciçamente, e de uma maneira que permita observar em sua raiz o que está em jogo – na origem de toda neurose, Freud diz isso desde os seus primeiros escritos, existe, não aquilo que se interpretou desde então como uma frustração, um atrasado deixado em aberto no informe, mas uma *Versagung,* isto é, alguma coisa que está muito mais próxima da recusa do que da frustração, que é tanto interna quanto externa, que é realmente colocada por Freud numa posição – vamos conotá-la por esse termo que tem, ao menos, ressonâncias, vulgarizadas por nossa linguagem contemporânea – existencial. Posição que não ordena em sequência a normalidade, a possibilidade da *Versagung,* depois a neurose, mas situa uma *Versagung* original, para além da qual haverá a via, ou da neurose, ou da normalidade, nenhuma delas valendo mais ou menos que a outra em relação àquilo que é, de saída, a possibilidade da *Versagung.*

Salta aos olhos que esta *Versagung* intraduzível somente é possível no registro do *sagen,* na medida em que o *sagen* não é simplesmente a operação da comunicação, mas o dito, a emergência como tal do significante na medida em que permite ao sujeito recusar-se.

Esta recusa original, primordial, este poder de recusa no que ele tem de prejudicial com relação a toda nossa experiência, pois bem, não é possível sair-se dele. Em outras palavras, nós analistas operamos apenas – e quem não sabe disso? – no registro da *Versagung.* E isso o tempo todo. E é na medida em que nos esquivamos a ele – quem não sabe disso? – que toda a nossa técnica é estruturada em torno de uma ideia que se exprime de maneira balbuciante no termo não gratificação, que não está em parte alguma em Freud.

Trata-se de aprofundar o que é essa *Versagung* especificada, pois ela implica uma direção progressiva, que é aquela mesma que pomos em jogo na experiência analítica.

3

Acredito que os termos que acabo de introduzir sejam utilizáveis no mito claudeliano, e vou retomá-lo para vocês para mostrar-lhes ali uma maneira espetacular de imajar os veículos da *Versagung*.

O fato de que o que acontece em *Le Pain dur* seja o mito de Édipo, creio que vocês agora não duvidam mais disso. Vocês reencontram, quase, meus jogos de palavras no momento, precisamente, em que Louis de Coûfontaine e Turelure estão face a face.

É o momento em que se formula uma espécie de demanda de ternura. É a primeira vez que isso acontece. É verdade que é dez minutos antes que ele o alveje. Louis lhe diz – Seja como for, tu és o pai. E essa réplica é realmente duplicada por esse *matar o pai*[31] que o desejo da mulher, de Lumir, lhe sugeriu, e que se superpõe aí, literalmente, de uma maneira que, asseguro-lhes, não é simplesmente o fato de um feliz acaso da língua.

O que significa o que nos é representado ali em cena? Isso significa, e é enunciado, que é naquele momento, e por isso, que o pequeno se torna um homem. Louis de Coûfontaine, diz-se a ele, não terá vida que chegue para carregar este parricídio, mas igualmente, a partir desse momento ele não é mais um joão-ninguém que faz tudo errado, e que deixa sua terra ser roubada por um bando de malvados e espertinhos. Ele vai se tomar um belo embaixador capaz de todas as crapulices. Isso não deixa de evocar alguma correlação.

Ele se torna o pai. Não somente se torna o pai, mas quando falar disso mais tarde, em *Le Père humilié,* em Roma, dirá – *Somente eu o conheci bem,* ele nunca quis ouvir falar nisso, não era o homem que se pensa, dando a entender, sem dúvida, que tesouros de sensibilidade e de experiência se haviam acumulado na cachola daquele velho bandido. Mas ele tornou-se o pai. Mais ainda, era a sua única chance de se o tornar, e por razões que estão ligadas ao nível anterior da dramaturgia. A coisa estava muito mal-arranjada.

Mas a construção da intriga torna bem sensível ao mesmo tempo que, por esse motivo, ele é castrado. A saber, que o desejo do rapazinho, esse desejo sustentado de uma maneira tão ambígua, como ele o diz à tal de Lumir, pois bem, não terá uma saída, no entanto tão fácil, tão simples.

Essa saída, ele a tem ao alcance da mão, basta levá-la, Lumir, com ele a Mitidja e tudo irá bem, eles terão mesmo muitos filhos. Mas algo acontece. Em primeiro lugar, não se sabe se ele o deseja ou não, mas uma coisa é certa, a mulher ele não quer. Ela lhe disse *mate o papai.* Depois, ela parte em direção ao seu destino, que é o destino de um desejo, de um verdadeiro desejo de personagem claudeliano.

Que este teatro tenha para alguns, segundo suas tendências, um odor de sacristia que pode agradar ou desagradar, a questão não é essa. O interesse que ele tem para vocês é de ser, apesar de tudo, uma tragédia. É bem estranho que isso tenha levado aquele senhor a posições que não são apropriadas para nos agradar, mas é preciso acomodar-se a isso, e se necessário procurar compreendê-lo. É, assim mesmo, de ponta a ponta, da *Tête d'Or* ao *Soulier de satin,* a tragédia do desejo.

Então, o personagem que é, naquela geração, o seu suporte, a tal de Lumir, deixa cair seu precedente cônjuge, o tal de Louis de Coûfontaine, e parte em direção ao seu desejo, que nos é dito, de modo absolutamente claro, ser um desejo de morte. Mas, dessa maneira, é ela – é aqui que lhes peço que se detenham na variante do mito – quem lhe dá, justamente, o quê?

Não a mãe, evidentemente. A mãe é Sygne de Coûfontaine, e ela está num lugar que não é, evidentemente, o da mãe quando esta se chama Jocasta. Mas existe uma outra, que é a mulher do pai, já que o pai está sempre no horizonte dessa história de uma maneira bem marcada. E nosso filho excluído, nosso filho não desejado, nosso objeto parcial à deriva pois bem, essa mulher, ela mesma reabilitada pela incidência do desejo, o reabilita, o reinstaura, recria com ele o pai em ruínas. O resultado da operação é, pois, dar-lhe a mulher do pai.

Vejam bem o que lhes mostro. Da função ao que é conjugado no mito freudiano, sob a forma dessa espécie de vazio, de centro de aspiração, de ponto vertiginoso da libido, representado pela mãe, aqui existe, ao contrário, uma exemplar decomposição estrutural.

É tarde, o tempo nos força a cortar, aqui onde estamos, mas não gostaria, assim mesmo, de deixá-los sem lhes indicar para onde estou indo.

Afinal de contas, esta não é uma história que possa nos espantar tanto, nós que já estamos um pouco endurecidos pela experiência – a castração é, em suma, fabricada assim – retira-se a alguém seu desejo e, em troca, é ele que se dá a algum outro – ocasionalmente, à ordem social.

É Sichel quem tem a fortuna, é natural que seja ela quem o despose. Além disso a tal de Lumir viu muito bem as coisas: só tens uma coisa a fazer agora, é te casares com a amante de teu pai.

O importante é essa estrutura. Isso parece não ser nada, porque o conhecemos de modo corrente, mas raramente isso é expresso assim.

Vocês entenderam bem, penso, o que eu disse – retira-se ao sujeito o seu desejo e, em troca, enviam-no ao mercado, onde ele entra no leilão geral. Mas não é isso, justamente, o que acontece no início, no andar de cima, e ilustrado, então, de uma maneira bem diferente, feita, desta vez, para despertar nossa sensibilidade adormecida? Quero dizer – não é isso o que acontece no nível de Sygne?

A ela, retira-se tudo, não digo que seja por nada, deixemos isso, mas é absolutamente claro, também, que é para dá-la, a ela, em troca daquilo que se lhe retira, ao que ela pode mais abominar.

Sou obrigado a terminar quase com uma só frase, mas ainda assim há alguma coisa que é preciso que eu coloque, antes de deixá-los.

Os efeitos sobre o homem do fato dele tornar-se sujeito da lei não se resumem ao seguinte: que tudo que é do coração lhe seja retirado, e que ele mesmo seja dado em troca ao tecer da trama que nodula, entre elas, as gerações. Para que, justamente, esta seja uma trama que nodula entre elas as gerações, uma vez encerrada esta operação onde vocês veem a curiosa conjugação de um menos que não se redobra por um mais, pois bem, o homem ainda deve alguma coisa.

É daí que retomaremos a questão no próximo encontro.

24 de maio de 1961

O Grande I e o Pequeno *a*

XXIII

Deslizamentos de sentido do ideal

Efeitos da massa analítica.
A ação, resposta ao inconsciente.
Não existe metalinguagem.
Amor e culpa.
Extrojeção.

Como situar o que deve ser o lugar do analista na transferência? – no duplo sentido em que lhes disse, da última vez, que se deve situar esse lugar – onde o analisado situa o analista? – onde o analista deve estar, para responder a ele adequadamente?

Essa relação – que se chama, frequentemente, de uma situação, como se a situação inicial fosse constitutiva – esta relação, ou esta situação, só pode se engajar com base no mal-entendido. Não existe coincidência entre o que é o analista para o analisado no início da análise, e aquilo que a análise da transferência nos permitirá desvelar quanto ao que está implicado, não imediatamente, mas implicado verdadeiramente, no fato de que um sujeito se engaje nessa aventura, que ele não conhece, da análise.

Naquilo que articulei da última vez, vocês puderam entender que é a dimensão do *verdadeiramente implicado* pela abertura, a possibilidade, a riqueza, todo o desenvolvimento futuro da análise que coloca uma questão do lado do analista. Não é ao menos provável, não é sensível, que ele deva, ele mesmo, já se colocar no nível desse *verdadeiramente,* estar verdadeiramente no lugar aonde deverá chegar ao termo da análise, que é justamente a análise da transferência?

1

Coloco, portanto, a questão – o analista pode ser indiferente àquilo que é a sua posição verdadeira?

Esclareceremos as coisas mais adiante, pois isso pode lhes parecer quase não levantar alguma questão – a ciência do analista, dirão vocês, não supre isso? No entanto, o fato de que o analista saiba algo das vias e dos caminhos da análise não é suficiente, queira ele ou não, para colocá-lo nesse lugar, seja qual for a maneira pela qual o formule para si. As divergências quanto à função técnica do analista, uma vez que esta foi teorizada, o fazem realmente surgir.

O analista não é o único analista. Ele faz parte de um grupo, de uma massa, no sentido próprio que tem este termo no artigo de Freud, *Massenpsychologie und Ich-Analyse.*

Não é pura coincidência que este tema seja abordado por Freud no momento em que já existe uma sociedade de analistas. É em função daquilo que acontece no nível da relação do analista com sua própria função que são articulados numerosos problemas com que tem a ver a segunda tópica freudiana. Essa é uma fase que, não sendo evidente, nem por isso deixa de merecer, especialmente para nós analistas, ser observada. Fiz, em meus escritos, referência a ela diversas vezes. Seja qual for o grau de necessidade interna que demos à emergência da segunda tópica, não podemos, em todo caso, desconhecer o seu momento histórico. Isso está provado – basta abrir o Jones na página certa para perceber que, no exato momento em que Freud fazia surgir essa temática – que figura, em particular, na *Massenpsychologie und Ich-Analyse,* ele pensava, então, na organização da sociedade analítica.

Aludi há pouco aos meus escritos. Indiquei, ali, de uma maneira mais precisa, talvez, do que faço neste momento, tudo o que aquela problemática suscitou, para ele, de dramático, principalmente aquilo que se destaca, de modo bastante claro, de certas passagens citadas por Jones, a concepção romântica de uma espécie de *Komintern,* de um comitê secreto funcionando, como tal, no interior da análise. Freud, claramente, entregou-se a esse pensamento em algumas de suas cartas, e, de fato, era assim mesmo que encarava o funcionamento do grupo dos sete em que realmente confiava.

A partir do momento em que há uma multidão, ou uma massa organizada, daqueles que estão na função de analista, todos os problemas que Freud expõe nesse artigo se colocam efetivamente. São, apenas, como esclareci há tempos, os problemas de organização da massa na sua relação com a existência de um certo discurso.

Seria preciso retomar esse artigo, aplicando-o à evolução da teoria que os analistas promoveram sobre a função analítica, para ver que necessidade, que gravitação ativa faz convergir – é, quase imediatamente, intuitivamente sensível, compreensível – a função do analista com a imagem que ele possa fazer dela. Essa imagem se situa muito precisamente no ponto que Freud nos ensina a destacar, onde ele leva a seu termo a função no momento da segunda tópica, e que é aquele do *Ich-Ideal* – a tradução, *ideal do eu.*

Ambiguidade desses termos. Por exemplo, num artigo, para nós muito importante, ao qual vou me referir daqui a pouco, *Transferência e Amor,* que foi lido na Sociedade Psicanalítica de Viena em 1933, que foi publicado em *Imago* em 1934, que é mais fácil de se obter no *Psychoanalytic Quarterly* de 1949, onde foi traduzido para o inglês sob o título *Transference and Love, Ich-Ideal* é traduzido em inglês como *Ego ideal.* Este jogo na ordem da determinação tem um papel que não é nada casual.

Alguém que não soubesse alemão poderia crer que *Ich-Ideal* quer dizer *eu ideal.* Observei que no artigo inaugural que fala do *Ich-Ideal, Zur Einführung des Narzissmus,* aparece de vez em quando *ideal Ich.* E Deus sabe que isso é para todos nós um objeto de debate – alguns dizendo, e eu mesmo, que não se poderia por um instante sequer negligenciar, sob a pena de Freud, tão precisa no que se refere ao significante, semelhante articulação – outros dizendo que é impossível, ao exame do contexto, deter-se aí de maneira alguma.

Uma coisa, no entanto, é certa, é que mesmo aqueles que estão nessa segunda posição serão os primeiros, como vocês verão no próximo número a ser publicado de *La Psychanalyse,* a distinguir, no plano psicológico, o ideal do eu e o eu ideal. Estou falando do meu amigo Lagache. Em seu artigo sobre *A estrutura da personalidade,* ele faz uma distinção da qual posso dizer, sem no entanto diminuí-la em absoluto, que é descritiva, extremamente fina, elegante e clara. No fenômeno, isso não tem, absolutamente, a mesma função.

Numa resposta que elaborei expressamente para esse número referente à temática que ele nos dá, fiz simplesmente algumas observações, das quais a primeira é que se lhe poderia objetar que, propondo-se a dar uma formulação que esteja, como ele se exprime, distante da experiência, ele mesmo abandona o método que nos havia anunciado propor-se a seguir em matéria metapsicológica, em matéria de elaboração da estrutura. Com efeito, a diferença clínica e descritiva entre os dois termos, ideal do eu e eu ideal, não está suficientemente inserida no registro do método que ele propôs a si mesmo. Vocês logo verão tudo isso em seu lugar.

Talvez hoje eu vá antecipar a maneira metapsicológica absolutamente concreta pela qual se pode precisar a função de um e outro no interior da grande temática econômica introduzida por Freud em torno da noção do narcisismo. Ainda não cheguei lá, mas designo para vocês, simplesmente, o termo *Ich-Ideal,* ou ideal do eu, na própria medida em que ele vem a ser traduzido em inglês por *Ego ideal.* Em inglês, os lugares respectivos do determinativo e do determinante são muito mais ambíguos num grupo de dois termos, e já encontramos nesse *Ego ideal* o traço semântico da evolução, ou do deslizamento, da função dada a esse termo quando se quis empregá-lo para marcar aquilo que se tornava o analista para o analisado.

Foi dito, e desde muito cedo – o analista assume para o analisado o lugar de seu ideal do eu. Isso é verdadeiro e falso. É verdadeiro no sentido em que isso acontece. Isso acontece facilmente. Diria, mesmo, mais, e darei a vocês daqui a pouco um exemplo disso – é comum que um sujeito instale ali posições ao mesmo tempo fortes e confortáveis que são, realmente, da natureza daquilo a que chamamos resistência. Longe de tratar-se apenas de uma posição aparente ou ocasional talvez isto seja ainda mais verdadeiro no emperramento de certas análises.

Isso não quer dizer de modo algum que a questão esteja esgotada, nem que o analista possa, de maneira alguma, satisfazer-se com isso – em outras palavras, que possa levar a análise até seu termo sem desalojar o sujeito da posição assumida por este, na medida em que dá ao analista a posição de ideal do eu. E portanto isso coloca, realmente, a questão do que essa verdade se revela dever ser no futuro. A saber, se, no final, depois da análise da transferência, o analista não deve ... aquilo que não somente está em jogo. É isso o que nunca foi dito. Pois, afinal de contas, o artigo de que lhes falava há pouco não se reveste, no momento em que é publicado, de um caráter de pesquisa – em 1933, em relação aos anos 20, quando se dá a virada da técnica analítica, como todos se exprimem, eles já tiveram ao menos tempo de refletir e de ver com clareza.

Não posso percorrer com vocês esse artigo em todos os seus detalhes, mas peço-lhes que se remetam a ele, e voltaremos a falar disso. Não vamos nos deter aí, tanto mais que o que quero lhes dizer se refere ao texto inglês. Por isso é que é este que tenho aqui comigo, ao passo que o texto alemão é mais vivo, mas não estamos nas arestas do original, estamos no deslizamento semântico que exprime aquilo que se produziu, com efeito, na crítica interna à análise.

O analista, na medida em que é analista, inteiramente só, soberano a bordo, é colocado face a face com sua ação. Trata-se, para ele, do aprofundamento, do exorcismo, da extração de si mesmo, indispensável para que haja uma justa percepção de sua relação, dele próprio, com a função de ideal do eu, na medida em que para ele, como analista, e consequentemente de uma maneira particularmente necessária, essa função é sustentada no interior daquilo que chamei de a massa analítica. Se ele não fizer isso, o que se produz é o que efetivamente se produziu, a saber, um deslizamento de sentido, que não pode de modo algum ser concebido nesse nível como semiexterior ao sujeito e, em suma, como um erro. Esse deslizamento, ao contrário, o implica profundamente, subjetivamente.

Em 1933, baseou-se um artigo inteiro sobre *Transferência e Amor* em torno da temática do ideal do eu. Vinte ou vinte e cinco anos mais tarde, os artigos dizem claramente, sem qualquer espécie de ambiguidade, de uma maneira teorizada, que as relações entre o analisado e o analista repousam no fato de que o analista tem um eu que se pode chamar de ideal.

Em que sentido o eu do analista é dito ser um eu ideal? Num sentido bem diferente, tanto do ideal do eu, quanto do sentido concreto do eu ideal, a que eu aludia há pouco. Vou ilustrar para vocês – é um eu ideal, se posso dizer, realizado, um eu ideal no sentido em que se diz que um carro é um carro ideal. Não é um ideal de carro, nem o sonho do carro quando ele está sozinho na garagem, é um carro realmente bom e sólido.

Tal é o sentido que acaba assumindo o termo. Se fosse apenas isso, uma coisa literária, uma certa maneira de dizer que o analista deve intervir como alguém que sabe um pouco mais que o analisado, isso seria unicamente da ordem da platitude, e talvez não tivesse tanta importância. Mas é que o próprio deslizamento do sentido desse par de significantes, eu e ideal, traduz algo de absolutamente diferente, uma verdadeira implicação subjetiva do analista.

Não temos, de modo algum, por que nos espantar com um efeito dessa ordem. Isso não passa de um tamponamento. Este é apenas o primeiro termo de uma aventura cujo mecanismo é muito mais essencial que o ponto simplesmente local, quase caricatural, onde o fixamos o tempo todo, como se só estivéssemos aqui para isso.

De onde vem isso tudo? Da virada de 1920. Em torno de que gira a virada de 1920? Em torno do fato – elas dizem isso, as pessoas daquela época, os heróis da primeira geração analítica – da interpretação não funcionar mais como funcionava. Não há mais clima para que isso funcione, para que isso tenha bom resultado. E por quê? Isso não espantou Freud. Ele havia dito isso há muito tempo. Pode-se indicar um de seus textos onde ele diz, muito cedo, nos *Artigos Técnicos* – aproveitemos a abertura do inconsciente, porque muito em breve ele encontrará um novo truque. O que significa isso para nós que podemos, feita essa experiência, e nós mesmos deslizando com ela, encontrar assim mesmo os seus pontos de referência?

Digo que é o seguinte – o efeito de um discurso, falo daquele da primeira geração, que, agindo sobre o efeito de um discurso, a saber, o inconsciente, não sabe que é disso que se trata – ainda que aquilo estivesse ali, e desde a *Traumdeutung,* onde ensino vocês a reconhecê-lo e soletrá-lo, pois só se trata, constantemente, sob o termo mecanismos do inconsciente, de efeitos do discurso. É realmente isso – o efeito de um discurso que incide sobre o efeito de um discurso, que não sabe disso, e que resulta necessariamente numa cristalização nova desse efeito de inconsciente que opacifica esse discurso.

Cristalização nova quer dizer o quê? Os efeitos que constatamos – não causa mais, nos pacientes, o mesmo efeito o fato de se lhes dar certas percepções ou certas chaves, que se maneje diante deles certos significantes.

Mas, observem bem, as estruturas subjetivas que correspondem a essa cristalização nova, estas não têm necessidade de ser novas. Falo desses registros ou graus de alienação, se posso dizer, que podemos especificar no sujeito, e qualificar, por exemplo, sob os termos *eu, supereu, ideal do eu.* São como ondas estáveis. Aconteça o que acontecer, esses efeitos fazem recuar o sujeito, imunizam-no, mitridatizam-no com relação a um certo discurso. Impedem de levar o sujeito aonde queremos levá-lo, a saber, ao seu desejo. Isso não altera em nada os pontos nodais, onde ele, como sujeito, vai se reconhecer e se instalar.

É isso que Freud constata nessa virada. Se Freud tenta definir quais são as necessidades estáveis e as zonas fixas na constituição subjetiva é porque são elas que lhe aparecem, muito notavelmente para ele, como constantes. Mas não é para consagrá-las que ele se ocupa delas e as articula – é com a intenção de erguê-las como obstáculos. Mesmo quando ele fala do *Ich* e o coloca em primeiro plano, não é para instaurar a função pretensamente sintética do eu como uma espécie de inércia irredutível. No entanto, foi assim que isso foi interpretado em seguida.

Devemos reconsiderar tudo isso como os *acting out* da autoinstituição do sujeito em sua relação com o significante, por um lado, com a realidade, por outro. É assim que iremos abrir um novo capítulo da ação analítica.

2

Do que tento fazer aqui se poderia dizer, com todas as reservas que isso implica, que é um esforço de análise no sentido próprio do termo, que concerne à comunidade analítica como massa organizada pelo ideal do eu analítico, tal como este se desenvolveu efetivamente sob a forma de um certo número de miragens, no primeiro plano das quais a do eu forte, tantas vezes implicada erradamente ali onde se crê reconhecê-la. Para inverter o par de termos que constituem o título do artigo de Freud a que me referia há pouco, uma das faces de meu seminário poderia se chamar *Ich-Psychologie und Massenanalyse.*

Com efeito, a *Ich-Psychologie,* que foi promovida ao primeiro plano da teoria analítica, constitui tampão, constitui barragem, constitui inércia desde mais de uma década para todo reinício da eficácia analítica. E é na medida em que as coisas chegaram a esse ponto que convém interpelar como tal a comunidade analítica, permitindo a todos lançar um olhar sobre isso, sobre o que vem alterar a pureza da posição do analista frente àquele a quem ele responde, seu analisado, na medida em que ele mesmo, o analista, se inscreve e se determina através dos efeitos que resultam da massa analítica, quero dizer, da massa dos analistas, no estado atual de sua constituição e de seu discurso.

Não estaríamos nada enganados apresentando assim aquilo que estou dizendo a vocês.

Isso não é da ordem de um acidente histórico, enfatizando-se o acidente. Estamos na presença de uma dificuldade, de um impasse, que concerne ao que vocês me ouviram há pouco colocar no primeiro plano daquilo que eu exprimia, a saber, à ação analítica.

Se existe um lugar onde o termo ação, há algum tempo questionado pelos filósofos de nossa época moderna, pode ser reinterrogado de uma maneira talvez decisiva, ele está, por paradoxal que pareça esta afirmação, no nível daquele de quem se pode acreditar que mais se abstém nesse ponto, ou seja, o analista.

Muitas vezes nesses últimos anos, em meu seminário, acentuei o relevo original que nossa experiência muito particular da ação como *acting out* no tratamento deve nos permitir introduzir em toda reflexão temática sobre a ação. Lembrem-se do que lhes pude dizer sobre o obsessivo e seu estilo de desempenhos, até mesmo de proezas – vocês vão reencontrá-lo no escrito em que dei ao meu relatório de Royaumont sua forma definitiva.

Se existe alguma coisa que o analista pode se levantar para dizer, é que a ação como tal, a ação humana, se quiserem, está sempre implicada na tentação de responder ao inconsciente. E proponho a qualquer um que se ocupe, sob qualquer título, daquilo que merece o nome de ação, ao historiador, especialmente, na medida em que ele não renuncia àquilo cujas muitas formulações fazem vacilar nosso espírito, a saber, o sentido da história – proponho-lhe retomar, em função da articulação dada por mim, a questão que não podemos, afinal, eliminar do texto dessa história, a saber, que seu sentido não nos arrasta, pura e simplesmente, como o famoso cachorro morto, mas que acontecem aí ações.

A ação com que lidamos é a ação analítica. E, quanto a ela, não se pode contestar que seja tentativa de responder ao inconsciente.

Tampouco é contestável que, quando dizemos de algo que se passa com o sujeito em análise, *é um acting out,* – como a isso nos habituou nossa experiência, este algo que faz um analista – sabemos o que dizemos, mesmo que não saibamos muito bem dizê-lo.

Qual é a fórmula mais geral que se pode dar a isso? É importante dar a fórmula mais geral, porque se dermos aqui fórmulas particulares o sentido das coisas vai se obscurecer. Se dissermos, por exemplo, *isso é uma recaída do sujeito,* ou se dissermos, *isso é um efeito de nossas babaquices,* vai se velar o que está em questão. Certamente que pode ser isso, é claro, mas esses são casos particulares da definição que proponho a vocês com relação ao *acting out.* Já que a ação analítica é tentativa, tentação também, à sua maneira, de responder ao inconsciente, o *acting out* é este tipo de ação pela qual, em dado momento do tratamento – sem dúvida, na medida em que ele é especialmente solicitado, talvez pela nossa burrice, talvez pela sua, mas isso é secundário, pouco importa – o sujeito exige uma resposta mais justa.

Toda ação, *acting out* ou não, ação analítica ou não, tem relação, tem uma certa relação, com a opacidade do recalcado. E a ação mais original com o recalcado mais original, com o *Urverdrängt.*

A noção do *Urverdrängt,* que está em Freud, pode aparecer aqui como opaca, e é por isso que tento dar a vocês um sentido para ela. Trata-se da mesma coisa que tentei da última vez articular para vocês, dizendo-lhes que nada mais podemos fazer senão engajar a nós mesmos na *Versagung* mais original. E é a mesma coisa que se exprime no plano teórico na fórmula de que, apesar de todas as aparências, não há metalinguagem.

Pode haver uma metalinguagem no quadro-negro, quando eu escrevo pequenos signos, *a, b, x, kappa.* Isso corre bem, isso funciona, são as matemáticas. Mas, com referência àquilo que se chama a fala, a saber, que um sujeito se engaja na linguagem? Pode-se falar da fala, sem dúvida, e vocês veem que estou fazendo isso, mas ao fazê-lo são envolvidos todos os efeitos da fala, e é por isso que se diz a vocês que, no nível da fala, não há metalinguagem. Ou, se quiserem, que não há metadiscurso. Ou, para concluir, que não há ação que transcenda definitivamente os efeitos do recalcado. Talvez se houver uma, no último termo, é no máximo aquela onde o sujeito como tal se dissolve, se eclipsa, e desaparece. É uma ação a propósito da qual nada há de dizível. É, se quiserem, o horizonte dessa ação que dá sua estrutura à fantasia.

É por essa razão que minha pequena notação da sua estrutura ($ ◊ *a*) é algébrica, e só pode ser escrita a giz no quadro-negro. Existe para nós uma necessidade essencial de não esquecer esse lugar indizível na medida em que o sujeito aí se dissolve, e que somente a notação algébrica pode preservar.

Há, no artigo *Transferência e Amor,* dos chamados Jekels e Bergler, feito em 1933 quando eles ainda estavam na *Sociedade de Viena,* uma brilhante intuição clínica que lhe confere, como é habitual, peso e valor. Este destaque e este tom fazem dele um artigo da primeira geração, e ainda hoje o que nos agrada num artigo é quando ele traz algo dessa ordem. Essa intuição é de que há uma relação, uma relação estreita entre o amor e a culpa.

Contrariamente às pastorais onde o amor banha na beatitude, dizem-nos eles, observem um pouco o que veem, não é simplesmente que o amor seja frequentemente culpado, é que se ama para escapar à culpa. Essas, naturalmente, não são coisas que se possam dizer todos os dias. Isso é um pouquinho mais fácil para as pessoas que não gostam de Claudel – para mim, é da mesma ordem.

Se amamos, em suma, é porque ainda existe em algum lugar a sombra daquele que uma mulher muito divertida com quem viajamos na Itália chamava de *Il vecchio con la barba,* aquele que se vê em toda parte entre os primitivos.

Pois bem, esta tese é lindamente sustentada no artigo – o amor é, no fundo, necessidade de ser amado por quem nos poderia tornar culpados. E, justamente, se se é amado por aquele ou aquela, isso vale muito mais.

Este é um desses resumos analíticos sobre os quais direi que são da ordem de verdades de boa liga, que também são, naturalmente, más, por se tratar de uma liga, em outras palavras, uma fusão, e não é propriamente distinto, pelo fato de ser uma verdade clínica. Além disso, essa é uma verdade, se posso dizer, colabada, que esmaga uma certa articulação. Se quero que separemos esses dois metais, o amor e a culpa, não é por gosto pela "berquinada".[32] É que o interesse de nossas descobertas repousa por inteiro no fato de que lidamos incessantemente com a realidade, como se diz, com os efeitos do achatamento do simbólico no real. É fazendo distinções que progredimos e mostramos os mecanismos eficazes com que lidamos.

Isto dito, se a culpa não está sempre, e imediatamente, envolvida no deslanchamento de um amor, no fulgor do enamoramento, no *coup de foudre,* não é menos certo que, mesmo em uniões inauguradas sob auspícios assim poéticos, acontece, com o tempo, que vêm centrar-se sobre o objeto amado todos os efeitos de uma censura ativa. Não é simplesmente que em torno dele se reagrupe todo o sistema de interditos, mas igualmente é a ele que se vem – função tão constitutiva da conduta humana – pedir a permissão. Convém não negligenciar de modo algum, nas formas muito autênticas, da melhor qualidade, da relação amorosa, a incidência, não digo do ideal do eu, mas simplesmente do supereu como tal, e na sua forma mais opaca e mais desconcertante.

Por um lado, existe no artigo de nossos amigos Jekels e Bergler essa intuição clínica. Por outro lado, existe a utilização parcial, e realmente brutal, do tipo rinoceronte, da percepção econômica que Freud colocou sob o registro do narcisismo, a saber, a ideia de que a equação libidinal visa, no último termo, à restauração de uma integridade primitiva, a reintegração de tudo aquilo que constitui o objeto do que Freud chama, se bem me lembro, de uma *Abtrennung,* isto é, de tudo aquilo que a experiência levou o sujeito a considerar por um momento como separado dele. Essa noção, teórica, é das mais precárias a ser aplicada em todos os registros e em todos os níveis, e a função que ela desempenha no pensamento de Freud no momento da *Introdução ao Narcisismo* coloca uma questão. Trata-se de saber se podemos confiar nela.

Os autores o dizem em termos claros – pois, naquela geração em que não se era formado em série, sabia-se fazer o périplo das aporias de uma posição – o investimento dos objetos se deve a um milagre. E com efeito numa tal perspectiva, isso é um milagre. Se, no nível libidinal, o sujeito é realmente constituído de uma maneira tal que seu fim e sua visada sejam satisfazer-se com uma posição inteiramente narcísica – pois bem, como é que ele não consegue, de um modo geral, permanecer ali? Numa palavra, se alguma coisa pode fazer, por pouco que seja, palpitar essa mônada no sentido de uma reação, pode-se muito bem conceber teoricamente que seu fim seja a volta à sua posição de partida. É difícil de se ver o que pode realmente condicionar esse enorme desvio que constitui a estruturação, complexa e rica, com que lidamos nos fatos.

É disso, exatamente, que se trata, e a que os autores se esforçam para responder ao longo de todo o artigo. Eles se engajam com este fim, de modo bastante servil, devo dizer, nas vias abertas por Freud, relativamente ao que seria a mola da complexificação da estrutura do sujeito, a saber, a entrada em jogo do ideal do eu, tema único daquilo que desenvolvo hoje para vocês. Freud indica, com efeito, na *Introdução ao Narcisismo,* que se trata do artifício mediante o qual o sujeito mantém seu ideal digamos, para resumir, porque é tarde – de onipotência. No texto inaugural de Freud, sobretudo se o lermos, isso vem, passa e esclarece, naquele momento, um número já suficiente de coisas para que não lhe peçamos mais nada. Mas, como o pensamento de Freud avançou um pouco a partir dali, e complexificou um pouco seriamente esta primeira diferenciação, os autores têm de encarar a definição distinta de um ideal do eu que serviria para restituir ao sujeito os benefícios do amor. Freud explica que o ideal do eu é aquilo que, sendo em si mesmo originado nas primeiras lesões do narcisismo, volta a tornar-se aprisionado por ser introjetado. Quanto ao supereu, percebe-se que é preciso admitir que deve existir um outro mecanismo, pois, por mais introjetado que seja, nem por isso ele se toma mais benéfico.

Paro por aqui. Vou retomar. Os autores são necessariamente conduzidos a recorrer a toda uma dialética de Eros e Tanatos, o que não é pouca coisa. Isso é um pouco forte, e é mesmo bastante bonito. Remetam-se a esse artigo, seu dinheiro será bem-empregado.

3

Antes de deixá-los, queria sugerir a vocês algo de vivo e de divertido, destinado a dar-lhes a ideia daquilo que uma introdução mais justa à função do narcisismo permite articular melhor, a propósito do eu ideal e do ideal do eu, e de uma maneira que é confirmada por toda a prática analítica desde que essas noções foram introduzidas.

Eu ideal e ideal do eu têm, decerto, a maior relação com certas exigências de preservação do narcisismo. Mas deve-se levar em conta o que propus a vocês na continuação de minha primeira abordagem, uma modificação necessária à teoria analítica tal como esta se engajava na via onde o eu era utilizado como mostrei há pouco a vocês – é isso que lhes ensino, ou ensinava, sob o nome de estágio do espelho. Quais são as suas consequências no que se refere à economia do eu ideal e do ideal do eu, e a relação destes com a preservação do narcisismo?

Pois bem, já que é tarde, vou ilustrar isso para vocês de uma maneira que, espero, vai lhes parecer divertida. Falei há pouco do automóvel, tentemos ver, a partir daí, o que é o eu ideal.

O eu ideal é o filho de boa família ao volante de seu carrinho esporte. Com este, ele vai fazê-los viajar. Vai se fazer de esperto.

Vai exercer seu sentido do risco, o que não é de modo algum uma coisa má, seu gosto pelo esporte, como se diz, e tudo vai consistir em saber que sentido ele dá a este termo, e se *o esporte* não pode ser também o desafio à regra, não digo apenas a do código de trânsito, mas também da segurança.

Seja como for, é este, exatamente, o registro em que ele terá que se mostrar, ou não se mostrar, e saber como convém se mostrar, mais forte que os outros, mesmo que isso consista em fazer com que se diga que ele exagera um pouco. O eu ideal é isso. Abro aqui somente uma porta lateral, pois o que tenho a dizer é a relação com o ideal do eu. Com efeito, ele não deixa só e sem objeto o eu ideal, porque, afinal, em certas ocasiões, não em todas, se o rapaz se entrega a esses exercícios escabrosos, é para quê? – para conquistar uma garota.

Será tanto para conquistar uma garota como pela maneira de conquistar a garota? O desejo talvez importe menos aqui do que a maneira de satisfazê-lo. E é exatamente nisso, e por isso, como sabemos, que a garota pode ser absolutamente acessória, e até mesmo faltar.

Em suma, esse é o lado onde o eu ideal vem assumir seu lugar na fantasia. Vemos aqui, mais facilmente que em outra parte, o que regula o tom dos elementos da fantasia, e que deve existir algo aí, entre os dois termos, que desliza, para que um dos dois possa tão facilmente se elidir. Este termo que desliza, nós o conhecemos. Não é preciso aqui apresentá-lo com mais comentários, é o pequeno *phi*, o falo imaginário. E o que está em questão é justamente algo que se põe à prova.

O que é o ideal do eu? O ideal do eu, que tem a mais estreita relação com o desempenho e a função do eu ideal, é simplesmente constituído pelo fato de que, de saída, se ele tem seu carrinho esporte, é porque ele é o filho de boa família, o filhinho de papai, e que, para mudar de registro, se Marie-Chantal, como vocês sabem, se inscreve no Partido Comunista, é para chatear o pai.

Saber se ela não desconhece, nessa função, sua própria identificação com o que se trata de conseguir chateando o pai é ainda uma porta lateral que vamos nos abster de empurrar. Mas digamos que ambos, Marie-Chantal e o filho de papai ao volante de seu carrinho, estariam simplesmente englobados no mundo organizado pelo pai, se não houvesse justamente o significante *pai*, que permite, se posso dizer, esquivar-se a ele para imaginar que se vai chateá-lo, e mesmo para alcançar isso. É o que se exprime, dizendo-se que ele ou ela introjeta na ocasião a imagem paterna.

Isso não é também dizer que este é o instrumento graças ao qual os dois personagens, masculino e feminino, podem se extrojetar da situação objetiva? A introjeção é isso, em suma – organizar-se subjetivamente de modo a que o pai, com efeito, sob a forma do ideal do eu nem tão mau assim, seja um significante de onde a pequena pessoa, macho ou fêmea, venha a se contemplar sem excesso de desvantagem ao volante de seu carrinho, ou brandindo sua carteira do Partido Comunista.

Em suma, se por esse significante introjetado o sujeito cai sob um julgamento que o reprova, ele assume dessa forma a dimensão do reprovado, o que, como todos sabem, nada tem de narcisicamente tão desvantajoso. Mas daí resulta, então, que não podemos dizer tão simplesmente quanto à função do *Ego ideal* que ela realiza de forma maciça a coalescência daquilo que é ganho narcísico, como se isso fosse, pura e simplesmente, inerente a um único efeito no mesmo ponto.

É isso que tento articular para vocês com meu pequeno esquema da outra vez, da ilusão do vaso invertido, que não farei novamente porque não tenho tempo, mas que ainda está presente, imagino, num certo número de memórias. É somente de um ponto que se pode ver surgir em torno das flores do desejo essa imagem – real, vamos observar – do vaso produzida por intermédio da reflexão de um espelho esférico, em outras palavras, da estrutura particular do ser humano na medida em que a hipertrofia de seu ego parece estar ligada à sua prematuração.

A distinção necessária entre o lugar onde se produz o ganho narcísico e o lugar onde o *Ego ideal* funciona força-nos a interrogar diferentemente a relação de um e de outro com a função do amor. Essa relação, não se trata de introduzi-la de maneira confusa, e menos ainda no nível em que estamos da análise da transferência.

Deixem-me ainda, para terminar, falar-lhes do caso de uma paciente.

Digamos que ela toma mais que liberdades com os direitos, senão com os deveres, do laço conjugal e que, meu Deus, quando tem uma ligação, sabe levar suas consequências até o ponto mais extremo daquilo que um certo limite social, o do respeito oferecido pela honra de seu marido, lhe ordena respeitar. Digamos que seja alguém que saiba, admiravelmente, manter e exibir as posições de seu desejo. E prefiro dizer a vocês que, com o tempo, ela soube, no interior de sua família, quero dizer, sobre seu marido e seus amáveis rebentos, manter absolutamente intato um campo de força de exigências estritamente centrado nas necessidades libidinais dela.

Quando Freud nos fala, em algum lugar, se bem me lembro, da *Knödelmoral* – isso quer dizer a moral do macarrão, concernente à mulher, ou seja, as satisfações exigidas – não se deve acreditar que isso sempre dê errado. Existem mulheres que são excessivamente bem-sucedidas, só que mesmo assim ela precisa de uma análise.

O que é que, durante todo um tempo, eu realizava para ela? Os autores daquele artigo nos darão a resposta. Eu era seu ideal do eu, na medida em que eu era o ponto ideal onde a ordem se mantém, e de uma maneira tanto mais exigida quanto é a partir dali que toda desordem é possível. Em suma, não era possível naquela época que seu analista passasse por um imoralista. Se eu tivesse tido a inabilidade de aprovar algum dos seus excessos, era de ver-se o que teria resultado. Mais que isso, aquilo que ela podia entrever de uma certa atipia da minha própria estrutura familiar, ou dos princípios nos quais eu educava aqueles que estão sob minha dependência, não deixava de abrir para ela todas as profundezas de um abismo que rapidamente se tornava a fechar.

Não creiam que seja tão necessário que o analista ofereça efetivamente, graças a Deus, todas as imagens ideais que se formam sobre sua pessoa. Simplesmente ela me assinalava, a cada ocasião, tudo aquilo de que, no que se referia a mim, ela nada queria saber. A única coisa realmente importante era a garantia que ela possuía, podem me acreditar nisso, de que com, relação a sua pessoa, eu não me abalaria.

O que significa essa exigência de conformismo moral? Os moralistas atuais têm, como imaginam, a resposta – naturalmente que essa pessoa, para levar uma vida tão animada, não devia ser de um meio popular. E portanto o moralista político dirá a vocês que o que se tratava de conservar era principalmente uma tampa sobre as questões que poderiam ser colocadas com referência às legitimidades do privilégio social, e isso tanto mais que, como vocês certamente pensam, ela era um tantinho progressista.

Pois bem, considerando a verdadeira dinâmica das forças, é aqui que o analista tem sua palavrinha a dizer. Abertos os abismos, podia-se fechá-los para a perfeita conformidade dos ideais e da realidade da análise. Mas creio que a coisa que devia ser mantida, em todos os casos, ao abrigo de todo tema de contestação, é que ela tinha os mais bonitos seios da cidade.

O que, como bem podem imaginar, as vendedoras de sutiãs não contradizem jamais.

31 de maio de 1961

XXIV

A identificação por *ein einziger Zug*

A mônada primitiva do gozo.
A introjeção do objeto imperativo.
O Outro no estágio do espelho.
Os três modos.
Do rico e do santo.

Vamos prosseguir nossas afirmações, visando atingir nosso objetivo, talvez ousado, deste ano, que é formular aquilo que o analista deve ser realmente para responder à transferência – o que implica, também, saber aquilo que ele deve ser, aquilo que ele pode ser, em seu futuro. E é por isso que qualifiquei nosso objetivo de ousado.

Vocês viram delinear-se da última vez, a propósito da referência que lhes fiz ao artigo de Jekels e Bergler em *Imago,* ano 1934, isto é, um ano depois de terem feito essa comunicação à *Sociedade de Viena,* que fomos levados a colocar a questão em termos da função do narcisismo considerada na sua relação com todo o investimento libidinal possível.

Vocês sabem o que nos autoriza a considerar que o domínio do narcisismo já está aberto e amplamente debatido. Vamos ver de que modo a posição específica que é a nossa, ou seja, aquela que lhes ensinei aqui, amplia, ou melhor, generaliza a concepção habitualmente aceita. Generalizando-a, ela permite que se percebam algumas armadilhas incluídas na particularidade da posição comumente promovida pelos analistas.

1

Indiquei-lhes, da última vez, que podiam ser encontrados, em *Übertragung und Liebe,* se não todos os impasses a que a teoria do narcisismo arrisca levar aqueles que a articulam, pelo menos alguns deles. A obra de um Balint, por exemplo, gira inteiramente em torno da questão do pretenso autoerotismo primordial, e da maneira pela qual ele é compatível ao mesmo tempo com os fatos observados e com o desenvolvimento necessário da experiência analítica.

Acabo de pôr no quadro para vocês, como suporte, um pequeno esquema que não é novo, e que vocês encontrarão muito mais caprichado, perfeito, no próximo número de *La Psychanalyse.* Não quis, aqui, fazê-lo para vocês em todos os detalhes que recordam sua pertinência ao domínio óptico, tanto por não estar especialmente disposto a me cansar, quanto porque isso teria tornado, no total, mais confuso este esquema a giz.

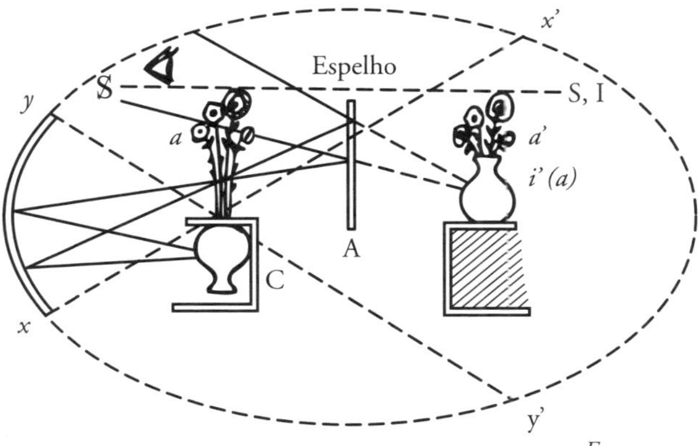

Esquema completo

Lembro a vocês aquela velha história chamada, nas experiências clássicas de física de nível recreativo, da ilusão do buquê invertido, por que se faz aparecer, graças à operação do espelho esférico colocado por trás de um certo aparelho, uma imagem, sublinho, real – quero dizer que não é uma imagem virtual mostrada através de um espelho. Sob a condição de que se tenha respeitado, com uma precisão suficiente, certas condições de iluminação ambiente, a imagem de um buquê, na realidade dissimulada debaixo de um suporte, se erige acima deste.

Semelhantes artifícios são também bastante empregados em todas as espécies de truques que os ilusionistas apresentam ocasionalmente. Pode-se fazer ver, da mesma maneira, qualquer outra coisa além de um buquê.

Aqui, por razões que são de apresentação e de utilização metafóricas, é o próprio vaso que está dissimulado sob esse suporte, em carne e osso em sua autêntica cerâmica. Esse vaso vai aparecer sob a forma de uma imagem real, contanto que o olho do observador esteja, por um lado, suficientemente afastado e, por outro lado, no campo de um cone representando um campo determinado pela oposição de linhas que reúnem os limites do espelho esférico em seu foco de luz.

Se o olho estiver suficientemente afastado, vai se seguir que seus mínimos deslocamentos não farão vacilar de modo sensível a própria imagem, e permitirão apreciá-la como algo cujos contornos se sustentam sós, com a possibilidade da projeção visual no espaço. Essa imagem, que não é plena, dará no entanto a impressão de um certo volume.

Eis o que utilizo para construir um aparelho que tem valor metafórico. Se supusermos, com efeito, o olho do observador ligado por condições topológicas, espaciais, a ser incluído no campo espacial em torno do ponto onde a produção dessa ilusão é possível, ele perceberá essa ilusão estando, ao mesmo tempo, num ponto que lhe torna impossível percebê-la diretamente. Para torná-lo possível para ele, pode-se utilizar um artifício, que consiste em colocar, em alguma parte, um espelho plano, que chamaremos de grande A em razão da utilização metafórica que lhe daremos em seguida, na qual o olho verá se produzir de uma maneira refletida a mesma ilusão, sob as espécies de uma imagem virtual da imagem real. Em outras palavras, ele verá se produzir sob a forma refletida de uma imagem virtual a mesma ilusão que se produziria para ele se se colocasse no espaço real, isto é, num ponto simétrico, com relação ao espelho, daquele que ocupa, e se olhasse o que acontece no foco de luz do espelho esférico, ou seja, no ponto onde se produz a ilusão formada pela imagem real do vaso.

Assim como na experiência clássica, o buquê, o vaso tem aqui sua utilidade, a de permitir ao olho acomodar-se de maneira tal que a imagem real lhe apareça no espaço. Inversamente, supomos a existência de um buquê real que a imagem real do vaso virá circundar em sua base.

Chamamos A a esse espelho, chamamos *i(a)* à imagem real do vaso, chamamos *a* às flores. E vocês vão ver que isso vai nos servir de suporte para as explicações que temos a dar relativamente às implicações da função do narcisismo, na medida em que o ideal do eu desempenha aí este papel de mola introduzido pelo texto original de Freud sobre a *Introdução ao Narcisismo.* É a esse papel de mola que se dá tamanha importância quando nos dizem que o ideal do eu é também o ponto axial dessa espécie de identificação cuja incidência seria fundamental na produção do fenômeno da transferência.

Não escolhi, realmente, ao acaso o artigo de que lhes falei da última vez. Ao contrário, ele é absolutamente exemplar, significativo e bem-articulado, na data em que foi escrito, quanto à noção do ideal do eu, tal como esta foi criada e generalizada no meio analítico. Que ideia têm os autores no momento em que começam a elaborar essa noção que é de uma grande novidade na concepção da análise por sua função tópica? Consultem descompromissadamente os trabalhos clínicos, os relatos terapêuticos, as discussões de casos, para perceber a ideia que disso fazem os autores de então, e as dificuldades de aplicação encontradas por eles.

Eis, ao menos em parte, o que eles elaboram. Se forem lidos com atenção suficiente, fica evidente que, para apreender a eficácia do ideal do eu na medida em que ele intervém na função da transferência, eles vão considerar este ideal do eu como um campo organizado de uma certa maneira no interior do sujeito.

A noção de interior é uma função topológica capital no pensamento analítico, já que mesmo a introjeção se refere a ela. O campo organizado é considerado de forma bastante ingênua, na medida em que não se fazem de modo algum distinções, nessa época, entre o imaginário e o real. Nesse estado de imprecisão e de indistinção de noções topológicas, somos realmente forçados a dizer que, grosso modo, devemos representar esse campo de uma maneira espacial ou quase espacial, digamos – a coisa não é indicada, mas é implicada pela maneira como nos falam dela – como uma superfície ou como um volume, em ambos os casos como uma forma de alguma coisa que, pelo fato de ser organizada à imagem de outra coisa, apresenta-se como dando seu suporte e seu fundamento à ideia de identificação. Em suma, trata-se de uma diferenciação produzida no interior de um certo campo tópico pela operação particular que se chama identificação.

É sobre essas formas identificadas que os autores colocam questões. O que fazer para que elas possam preencher a sua função econômica? Não é nosso propósito, e isso nos levaria demasiado longe, tratar hoje daquilo que torna necessária, para os autores, a solução que eles adotam, bastante nova no momento em que aparece, ou pelo menos ainda não de todo vulgarizada. Existem em certas afirmações do texto de Freud às quais eles se referem, afirmações laterais no contexto, o esboço da solução aqui proposta de modo acentuado. Essa solução consiste em supor que o campo em questão tem a propriedade de ser investido de uma energia neutra.

O que quer dizer essa energia neutra introduzida na dinâmica analítica? No ponto em que estamos de evolução da teoria, isso não quer dizer nada mais que uma energia que se distingue por não pertencer nem a uma nem a outra – é isso o que significa o neutro – das duas vertentes da energia pulsional, na medida em que sua segunda tópica obrigou Freud a introduzir a noção de uma energia distinta da libido – a da *Totentrieb,* na função a partir daí demarcada pelos analistas sob o termo de Tanatos, o que não contribui, decerto, para esclarecer sua noção – e a acoplar, num manejamento oposto, os termos Eros e Tanatos.

É nesses termos que a dialética nova do investimento libidinal é manejada pelos autores em questão. Eros e Tanatos são agitados ali como duas fatalidades primordiais por trás de toda a mecânica e dialética analíticas. E, esse campo neutralizado, aí está a partir do quê nos vai ser desenvolvido naquele artigo o destino da *Trieb,* para lembrar o termo de que Freud se serve para a pulsão. Trata-se de conceber este campo e sua função econômica de uma maneira que o torne utilizável tanto em sua função própria de ideal do eu quanto no fato de que é no lugar desse ideal do eu que o analista será convocado a funcionar. E aí está o que os autores são levados a imaginar.

Estamos na mais elevada, na mais elaborada metapsicologia.

Como conceber as origens concretas do ideal do eu? Para esses autores – como é legítimo, e nada temos a lhes invejar, se podemos dizer, visto o que os desenvolvimentos da teoria kleiniana nos trouxeram desde então – essas origens não são separáveis daquelas do supereu, ao mesmo tempo em que são distintas destas, isto é, estão acopladas a elas. Eles só podem, a partir daí, conceber essas origens sob a forma de uma criação do Tanatos.

Com efeito, se partimos da noção do narcisismo original, perfeito quanto ao investimento libidinal, se concebemos que o objeto primordial é primordialmente incluído pelo sujeito na esfera narcísica, mônada primitiva do gozo, à qual é identificado, de uma maneira, aliás, absolutamente arbitrária, o bebê, não se vê bem o que poderia acarretar uma saída subjetiva, e os próprios autores não hesitam em considerar essa dedução como impossível. Ela o é, com efeito, a menos que seja também incluída nessa mônada a potência devastadora de Tanatos. Por que não considerá-la como a fonte daquilo que obriga o sujeito, se podemos exprimir isso assim brevemente, a sair de seu autoenvolvimento narcísico?

Em suma, os autores não hesitam – não assumo essa responsabilidade, estou fazendo um comentário sobre eles, e peço a vocês que se refiram ao texto para ver que ele é exatamente como o apresento – em atribuir a Tanatos como tal a função do objeto. E ficam, eles próprios, bastante espantados com isso para introduzir nas últimas páginas uma certa interrogaçãozinha humorística – Teríamos chegado a dizer que, em suma, é somente pelo instinto de destruição que alcançamos realmente o contato com qualquer objeto que seja?

Na verdade, se eles se interrogam assim para dar um clima, um toque de humor ao seu próprio desenvolvimento, nada, afinal, vem contradizer essa passagem, com efeito, necessária, se se for levado a dever seguir o caminho que é o deles. No momento, aliás, não é essa passagem que constitui problema para nós. Isso é concebível, ao menos localmente, numa perspectiva dinâmica, a título de notação de um momento significativo das primeiras experiências infantis. Talvez seja, com efeito, num momento de agressão, que se coloque a diferenciação, senão de todo objeto, ao menos de um objeto altamente significativo.

Seja como for, desde que o conflito tenha eclodido, é o fato de que este objeto possa ser introjetado a semelhante grau que lhe dará seu preço e seu valor. E, da mesma forma, reencontramos aí o esquema clássico e original de Freud, da introjeção de um objeto imperativo, interditor, essencialmente conflitual.

Freud nos diz, com efeito, que é na medida em que esse objeto – o pai, por exemplo, numa primeira esquematização sumária e grosseira do complexo de Édipo – terá sido interiorizado, que ele irá constituir o supereu. Isso representa, no total, um progresso, uma ação benéfica do ponto de vista libidinal, já que, pelo fato de ser introjetado, ele entra – esta é uma primeira temática freudiana – na esfera que, no mínimo por ser interior, é, por este fato apenas, investida o suficiente narcisicamente, e pode ser objeto de investimento libidinal para o sujeito. E é mais fácil fazer-se amar pelo ideal do eu do que pelo objeto que foi, por um momento, o seu original.

Nem por isso deixa de ser verdade que, por mais introjetado que seja, ele continua a constituir uma instância incômoda. E é justamente essa ambiguidade que leva os autores a introduzir a temática de um campo de investimento neutro. Esse campo de trama será, alternadamente, ocupado, depois evacuado, para ser reocupado por cada um dos dois termos, Eros e Tanatos, cujo maniqueísmo nos incomoda um pouco, é preciso que se diga.

Num segundo tempo introduz-se – ou mais exatamente, é ao experimentar a necessidade de escandi-lo como um segundo tempo que os autores percebem que Freud o introduzira desde o início – a função possível do ideal do eu na *Verliebtheit,* bem como na hipnose.

Hypnose und Verliebtheit é o título de um dos capítulos da *Massenpsychologie.*

O ideal do eu, doravante constituído, introjetado, pode ser projetado sobre um objeto. Para dizer a verdade, o fato de que a teoria clássica não faça distinção entre os três registros do simbólico, do imaginário e do real, faz com que as fases da introjeção e da projeção pareçam, não obscuras, mas arbitrárias, suspensas, gratuitas, entregues a uma necessidade que somente se explica pela contingência mais absoluta. E é na medida em que o ideal do eu pode ser reprojetado sobre um objeto que esse objeto, se chegar a ser favorável a vocês, se os olhar com bons olhos, será para vocês objeto de investimento amoroso da maior importância. A descrição da fenomenologia da *Verliebtheit* é aqui introduzida por Freud num nível que torna possível uma ambiguidade quase total com os efeitos da hipnose.

Em seguida a essa segunda posição, nada impede nossos autores de implicar uma segunda retroinjeção. Em certos estados mais ou menos extremos, nos quais eles não hesitam em incluir os estados de mania, o próprio ideal do eu, arrebatado pelo entusiasmo da efusão de amor implicada na segunda projeção, pode desempenhar para o sujeito a mesma função que se estabelece na relação de total dependência da *Verliebtheit*. O ideal do eu pode tornar-se ele mesmo algo de equivalente àquilo que, no amor, pode dar a plena satisfação do querer ser amado, do *geliebt werden wollen*.

Se essas descrições, sobretudo quando são ilustradas, arrastam atrás delas certos farrapos de perspectiva cujos *flashes* encontramos na clínica, não é dar provas de uma exigência exagerada em matéria conceitual sentir que não poderíamos, por muitas razões, ficar completamente satisfeitos com elas.

2

Vou imediatamente pontuar o que creio poder dizer, e que essa pequena montagem articula de maneira mais elaborada.

Como qualquer outra descrição dessa espécie, de ordem tópica, como os esquemas feitos pelo próprio Freud, não existe espécie alguma, não apenas de pretensão, mas mesmo de possibilidade de representar seja o que for da ordem do orgânico. Entenda-se bem que não somos daqueles que imaginam que com a operação cirúrgica adequada, uma lobotomia, retira-se em algum lugar o supereu com uma colherinha. Há pessoas que acreditam nisso, e que escreveram – com a lobotomia, tira-se o supereu e se o coloca de lado, numa bandeja. Não se trata disso.

Observemos o que é articulado pelo funcionamento implicado por esse pequeno aparelho. Não é sem motivo que ele reintroduz uma metáfora de natureza ótica. Há para isso uma razão que não é de comodidade, mas de estrutura. Se o espelho intervém é porque, no que concerne ao domínio imaginário, o que é da ordem do espelho vai muito mais longe que o modelo.

Mas prestem atenção, este esquema é de uma ordem um pouquinho mais elaborada que a da experiência concreta que se produz para a criança diante de uma superfície real que desempenha o papel de espelho, em geral um espelho plano ou uma superfície polida. O que é aqui representado como espelho plano tem um outro emprego. O esquema tem, com efeito, o interesse de introduzir a função do grande Outro, cuja cifra, sob a forma da letra A,[33] é aqui colocada no nível do aparelho do espelho plano, na medida em que essa função deve ser implicada nessas elaborações do narcisismo respectivamente conotadas como ideal do eu e como eu ideal.

Para não lhes fazer desse esquema uma descrição seca, e que correria ao mesmo tempo o risco de parecer arbitrária, o que ela não é, vou introduzi-lo, inicialmente, sob a forma do comentário exigido pelos autores a que nos referimos, na medida em que eram impelidos pela necessidade de enfrentar um problema de pensamento e de observação. Isso não é, certamente, com o fim de acentuar os aspectos negativos da elaboração deles, mas antes o que esta tem de positivo, o que é sempre mais interessante.

Observemos portanto que, segundo eles, o objeto é criado, falando propriamente, pelo instinto de destruição, *Destruktionstrieb,* Tanatos, como eles o chamam – digamos, por que não, o ódio. Vamos acompanhá-los. Se é assim, permanecerá algo do objeto depois do efeito destrutivo? Isso não é absolutamente impensável. Não apenas não é impensável, mas reencontramos aí o que nós mesmos elaboramos de uma outra maneira no nível daquilo a que chamamos o campo imaginário e seus efeitos. O que resta, o que sobrevive do objeto depois do efeito libidinal da *Trieb* de destruição, depois da implicação do efeito tanatógeno, é justamente aquilo que eterniza o objeto sob o aspecto de uma forma, é o que o fixa para sempre como tipo no imaginário.

Existe na imagem algo que transcende o movimento, o mutável da vida, no sentido em que a imagem sobrevive ao vivo. Este é um dos primeiros passos da arte, para nós antiga – na estatuária é eternizado o morto. Essa é igualmente, na nossa elaboração do espelho, a função preenchida de uma certa maneira pela imagem do sujeito. Quando essa imagem chega a ser percebida por ele, alguma coisa lhe é subitamente proposta ali onde lhe não se limita a receber a visão de uma imagem em que se reconhece, essa imagem já se apresenta como uma *Urbild* ideal, algo de ao mesmo tempo na frente e atrás, algo de sempre, algo que subsiste por si, algo diante do qual ele ressalta suas próprias fissuras, por ser prematuro, e experimenta a si mesmo como ainda insuficientemente coordenado para responder a ela em sua totalidade.

A criança pequena, às vezes ainda encerrada nesses aparelhinhos com os quais começa a fazer suas primeiras tentativas de marcha, e na qual até o gesto de pegada do braço ou da mão ainda são marcados pelo estilo da dissimetria e da inapropriação, é muito surpreendente vê-lo, este ser ainda insuficientemente estabilizado, mesmo no nível cerebelar, ainda assim agitar-se, inclinar-se, curvar-se, entortar-se com todo um balbuciar expressivo diante da sua própria imagem, desde que se lhe tenha posto ao alcance, suficientemente baixo, um espelho. Ela mostra assim, de forma viva, o contraste entre a coisa desenhável que está ali projetada diante dela, que a atrai, com a qual obstina-se em brincar, e aquele algo de incompleto que se manifesta em seus próprios gestos.

Esta é minha velha temática do estágio do espelho, onde vejo uma referência exemplar, altamente significativa. Ela nos permite presentificar os pontos-chave, ou os pontos de entroncamento, e conceber a renovação dessa possibilidade sempre aberta ao sujeito, de um autoquebramento, de um autodilaceramento, de uma automordida, diante daquilo que é ao mesmo tempo ele e um outro. Existe uma certa dimensão de conflito, que não tem outra solução além de um ou..., ou... É necessário a ele ou tolerar o outro como uma imagem insuportável, que o arrebata de si mesmo, ou quebrá-lo imediatamente, inverter, anular a posição à frente, a fim de conservar aquilo que é, naquele momento, centro e pulsão de seu ser, evocado pela imagem do outro, seja esta especular ou encarnada. O laço entre a imagem e a agressividade é, aqui, inteiramente articulável.

A partir daí, será concebível um desenvolvimento do indivíduo que alcance uma suficiente consistência do objeto e a diversidade da fase objetal? Pode-se dizer que isso foi tentado. A dialética hegeliana do conflito de consciências nada mais é, afinal, que uma tentativa de elaboração do conjunto do mundo do saber humano a partir de um puro conflito radicalmente imaginário e destrutivo em sua origem.

Vocês sabem que já apontei por diversas vezes os seus pontos críticos, as suas hiâncias. Sem renovar essa discussão hoje, digamos apenas que é impossível deduzir, a partir desse início radicalmente imaginário, tudo aquilo que a dialética hegeliana acredita poder deduzir. As implicações desconhecidas dela mesma que lhe permitem funcionar não podem de modo algum se contentar com esse suporte. Mesmo que a mão que se estende – e esta pode ser a mão de um sujeito de uma idade muito tenra, acreditem-me, como demonstra a observação direta mais comum – que a mão que se estende em direção à figura de seu semelhante esteja armada com uma pedra – a criança não precisa ter muita idade para ter, senão a vocação, pelo menos o gesto de Caim – e se esta mão for detida por uma outra mão, a daquele que é ameaçado, e se esta pedra, eles a pousarem juntos e ela constituir um objeto, talvez de acordo, ou de disputa, pois bem, esta será, se quiserem, a primeira pedra de um mundo objetal, mas isso não irá além, nada se construirá sobre ela.

O que se evoca em eco, numa harmônica, é o apólogo daquele que deve *atirar a primeira pedra*. E, com efeito, é bem necessário que, em primeiro lugar, essa pedra não tenha sido atirada. E uma vez que não se a tenha atirado, não se irá atirá-la contra nada mais.

Mas para que se funde alguma coisa que se abra a uma dialética, é preciso, mais além, que intervenha o registro do grande Outro.

É isso que exprime o esquema. É na medida em que o terceiro, o grande Outro, intervém na relação do eu com o pequeno outro, que algo pode funcionar, algo que acarreta a fecundidade da própria relação narcísica.

Vamos exemplificá-lo num gesto da criança diante do espelho, gesto que é bem conhecido e que não é difícil de se observar. A criança que está nos braços do adulto é confrontada expressamente com sua imagem. O adulto, quer o compreenda ou não, se diverte com isso. É preciso dar, então, toda a sua importância a este gesto da cabeça da criança que, mesmo depois de ter sido cativada pelos primeiros esboços do jogo que faz diante de sua própria imagem, volta-se para o adulto que a carrega, sem que se possa dizer sem dúvida o que espera disso, se é da ordem de um acordo ou de um testemunho, mas a referência ao Outro vem desempenhar aí uma função essencial. Não é forçar essa função articulá-la dessa maneira, e situar, assim, aquilo que se ligará, respectivamente, ao eu ideal e ao ideal do eu na continuação do desenvolvimento do sujeito.

Desse Outro, na medida em que a criança diante do espelho volta-se para ele, o que pode vir? Nós dizemos que só pode vir o signo *imagem de a,* essa imagem especular, desejável e destruidora ao mesmo tempo, efetivamente desejada ou não. É isso que vem daquele para o qual o sujeito se volta, no próprio lugar onde ele se identifica nesse momento, na medida em que sustenta sua identificação com a imagem especular.

A partir desse momento original, é sensível para nós o caráter que chamarei de antagonista do eu ideal. Ou seja, já nessa situação especular se desdobra, e desta vez no nível do Outro, para o Outro e pelo Outro o eu desejado, entendo desejado por ele, e o eu autêntico, o *authent-Ich,* se me permitem introduzir este termo, que nada tem de tão novo no contexto em questão – com a ressalva de que, nessa situação original, é o ideal que está ali, falo do eu ideal e não do ideal do eu, e que o autêntico eu ainda está por vir.

Será através da evolução, com todas as ambiguidades do termo, que o autêntico eu virá à luz, e será desta vez amado apesar de tudo, apesar de não ser a perfeição. É da mesma forma que funciona, em todo o progresso, o eu ideal. Toda a sequência de seu desenvolvimento, com seu caráter de progresso, se faz contra o vento, no risco e no desafio.

O que é, aqui, a função do ideal do eu? Vocês me dirão – é o Outro, o grande A. Mas vocês bem percebem que o Outro, aqui, está unicamente concernido como o lugar de onde se constitui a perpétua referência do eu, em sua oscilação patética, nessa imagem que se oferece a ele e com que ele se identifica. O eu só se apresenta e se sustenta, como problemático, a partir do olhar do grande Outro. O fato de que este olhar seja interiorizado por sua vez não quer dizer que ele se confunda com o lugar e o suporte que já estão constituídos como eu ideal. Isso quer dizer outra coisa.

Dizem-nos – é a introjeção desse Outro. Isso vai longe. Isso é supor uma relação de *Einfühlung* tão global quanto aquela comportada pela referência a um ser, este organizado, o ser real que serve de suporte à criança diante de seu espelho. Aí está, vocês bem percebem, toda a questão.

Ainda que este ponto deva constituir hoje nosso objetivo, vou dizer a vocês de imediato em que minha solução difere da solução classicamente oferecida.

É extraordinariamente importante guardar que, desde os primeiros passos de Freud na articulação da *Identifizierung,* aos quais voltarei daqui a pouco, pois não se pode escamoteá-los, esta implica, antes mesmo do esboço da situação do Édipo, uma primeira identificação possível ao pai como tal. O pai lhe andava pela cabeça? O fato é que Freud deixa o sujeito fazer uma primeira etapa de identificação ao pai, e que desenvolve aqui todo um refinamento terminológico, chamando-o de projeto viril.

Isso se passa no desenvolvimento, não duvido. Não é uma etapa lógica, mas uma etapa do desenvolvimento que se situa antes do engajamento do conflito do Édipo, a ponto de Freud chegar a escrever que é a partir dessa identificação primordial que despontaria o desejo pela mãe e que, em troca, o pai seria então considerado como um rival.

Não estou dizendo que esta etapa seja clinicamente fundamentada. Digo que o fato de que ela tenha parecido necessária a Freud não deve ser considerado como uma extravagância ou um disparate. Deve, realmente, haver uma razão para que ele necessite dessa etapa anterior, e é isso que a continuação de meu discurso tentará mostrar a vocês.

Freud fala em seguida da identificação regressiva, aquela que resulta da relação de amor, e na medida em que o objeto se recusa ao amor. Vocês já veem indicado ali porque era necessário que houvesse um estágio de identificação primordial, mas esta não é a única razão. O sujeito é, pois, capaz por um processo regressivo de se identificar com o objeto que o decepciona no apelo ao amor.

Depois de nos ter dado esses dois modos de identificação no capítulo *Die Identifizierung,* Freud introduz o terceiro, já antigo, que se conhece desde sempre, desde o caso Dora, a saber, a identificação que provém de o sujeito reconhecer no outro a situação total, global em que ele vive – a identificação histérica. Porque, na sala onde estão agrupados os sujeitos um pouco neuróticos e birutas, a coleguinha acaba de receber naquela noite uma carta de seu amante, nossa histérica faz uma crise. É a identificação, em nosso vocabulário, no nível do desejo. Deixemos isso de lado por hoje.

Freud se detém, em seu texto, para nos dizer expressamente que, nos dois primeiros modos de identificação que são fundamentais, a identificação se faz sempre por *ein einziger Zug.*

Aí está o que nos alivia de muitas dificuldades, sob mais de um aspecto. Em primeiro lugar, o aspecto de ser concebível, o que não é algo que se deva desdenhar. Em segundo lugar, isso converge com uma noção que conhecemos bem, a do significante.

Isso não quer dizer que esse *einziger Zug,* este traço único, seja no entanto dado como significante. De modo algum. É muito provável, se partirmos da dialética que tento esboçar diante de vocês, que seja, possivelmente, um signo. Para se dizer que isso é um significante, seria preciso mais. É necessário que ele seja ulteriormente utilizado em, ou que esteja em relação com uma bateria significante. Mas o que é definido por este *ein einziger Zug* é o caráter pontual da referência original ao Outro na relação narcísica.

Aí está o que dá a resposta à questão – o olhar do Outro, que, entre os dois irmãos gêmeos inimigos do eu e da imagem do pequeno outro especular, pode fazer a todo instante bascular a preferência, como é que o sujeito o interioriza? Este olhar do Outro, devemos concebê-lo como sendo interiorizado por um signo. Isso basta. *Ein einziger Zug.* Não há necessidade de todo um campo de organização e de uma introjeção maciça. Este ponto, grande I, do traço único, este signo do assentimento do Outro, da escolha de amor sobre a qual o sujeito pode operar, está ali em algum lugar e se regula na continuação do jogo do espelho. Basta que o sujeito vá coincidir ali em sua relação com o Outro para que este pequeno signo, este *einziger Zug,* esteja à sua disposição.

Pode-se distinguir radicalmente o ideal do eu e o eu ideal. O primeiro é uma introjeção simbólica, ao passo que o segundo é a fonte de uma projeção imaginária. A satisfação narcísica que se desenvolve na relação com o eu ideal depende da possibilidade de referência a este termo simbólico primordial que pode ser monoformal, monossemântico, *ein einziger Zug.*

Isso é capital para todo o desenvolvimento daquilo que temos a dizer.

3

Se ainda me concederem um pouco de tempo, começarei a recordar o que devo considerar como aceito, aqui, da nossa teoria do amor.

O amor, já dissemos, somente se concebe na perspectiva da demanda. Só existe amor para um ser que pode falar. A dimensão, a perspectiva, o registro do amor se desenvolve, se perfila, se inscreve naquilo a que se pode chamar o incondicional da demanda.

Isso é o que resulta do próprio fato de demandar, seja o que for que se demande – na medida, não em que se demande alguma coisa, isto ou aquilo, mas que, no registro e na ordem da demanda enquanto pura, esta é apenas demanda de ser escutada.

Direi mais – de ser escutada, para quê? Pois bem, de ser escutada para alguma coisa que bem se poderia chamar de *para nada.* O que não significa, no entanto, que isso não nos leve muito longe, pois, implicado nesse *para nada,* já está o lugar do desejo.

É justamente porque a demanda é incondicional que não se trata de desejo disso ou daquilo, mas de desejo, simplesmente. E é por isso que desde o início está implicada a metáfora do desejante, que fiz vocês abordarem por todos os lados no começo deste ano.

A metáfora do desejante no amor implica aquilo que ela substitui como metáfora, isto é, o desejado. O que é desejado? É o desejante no outro – o que só se pode fazer se o próprio sujeito for colocado como desejável. É isso que ele demanda da demanda de amor.

Não posso deixar de lembrar a vocês neste nível, antes de voltar à continuação de nossas afirmações, que o amor – como eu lhes disse sempre e voltamos a encontrar sua necessidade por todos os lados – é dar o que não se tem – e só se pode amar agindo como quem não tem, mesmo se se tem. O amor como resposta implica o domínio do não-saber.

Não fui eu, foi Platão quem o inventou – quem inventou que somente a miséria, *Penia,* pode conceber o Amor, e a ideia de se fazer emprenhar numa noite de festa. E, com efeito, dar o que se tem, isso é a festa, não é o amor.

Daí – conduzo vocês um pouquinho depressa, mas verão que não vamos cair – daí resulta que, para o rico – isso existe, e até mesmo pensa-se nele – amar necessita sempre de recusar.

É mesmo isso que incomoda. Não são só aqueles a quem é recusado que se incomodam. Os que recusam, os ricos, também não estão *mais* à vontade. A *Versagung* do rico está em toda parte. Ela não é simplesmente o traço da avareza, é bem mais constitutiva da posição do rico, pense-se o que se quiser, e a temática do folclore, de *Grisélidis,* com tudo aquilo que tem de sedutor, apesar de que ela é, convenhamos, bem revoltante, está aí para nos lembrar disso.

Direi mesmo mais, já que estou falando disso – os ricos não têm boa reputação. Em outras palavras, nós, progressistas, não gostamos muito deles. Desconfiemos disso. Talvez esse ódio do rico se deva em parte, por uma via secreta, a uma revolta contra o amor, simplesmente. Em outras palavras, a uma negação, a uma *Vernei-*

nung das virtudes da pobreza, que bem poderia estar na origem de um certo desconhecimento do que seja o amor.

O resultado sociológico, aliás, é bastante curioso. É que, evidentemente, facilitam-se assim, aos ricos, muitas de suas funções; é-se moderado com eles, ou mais exatamente, dá-se a eles mil desculpas para se esquivarem à sua função de festa. Isso não quer dizer que fiquem mais felizes por isso.

Em suma, é absolutamente certo para um analista que há, no rico, uma grande dificuldade de amar – isso que um certo pregador da Galileia já havia anotado, de passagem. Talvez seja melhor compadecer-se do rico neste ponto do que odiá-lo, a menos que, afinal, odiá-lo seja um modo de amá-lo, o que é bem possível.

O que há de certo é que a riqueza tem uma tendência a tornar impotente. Uma velha experiência de analista me permite dizer a vocês que, grosso modo, considero este fato inquestionável. E é isso que explica certas coisas, afinal. A necessidade, por exemplo, de rodeios. O rico é forçado a comprar, já que é rico. E para se recuperar, para tentar reencontrar a potência, ele se esforça, comprando, em depreciar. É dele que vem isso, é para sua comodidade. Para isso, o modo mais simples, por exemplo, é não pagar. Assim, às vezes ele espera provocar o que jamais pode adquirir diretamente, a saber, o desejo do Outro.

Mas chega de ricos. Léon Bloy fez, um dia, *La Femme pauvre* – estou muito chateado, há algum tempo que falo o tempo todo de autores católicos, mas não é minha culpa se há muito que observei neles coisas muito interessantes. Gostaria que alguém, algum dia, percebesse as enormidades, as coisas prodigiosas, como benefícios analíticos, que estão escondidas nesse livro que está no limite do suportável, e que apenas um analista pode compreender – ainda não vi nenhum se interessar por ele. Mas ele também teria feito bem se escrevesse *La Femme riche.*

É certo que só a mulher pode encarnar dignamente a ferocidade da riqueza. Mas, enfim, isso não basta, e isso levanta para ela, e especialmente para aquele que postula seu amor, problemas absolutamente particulares. Mas isso exigiria uma volta à sexualidade feminina, e peço desculpas por indicar isso a vocês apenas como uma pequena isca.

Já que não poderemos ir mais adiante hoje, e que, quando falamos do amor, trata-se muito especificamente de descrever o campo onde teremos a dizer qual deve ser nosso lugar na transferência, eu queria, antes de deixá-los, apontar para algo que não deixa de ter relação com essas afirmações sobre a riqueza, e dizer-lhes uma palavrinha sobre o santo.

Ele não entra aqui como uma mosca na sopa, pois ainda não terminamos com nosso Claudel.

Como vocês sabem, bem no final, na solução dada ao problema do desejo em *Le Père humilié,* nós temos um santo. É o tal de Orian, sobre quem é dito expressamente que, se nada quer dar à pequena Pensée, que felizmente está armada o suficiente para tomá-lo à força, é porque ele tem demasiada alegria, nada mais que isso, a alegria por inteiro, e não está em questão desperdiçar semelhante riqueza com uma pequena aventura, isso é dito no texto, uma dessas coisas que acontecem assim, um caso de três noites de hotel.

História esquisita. Ainda assim, é precipitado fazer psicologia a propósito de criação, e pensar apenas que é um grande recalcado. Talvez Claudel o fosse também, um grande recalcado. Mas o que significa a criação poética, o que significa a função que Orian tem nessa tragédia, isto é, que isso nos interesse, aí sim, é outra coisa. E é isso que desejo indicar fazendo com que observem que o santo é um rico. Ele bem que faz tudo o que pode para ter um ar de pobre, é verdade, ao menos em alguns meios, mas é nisso, justamente, que ele é um rico, e particularmente miserável entre os outros, pois a sua não é uma riqueza de que se possa livrar facilmente.

O santo se movimenta inteiramente no domínio do ter. O santo renuncia, talvez, a algumas coisinhas, mas é para possuir tudo. E se vocês examinarem bem de perto a vida dos santos, verão que o santo só pode amar a Deus como um nome de seu gozo. E seu gozo, em última instância, é sempre bastante monstruoso.

Falamos aqui, no decorrer de nossas afirmações analíticas, de alguns termos humanos, entre eles o herói. Essa difícil questão do santo, só a introduzo aqui de uma forma anedótica, e mais como um suporte, um daqueles que acredito necessários para demarcar nossa posição.

É claro, vocês imaginam, que não nos coloco entre os santos. É preciso dizê-lo. Pois, não o dizendo muitos achariam ainda que este seria o ideal, como se diz.

Há muitas coisas sobre as quais somos tentados a dizer, a nosso respeito, que ali estaria o ideal. A questão do ideal está no coração dos problemas da posição do analista. É isso que vocês vão ver desenvolver-se em seguida, e o que nos convém abandonar dessa categoria.

7 de junho de 1961

XXV

A ANGÚSTIA NA SUA RELAÇÃO COM O DESEJO

Lugar do sinal de angústia.
$a \neq i(a)$.
O objeto insustentável.
O lugar do desejante puro.
O desejo, remédio para a angústia.

(Falta o começo da aula).

1

Vamos transportar-nos imediatamente ao coração do problema evocado por Freud, que é o do sentido da angústia. Vamos, mesmo, mais longe, já que vamos partir da questão que se coloca do ponto de vista econômico, que é a de saber, diz-nos Freud, onde é captada a energia do sinal de angústia.

Na página 120 de *Inibição, Sintoma e Angústia*, segundo capítulo, leio a frase seguinte – *Das Ich zieht die (vorbewusste) Besetzung von der zu verdrängenden Triebrepräsentanz ab und verwendet sie für die Unlust-(Angst)-Entbindung.* Tradução – O eu retira o investimento pré-consciente do *Triebrepräsentanz,* daquilo que, na pulsão, é representante. Esse caro representante deve ser recalcado. Ele se transforma, pela ligação, em desprazer e *Angst.*

Não se trata de cair sobre uma frase de Freud e depois começar a elucubrar. Se a coloco aí para vocês de saída, é depois de madura reflexão, por uma escolha cuidadosamente deliberada, para incitá-los a reler esse artigo sem demora.

No que diz respeito ao nosso objetivo, vamos levá-lo desde logo ao ponto nevrálgico de nossos problemas. Já disse o bastante sobre isso para que vocês suspeitem que a fórmula ($ ◇ *a*) deve ter algo a ver com o momento dessa orientação em que estamos, e onde a fantasia não é apenas formulada, mas evocada, aproximada, acossada de todas as maneiras. Para compreender a necessidade da fórmula, é preciso saber que, nesse suporte do desejo, as funções respectivas dos dois elementos e sua relação funcional não podem de modo algum ser verbalizadas por nenhum atributo que seja exaustivo, motivo pelo qual devo lhes dar o suporte de dois termos algébricos, e acumular em torno delas as características que estão em jogo.

$ tem relação com o *fading* do sujeito, ao passo que *a,* que é o pequeno outro, tem a ver com o objeto do desejo. Essa simbolização já tem por efeito mostrar a vocês que o desejo não comporta uma relação subjetiva simples com o objeto. Não basta dizer que, na relação do sujeito com o objeto, o desejo implica uma mediação ou um intermediário reflexivo, se apenas está em questão, por exemplo, o sujeito se pensando, como ele se pensa, na relação de conhecimento com o objeto. Edificou-se, neste ponto, toda uma teoria do conhecimento, que a teoria do desejo é apropriada, precisamente, para pôr em causa. Isso nos faria estremecer se outros, antes de nós, já não tivessem posto em causa o *penso, logo sou* cartesiano.

Vamos tomar nossa frase de ainda há pouco e tentar aplicá-la. Isso não significa que eu os esteja levando desde logo ao último ponto de meus resultados, mas levo vocês, pela interrogação seguinte, até o meio do caminho. Essa é uma questão problemática, destinada a orientá-los, a dar-lhes a ilusão de que são vocês que estão buscando – ilusão que será, aliás, prontamente realizada, pois não lhes dou a última palavra, não é somente a minha questão que é heurística, mas também meu método. Logo, o que significa o desinvestimento do *Triebrepräsentanz,* se o aplicarmos à nossa própria formulação? Isso quer dizer que a angústia se produz quando o investimento do pequeno *a* volta a incidir sobre o $.

Só que, o $\mathcal{S}$ não é algo de apreensível, e só pode ser concebido como um lugar, já que nem mesmo é o ponto de reflexividade do sujeito, que se apreenderia ali, por exemplo, como desejante. O sujeito não se apreende como desejante. No entanto, na fantasia, o lugar onde o sujeito poderia, se ouso dizê-lo, apreender-se como tal, como desejante, está sempre reservado. Ele é mesmo de tal maneira reservado que é comumente ocupado por aquilo que se produz de homólogo ao estágio inferior do grafo, *i(a)*. Não é forçosamente ocupado por ele, mas sim de um modo geral.

É isso que exprime a função da imagem real do vaso na ilusão do vaso invertido. Essa imagem vem se produzir de maneira a parecer circundar a base dos caules florais que simbolizam elegantemente o pequeno *a*. É disso que se trata, na imagem, ou no fantasma narcísico, que vem preencher na fantasia a função de $\mathcal{S}$ encaixada no desejo. E podemos conceber que talvez seja justamente a isso, a seu apelo, que responde a produção do sinal de angústia.

Vou tentar demonstrar este ponto tão importante, sobre o qual se pode dizer que o último artigo de Freud sobre o tema nos dá quase todos os elementos para resolvê-lo, sem lhe dar, propriamente falando, seu último quarto de volta. Por ora, o parafuso ainda não está ajustado.

Digamos com Freud que o sinal de angústia se produz no nível do eu. Entretanto, graças a nossas formalizações, talvez possamos vir a dizer um pouco mais sobre este *no nível do eu*. Nossas notações vão nos permitir decompor a questão, articulá-la mais precisamente e ultrapassar dessa maneira alguns dos pontos onde a questão, para Freud, chegou a um impasse.

Aqui, vou dar um salto, de imediato.

2

No momento em que Freud nos fala da economia da transformação necessária à produção do sinal, dizendo-nos que não deve ser necessária uma quantidade muito grande de energia para produzir um sinal, ele já está indicando que existe uma relação entre a produção do sinal e algo da ordem do *Verzicht,* da renúncia, do fato de que o sujeito espera. A *Verdrängung* da *Triebrepräsentanz* conota igualmente o desconforto do sujeito.

O salto consiste em designar aqui para vocês aquilo que lhes anuncio há muito tempo como o lugar em que se mantém, realmente, o analista. Isso não quer dizer que ele o ocupe o tempo todo, mas esse é o lugar onde ele espera. A palavra *espera* assume aqui toda a sua importância, dado o que reencontraremos sobre a função da espera, a *Erwartung,* para estruturar o lugar do $\$$ na fantasia.

Eu disse que estava dando um salto, isto é, não provo, de imediato, para onde os levo. Vamos agora dar alguns passos para compreender o que está em questão.

Uma coisa nos é dada, é que o sinal de angústia se produz em algum lugar, algum lugar que pode ser ocupado por *i(a),* o eu enquanto imagem do outro, o eu na medida em que é, basicamente, função de desconhecimento. Ele ocupa esse lugar, não na medida em que essa imagem o ocupa, mas sim enquanto lugar, isto é, na medida em que ocasionalmente essa imagem pode ali ser dissolvida.

Observem bem que eu não digo que é a falta da imagem que faz surgir a angústia. Digo o que disse desde sempre, a saber, que a relação especular, a relação originária entre o sujeito e a imagem especular se instala na reação dita da agressividade.

Já indiquei, em meu artigo sobre esse tema, que o estágio do espelho não deixa de ter relação com a angústia. Cheguei a indicar, que o caminho para compreender como se corta transversalmente a agressividade era orientar-se no sentido da relação temporal. Com efeito, não existem apenas relações espaciais que se referendam à imagem especular quando esta começa a animar-se e torna-se o outro encarnado; há também uma relação temporal – apresso-me em me ver semelhante a ele, senão, onde irei estar?

Mas se vocês se remeterem aos meus textos – a *pressologia,* aqueles que estão atentos a minhas obras sabem que tratei dela num pequeno sofisma, o do problema dos três prisioneiros – poderão ver que ali sou mais prudente e que, se não vou até o fim da fórmula é por alguma razão. A função da pressa, a saber, essa maneira por que o homem se precipita em sua semelhança ao homem, não é a angústia. Para que a angústia se constitua, é preciso que haja relação com o nível do desejo, e é justamente por isso que os conduzo hoje pela mão no nível da fantasia para abordar o problema da angústia.

Vou mostrar a vocês, com muita antecipação, aonde vamos, e voltaremos atrás para fazer pequenos rodeios.

Onde está, pois, o analista na relação do sujeito com o desejo? – com um objeto do desejo que supomos, na ocasião, ser um objeto que porta em si a ameaça em questão, e que determina o *Zurückgedrängt,* o *a recalcar.* Tudo isso, é evidente, não é definitivo, mas, já que abordamos assim o problema, vamos colocar a questão seguinte – diante de um objeto perigoso, pois que é disso que se trata, o que esperaria o sujeito, em condições normais, de alguém que ousasse ocupar o lugar de companheiro? O sujeito esperaria de seu companheiro que este lhe desse o sinal de alarme, aquele que, no caso de um perigo real, faria o sujeito fugir.

O que introduzo aqui é aquilo que se lamenta que Freud não tenha introduzido à sua dialética, pois era realmente o que se deveria fazer. Digo que o perigo interno é inteiramente comparável a um perigo externo, e que o sujeito se esforça em evitá-lo, do mesmo modo como se evita um perigo externo. Vejam o que isso nos oferece como articulação eficaz para pensar o que acontece, realmente, na psicologia animal.

Todos sabem o papel desempenhado pelo sinal nos animais sociais, como os animais que andam em bandos. Quando se apresenta o inimigo do bando, o mais esperto, ou aquele que está montando guarda entre os animais do bando, está ali para senti-lo, farejá-lo, localizá-lo. A gazela, ou o antílope, ergue o focinho, emite um pequeno bramido e sem demora todos partem na mesma direção. O sinal como reação a um perigo num complexo social, no nível biológico, é portanto apreensível numa sociedade observável. Pois bem, o mesmo acontece com o sinal de angústia – é do *alter ego,* do outro que constitui seu eu que o sujeito pode recebê-lo.

Vocês me ouviram, há muito, adverti-los quanto aos perigos do altruísmo. Desconfiem – disse a vocês explicitamente – das ciladas do *Mitleid,* da piedade, daquilo que nos impede de fazer mal ao outro, à pobre garota, por isso, casa-se com ela, ficando ambos aborrecidos por muito tempo – estou esquematizando. Apenas, se é por simples humanidade que os ponho em guarda contra os perigos do altruísmo, isso não quer dizer que este seja o último recurso, e é nesse ponto, aliás, que não sou, diante do *x* com quem estou falando na ocasião, o advogado do diabo, que o traria de volta ao princípio de um saudável egoísmo, e que o desviaria dessa tendência bastante simpática que consiste em não ser malvado. É que, de fato, o precioso *Mitleid,* o altruísmo, não passa da cobertura de uma outra coisa, e vocês vão observar isso sempre, sob a condição, todavia, de estarem no plano da análise.

Aquele que o desamparo sufoca é um obsessivo, e o primeiro tempo é a percepção disso, com o que lhes indico, bem como com aquilo que toda a tradição moralista permite, no caso, afirmar: o que ele respeita, o que ele não quer tocar, na imagem do outro, é a sua própria imagem. Se a intatilidade, a intocabilidade dessa imagem não fosse cuidadosamente preservada, o que surgiria seria simplesmente a angústia.

E a angústia diante do quê? – não diante do outro onde ele se mira, aquela a quem chamei há pouco *a pobre garota,* que só o é na imaginação dele, pois ela é sempre muito mais dura do que vocês possam acreditar. Ele tem angústia diante da *pobre garota* enquanto *a,* não a imagem de si mesmo, mas como o objeto de seu desejo.

Ilustro, dessa forma, o seguinte ponto, que é muito importante. Sem dúvida, a angústia se produz topicamente no lugar definido por *i(a),* isto é, como é articulado pela última formulação de Freud, no lugar do eu, mas só há sinal de angústia na medida em que ele se relaciona com um objeto de desejo, na medida em que este último perturba, precisamente, o eu ideal, *i(a),* originado na imagem especular.

O sinal de angústia tem uma ligação absolutamente necessária com o objeto do desejo. Sua função não se esgota na advertência de ter que fugir. Ao mesmo tempo em que realiza essa função, o sinal mantém a relação com o objeto do desejo.

Eis a chave e a mola daquilo que Freud acentua naquele artigo, bem como em outros lugares, de maneira repetida e com esse tom, essa escolha de termos, essa incisividade que é, nele, iluminadora, distinguindo a situação de angústia da do perigo e da do *Hilflosigkeit.*

No *Hilflosigkeit,* o desamparo, o sujeito é pura e simplesmente transtornado, ultrapassado por uma situação eruptiva que não pode enfrentar de modo algum. Entre isso e empreender a fuga – fuga que, para não ser aqui teórico, o próprio Napoleão considerava a verdadeira solução corajosa quando se tratava de amor – existe uma outra solução, e é o que Freud nos indica sublinhando na angústia seu caráter de *Erwartung.*

Aí está a característica central. O fato de que possamos fazer dela, secundariamente, a razão de fugir é uma coisa, mas não é este o seu caráter essencial. Seu caráter essencial é o *Erwartung,* e é isso o que designo a vocês ao dizer-lhes que a angústia é o modo radical sob o qual é mantida a relação com o desejo.

Quando, por razões de resistência, de defesa e de outros mecanismos de anulação do objeto, o objeto desaparece, permanece o que dele pode restar, a saber, o *Erwartung,* a direção para o seu lugar, lugar de onde ele, a partir de então, se ausenta, onde passa a tratar-se apenas de um *unbestimmte Objekt,* ou ainda, como diz Freud, de um objeto com que estamos numa relação de *Löslichkeit.* Quando atingimos este ponto, a angústia é o último modo, modo radical, sob o qual o sujeito continua a sustentar, mesmo que de uma maneira insustentável, a relação com o desejo.

3

Existem outras maneiras de sustentar a relação com o desejo, que se referem ao caráter insustentável do objeto. É justamente por isso que explico a vocês que a histeria e a obsessão podem se definir a partir desses dois estatutos do desejo que chamei, para vocês, de desejo insatisfeito e desejo impossível, instituído na sua impossibilidade.

Mas basta que vocês voltem seu olhar, agora, para a forma mais radical da neurose, a fobia, em torno da qual gira todo esse discurso de Freud, para ver que ela não pode se definir de outra maneira que não pela seguinte: ela serve para sustentar a relação com o desejo sob a forma da angústia.

Há uma coisa, apenas, a acrescentar para defini-la plenamente, assim como à definição acabada da histeria e da obsessão é preciso acrescentar a metáfora do outro, no ponto onde o sujeito se vê como castrado, confrontado com o grande Outro. Dora por exemplo, é por intermédio do sr. K. que ela deseja, mas não é ele quem ela ama, e sim a sra. K. É por intermédio daquele que ela deseja que ela se orienta em direção àquela a quem ama. É preciso, da mesma maneira, que completemos a fórmula da fobia.

A fobia é realmente a manutenção da relação com o desejo na angústia, com um suplemento mais preciso: o lugar do objeto enquanto visado pela angústia é mantido por aquilo que lhes expliquei longamente, a propósito do pequeno Hans, ser a função do objeto fóbico, a saber, Φ, grande *Phi*. No objeto fóbico, trata-se realmente do falo, mas é um falo que assume o valor de todos os significantes, o do pai, se preciso.

O que é notável no caso do pequeno Hans é, ao mesmo tempo, a carência e a presença do pai – carência sob a forma do pai real, presença sob a forma do pai simbólico, invasor. Se tudo isso pode ocorrer no mesmo plano é que o objeto da fobia tem a possibilidade infinita de manter uma certa função em falta ou deficiente, que é justamente diante do que o sujeito sucumbiria se não surgisse, naquele lugar, a angústia.

Uma vez feito este pequeno circuito, vocês podem entender como a função de sinal da angústia adverte sobre algo, e algo de muito importante na clínica e na prática analíticas. A angústia à qual os seus sujeitos estão abertos não é em absoluto, ou não é unicamente, como se acredita e como vocês procuram sempre, se posso dizer, interna ao sujeito. O próprio do neurótico é ser nesse sentido, segundo a expressão do sr. André Breton, um vaso comunicante. A angústia com que o neurótico de vocês lida, a angústia como energia, é uma angústia que ele tem o grande hábito de ir buscar aos montes, a torto e a direito, num ou noutro dos grandes A com os quais se defronta. Ela é tão válida e utilizável para ele quanto aquela de sua própria invenção. Se não levarem isso em conta na economia de uma análise vão se enganar enormemente. Em muitos casos, vão quebrar a cabeça para saber de onde vem, em dada ocasião, esse pequeno ressurgimento de angústia no momento em que menos esperavam. Não é forçosamente a dele, aquela sobre a qual vocês já estavam advertidos pela prática de meses anteriores de análise. Existe também a dos vizinhos, que conta, e depois a de vocês.

Vocês pensam, com certeza, que nesse ponto vão saber se orientar. Sabem que já lhes deram avisos nesse sentido. Receio que isso não os alerte muito, pois justamente, o que essa advertência implica é que a angústia de vocês não deve entrar em jogo. A análise deve ser asséptica no que concerne à angústia de vocês.

O que isso pode querer dizer no plano onde tento mantê-los este ano, o plano sincrônico, que não oferece as facilidades da diacronia? Que a angústia de vocês já tenha sido amplamente superada na sua análise anterior não resolve nada, pois o que se trata de saber é em que estatuto atual vocês devem estar, vocês mesmos, quanto ao seu desejo, para que não surja de vocês, na análise, não apenas o sinal de angústia, mas a própria angústia, na medida em que, se ela surge, está pronta para se transportar para a economia do seu sujeito, e isso à medida que ele está mais adiantado na análise, isto é, na medida em que ele vai buscar a via de seu desejo no nível desse grande Outro que vocês são para ele.

Seja como for, para amarrar esse primeiro nó, é preciso fazer intervir a função do Outro, do grande A, no que se refere à possibilidade de surgimento da angústia como sinal.

A referência ao bando mostra, realmente, que o sinal se exerce no interior de uma função necessária de comunicação imaginária, e é por aí que quero fazê-los sentir que, se a angústia é um sinal, isso quer dizer que ela pode provir de um outro. Nem por isso, na medida em que se trata, aí, de uma relação com o desejo, o sinal se esgota na metáfora do perigo do inimigo do bando. Com efeito, o que distingue o bando humano do bando animal é que, para cada sujeito, como todos sabem, com exceção dos empreendedores da psicologia coletiva, o inimigo do bando é ele mesmo.

Na referência à realidade do bando, encontramos uma interessante transposição daquilo que Freud nos articula sob a forma do perigo interno. Encontramos, ali, precisamente, a confirmação daquilo que lhes disse sempre – com relação ao universal, o individual e o coletivo são um só e mesmo nível. O que é verdadeiro no nível do individual, esse perigo interno, é verdadeiro também no nível do coletivo. O perigo interno ao sujeito é o mesmo que o perigo interno ao bando.

Isso se deve à originalidade da posição do desejo como tal. Na medida em que o desejo vem emergir para preencher a falta de certeza ou de garantia, o sujeito se acha confrontado com aquilo que lhe importa, de vez que ele não é apenas um animal do bando. Talvez ele o seja, só que toda ação elementar de sua parte, que existe certamente, é gravemente perturbada pelo fato de se achar incluída, tanto no nível coletivo quanto no nível individual, na relação com o significante.

O animal social, no momento em que foge ao sinal que lhe é dado pelo animal de sentinela ou outro, *é* o bando. O ser falante, este é essencialmente a falta-a-ser surgida de uma certa relação com o discurso – surgida de uma poesia, se quiserem. Essa falta-a-ser, o sujeito não pode preenchê-la, já lhes indiquei isso, senão por uma ação que, vocês percebem isso melhor no contexto deste paralelo, assume facilmente, assume talvez radicalmente, sempre, um caráter de fuga para adiante.

Mas justamente, essa ação, que não se dá no plano da coerência nem da defesa coletiva, não interessa em absoluto ao bando. Em suma, em princípio, o bando não se acomoda com a ação do sujeito, para não dizer que não a quer. E não somente o bando – a realidade também não quer sua ação, porque a realidade é justamente a única das certezas acumuladas pela adição de uma série de ações anteriores. A nova ação é sempre malrecebida.

É isso que nos permite situar corretamente, isto é, de uma maneira que recorta a experiência, o fato, ainda assim surpreendente, e no entanto sempre mais ou menos evidente, da pequena elevação de angústia que se produz cada vez que se trata realmente do desejo do sujeito. Estamos aqui ao mesmo tempo no cotidiano e no essencial, no ponto vivo, na raiz de nossa experiência.

Se a análise não conseguiu fazer com que os homens compreendessem que seus desejos, em primeiro lugar, não são a mesma coisa que suas necessidades, e, em segundo lugar, que o desejo apresenta em si mesmo um caráter perigoso, ameaçador para o indivíduo, que se esclarece pelo caráter evidentemente ameaçador que ele comporta para o bando – pergunto-me, então, para o que a análise terá servido.

Trata-se de abrir uma senda e já que estamos engajados nisso vamos continuar, colocando uma questão insidiosa – o que deve ser a *Versagung* da análise? Nesse ponto, francamente, eu não lhes disse muito, mas pergunto a vocês – não será isso, a fecunda *Versagung* da análise? – que o analista recuse ao sujeito a sua angústia, a dele analista, e deixe nu o lugar onde ele é convocado como outro a dar o sinal de angústia.

Vejamos aqui perfilar-se aquilo que já lhes indiquei da última vez, dizendo-lhes que o lugar puro do analista, na medida em que poderemos defini-lo na e pela fantasia, seria o lugar do desejante puro.

A função do desejo se produz sempre em algum lugar, quer o sujeito venha no lugar do *érômênos* ou do *érômenon*. É por essa razão que os fiz percorrer, no início do ano, aquele longo desbravamento da teoria do amor no *Banquete*. Seria preciso agora chegar a conceber que algum sujeito pudesse ocupar o lugar do puro desejante, isto é, abstrair-se, escamotear a si mesmo na relação com o outro, de qualquer suposição de ser desejável. Aquilo que vocês leram das afirmações, das respostas de Sócrates no *Banquete* deve lhes dar uma ideia do que lhes estou dizendo.

Se alguma coisa é encarnada e significada pelo episódio com Alcibíades, é justamente isso. Por um lado, Sócrates afirma nada conhecer das coisas do amor, e tudo o que nos é dito dele é que é um desejante enérgico, inesgotável. Mas, quando se trata de mostrar-se na posição do desejado diante da agressão pública, escandalosa, desenfreada, ébria de Alcibíades, não existe ali, literalmente, mais ninguém. Não digo a vocês que isso resolva a questão, mas é, pelo menos, ilustrativo daquilo de que lhes falo, isso tem um sentido que foi ao menos encarnado em algum lugar.

Não é apenas a mim que Sócrates parece ser um enigma humano, um caso nunca visto, e com o qual não se sabe o que fazer, seja qual for a maneira por que se tente apreendê-lo. É a todo mundo, cada vez que alguém se coloca, realmente, a questão – Como é que aquele sujeito foi fabricado? E por que ele desarrumava tudo, bastando que aparecesse e contasse historinhas que pareciam ser coisas do dia a dia?

Gostaria que nos detivéssemos um pouco no que vem a ser o lugar do desejante. Isso faz eco, isso rima com o que vou chamar de lugar do suplicante na oração, pois, na oração, o suplicante se vê rezando. Não há oração sem que o suplicante se veja rezando.

Lembrei-me esta manhã de Príamo. É o típico suplicante, que reclamou a Aquiles o corpo do último, ou quase, dos seus filhos. Em todo caso, de Heitor, ele faz questão.

O que vem ele contar a Aquiles? Não lhe fala muito de Heitor, em primeiro lugar porque não é fácil falar dele no estado em que se encontra naquele momento, e depois porque acontece que a cada vez que está em causa o Heitor vivo, Aquiles, que não é dócil nem senhor de seus impulsos, começa a enfurecer-se, ainda que tenha recebido instruções divinas através de sua mãe Tétis, que veio lhe dizer – O chefão quer que você devolva Heitor ao seu pai Príamo, e veio me visitar expressamente para isso.

Príamo não tem tanta psicologia. Simplesmente pelo fato de estar em posição de suplicante, ele presentifica em sua própria demanda o personagem do suplicante. A prece de Príamo ressoa desde a origem de nossa era, pois mesmo que vocês não tenham lido a *Ilíada,* esse episódio está aí, circulando entre vocês todos por intermédio de todos os outros modelos que ele engendrou. E em sua oração Príamo duplica seu personagem por um outro, que se descreve e se insere em sua prece sob a forma de alguém que não está ali, a saber, Peleu, o pai de Aquiles. É Príamo quem ora, mas é necessário que sua oração passe por um outro. Ele invoca, não o pai de Aquiles, mas a figura de um pai que talvez esteja, naquele mesmo instante, muito aborrecido porque seus vizinhos o atormentam, mas sabe que tem ainda um filho, Aquiles. Assim vocês reencontrarão em toda oração aquilo a que chamo o lugar do suplicante no próprio interior do discurso daquele que reza.

Com o desejante não acontece o mesmo, e é por essa razão que faço este desvio. O desejante enquanto tal nada pode dizer de si mesmo, a não ser abolindo-se como desejante. Aí está o que define o lugar puro do sujeito enquanto desejante. Toda tentativa de se articular, neste nível, é inútil, mesmo a síncope da linguagem é impotente para dizer, porque, a partir do momento em que diz, o sujeito nada mais é que mendicante, ele passa ao registro da demanda, e isso é outra coisa.

Isso não é menos importante quando se trata de formular aquilo que, nessa resposta ao outro constituída pela análise, delineia a forma específica do lugar do analista.

Vou terminar hoje com uma afirmação que talvez acrescente ainda uma fórmula em impasse a todas aquelas que até agora lhes ofereci. Eis a fórmula, e ela tem, realmente, algum interesse, já que amarra os elementos cujo percurso acabo de designar – se a angústia é o que lhes disse, uma relação de sustentação do desejo, pois o objeto falta, invertendo os termos, o desejo é um remédio para a angústia.

Isso se vê constantemente na prática. O mais insignificante dos neuróticos sabe muito sobre isso, até mesmo mais que vocês. O apoio encontrado no desejo, por incômodo que seja com toda a sua carga de culpa, é ainda assim muito mais fácil de sustentar que a posição de angústia, de modo que, em suma, para alguém um pouco astucioso e experimentado – digo isso para o analista – convém ter sempre ao alcance um pequeno desejo bem-provido, para não estar exposto a colocar em jogo na análise um quantum de angústia que não seria oportuno nem bem-vindo.

Será realmente a este ponto que tenciono levá-los? Certamente que não, não é fácil localizar com a mão as paredes do corredor. A questão não é do expediente do desejo, mas de uma certa relação com o desejo, pela qual seria preciso que ele não fosse sustentado inteiramente a curto prazo.

Em nosso próximo encontro, voltaremos à distinção, inaugurada da última vez, entre a relação do sujeito com o eu ideal e com o ideal do eu. Isso vai permitir que nos orientemos na tópica verdadeira do desejo, graças à função do *einziger Zug*, que diferencia profundamente o ideal do eu, e permite dessa maneira definir a função do objeto em suas relações com a função narcísica.

É isso que espero levar a cabo em nosso próximo encontro, colocando-o sob o exergo da fórmula de Píndaro – *Sonho de uma sombra, o homem,* escreve ele nos últimos versos de sua oitava *Pítica.*

14 de junho de 1961

XXVI

Sonho de uma sombra, o homem

A mosca no campo do Outro.
O homem, com o analista, desperta.
Abraham e o amor parcial.
Os objetos "emergentes".
A raposa e a ponta do seu focinho.

Vamos tentar hoje dizer algumas coisas sobre o tema da identificação, na medida em que – vocês já compreenderam, espero – fomos levados a ela como ao último termo da questão precisa em torno da qual fizemos girar, este ano, nossa tentativa de elucidação da transferência.

Anunciei a vocês que retomaria, sob o signo da célebre frase lançada por Píndaro, na oitava *Pítica* feita para Atistomenes, lutador de Egino, vencedor do Egito:

> *Epameroi ti dé tis; ti d'ou tis; skias onar anthropos.*
>
> Sonho de uma sombra, o homem

Não é por acaso que acentuo a necessidade de distinguir dois níveis concretos da identificação, distinção evidente, fenomenologicamente ao alcance de qualquer um – o eu ideal não se confunde com o ideal do eu. O psicólogo pode descobrir isso sozinho, e não deixa, aliás, de fazê-lo. O fato de que a coisa seja igualmente importante na articulação da dialética freudiana é o que nos confirma, por exemplo, o trabalho a que eu fazia alusão da última vez, do sr. Stein, sobre a identificação primária, e que termina com o reconhecimento.

Mas o que ainda continua obscuro é a diferença entre as duas séries que Freud distingue e acentua como as identificações do eu e as identificações do ideal do eu.

1

Tomemos, então, o pequeno esquema com o qual vocês começam a se familiarizar e que reencontrarão quando trabalharem com a cabeça repousada no número seis da revista *La Psychanalyse* a ser publicada.

A ilusão aqui representada, dita do vaso invertido, só pode se produzir para o olho que se situa em alguma parte no interior do cone assim produzido pelo ponto de junção do limite do espelho esférico com o ponto focal onde deve se produzir a ilusão. Vocês sabem que essa ilusão, que é uma imagem real, nos serve para metaforizar aquilo que eu chamo de *i* de *a*, escrito *i(a)*, que é suporte da função da imagem especular. Em outras palavras, esta é a imagem especular enquanto tal, carregada do tom, do acento especial, do poder de fascinação, do investimento próprio que é o seu no registro libidinal, bem destacado por Freud sob o termo investimento narcísico. A função *i(a)* é a função central do investimento narcísico.

Estas palavras não bastam para definir todas as relações e incidências sob as quais veremos aparecer essa função. O que diremos hoje vai lhes permitir esclarecer de que se trata, pois é igualmente aquilo que chamo de a função do eu ideal, enquanto distinta daquela do ideal do eu, e a ela oposta.

Estou marcando a colocação em função do Outro na medida em que ele é o Outro do sujeito falante, o Outro na medida em que, por ele, o lugar da fala vem atuar para todo sujeito – para todo sujeito com quem lidamos como psicanalistas, deixando de lado a incidência do cínico. Podemos fixar aí o lugar daquilo que vai funcionar como ideal do eu.

No pequeno esquema, tal como verão publicado na revista, vocês vão notar que o S, que está ali enquanto figuração da função do sujeito, é puramente virtual. Essa função é, se posso dizer, uma necessidade do pensamento, aquela mesma que está no princípio da teoria do conhecimento, a saber, que não poderíamos conceber nada como objeto que não fosse suportado pelo sujeito. Mas, como analistas, colocamos em questão, precisamente, a existência real dessa função. Revelamos, com efeito, que o sujeito com quem lidamos, devido a ser, essencialmente, um sujeito que fala, não poderia se confundir com o sujeito do conhecimento. É realmente, de minha parte, uma verdade de La Palice[34] ter lembrado aos analistas que o sujeito não é para nós o sujeito do conhecimento, mas o sujeito do inconsciente. Não se trata de especular sobre ele como sobre a pura transparência a si mesmo do pensamento, já que é justamente contra isso que nos erguemos. Que o pensamento seja transparente é uma pura ilusão.

Sei a insurreição que posso provocar com semelhante virada no espírito de um filósofo. Acreditem-me, já tive com os defensores da posição cartesiana discussões bastante puxadas para poder dizer que existe, em definitivo, algum meio de se entender. Mas deixo de lado esse debate, que não é o que nos interessa hoje.

Este sujeito, portanto, que está aí no nosso esquema, está em posição de aceder somente por artifício à apreensão da imagem real que se produz em *i(a)*. Isso porque ele não está ali, e é apenas por intermédio do espelho do Outro que vem se colocar naquele lugar. Como ele não é nada, não pode ver-se ali. Tampouco é a si mesmo enquanto sujeito que ele procura naquele espelho.

Há muito tempo, pouco depois da guerra, em Bonneval, no meu discurso sobre a causalidade psíquica, falei do *espelho sem superfície*. Essa afirmação enigmática podia então prestar-se à confusão com algum exercício de ascese mais ou menos místico. Reconheçam hoje que o que eu quis dizer, ou mais exatamente, comecem a pressentir que, na função do analista como espelho, não é do espelho da assunção especular que se trata. Falo do lugar que ele tem de manter, ele, analista, mesmo que seja no espelho que deva se produzir a imagem especular virtual.

Essa imagem real, que está aqui em *i'(a)*, é justamente o que o sujeito vê no Outro, mas ele a vê somente na medida em que está num lugar que não se confunde com o lugar daquilo que é refletido. Nenhuma condição o vincula a estar no lugar de *i(a)* para ver-se em *i'(a)*.

Certas condições, todavia, obrigam-no a estar num certo campo, aquele designado pelas linhas que limitam certos volumes. Por que, então, naquele esquema originário, coloquei S no ponto onde vocês o encontrarão na figura que publiquei? Nada implica que ele esteja ali de preferência a qualquer outra parte. Ele está ali em princípio porque, relativamente à orientação da figura, vocês o veem aparecer de alguma forma por trás de *i(a)*, e essa posição não deixa de ter um correspondente fenomenológico, traduzido muito bem pela expressão, que não existe por acaso, *uma ideia atrás da cabeça*. Por que, então, as ideias que são em geral aquelas que nos sustentam seriam qualificadas de ideias atrás da cabeça? Não é por nada que o analista se mantém por trás do paciente. Também vamos reencontrar daqui a pouco a temática daquilo que está na frente e daquilo que está atrás.

Seja como for, a posição de S no campo do Outro, isto é, no campo virtual que o Outro desenvolve por sua presença como campo de reflexão só é observável ali num ponto, grande I, enquanto distinto do lugar onde *i'(a)* se projeta. É na medida em que essa distinção não somente é possível, mas comum, que o sujeito pode apreender o que existe de basicamente ilusório na sua identificação narcísica. Existe a sombra, *der Schatten*, diz Freud em alguma parte, e precisamente a propósito do *verlorenes Objekt*, do objeto perdido, no trabalho do luto. Se *der Schatten*, a sombra, essa opacidade essencial trazida para a relação com o objeto pela estrutura narcísica, é superável, é na medida em que o sujeito pode se identificar noutra parte.

O Outro, nós o imajamos aqui sob a forma em que é legítimo o imajarmos – um espelho. Esta é a forma em que a filosofia existencialista o apreende, e o apreende com exclusão de qualquer outra coisa, e é isso que constitui sua limitação. O Outro, diz ela, é aquele que devolve nossa imagem. Ora, se o Outro nada mais é do que aquele que me devolve minha imagem, eu não passo, com efeito, daquilo que me vejo ser. Literalmente, eu sou grande Outro na medida em que ele próprio, se existe, vê a mesma coisa que eu. Ele também se vê em meu lugar. Como saber se o que me vejo ser ali não é em absoluto tudo o que está em questão? É, realmente, a mais simples das hipóteses, supor o Outro um espelho vivo, de tal modo que, quando olho para ele, é ele em mim quem se olha e quem se vê em meu lugar, no lugar que ocupo nele. Se ele nada mais é que seu próprio olhar, é ele quem funda o verdadeiro desse olhar.

Para dissipar esse milagre, é suficiente é necessário, acontece todos os dias algo que representei para vocês no outro dia como o gesto de cabeça da criança pequena que se volta para aquele que a carrega. Não é preciso muito para isso, quase nada. Um relâmpago, mas isso é dizer demais, pois um relâmpago sempre passou por ser o próprio sinal do Pai dos deuses, nada menos – e não é à toa que o coloco à frente. Uma mosca que voa, se passar por esse campo, é suficiente para me fazer situar-me noutra parte, para me arrastar para fora do campo de visibilidade do *i(a)*.

Não creiam que eu esteja me divertindo, se trago para aqui a mosca ou a vespa, ou qualquer coisa que faz barulho, que nos surpreende – já que, como vocês bem sabem, este é o objeto eletivo, suficiente em seu caráter mínimo, para constituir aquilo a que chamo o significante de uma fobia. Este tipo de objeto pode ter uma função operativa absolutamente suficiente para questionar a realidade e a consistência da ilusão do eu. Basta que se movimente no campo do Outro seja o que for que desempenhe o papel de ponto de suporte do sujeito para que na ocasião de um de seus desvarios possa ser dissipada, vacilar, ser posta em causa a consistência do Outro, ou, mais precisamente, daquilo que está ali enquanto campo de investimento narcísico.

Com efeito, para seguir com todo o rigor o ensinamento de Freud, se o campo do investimento narcísico é central e essencial, se é em torno dele que se decide todo o destino do desejo humano, não existe somente este campo. A prova disso é que Freud, no próprio momento em que introduz esse campo no *Einführung*, distingue um outro, aquele da relação com o objeto arcaico, o campo nutritício do objeto materno. Esse outro campo, que assume na dialética freudiana seu valor por ser distinto como sendo de uma outra ordem e que é, se compreendo bem, aquilo que o sr. Stein identificou em seu trabalho sob o termo identificação primária, é para nós – isso é o que introduzo de novo – estruturado de maneira comum, radical, pela presença do significante como tal.

Se introduzo isso não é somente pelo prazer de trazer uma articulação nova daquilo que é, de fato, sempre o mesmo campo, mas sim porque a função do significante é aqui decisiva. É graças a ela que aquilo que vem desse campo abre ao sujeito a possibilidade de sair da pura e simples captura no campo narcísico. E é apenas apontando como essencial a função do elemento significante que podemos introduzir esclarecimentos, possibilidades de distinção de que necessitam imperiosamente – vou mostrar isso a vocês –, por questões clínicas tão concretas quanto possível. É somente introduzindo a articulação do significante na estruturação do campo do Outro que se podem resolver questões clínicas até aqui mantidas sem resolução e que se prestam, por esse motivo, a confusões irredutíveis.

Em outras palavras, skias, onar anthropos, *Sonho de uma sombra, o homem.* É por meu sonho, é por me deslocar no campo do sonho na medida em que ele é o campo de errância do significante que posso entrever a possibilidade de dissipar os efeitos da sombra, e saber que ela não passa de uma sombra. Decerto, existe alguma coisa que posso ainda por muito tempo não saber, é que eu sonho. Mas, já no nível e no campo do sonho, se sei bem interrogá-lo e articulá-lo, não somente triunfo da sombra, mas tenho um primeiro acesso à ideia de que há mais real do que a sombra, que há, em primeiro lugar e no mínimo, o real do desejo, do qual essa sombra me separa.

Vocês me dirão que o mundo do real não é o mundo dos meus desejos. Mas a dialética freudiana que lhes ensino comporta, também, que eu proceda apenas pela via dos obstáculos impostos ao meu desejo. O objeto é *ob.* O objeto se encontra através das objeções. Se o primeiro passo em direção à realidade é dado no nível do sonho e no sonho, o fato de que eu alcance essa realidade supõe, certamente, que eu desperte. Mas, esse despertar, não basta defini-lo topologicamente dizendo que o que me desperta é quando há um pouco de excesso de realidade em meu sonho. O despertar se produz, de fato, quando aparece no sonho a satisfação da demanda. Isso não é frequente, mas acontece.

O encaminhamento analítico da verdade sobre o homem nos ensinou o que é o despertar, e nós entrevemos aonde vai a demanda. O analista articula aquilo que o homem demanda. O homem com o analista desperta. Ele percebe que, desde o milhão de anos em que a espécie humana está aí, ele não cessou de ser necrófago. Esta é a última palavra daquilo que Freud articula, sob o nome de identificação primária, da primeira espécie de identificação – o homem não cessou, em absoluto, de comer seus mortos, mesmo que tenha sonhado, durante um curto espaço de tempo, que repudiava irredutivelmente o canibalismo.

Importava, aqui, apontar que é precisamente no caminho onde nos é demonstrado que o desejo é um desejo de sonho, que o desejo tem a mesma estrutura que o sonho – que o primeiro passo correto é dado naquilo que é o caminho em direção à realidade.

É por causa do sonho e no campo do sonho que, em primeiro lugar, verificamo-nos ser mais fortes que a sombra.

2

Agora que articulei as relações de *i(a)* com I, de uma maneira pela qual me desculpo por vocês ainda não poderem ver, desde já, as implicações clínicas, vamos mostrar as relações desse Eu duplicado com o pequeno *a,* o objeto do desejo. É isso que nos importa, e meu discurso precedente implica isso, na medida em que ele é suficiente para guiar-nos nas relações com *i(a).*

Voltarei, mais adiante, a falar daquilo que, fora da experiência maciça do sonho, justifica a tônica que dei à função do significante no campo. A cada vez que as identificações com o ideal do eu são invocadas, e, por exemplo, na introjeção do luto em torno do qual

Freud fez girar um passo essencial de sua concepção, vocês vão ver que, observando de perto a articulação clínica, nunca se trata de uma identificação maciça, que seria, com referência à identificação narcísica que ela vem contra-atacar, como envolvente de ser a ser.

Para ilustrar o que acabo de dizer, a imagem surge dos ícones cristãos – a mãe em relação à criança que ela carrega à sua frente, sobre seus joelhos. Essa figuração não é nada casual, acreditem – a mãe envolve a criança. Se fosse essa oposição que estivesse em causa entre as identificações, a identificação anaclítica deveria ser, com referência à identificação narcísica, como um vaso contendo no interior um mundo mais limitado.

Digo a vocês desde logo que, entre as leituras mais demonstrativas nesse aspecto, está a do *Versucheiner Entwickiungsgeschichte der Libido,* de Karl Abraham, que deve ser feita, o *Essai sur l'histoire du développement de la libido,* publicado em 1924.

Nesse artigo, trata-se apenas disso: das consequências a se tirar daquilo que Freud acaba de trazer referente ao mecanismo do luto e da identificação. Dentre as muito numerosas ilustrações clínicas dadas por Abraham da realidade desse mecanismo, não há um único exemplo onde vocês não percebam, sem ambiguidade, que se trata sempre da introjeção, não da realidade de um outro naquilo que ela tem de envolvente, de amplo, de maciço, até mesmo de confuso, ocasionalmente, mas sempre daquela de *ein einziger Zug,* de um único traço. As ilustrações disso oferecidas por ele vão muito longe, já que, na realidade, sob o título de um *Versuch* sobre o desenvolvimento da libido, trata-se apenas da função do parcial na identificação e isso concorrentemente com a pesquisa sobre o desenvolvimento e ao abrigo dessa pesquisa, a menos que esta última seja a desculpa para isso, ou ainda uma subdivisão.

Com efeito, foi nesse trabalho que Karl Abraham introduziu a noção daquilo a que se chama erroneamente a concepção do objeto parcial, que circulou desde então em toda a análise, e foi a pedra sobre a qual se edificou uma considerável teorização referente às perversões. Vou mostrar a vocês o que vem a ser isso, antes de voltar às ilustrações brilhantes que disso são dadas.

Será suficiente que eu lhes indique onde ir buscar as coisas, ali onde elas estão, e vocês irão perceber que não há nada a se retorquir àquilo que eu aqui formulo, ou seja, que o artigo de Abraham só tem sentido e importância na medida em que é a ilustração, em cada página, do que caracteriza a identificação enquanto identificação do ideal do eu – é uma identificação por traços isolados, por traços, cada um deles único, por traços que têm a estrutura de significante.

É isso, também, que nos obriga a examinar um pouco mais de perto aquilo que é preciso distinguir, se quisermos ver claramente. Com efeito, no mesmo contexto, e não sem razão, Abraham introduz o que é designado como a função do objeto parcial. É isso, precisamente, o que estará em questão no que diz respeito às relações de *i(a)* com *a*.

Se vocês lerem Abraham, vão encontrar esta expressão, *Die Objekt-Partialliebe,* o amor parcial do objeto. O que é o objeto desse amor, o objeto mais que exemplar, o único verdadeiro objeto, ainda que outros possam se inscrever na mesma estrutura, é o falo. Eis o que Abraham acentua. Como concebe ele em seu texto a ruptura, a disjunção que dá seu valor de objeto privilegiado ao falo? Em todas as páginas, ele vem produzir para nós o que está em jogo da forma seguinte:

O amor parcial do objeto, o que significa isso para Abraham? Não é o amor daquilo que vem cair da operação sob o nome de falo. É justamente o amor prestes a aceder ao objeto normal, o amor do outro sexo, o amor implicado nesse estágio capital, estruturante, estrutural, a que chamamos estágio fálico, é justamente o amor do outro, tão completo quanto possível – menos os genitais.

Abraham dá como exemplo clínico, na página 99 da edição original, dois casos de mulheres histéricas que tiveram, com o pai, certas relações inteiramente fundadas em variações de relacionamento. No primeiro caso, em seguida a uma relação traumática com o pai, este não é mais apreendido pela paciente senão por seu valor fálico, mas ei-lo que, na continuação do tratamento, aparece nos sonhos com sua imagem completa, só que esta é censurada no nível dos genitais, sob a forma do desaparecimento dos pelos pubianos. Todos os exemplos vão nesse sentido – o amor parcial do objeto, amor do objeto menos os genitais, dá seu fundamento à separação imaginária do falo, na medida em que este intervém a partir de então como função central e exemplar.

O falo é a função pivô, diria eu, que nos permite situar aquilo que dele se distingue, ou seja, *a,* e no pequeno *a* enquanto pequeno *a,* a função geral do objeto do desejo. No coração da função pequeno *a,* permitindo agrupar os diferentes modos de objetos possíveis que intervêm na fantasia, existe o falo. Este é o objeto, como eu disse, que permite situar sua série, o ponto de origem, para frente e para trás.

É assim que Abraham observa, numa pequena nota, que o amor do objeto com exclusão dos genitais nos parece ser a fase do desenvolvimento psicossexual cujo tempo coincide com o estágio de desenvolvimento fálico. Ele acrescenta que os dois não estão apenas ligados por uma coincidência temporal, mas por relações internas muito mais estreitas, e que os sintomas histéricos podem ser compreendidos a partir desse mecanismo definido como a exclusão do genital.

Eu não havia relido esse texto desde há muito tempo, tendo deixado esse cuidado a dois de vocês. Talvez não seja mau que vocês saibam que a fórmula algébrica que proponho da fantasia histérica se encontra ali manifesta. Por ora, é de outra coisa que quero que se deem conta, que também está no texto, mas ninguém, acredito, ainda se deteve nela.

Abraham se pergunta de onde vem a relutância e, em suma, o furor – termo que introduzo, mas que é justificado pelas linhas precedentes – que irrompe, já no nível imaginário, de castrar o outro no ponto vivo? A isso ele responde, dizendo: *Wir müssen ausserdem in Betracht ziehen, dass bei jedem Menschen das eigene Genitale stärker als irgendein anderer Körperteil mit narzisstischer Liebe besetzt ist.* Devemos, portanto, levar em consideração o fato de que, em todo homem, aquilo que constitui, propriamente, os genitais, é investido mais fortemente que todas as outras partes do corpo no campo narcísico. E para que não haja qualquer ambiguidade quanto ao seu pensamento, Abraham esclarece que isso está, justamente, em correspondência com o fato de que, no nível do objeto, deve ser investido seja o que for, mais que os genitais.

Não sei se vocês percebem bem o que está implicado por semelhante modificação, que não está ali isolada como se fosse um lapso da pena, mas que tudo demonstra ser a própria subjacência do pensamento de Abraham. Não posso atravessar isso por cima, como se fosse uma verdade corrente. Apesar da evidência e da necessidade de semelhante articulação, tanto quanto eu saiba ela não foi indicada até o presente momento por ninguém.

Tentemos compreender isso no quadro. Aqui está o campo narcísico. O único interesse de ter trazido aqui o narcisismo é o de nos mostrar que é dos avatares do narcisismo que depende o processo do progresso do investimento do genital. Tentemos representar algo que responda ao que nos é dito, a saber, que o investimento não é, em parte alguma, mais forte do que no nível dos genitais. Se colocamos o corpo deste lado, chegaremos a este gráfico, onde isso nos representa o perfil do investimento narcísico.

A frase de Abraham, se devemos lhe dar seu valor de razão, implica que, contrariamente ao que se poderia pensar inicialmente, não é a partir do alto que as energias são subtraídas para serem transferidas para o objeto, não são as regiões mais investidas que se descarregam para começar a dar um pequeno investimento ao objeto. No pensamento de Abraham, enquanto necessitado por todo o seu livro – senão, este livro não tem mais sentido algum – é, ao contrário, nos níveis de investimento mais baixos que se faz a captação de energia do investimento objetal.

Abraham nos explica isso da maneira mais clara – é na medida em que, no sujeito, os genitais permanecem investidos, que no objeto eles não o são.

Não há, em absoluto, meio de se compreender isso de outra maneira.

3

Reflitam um pouco – tudo isso não nos conduz a uma observação muito mais importante do que se poderia crer?

Com efeito, há uma coisa que não parece ser percebida com relação ao estágio do espelho e à função da imagem especular. Se é no nível da relação especular que se regula a comunicação, o entornamento, o escoamento, ou o intervazamento que tem lugar entre o objeto narcísico e o outro objeto, não devemos dar provas de um pouco de imaginação e dar importância ao que resulta disso? Se o centro organizador, no imaginário, da relação ao outro como sexual, ou como não sexual, se situa no homem no estágio especular, não vale a pena deter-se nisso, que nunca se nota? – essa economia tem uma relação íntima com a face, a relação face a face.

Nós utilizamos com frequência esse termo dando-lhe uma certa ênfase, mas não parece que esta tenha sido dada justamente sobre o que ele tem de original – chama-se a relação genital *a tergo* de relação *more canis.* Não deveria ser assim com os gatos, é bem o caso de se dizer. Bastaria que vocês pensassem nessas mulheres-gatos para dizer que talvez exista algo de decisivo na estruturação imaginária de um fato.

Para a grande maioria das espécies, a relação com o objeto do desejo é por estrutura votada a vir de trás, consiste em cobrir ou em ser coberto. Raras são as espécies para quem essa coisa deve acontecer pela frente. Na nossa, o momento sensível da apreensão do objeto é decisivo, se vocês acreditam ao mesmo tempo na experiência e naquilo que lhes convido a encontrar nela. Falo desse objeto que é definido pelo fato de que, no animal ereto, algo de essencial acontece com o aparecimento de sua face ventral. Este é um fato capital.

Parece-me que ainda não se valorizou suficientemente todas as consequências disso para o que vou chamar de as diversas posições fundamentais do erotismo. Não que não vejamos seus traços aqui e ali, e que os autores não tenham, há muito, reparado que quase todas as seitas primitivas evocam e reproduzem a perspectiva de um coito *a tergo,* e apegam-se a isso. Por quê? Não vou me demorar num certo número de anotações que poderiam se ordenar nesse sentido, para lhes assinalar que é bastante notável que os objetos possuidores de um valor isolado na composição imaginária do psiquismo humano, e muito especialmente como objetos parciais, estejam não apenas colocados à frente, mas, se posso dizer, emergentes.

Se tomarmos como medida uma superfície vertical paralela à superfície do espelho, e regularmos de alguma maneira a profundidade em questão na imagem especular, poderemos destacar aquilo que vem à frente relativamente a essa profundidade, como emergindo da imersão libidinal. Não digo apenas do falo, mas também desse objeto essencialmente fantasístico chamado seios.

Veio-me à lembrança, a propósito, um episódio de um livro de uma excelente senhora, que se chama *Le Petit Bob,* onde se assiste à épica e inenarrável observação, pelo Pequeno Bob, à beira-mar, sobre uma mulher numa prancha, de dois pãezinhos de açúcar, como ele se exprime, cuja aparência ele descobre maravilhado – e não se deixa de observar alguma complacência na autora.

Não acredito que seja jamais sem proveito ler os autores que se ocupam de recolher as declarações da criança. Esta aqui foi certamente recolhida ao vivo. O fato de que aquela senhora, que se sabia ser a mãe de um saudoso neurocirurgião, que foi sem dúvida, ele próprio, o protótipo do pequeno Bob, fosse, devo dizer, um pouco babaca, não impede que o que daí resultou para nós tivesse algum proveito, pelo contrário.

Talvez vejamos agora, igualmente, a verdadeira função a ser dada, na relação objetal, ao *nipple.* O bico do seio também está em posição de isolamento sobre um fundo, e, por esse motivo, está em posição de exclusão no que se refere a essa relação profunda com a mãe que é a do bebê. Se não fosse assim, não se teria, talvez, com tanta frequência, tamanha dificuldade para fazer o bebê pegar o bico em questão. E talvez os fenômenos das anorexias mentais tivessem também um outro desenvolvimento.

Convém, portanto, que vocês tenham em mente um pequeno esquema referente à mola da ligação recíproca entre o investimento narcísico e o investimento do objeto, ligação que justifica sua denominação, e que permite que se isole seu mecanismo. Nem todo objeto deve se definir pura e simplesmente como um objeto parcial longe da mãe. A relação do corpo próprio com o falo tem um caráter central. Ela condiciona a relação com os objetos mais primitivos. Seu caráter de objeto separável, possível de se perder, sua colocação em função de objeto perdido, todas essas características não se apresentariam da mesma maneira se não houvesse, no centro, o objeto fálico, emergindo como de um plano à frente da imagem do corpo.

Pensem nessas ilhas cujo plano veem nos mapas marítimos – o que está sobre a ilha não é de forma alguma representado, mas apenas o contorno. Pois bem, o mesmo se dá com os objetos do desejo em toda a sua generalidade. Penso mostrar isso a vocês da próxima vez – o genital é como uma ilha, e não basta dizer que se fará mais tarde o desenho daquilo que há sobre a ilha, que as coisas se arranjarão, que entraremos a todo vapor no genital. Esse desenho, ninguém jamais o fez. Caracterizar o objeto como genital não é suficiente para definir sua relação com o corpo. E não basta qualificar de pós-ambivalente a entrada no estágio genital ninguém jamais entrou nele.

Vou terminar com uma pequena imagem destinada a fazê-los guardar o que quis hoje colocar novamente na estamparia mental de vocês.

No momento em que eu me detinha na relação entre o homem e os animais, veio-me à ideia ler o seguinte.

É claro que, *a tergo,* isso deve apresentar algum inconveniente para o ouriço, mas não vou me deter nesse episódio. O ouriço é uma referência literária. Arquíloco se exprime, em alguma parte, em suas *Épodas,* dessa maneira – a raposa sabe muito, conhece muitos truques, enquanto o ouriço só tem um, mas célebre. Ora, o que está em questão concerne, precisamente, à raposa.

Lembrando-se ou não de Arquíloco, Giraudoux revela o estilo iluminado de um senhor que também tem um truque famoso, que ele atribui à raposa, e, diz ele – pode ser que a associação de ideias tenha atuado – talvez o ouriço conheça também esse truque.

Seria, em todo caso, urgente que ele o conhecesse, pois trata-se da maneira de se livrar dos parasitas que o incomodam, operação que é mais que problemática no ouriço.

Quanto à raposa de Giraudoux, vejamos como ela procede. Ela entra bem devagarzinho na água, começando pela cauda. Vai deslizando lentamente, deixa-se afundar até que nada permaneça mais de fora além da ponta do focinho. Em seguida, mergulha, a fim de ser radicalmente lavada de tudo aquilo que a atrapalha.

21 de junho de 1961

XXVII

O ANALISTA E SEU LUTO

O pequeno a do desejo.
A linha sadeana.
"Eu desejo".
A relação entre I *e* a.

No momento de fazer, diante de vocês, nosso último pronunciamento deste ano, voltou-me ao espírito a invocação de Platão no começo do *Crítias,* onde ele fala do tom como um elemento essencial na medida daquilo que se deve dizer. Pudesse eu, com efeito, saber manter este tom.

Para fazer isso, Platão invoca o próprio objeto de que vai falar nesse texto inacabado, que não é nada menos que o nascimento dos deuses. O recorte não deixou de me agradar, já que, lateralmente, sem dúvida, estivemos muito próximos desse tema, a ponto de escutar alguém, que vocês podem considerar, sob certos aspectos, que faz profissão de ateísmo, nos falar dos deuses como aquilo que se encontra no real.

O que lhes digo aqui, parece que a cada vez são mais numerosos os que o recebem, cada um, como dirigido a si em particular. Particular, não, decerto, para quem eu quiser, já que muitos, se não todos, o recebem. Nem tampouco coletivo, pois constato que aquilo que cada um recebe dá lugar, entre vocês, à contestação, se não à discordância. É, pois, um vasto lugar que é deixado de um a outro. Talvez seja isso o que se chama, no sentido próprio, clamar no deserto.

Decerto, não é que eu tenha a me queixar, este ano, de alguma deserção. Como todos sabem, no deserto, pode haver quase uma multidão. É que o deserto não é constituído pelo vazio. O importante é o seguinte, que eu ouso esperar – que seja um pouco no deserto que vocês tenham vindo me encontrar. Não sejamos demasiado otimistas, nem demasiado orgulhosos de nós mesmos, mas digamos ainda assim que vocês tiveram, todos quantos são, uma pequena preocupação quanto ao limite do deserto.

É por isso mesmo que me asseguro de que o que lhes digo, de fato, jamais é embaraçoso para o papel que devo manter diante de alguns de vocês, que é o de analista. Isso está ligado, precisamente, ao que visa meu discurso deste ano, a saber, a posição do analista. Trata-se daquilo que está no coração da resposta que o analista deve dar para dar conta do poder da transferência. Essa posição, eu a distingo dizendo que no próprio lugar que é o seu, o analista deve se ausentar de todo ideal do analista. Creio que o respeito a esta condição é próprio para permitir a conciliação necessária de minhas duas posições diante de alguns, de ser ao mesmo tempo seu analista e aquele que lhes fala da análise.

A títulos diversos, e sob diversas rubricas, pode-se, com certeza, formular a propósito do analista algo que seja da ordem do ideal. Existem qualificações do analista, e isso já é bastante para constituir um núcleo dessa ordem. O analista não deve ser totalmente ignorante de um certo número de coisas, isso é certo. Mas não é isso, de modo algum, que entra em jogo em sua posição essencial.

Decerto, aqui se abre a ambiguidade da palavra *saber*. Se, na sua invocação do começo do *Crítias,* Platão se refere ao saber como a única garantia de que aquilo que ele aborda ficará comedido, é que no seu tempo essa ambiguidade era muito menor. O sentido que tem, nele, a palavra saber é muito mais próximo daquilo que eu viso no momento em que tento articular para vocês a posição do analista, e é aqui, exatamente, que se justifica a escolha que fiz este ano, de partir da imagem exemplar de Sócrates.

1

Eis-me então chegado, da última vez, ao que acredito ser um ponto de virada do que teremos a enunciar em seguida – a função do objeto pequeno *a* em meus esquemas. Esta, com efeito, é a que até agora foi menos elucidada por mim.

Abordei-a, da última vez, a propósito do objeto enquanto parte, parte que se apresenta como separada, objeto parcial como se diz. E, referindo-os a um texto ao qual peço-lhes encarecidamente que se remetam em detalhe e com atenção durante estas férias, fiz vocês observarem que quem introduz a noção de objeto parcial, Karl Abraham, entende por isso, da maneira mais formal, um amor do objeto do qual uma parte é excluída. É o objeto menos essa parte.

Tal é o fundamento da experiência em cujo redor gira a entrada em jogo do objeto parcial, do qual vocês sabem o interesse que lhe foi desde então atribuído.

Aqueles que me escutam, se me ouvem, puderam ver há muito, parece-me, mais que uma suspeita das precisões formais que podemos trazer à parcialidade do objeto, na medida em que ela tem a relação mais estreita com a função da metonímia. Esta última se presta, em gramática, aos mesmos equívocos. Ali, também, vão-lhes dizer que é a parte tomada pelo todo, o que deixa tudo em aberto, tanto verdade como erro. Verdade, se essa parte tomada pelo todo se transforma na operação para se tornar seu significante. Erro, se nos apegamos somente à face de parte, ou, em outras palavras, se apelamos a uma referência de realidade para compreendê-la. Já sublinhei isso noutra parte o suficiente para não voltar mais a este ponto.

O importante é que vocês se recordem do esquema da última vez, e de um outro que vou retomar sob uma forma simplificada. Trata-se de que vocês saibam que relação existe entre, por um lado, o objeto do desejo do qual desde sempre sublinhei para vocês esse caráter essencial na experiência analítica, a saber, sua estruturação como objeto parcial e sua função de obturação fundamental – e, por outro lado, aquilo que destaquei da última vez, e que é justamente o que permanece mais irredutivelmente investido no nível do corpo próprio – o fato básico do narcisismo e seu núcleo central. A frase que extrai de Abraham comporta isso – é na medida em que o falo real permanece, à revelia do sujeito, aquilo em torno de que o investimento máximo é conservado – que o objeto parcial se acha elidido, deixado em branco na imagem do outro enquanto investida.

O próprio termo investimento assume todo seu sentido pela ambiguidade que ele comporta no *Besetzung* alemão – Trata-se não somente de uma carga, mas de alguma coisa que circunda o branco central. Se nos é preciso, nesse sentido, ligar-nos a alguma evidência, tomemos então a imagem que se pode dizer erigida no auge da fascinação do desejo, aquela que se renova com a mesma forma do tema platônico no pincel de Botticelli – o nascimento de Vênus, Vênus Afrodite, Vênus saindo das ondas, corpo erigido acima das vagas do amor amargo. Vênus – ou, tanto faz, Lolita. O que nos ensina, a nós, analistas, essa imagem?

Soubemos identificá-la bem na equação simbólica, para empregar o termo de Fenichel, *Girl = Phallus*. O falo não se articula aqui de outra maneira, mas, falando propriamente, da mesma. Ali onde vemos simbolicamente o falo, é justamente onde ele não está. Ali onde nós o supomos sob o véu, ali onde ele está manifestado na ereção do desejo, é, neste esquema, do lado de cá do espelho. Se ele está ali diante de nós, no corpo fascinante de Vênus, é justamente na medida em que ele não está ali, debaixo. Enquanto essa forma é investida, no sentido em que dissemos há pouco, de todos os atrativos, de todos os *Triebregungen* que a delimitam por fora, o falo está, com sua carga, do lado de cá do espelho, no interior do recinto narcísico. É por isso que, ali onde ele está, é também ali onde ele não está.

Aquilo que emerge no estado de forma fascinante acha-se investido de ondas libidinais que vêm dali de onde ele foi retirado, a saber, do fundamento, se podemos dizer, narcísico, de onde se tira tudo o que vem formar a estrutura objetal – como tal, pode-se dizer, sob a condição de se respeitarem suas relações e seus elementos. O que constitui o *Triebregung* em função no desejo – o desejo na sua função privilegiada, distinto da demanda e da necessidade – tem sua sede no resto, ao qual corresponde na imagem essa miragem pela qual ela é justamente identificada com a parte que lhe falta, e cuja presença invisível dá ao que se chama de beleza o seu brilho. É isso que significa o *ímeros* antigo que muitas vezes abordei aqui, chegando até a jogar com seu equívoco com o *immérable* dia.

Aqui está o ponto central em torno do qual ocorre aquilo que temos para pensar sobre a função do pequeno *a*.

Convém que se recordem do mito que fabriquei para vocês no momento do *Banquete*, da mão que se estende para a acha. Para que o mito seja verdadeiro, é preciso que a mão tenha um alcance real, que ela desprenda um estranho calor, de tal modo que à sua aproximação brote a chama do objeto em fogo. Miragem pura, contra a qual se insurgem todas as ... . Pois, por raro que seja este fenômeno, é preciso ainda, ao mesmo tempo, que ele seja considerado como impensável, e que não se possa, em qualquer situação, impedi-lo. Com efeito, é o milagre completo que, no nível desse fogo induzido, uma mão apareça. Esta é uma imagem toda ideal, um fenômeno sonhado, como o do amor. Todos sabem que o fogo do amor só queima em surdina, todos sabem que a trave úmida pode por muito tempo contê-lo sem que nada seja revelado ao exterior e, numa palavra, todos sabem o que cabe, no *Banquete*, ao mais gentilmente bobo articular de maneira quase derrisória, a saber, que a natureza do amor é a natureza do úmido, o que quer dizer, na raiz, exatamente a mesma coisa que está ali no quadro – que o reservatório do amor objetal, na medida em que ele é amor vivo, é a *Schatten*, a sombra narcísica.

Anunciei a vocês, da última vez, a presença desta sombra, e chegarei mesmo hoje a chamá-la de mancha de mofo[35] – talvez ela seja assim mais bem-nomeada do que se acredita, já que a palavra *eu* está nela incluída. Iríamos, aqui, reunir-nos à especulação sobre o eu do terno Fénelon, ele também, como se diz, inconstante.[36] Ele faz disso o sinal de um certo parentesco com a divindade. Eu seria tão capaz quanto qualquer outro de levar muito longe essa metáfora, e até a fazer de meu discurso uma mensagem para o lençol de vocês. No odor de rato morto que exala da roupa, por menos que se a deixe ficar na borda de uma banheira, não se deveria observar um sinal humano essencial? Se meu estilo de analista acentua com mais vontade aquilo que se qualifica, ou estigmatiza, pelo termo castração, isso não é unicamente o efeito de uma preferência, mas talvez simplesmente para poupar a vocês um odor que eu poderia provocar tanto quanto um outro.

Seja como for, vocês veem ali atrás perfilar-se aquele ponto mítico da evolução libidinal que a análise, sem jamais saber muito bem situá-lo na escala, demarcou como o complexo urinário, com sua relação obscura com a ação do fogo. Estes são termos antinômicos, um lutando contra o outro, pelos quais se anima o jogo do ancestral primitivo – como vocês sabem, a análise descobriu que seu primeiro reflexo de jogo diante da aparição da chama devia ter sido de mijar em cima, feito renovado no *Gulliver*. Essa relação profunda com a urina se inscreve no fundo da experiência infantil – a operação de secagem, os sonhos da roupa de cama enigmaticamente engomada, ou a erótica da lavadeira, conhecida por aqueles que puderam ver a esplêndida encenação, pelo sr. Visconti, de todos os brancos possíveis, materializando para nós o fato de que Pierrô está de branco, e a questão de saber por quê.

Em suma, é um pequeno círculo muito humano que se agrupa em torno do momento ambíguo entre a enurese e as primeiras emoções do falo. É ali que atua em suas raízes mais sensíveis a dialética do amor e do desejo.

Como se apresenta o objeto central, o objeto do desejo? Sem querer levar mais longe o mito placidamente encarnado naquilo que se chama o pequeno mapa, ou a pequena Córsega que todo analista conhece bem, digamos que o objeto do desejo se apresenta, no centro desse fenômeno, como um objeto salvo das águas do amor de vocês. Seu lugar deve, justamente, ser situado, e é esta a função do meu mito, no meio da mesma sarça ardente onde se anunciou um dia, numa opaca resposta, *Eu sou aquele que sou* – nesse mesmo ponto onde, à falta de saber quem fala, ficamos sempre ouvindo a interrogação do *Che vuoi?* proferida por uma estranha cabeça de camelo metamórfico, de onde também pode sair a pequena cadela fiel do desejo.

Tal é o ponto máximo em torno do qual gira aquilo com que lidamos quanto ao pequeno *a* do desejo.

2

Com esse pequeno *a* lidamos ao longo de toda a estrutura, pois ele nunca é superado quanto à atração libidinal.

Consideremos o que o antecede no desenvolvimento, a saber, as formas primeiras do objeto enquanto separado.

Os seios só assumem sua função no desejo na medida em que já desempenharam anteriormente seu papel no mesmo lugar, na dialética do amor, aquela que se instaura a partir das demandas primitivas – e igualmente das respostas primitivas, porque a mãe fala. No nível da demanda oral, há com efeito, apelo ao mais-além daquilo que pode ser satisfeito pelo objeto chamado seio. E o seio, imediatamente destacado do plano de fundo, assume logo um valor instrumental. Ele não é somente o que se toma, mas também o que se rejeita, o que se recusa, porque já se quer outra coisa.

Mostramos a mesma anterioridade em nossa estruturação da relação anal, onde o apelo ao ser da mãe leva para além de tudo o que ela pode dar de suporte anaclítico, função onde se confundem o ser e o ter.

Enfim, é a partir do advento do falo nessa dialética que se estabelece, justamente por ter sido reunida nele, a distinção do ser e do ter.

Para além do objeto fálico, a questão relativa ao objeto se abre – é mesmo o caso de dizê-lo – de outra maneira. Considerando essa emergência, essa fantasia, esse reflexo, essa imagem, eu diria quase a mais sublime na qual o objeto se encarna como objeto de desejo, aquela que destaquei há pouco, é claro que o falo se encama justamente naquilo que falta à imagem. É dali que se origina tudo o que será a continuação da relação do sujeito com o objeto do desejo.

O horizonte da relação com o objeto não é, antes de tudo, uma relação conservadora. Trata-se, se posso dizer, de interrogar o objeto sobre o que ele tem no ventre. Isso prossegue na linha onde tentamos isolar a função do pequeno *a,* a linha propriamente sadeana, por onde o objeto é interrogado até as profundezas de seu ser, solicitado a mostrar-se no que tem de mais escondido para vir preencher essa forma vazia na medida em que ela é fascinante.

Até onde o objeto pode suportar a questão? Talvez até o ponto em que a última falta-a-ser é revelada, até o ponto em que a questão se confunde com a própria destruição do objeto. Tal é o termo – e é por essa razão que existe a barreira que situei para vocês no ano passado, a barreira da beleza, ou da forma. Ali, a exigência de conservar o objeto se reflete sobre o próprio sujeito.

Rabelais nos mostra Gargantua partindo para a guerra. *Guarde isso que é o mais amado,* diz-lhe sua mulher, apontando com o dedo aquilo que, na época, era muito mais fácil de designar sem ambiguidade que em nossos dias, já que aquela peça de vestuário chamada braguilha tinha então um caráter glorioso. Isso quer dizer em primeiro lugar que ela não pode ser guardada em casa. Mas a segunda significação é também cheia dessa sapiência que não falta em nenhuma das afirmações de Rabelais – empenhe tudo, tudo pode ir na batalha, mas isso aqui, guarde-o irredutivelmente no centro. Isso não se pode arriscar.

Isso nos permite bascular em nossa dialética. Tudo isso, com efeito, seria muito bonito se fosse assim tão simples pensar o desejo a partir do sujeito, e se devêssemos reencontrar no nível do desejo o mito que se desenvolveu no nível do conhecimento, para fazer dele uma espécie de vasta teia lançada sobre o mundo, inteiramente tirada do ventre da aranha-sujeito.

Não seria mais simples que o sujeito dissesse *Eu desejo*? Mas dizer isso não é tão simples. É muito menos simples, vocês sabem por sua experiência, que dizer *Eu amo,* oceanicamente, como se exprime Freud, lindamente, em sua crítica à efusão religiosa. Eu amo, eu banho, eu molho, eu inundo, e eu babo ainda por cima, tudo isso, aliás, pura baboseira, e, na maioria das vezes, dando apenas para molhar um lenço, ainda mais que isso está se tornando cada vez mais raro.

Os grandes úmidos se apagam dessa terra desde os meados do século XIX. Que me mostrem, em nossos dias, alguém do tipo Louise Colet, eu me darei ao trabalho de ir ver. Parece, antes, que isso deixa o Eu (*je*)[37] em suspenso. Isso o deixa tão bem, em todo caso, na fantasia, que os desafio a encontrá-lo, este Eu (*je*) do desejo, em outro lugar que não ali.

Já lhes falei sobre o sr. Jean Genet – esse caro Genet – sobre quem fiz, um dia, todo um grande seminário. Vocês encontrarão facilmente a passagem onde está assinalado, no jogo da fantasia, isso que certas moças conhecem bem, a saber, que quaisquer que sejam as elucubrações desses senhores sedentos de ver suas fantasias serem encarnadas, uma característica é comum a todas – é preciso que, por alguma marca na execução, aquilo não pareça verdadeiro, porque de outra maneira, talvez, se aquilo se tornasse inteiramente verdadeiro, não se saberia mais onde se está. Talvez não houvesse mais para o sujeito nenhuma chance de vivê-la. É este o lugar do significante barrado, necessário para que se saiba que aquilo é somente um significante. A indicação do inautêntico é o lugar do sujeito enquanto primeira pessoa da fantasia.

A melhor maneira que encontrei para indicar isso, já a sugeri diversas vezes – é restituir o sujeito à sua verdadeira forma. A cedilha de *ça* em francês não é uma cedilha, é uma apóstrofe, é a apóstrofe do *c'est,* a primeira pessoa do inconsciente. Vocês podem mesmo barrar o *t* do fim – *c'es,* eis uma maneira de escrever o sujeito no nível do inconsciente.[38]

Não se deve dizer que isso seja feito justamente para facilitar a passagem do objeto à objetabilidade. Como vocês sabem, fala-se mesmo, sobre este tema, do deslocamento de algumas raias no espectro. De fato, a defasagem do objeto do desejo com relação ao objeto real, na medida em que possamos aspirar a ele, é basicamente determinada pelo caráter negativo ou incluso da aparição do falo. Foi apenas isso que visei, há pouco, ao fazer para vocês aquele breve percurso do objeto desde suas formas arcaicas até seu horizonte de destruição – do objeto artificial, ou *anificial,* se ouso expressar-me assim, do passado infantil, até o objeto da visada profundamente ambivalente que permanece até o termo a visada do desejo. Isso é uma pura mentira, já que, igualmente, *isso* não tem qualquer necessidade crítica, falar, na relação com o objeto do desejo, de um *soi-disant* estágio ambivalente.

Da mesma forma, é apenas ordenando a escala ascendente e descendente dos objetos com relação ao cume fálico que podemos compreender a ligação dos diferentes níveis comportados, por exemplo, pelo ataque sádico, na medida em que ele não é, em absoluto, a pura e simples satisfação de uma agressão pretensamente elementar, mas uma maneira de interrogar o objeto em seu ser e de esgotar a clivagem introduzida, a partir do cume fálico, entre o ser e o ter.

O fato de que nos reencontremos, depois da fase fálica, *tão ambivalentes como antes* não é a pior das infelicidades. É que, tomando as coisas nessa perspectiva, nunca iremos muito longe. Há sempre um momento em que abandonamos esse objeto, enquanto objeto do desejo, à falta de saber como prosseguir a questão. Perscrutar um ser, pois que é esta a essência do pequeno *a,* ou da vida, não está ao alcance de todo mundo.

Não se trata simplesmente de fazer aqui alusão ao fato de que existem limites naturais à coação, e ao próprio sofrimento. Até mesmo forçar um ser ao prazer não é um problema que resolvamos tão facilmente, e por uma boa razão – somos nós quem dirigimos o jogo, é de nós que se trata. A Justine de Sade, todos se maravilham de que ela resista indefinidamente a todos os maus-tratos, tanto que é preciso que o próprio Júpiter intervenha e lance um de seus raios para que aquilo acabe. Mas é que, na verdade, Justine não é mais que uma sombra. Juliette é a única que existe. É ela quem sonha e, como tal, sonhando, é ela quem deve necessariamente – leiam a história – oferecer-se a todos os riscos do desejo, que não são menores que aqueles corridos pela Justine. É evidente que não nos sentimos muito dignos de semelhante companhia, pois ela vai longe. Não se deve dar demasiada importância a isso nas conversas mundanas. As pessoas que só se ocupam de suas pessoazinhas podem encontrar nisso apenas um interesse bem limitado.

Eis-nos, então, de volta ao sujeito. Como é que pode, a partir do sujeito, ser conduzida toda a dialética do desejo, se o sujeito nada mais é que uma apóstrofe, inscrita numa relação que é, antes de tudo, relação com o desejo do Outro?

É aqui que intervém a função do grande I, do significante do ideal do eu.

3

A função do ideal do eu preserva *i(a),* o eu ideal.

De que se trata? Nada mais que do seguinte – essa coisa preciosa onde se tenta tomar o úmido, essa cerâmica, esse pequeno vaso, símbolo desde sempre do criado, onde todos tentam dar a si mesmos alguma consistência. Muitas outras formas ou modelos concorrem ali. É necessário um suporte a se construir no Outro, do qual depende que a captação da flor se faça ou não. Por quê? É porque não há nenhum outro meio de que o sujeito subsista.

A análise não nos ensina, a esse respeito, que a função radical da imagem na fobia se esclarece, analogicamente, com aquilo que Freud foi desencavar na formação etnográfica de então, sob a rubrica do totem? Sem dúvida, esta última está hoje bem abalada, mas se algo resta dela, é o seguinte: queremos, de boa vontade, arriscar tudo pelo desejo, pelo tumulto, pelas aparências, e até mesmo a vida, mas não uma certa imagem limite, mas não a própria dissolução da margem, das margens. A relação do sujeito com essa imagem – um peixe, uma árvore – não é uma fobia, se comporta aparentemente tabus analógicos. O único fator comum entre fobia e totem é a própria imagem na sua função de demarcação e de discernimento do objeto, a saber, do eu ideal.

A metáfora do desejante em quase tudo pode sempre, com efeito, voltar a se tomar urgente num caso individual. Lembrem-se do pequeno Hans. É no momento em que o desejo se encontra sem defesa em face do desejo do Outro que ameaça *i(a)* que o artifício se reproduz, que o sujeito o constitui fazendo-o aparecer como encerrado na pele do urso antes de ter matado vocês. Mas é, na realidade, uma pele de urso pelo avesso, e é no interior que o fóbico defende – o quê? – o outro lado da imagem especular.

A imagem especular tem, certamente, uma face de investimento, mas também uma face de defesa. É uma barragem contra o Pacífico do amor materno. Digamos simplesmente que o investimento do Outro é, em suma, defendido pelo eu ideal. O investimento último do falo próprio é, de uma certa maneira, defendido pelo fóbico. Chegarei a dizer que a fobia é o sinal luminoso que aparece para avisá-los de que estão guiando na reserva da libido. Pode-se ainda continuar a rodar por algum tempo com isso. Aí está o que a fobia quer dizer, e é por essa razão, justamente, que seu suporte é o falo como significante.

Não preciso lembrar a vocês tudo o que, em nossa experiência passada, ilustra e confirma essa maneira de encarar as coisas. Lembrem-se apenas do sonho narrado por Ella Sharpe, que comentei para vocês. Lembrem-se da tossezinha com que o sujeito adverte o analista antes de entrar em seu consultório, e de tudo o que está escondido por detrás, e que sai com seus devaneios familiares.

O que faria eu, diz ele, se estivesse num lugar onde não quisesse que me descobrissem? Daria um latido e diriam – *É só um cachorro.* A associação vem também do cachorro que começou um dia a masturbar-se ao longo da perna do paciente. O que encontramos nessa história exemplar? Que o sujeito, mais que nunca em posição de defesa no momento de entrar no consultório analítico, finge ser um cachorro. Finge sê-lo, mas são todos os outros que são cachorros antes que ele entre, e ele os adverte para que retomem sua aparência humana antes que entre. Não imaginem que isso tenha a ver de alguma maneira com um interesse especial pelos cães. Neste exemplo, como em todos os outros, ser um cachorro tem um único sentido – isso quer dizer que se faz *au, au,* nada mais. Eu latiria, e os que não estão aqui se diriam – é um cachorro. Este *é um cachorro* tem o valor do *einziger Zug.*

Tomem o esquema da *Massenpsychologie* pelo qual Freud nos origina a identificação do ideal do eu. Por que viés ele o faz? Pelo viés da psicologia coletiva. O que se produz, então, nos diz ele, prefaciando assim a grande explosão hitleriana, para que todos entrem nessa espécie de fascinação que permite a tomada em massa, a tomada em geleia daquilo a que se chama uma multidão? Para que todos os sujeitos tenham coletivamente, ao menos por um instante, o mesmo ideal, que permite tudo e qualquer coisa durante um tempo bastante curto, é preciso, explica ele, que todos esses objetos exteriores sejam tomados como tendo um traço comum, *einziger Zug.*

Em que isso nos interessa? No seguinte, que aquilo que é verdadeiro no nível do coletivo o é também no nível do individual. É em torno da função do ideal que se acomoda a relação do sujeito com os objetos exteriores. No mundo de um sujeito que fala, que se chama o mundo humano, é uma pura e simples questão de ensaio metafórico dar a todos os objetos um traço comum, pura questão de decreto fixar um traço comum para a diversidade deles. Para tomá-lo no mundo animal, onde a tradição analítica mostrou o jogo exemplar das identificações defensivas, o sujeito pode, para subsistir num mundo onde seu *i(a)* seja respeitado, decretar que todos, sejam eles cães, texugos ou corças, fazem *au, au.* Tal é a função do *einziger Zug.*

É essencial mantê-la assim estruturada, pois fora desse registro é impossível conceber o que quer dizer Freud na psicologia do luto e da melancolia. O que diferencia o luto da melancolia?

Quanto ao luto, é absolutamente certo que sua duração, sua dificuldade estão ligadas à função metafórica dos traços conferidos ao objeto do amor na medida em que são privilégios narcísicos. De uma maneira tanto mais significativa já que ele diz isso quase se espantando, Freud insiste muito sobre o que está em questão – o luto consiste em identificar a perda real, peça por peça, pedaço por pedaço, signo por signo, elemento grande I por elemento grande I, até o esgotamento. Quando isso está feito, acaba.

Mas o que dizer se esse objeto era um pequeno *a,* um objeto de desejo? O objeto está sempre mascarado por trás de seus atributos, é quase uma banalidade dizer isso. Como é evidente, a coisa só começa a ficar séria a partir do patológico, isto é, da melancolia. O objeto está ali, coisa curiosa, muito menos apreensível por estar certamente presente, e por deslanchar efeitos infinitamente mais catastróficos, já que eles chegam até o esgotamento daquilo a que Freud chama o sentimento mais fundamental, o que os apega à vida.

É preciso acompanhar esse texto e entender ali o que Freud nos indica de uma certa decepção, que ele não sabe definir, mas está lá. Que traços se deixam ver de um objeto tão velado, mascarado, obscuro? O sujeito não pode investir contra nenhum dos traços daquele objeto que não se vê, mas nós analistas, na medida em que acompanhamos esse sujeito, podemos identificar alguns deles, através daqueles que ele visa como sendo suas próprias características. *Nada sou, não sou mais que um lixo.*

Reparem que não se trata nunca da imagem especular. O melancólico não diz a vocês que ele tem má aparência, ou uma cara feia, ou que é corcunda, mas sim que é o último dos últimos, que acarreta catástrofes para toda a sua parentela etc. Em suas autoacusações, ele está inteiramente no domínio do simbólico. Acrescentem aí o ter: ele está arruinado. Isso não é capaz de lhes dar uma pista?

Só farei indicar hoje a vocês, designando-lhes um ponto específico que é no meu entender, ao menos por ora, um ponto de concorrência entre o luto e a melancolia. Trata-se do que vou chamar, não de luto, nem da depressão por conta da perda de um objeto, mas um remorso de um certo tipo, desencadeado por um desenlace que é da ordem do suicídio do objeto. Um remorso, portanto, a propósito de um objeto que entrou, de algum modo, no campo do desejo e que, por sua ação, ou por qualquer risco que correu na aventura, desapareceu.

Analisem esses casos. O caminho está traçado para vocês por Freud, quando ele lhes indica que já no luto normal a pulsão que o sujeito volta contra si poderia ser uma pulsão agressiva em direção ao objeto. Sondem esses remorsos dramáticos quando eles aparecerem. Verão, talvez, que volta aqui contra o sujeito uma potência de insultos que pode ser parente daquela que se encontra na melancolia. Vocês vão encontrar sua fonte no seguinte – esse objeto, se chegou a se destruir, não se devia, então, ter-se dado ao trabalho de tomar com ele tantas precauções, não valia a pena, pois, ter-me desviado, por ele de meu verdadeiro desejo.

Esse exemplo, por extremo que seja, não é tão raro. A mesma disposição se encontra por ocasião de determinada perda quando sobrevém durante esses longos amplexos entre sujeitos desejantes a que se chamam as oscilações do amor.

Somos levados dessa forma ao coração da relação entre o grande I e o pequeno *a*, num ponto da fantasia onde a segurança do limite é sempre posta em questão, e da qual devemos saber fazer o sujeito afastar-se. Isso supõe no analista uma completa redução mental da função do significante, da qual ele deve captar por que mola, que viés, que desvio ela está sempre em causa quando se trata da posição do ideal do eu.

Mas ainda há uma outra coisa que, chegando aqui ao termo de meu discurso, não posso deixar de indicar e que concerne à função do pequeno *a*.

O que Sócrates sabe, e que o analista deve ao menos entrever, é que, no nível do pequeno *a*, a questão é inteiramente diferente daquela do acesso a algum ideal. O amor somente pode circundar o campo do ser. E o analista, este só pode pensar que qualquer objeto pode preenchê-lo. Aí está onde nós, analistas, somos levados a vacilar, nesse limite onde se coloca a questão do que vale qualquer objeto que entre no campo do desejo. Não há objeto que tenha maior preço que um outro – aqui está o luto em torno do qual está centrado o desejo do analista.

Vejam, ao termo do *Banquete*, sobre quem vai incidir o elogio de Sócrates – sobre o babaca dos babacas, o mais babaca de todos, e mesmo o único babaca integral. E imaginem que é a ele que se dá a honra de dizer, sob uma forma ridícula, o que há de mais verdadeiro sobre o amor. Ele não sabe o que diz, ele diz asneiras, mas isso não tem importância alguma, ele nem por isso deixa de ser o objeto amado. E Sócrates diz a Alcibíades – Tudo o que você diz a mim é para ele.

Aí está a função do analista, com aquilo que ela comporta de um certo luto. Reunimo-nos aí a uma verdade que o próprio Freud deixou fora do campo daquilo que ele podia compreender.

Coisa singular, e provavelmente devida a essas razões de conforto, que lhes exponho hoje, formulando a necessidade da conservação do postiço, não se parece ainda haver compreendido que é isso que quer dizer – *Tu amarás teu próximo como a ti mesmo.*

Não se quer traduzir, porque isso não seria provavelmente cristão, no sentido de um certo ideal – e creiam-me, o cristianismo ainda não disse sua última palavra – mas é um ideal filosófico.

Isso quer dizer – a propósito de qualquer um, vocês podem colocar a questão da perfeita destrutividade do desejo. A propósito de qualquer um, vocês podem fazer a experiência de saber até onde ousarão ir interrogando um ser – ao risco, para vocês mesmos, de desaparecerem.

21 de junho de 1961

Nota

O artigo a ser publicado a que se faz referência na página 421 foi retomado nos *Escritos,* sob o título: "Observação sobre o relatório de Daniel Lagache".

*

Assinalei, na página 439, que faltava o começo do capítulo XXV. Reproduzo abaixo o texto das notas tomadas na época por um dos participantes mais atentos do Seminário, meu saudoso amigo dr. Paul Lemoine, que permitem preencher parcialmente essa lacuna.

*

"Muito bom trabalho de Conrad Stein sobre a identificação primária. O que vou dizer hoje mostrará que seu trabalho era bem-orientado. Vamos tentar avançar. Eu tinha a intenção de ler *Safo* para ali encontrar coisas que pudessem nos esclarecer. Isso vai nos levar ao coração da função da identificação. Como se trata sempre de observar a função do analista, pensei que não seria mau retomar as coisas. Freud escreve *Hemmung, Symptom und Angst* em 1926. Este é o terceiro tempo de organização de seu pensamento, os dois primeiros sendo constituídos pela etapa da *Traumdeutung* e pela da segunda tópica."

*

Dirijo meus agradecimentos ao Professor Jacques Body, que teve a gentileza de pesquisar na obra de Giraudoux a raposa evocada à página 466. Essa raposa não foi encontrada. O leitor que puder localizá-la terá a bondade de me comunicar, escrevendo-me para o endereço das Éditions du Seuil, o mesmo se aplica a eventuais correções. Assinalo igualmente a atenção à lontra e à doninha da página 18.

*

As Éditions du Seuil confiaram a preparação do manuscrito ao sr. Paul Chemla, que zelou particularmente pelas citações; a sra. Évelyne Cazade-Havas acompanhou este trabalho; obrigado.

*

Solicitei à sra. Judith Miller que dirija comigo, daqui por diante, a coleção fundada por Jacques Lacan sob o nome "O Campo Freudiano".

J.A.M.

Notas de tradução

1. Referência à brincadeira infantil em que duas crianças se seguram pelo queixo ("je te tiens, tu me tiens par la barbichette") para ver quem ri primeiro. (Ref. à p.21)

2. Referência à ordem dos religiosos de São João de Deus, que adotavam, por humildade, o nome de ignorantinhos. (Ref. à p.37).

3. No original, "l'aimant", cujo sentido pode ser "irmã", e por extensão, aquilo que atrai, ou ainda "terno, afetuoso", quase coincidente com amante. (Ref. à p.56).

4. No original: *Carte du Tendre.* Referência ao *Pays du Tendre,* país alegórico, imaginado por Mlle. de Scudéry (*Clélie,* 1656) e outros romancistas do séc. XVII, onde a única ocupação seria o amor. O Mapa do Terno é o mapa deste país, imaginado pelo mesmo escritor. Aí, via-se o lago da *Indiferença,* o rio da *Inclinação* etc. (Larousse Universal). (Ref. à p.67).

5. A palavra aqui empregada, *accord,* significa ao mesmo tempo acordo e acorde, devendo ser entendida com este duplo sentido nas passagens seguintes. (Ref. à p.93).

6. No original, *gymnosophiste,* junção dos termos ginasta e sofista. *(gymmaste* e *sophiste,* respectivamente). (Ref. à p.96).

7. Cf. nota 4. (Ref. à p.140).

8. *Booz ne savait point qu'une femme était là, / Et Ruth ne savait point ce que Dieu voulait d'elle.* (Ref. à p.169).

9. *Voilà longtemps que celle avec quij'ai dormi, / O Seigneur! a quitté ma couche pour la vôtre; / Et nous sommes encor tout mêlés l'un à l autre, / Elle à demi vivante et moi mort à demi.* (Ref. à p.169).

10. *et Ruth se demandait, / Immobile, ouvrant l'oeil à moitié sous ses voiles, / Quel Dieu, quel moissoneur de l'éternel été / Avait, en s'en allant, négligemment jeté / Cette faucille d'or dans le champ des étoiles.* (Ref. à p.170).

11. Referência ao sr. Homais, personagem do romance *Madame Bovary,* de Gustave Flaubert. Farmacêutico, livre-pensador, representa o burguês pedante apesar de sua ignorância. (Ref. à p.205)

12. No original: *propreté* (limpeza), relacionada a *proprieté,* propriedade. (Ref. à p.270)

13. *O Refém, O Pão Duro e O Pai Humilhado.* (Ref. à p.336)

14. Sygne, na sua homofonia com *signe,* signo, vai dar oportunidade ao autor para fazer diversos jogos de palavras, intraduzíveis para o leitor brasileiro. O título deste capítulo já põe em jogo, igualmente a homofonia entre *non,* não, e *nom,* nome. (Ref. à p.337)

15. O personagem é tratado ironicamente a partir de seu nome: Toussaint é o nome dado ao Dia de Todos os Santos. Turelure tem uma certa homofonia com *tirelire,* que significa cofre, mealheiro. (nota Ref. à p.338)

16. No original, "lettre chargée", carta de valor reconhecido. O trocadilho será feito com a arma carregada, "chargée". (Ref. à p.358).

17. Este trecho, bem como os que se seguem, foram traduzidos livremente. No original: *Coûfontaine, je suis à vous! Prends et fais de moi ce que tu veux. / Soit que je sois une épouse, soit que déjà plus loin que la vie, là où le corps ne sert plus, / Nos âmes l'une à l'autre se soudent sans aucun alliage!* (Ref. à p.367).

18. No original: *Sygne retrouvée la dernière, ne me trompez pas comme le reste. Y aura-t-il donc à la fin pour moi / Quelque chose à moi de solide hors de ma propre volonté?* (Ref. à p.367).

19. No original: *que toute cette vie mauvaise / Est une vaine apparence, et qu'elle ne reste avec nous que parce que nous bougeons avec elle. / Et qu'il nous suffirait seulement de nous asseoir et de demeurer / Pour qu'elle passe de nous. / Mais ce sont des tentations viees; moi du moins dans cette chute de tout / Je reste le même, l'honneur et le devoir le même. / Mais toi, Sygne, songe à ce que tu dis. Ne va pas faillir comme le reste, à cette heure où je touche à ma fin. / Ne me trompe point ...* (Ref. à p.368).

20. No original: *C'est vrai qu'il n'y en a qu'une seule pour toi? / Ah, je sais que c'est vrai! Ah, dis ce que tu veux! / Il y a tout de même en toi quelque chose qui me comprend et qui est mon frère! / Une rupture, une lassitude, un vide qui ne peut pas être comblé. / Tu n'es plus le même qu'aucun autre. Tu es seul. / A jamais tu ne peux plus cesser d'avoir fait ce que tu as fait* (doucement), *parricide! / Nous sommes seuls tous les deux dans cet horrible désert. / Deux âmes humaines dans le néant qui sont capables de se donner l'une à l'autre. / Et en une seule seconde, pareille à la détonation de tout le temps qui s'anéantit, de remplacer toutes choses l'un par l'autre! / N'est-ce pasqu'il est bon d'être sans aucune perspective? Ah, si la vie était longue, / Cela vaudrait la peine d'être heureux. Mais elle est courte et il y a moyen de la rendre plus courte encore. / Si courte que l'éternité y tienne!*

LOUIS: – *Je n'ai que faire de l'éternité!*

LUMIR: – *Si courte que l'éternité y tienne! Si courte que ce monde y tienne dont nous ne voulons pas et ce bonheur dont les gens font tant d'affaires! / Si petite, si serrée, si stricte, si raccourcie, que rien autre chose que nous deux* y *tienne!* (Ref. à p.369).

21. No original: *Et moi, je serai la Patrie entre tes bras, la Douceur jadis quittée, la terre de Ur, l'antique Consolation! / Il n'y a que toi avec moi au monde, il n'y a que ce moment seul enfin où nous nous serons aperçus face à face! / Accessibles à la fin jusqu' à ce mystère que nos renfermons. / Il* y *a moyen de se sortir l'âme du corps comme une épée, loyal, plein d'honneur, il* y *a moyen de rompre la paroi. / Il* y *a moyen de faire un serment et de se donner tout entier à cet autre qui seul existe. / Malgré l'horrible nuit et la pluie, malgré cela qui est autour de nous le néant, / Comme des braves! / De se donner soi-même et de croire à l'autre tout entier! / De se donner et de croire en un seul éclair! / – Chacun de nous à l'autre et à cela seul!* (Ref. à p.369).

22. Pensée, que significa "pensamento", vai dar origem a uma série de jogos de palavras (cf. capítulo anterior). Para facilitar a compreensão do leitor, em alguns trechos foi mantido o nome original do personagem, e em outros quando substantivo comum – foi feita a tradução para "pensamento". (Ref. à p.370).

23. Cf. nota no capítulo anterior. (Ref. à p.370).

24. Referência feita a uma construção particular da língua francesa, em que a partícula *ne* serve de expletivo numa frase de sentido positivo. No original: *Je crains qu'il ne vienne ... avant qu'il n'apparaisse.* (Ref. à p.372).

25. Jogo de palavras entre *n'y être,* não estar ali, e *naître,* nascer. (Ref. à p.372).

26. Referência a "*homme d'armes*". (Ref. à p.377).

27. *Nageoire,* nadadeira ou barbatana. (Ref. à p.378).

28. Trata-se, no caso, de Orion. (Ref. à p.379).

29. Joga-se aqui com a homofonia entre *le second Empire* (o segundo Império) e *le second temps-pire* (o segundo tempo pior). (Ref. à p.380).

30. No original: "et puis, un certain ça." Lacan alude aqui ao *id.* (Ref. à p.392).

31. Trata-se da homofonia entre *tu es le père,* tu és o pai, e *tuer le père,* matar o pai. (Ref. à p.397)

32. No original, "*berquinade*", obra à maneira de Berquin, literato francês do século XVIII que se tornou conhecido por livros destinados à juventude, extremamente insípidos. (Ref. à p.413).

33. No original, *l'Autre,* o Outro. (Ref. à p.428).

34. Referência ao capitão francês Jacques de Chabannes, senhor de La Palice, morto na batalha de Pavie em 1525. Em sua homenagem, seus soldados compuseram uma canção onde se encontravam os versos: "Um quarto de hora antes de sua morte, ele ainda estava vivo". Isso significava que, até seus últimos instantes, havia lutado corajosamente. Com o tempo, este sentido foi-se perdendo e permaneceu apenas a ingenuidade dos versos, daí a expressão "verdade de La Palice" para designar uma obviedade. (Ref. à p.455).

35. No original, *tache moisi,* mancha de mofo, que contém *moi,* eu. (Ref. à p.472).

36. No original, *ondoyant,* ondulante ou inconstante. (Ref. à p.472).

37. *Je,* sujeito do inconsciente, é aqui utilizado em distinção ao *moi,* o eu, sujeito do conhecimento. (Ref. à p.475).

38. Trata-se aqui de todo um jogo de palavras em torno de *ça,* isso, (*id*), utilizado em francês para traduzir o *es* alemão. *C'est* é a forma pela qual se diz "Isso é". (Ref. à p.476).

1ª EDIÇÃO [1992]
2ª EDIÇÃO [2010] 9 reimpressões

ESTA OBRA FOI COMPOSTA POR SUSAN JOHSON EM
HELVETICA E ADOBE GARAMOND E IMPRESSA EM OFSETE PELA
GRÁFICA BARTIRA SOBRE PAPEL ALTA ALVURA DA SUZANO S.A.
PARA A EDITORA SCHWARCZ EM MAIO DE 2024

FSC
www.fsc.org
MISTO
Papel | Apoiando o manejo florestal responsável
FSC® C105484

A marca FSC® é a garantia de que a madeira utilizada na fabricação do papel deste livro provém de florestas que foram gerenciadas de maneira ambientalmente correta, socialmente justa e economicamente viável, além de outras fontes de origem controlada.